质量管理学

武志军　主编

ZHILIANG
GUANLI
XUE

化学工业出版社

·北京·

内 容 简 介

"质量强国"是我国未来发展的国家战略，学习质量管理的基本知识是个人素质要求之一。本书是编者在长期教学和广泛调研的基础上，吸收管理科学的新理论、新方法、新标准和实践成果编写而成的。

全书共15章，主要内容包括：绪论、现代质量管理的基本原理、标准化的质量管理体系、统计质量工具、设计质量控制、质量检验、过程质量控制、质量改进、质量成本与质量经济性、供应商质量管理、顾客满意度管理、服务质量管理、六西格玛管理、卓越绩效模式、可靠性工程等。

本书具有结构严谨、系统性强、内容新颖等特点，可作为普通高等学校管理类、经济类和工程类学生的教材，也可以供从事质量管理研究和实践的人员参考和自学之用。

图书在版编目（CIP）数据

质量管理学/武志军主编．—北京：化学工业出版社，2022.9
ISBN 978-7-122-41396-3

Ⅰ.①质… Ⅱ.①武… Ⅲ.①质量管理学-高等学校-教材 Ⅳ.①F273.2

中国版本图书馆CIP数据核字（2022）第078924号

责任编辑：吕佳丽　邢启壮　　　　　　　　文字编辑：林　丹　沙　静
责任校对：刘曦阳　　　　　　　　　　　　装帧设计：王晓宇

出版发行：化学工业出版社（北京市东城区青年湖南街13号　邮政编码100011）
印　　装：大厂聚鑫印刷有限责任公司
787mm×1092mm　1/16　印张18¼　字数483千字　2022年9月北京第1版第1次印刷

购书咨询：010-64518888　　　　　　　　　售后服务：010-64518899
网　　址：http://www.cip.com.cn
凡购买本书，如有缺损质量问题，本社销售中心负责调换。

定　　价：49.80元　　　　　　　　　　　　　　　　　　　　　版权所有　违者必究

前言

中共中央、国务院2017年9月发布的《关于开展质量提升行动的指导意见》把质量提升为国家战略。中国制造向中国创造、中国速度向中国质量转变的过程中，为了保持企业的持续改进，保证企业的生存和发展，需要重视质量管理人才的教育和培训工作，提高全体员工的质量意识，推行合适的质量管理模式，并持续不断地改进质量。

本书根据质量管理学科发展的新趋势、新特点以及理论与实践的新成果，特别是GB/T 19000—2016《质量管理体系 基础和术语》的发布，对照2018年教育部发布的《普通高等学校本科专业工业工程类教学质量国家标准》和工业工程师认证中对质量管理部分的要求，对教学内容进行了精心梳理，按照从微观到宏观的逻辑顺序，构建四大知识模块，共15章。

第一部分 质量管理基础理论模块，包括第1~4章。第1章绪论，主要内容包括质量的概念、质量的相关术语、质量的重要性、传统质量观和现代质量观；第2章现代质量管理的基本原理，主要内容包括管理的内涵、质量管理的内涵、质量管理的发展过程、质量大师管理哲学、质量管理的原则和现代质量管理的基础工作；第3章标准化的质量管理体系，主要内容包括《质量管理体系 要求》（GB/T 19001—2016）的基本结构、质量审核与质量认证等；第4章统计质量工具，主要内容包括质量波动理论，质量管理中的统计技术，收集数据的工具——调查表，针对数字数据资料的工具——排列图、直方图、散布图和分层法，面向非数字数据资料的工具——水平对比法、头脑风暴法、亲和图、因果图、树图、流程图和对策表。

第二部分 基于统计的传统质量管理模块，包括第5~8章。第5章设计质量控制，主要内容包括质量功能展开、试验设计、稳健设计（田口方法）等；第6章质量检验，主要内容包括质量检验的主要制度、抽样检验的基本原理和计数型抽样检验等；第7章过程质量控制，主要内容包括统计过程控制概述、控制图、过程能力概述等；第8章质量改进，主要内容包括质量改进的概念及内涵、质量改进的步骤和内容、质量改进的组织与推进等。

第三部分 宏观质量管理模块，包括第9~12章。第9章质量成本与质量经济性，主要内容包括质量成本的概念与构成、质量成本核算与分析、质量经济性概述和分析等；第10章供应商质量管理，主要包括供应商选择、供应商质量控制、供应商契约和供应商动态管理等；第 11 章顾客满意度管理，主要内容包括顾客及顾客需求、顾客满意度及测量方法和顾客满意度调查表；第 12 章服务质量管理，主要内容包括服务质量的概念、服务质量模型、服务质量管理体系等。

第四部分　现代质量管理模块，包括第 13~15 章。第 13 章六西格玛管理，主要内容包括六西格玛管理的概念、六西格玛管理的组织、六西格玛项目管理等；第 14 章卓越绩效模式，主要内容包括卓越绩效概述、《卓越绩效评价准则》的基本思想和原理、国内外质量奖简介等；第 15 章可靠性工程，主要内容包括可靠性及其相关概念、可靠性分析模型和可靠性管理。

本书由山东建筑大学管理工程学院武志军副教授对全书统稿并修改定稿，其主讲的"质量管理"课程 2021 年入选山东省第二批一流本科课程（线上）。本书的具体分工为：武志军副教授编写第 1~4 章、第 13 章，山东大学管理学院孔庆山博士编写第 5 章，山东大学曲斌副教授编写第 6、7 章，山东建筑大学于鹏博士编写第 8 章和第 12 章，青岛科技大学林琳博士编写第 9 章和第 11 章，济南七中梁蓉编写第 10 章、第 14 章，山东工商学院黄立波博士编写第 15 章。全书由武志军担任主编，曲斌、于鹏、林琳、梁蓉担任副主编。

本书在编著过程中，山东建筑大学 16 级学生谢文清、刘志敏、吴昊、韩熙、赵中秋、崔晓雪、李世昊、马海飞等完成了资料收集等工作。另外本书在编写过程中，参考了国内外学者的部分著作和文章，在此谨向有关专家、学者表示诚挚的谢意。

由于编者水平有限以及质量学科的不断发展，对质量管理领域所涉及知识和内容的把握可能存在不足，内容难免存在不妥，期望广大读者斧正，以便进一步完善本书。

编者

目 录

第 1 章 绪论 / 1
   1.1 质量的定义 / 1
   1.2 质量相关术语 / 2
   1.3 质量的重要性 / 3
   1.4 质量观 / 5

第 2 章 现代质量管理的基本原理 / 7
   2.1 管理的内涵 / 7
   2.2 质量管理的内涵 / 9
   2.3 质量管理的发展阶段 / 10
   2.4 质量大师管理哲学 / 11
   2.5 质量管理的原则 / 14
   2.6 现代质量管理的基础工作 / 17

第 3 章 标准化的质量管理体系 / 20
   3.1 质量管理体系概述 / 20
   3.2 《质量管理体系 要求》(GB/T 19001—2016)基本结构 / 27
   3.3 质量管理体系的建立与运行 / 28
   3.4 质量审核与质量认证 / 30
   3.5 管理体系一体化 / 33

第 4 章 统计质量工具 / 38
   4.1 质量波动理论 / 38
   4.2 质量管理中的统计技术 / 39
   4.3 调查表 / 40
   4.4 适用于数字数据的工具和技术 / 43
   4.5 适用于非数字数据的工具和技术 / 53

第 5 章 设计质量控制 / 63
   5.1 设计质量控制概述 / 63
   5.2 质量功能展开 / 67
   5.3 试验设计 / 76
   5.4 稳健设计 / 80

第 6 章　质量检验 / 87
6.1　质量检验概述 / 87
6.2　质量检验的主要制度 / 91
6.3　抽样检验的基本理论 / 94
6.4　计数标准型抽样检验 / 104
6.5　计数调整型抽样检验 / 106

第 7 章　过程质量控制 / 119
7.1　统计过程控制概述 / 119
7.2　控制图 / 121
7.3　过程能力概述 / 138

第 8 章　质量改进 / 149
8.1　质量改进的概念及内涵 / 149
8.2　质量改进的步骤和内容 / 151
8.3　质量改进的组织与推进 / 155

第 9 章　质量成本与质量经济性 / 160
9.1　质量成本概念及构成 / 160
9.2　质量成本核算与分析 / 164
9.3　质量经济性概述 / 170
9.4　质量经济性分析 / 171
9.5　劣质成本 / 175

第 10 章　供应商质量管理 / 178
10.1　基本概念 / 178
10.2　供应商选择 / 179
10.3　供应商质量控制 / 186
10.4　供应商契约 / 189
10.5　供应商的业绩评定 / 191
10.6　供应商的动态管理 / 193

第 11 章　顾客满意度管理 / 196
11.1　顾客及顾客需求 / 196
11.2　顾客满意度及测量方法 / 200
11.3　顾客满意度调查表 / 209

第 12 章　服务质量管理 / 215
12.1　服务经济 / 215
12.2　什么是服务 / 217
12.3　什么是服务质量 / 221
12.4　服务质量评价方法 / 223
12.5　服务质量模型 / 225
12.6　服务质量管理体系 / 230

第13章 六西格玛管理 / 235

13.1 六西格玛管理概述 / 235
13.2 六西格玛管理的组织 / 243
13.3 六西格玛的项目管理 / 248
13.4 实施六西格玛项目的 DMAIC 模式 / 251
13.5 六西格玛设计 / 254
13.6 精益六西格玛 / 258

第14章 卓越绩效模式 / 261

14.1 卓越绩效概述 / 261
14.2 《卓越绩效评价准则》的基本思想和原理 / 264
14.3 国内外质量奖简介 / 266

第15章 可靠性工程 / 273

15.1 可靠性及其相关概念 / 273
15.2 可靠性分析模型 / 276
15.3 可靠性管理 / 279

参考文献 / 280

第1章 绪论

本章首先介绍了质量的概念以及相关术语,接下来分析了质量对于个人、企业和整个社会的重要性,最后辨析了传统质量观和现代质量观。

1.1 质量的定义

环境质量、生存质量、食品质量、药品质量,这些词人们经常见到,并充斥于各种媒体。那么,什么是质量?

1.1.1 质量概念的演变

随着经济的发展和社会的进步,人们对质量的需求不断提高,质量的概念也不断深化和扩展。代表性的质量概念主要有:符合性质量、适用性质量和广义质量。

(1) 符合性质量。符合性质量以"符合"现行标准的程度作为衡量的依据。"符合标准"的产品就是合格的产品。这是长期以来人们对质量的定义,认为产品只要符合标准,就满足了顾客需求。"规格"和"标准"不可能将顾客的各种需求和期望都规定出来,特别是隐含的需求与期望。

(2) 适用性质量。适用性质量以适合顾客需要的程度作为衡量依据。从使用角度定义产品质量,认为产品的质量就是产品"适用性",即"产品在使用时能成功地满足顾客需要的程度"。"适用性"的质量概念,要求人们从"使用要求"和"满足程度"两个方面理解质量的实质,使人们对质量的认识落实到满足顾客的需求上。

(3) 广义质量。国际标准化组织将质量的不同概念加以归纳提炼,并逐渐形成人们公认的名词术语。GB/T 19000—2016《质量管理体系 基础和术语》标准中对质量术语的解释是:质量是客体的一组固有特性满足要求的程度。这一定义的内涵既反映了要符合标准的要求(是一种狭义的质量概念),也反映了要满足顾客的需要(是一种广义的质量概念)。

1.1.2 质量的三要素

(1) 特性。指可区分的特征。如物理(比如机械、电、化学或生物学的特性),感官(比如气味、声音、色彩等),时间(比如准时性),人体功效(比如舒适性、安全性)和功能(比如飞机的最高速度)等。特性可以是固有的或赋予的,定性的或定量的。

(2) 要求。明示的、隐含的或必须履行的需求或期望。

①"明示的"指规定的要求。例如,合同中阐明的要求或顾客明确提出的要求。

②"隐含的"指组织、顾客和其他相关方的惯例或一般做法。例如,化妆品对顾客皮肤的保护性就是隐含的要求。

③ "必须履行的"指法律、法规要求的或有强制性标准要求的。例如,食品生产企业在产品的实现过程中必须执行食品卫生安全法。

(3) 程度。可以从以下两个方面去理解。

① 等级:是对功能用途相同的产品、过程或体系,所做的不同质量要求的分类或分级。例如,飞机的头等舱与经济舱。

② 顾客满意:顾客对其要求已被满足的程度的感受(主观评价)。顾客报怨是满意程度低的最常见的表达方式,但没有抱怨并不一定表明顾客很满意。

1.2 质量相关术语

1.2.1 过程

过程是指一组将输入转化为输出的相互关联或相互作用的活动。过程由输入、实施活动和输出三个环节组成。输出是指过程的结果。只有正确的过程才能产生正确的结果。现代质量管理强调基于过程的方法,对过程实施控制是质量管理的基本要素。

1.2.2 产品

产品是指在组织和顾客之间未发生任何交易的情况下,组织能够产生输出。产品有四种基本类别:服务、软件、硬件和流程性材料。

(1) 服务。通常是无形的,并且是在供方和顾客接触面上至少需要完成一项活动的结果。如电信、物流、金融、旅游等服务产品。

(2) 软件。由信息组成,通常是无形产品,并且以文档或程序的形式存在。如操作系统、办公软件等。

(3) 硬件。通常是有形产品,其量值具有计数特性。如一台发动机、一块手表等。

(4) 流程性材料。具有连续的特性,一般是连续生产,状态可以是液体、气体、颗粒、线状、块状或板状等。如炼油厂生产的润滑油。

复杂产品由不同类别的产品构成,其类别的划分取决于其主导成分。例如,汽车是由硬件(如汽车齿轮箱、轮胎)、流程性材料(如汽油、冷却液)、软件(如发动机控制程序)和服务(如定期保养)所组成,其中硬件占主导成分,因此把汽车划分为硬件产品。

1.2.3 质量特性

质量特性是指与要求有关的、客体的固有特性。固有意味着本身就存在的,尤其是那种永久的特性。赋予客体的特性,如客体的价格,就不是它的质量特性。

质量概念的关键是"满足要求",这些"要求"必须转化为有指标的特性,才能作为评价、检验和考核的依据,大部分质量特性可以直接量化。对于不宜定量的质量特性,实际测量时通常转换成可以定量的代用质量特性来进行测定。例如,人们通过测量牛奶中氮的含量间接推算其蛋白质含量。

(1) 硬件质量特性。包括:内在特性,如结构、性能、精度、化学成分等;外在特性,如外观、形状、色泽、气味等;经济特性,如成本、价格、使用费用、维修时间和费用等;商业特性,如交货期、保修期等;其他方面的特性,如安全、环境、美观等。

(2) 服务质量特性。是服务产品所具有的内在特性。有些服务质量特性是可以直接观察或感觉到的。如服务等待时间的长短、服务设施的完好程度、服务用语的文明程度等。还有一些隐含的反映服务质量的特性，如酒店财务的差错率、报警器的正常工作率等。

一般来说，服务质量特性可以分为五种类型：①可靠性——准确地履行服务承诺的能力；②响应性——帮助顾客并迅速提供服务的愿望；③保证性——员工具有的知识、礼节以及表达出自信与可信的能力；④移情性——设身处地为顾客着想和对顾客给予特别的关注；⑤有形性——有形的设备、设施、人员和沟通材料。不同的服务对各种特性要求的侧重点会有所不同。由于服务直接与人打交道，其质量最容易通过顾客满意度反映出来。

（3）软件质量特性。是反映软件产品满足规定和潜在需求能力的特性的总和，描述和评价软件质量的一组属性称为软件质量特性。软件质量特性包括功能性、可靠性、易使用性、效率、可维护性和可移植性六个特性。

（4）流程性材料质量特性。有可定量测量的特性，如汽油的纯度、药品的浓度等。也有定性的特性，只能通过主观性判断，如品酒师判断酒的气味与香型等。

1.3　质量的重要性

朱兰博士曾经说过："21世纪是质量的世纪"。这句话反映了质量问题应是一个国家、一个企业认真对待的永恒主题。

1.3.1　质量是人们生活的保障

产品质量与人们的工作和生活息息相关，一旦产品质量出现问题，轻则造成经济损失，重则导致人员伤亡。在经济高速发展的今天，产品质量已成为保证人们日常生活安全和幸福的"大堤"。

之前在我国发生的三聚氰胺奶粉事件、"地沟油"事件、"毒大米"事件、桥梁倒塌事件等，对人们都造成了相当大的损失和社会震动。伪劣产品与服务不仅严重地损害了生产者和消费者的利益，也对我国的投资环境和国家形象产生了不良的影响。因此，人们要想安居乐业、健康幸福地生活，就必须在全社会形成关注质量的风气，使人们的生存质量这个"大堤"不断加固。

1.3.2　质量是企业生存和发展的保障

市场竞争带来的一种必然结果就是竞争能力强的企业不断发展壮大，而市场竞争能力弱的企业就必然会趋于消亡。企业的市场竞争能力体现在产品上，可以用以下六个要素来描述：①功能先进、实用、无冗余，花色品种多，外观造型美观。②寿命周期内质量要好（表现在性能、可信性、安全性和适用性上）。③寿命周期内成本要低。④优良的寿命周期服务。⑤市场响应周期短。⑥寿命周期内可持续发展性好。可见，产品的市场竞争能力均与质量有关。因此，凡是有战略眼光的企业家都懂得"质量是企业的生命"，并将之贯彻于企业的生产经营活动中，从而使企业在日趋激烈的市场竞争中立于不败之地。

例如，日本产品在20世纪30年代前曾被认为是劣质品的代名词。第二次世界大战后，他们从切身经验教训中认识到：没有高质量的产品，就没有市场，也就会失去生存的条件。因而，他们提出"工业产品质量是日本民族的生命线""以质量打开市场"等口号，并将这些理念落实到企业中去。从20世纪60年代开始，日本产品的质量大幅度提高，成为世界一流的产品，并大大提高了企业市场竞争能力和经济效益。

改革开放以来，我国的国民经济逐渐从计划经济转入市场经济。在转型过程中，有的企业被淘汰，有的企业经受住了经营机制转型阵痛的考验，并不断地发展壮大。经过30多年的努力，我国大部分产品的质量都有了很大的提高，充满竞争的市场经济也孕育出像华为、海尔等一大批名牌企业，"中国制造"遍布全球，使我国的经济实力大为增强。

1.3.3 质量是效益的基础

2011年，第一财经网报道大量铜制品存在不同程度的质量问题，属于不合格产品。由于产品质量不合格造成了电厂发电量每年在电网上的损失达上千亿元，还不包括用来发电的各种资源的消耗、浪费以及造成的环境破坏。如果减少了这些损失，就相当于增加了社会的总财富，整个国家的总体经济实力就会得到加强。

在商品经济条件下，企业是一种营利性的经济实体。追求利润、讲求经济效益是企业的根本。产品质量上去后，企业既可以扩大市场占有份额，又可以促进产品上市批量。批量达到一定水平后，产品的成本就可以降下来，为自己带来更多的利润。另外，名牌产品虽然价格高，但人们仍然愿意花大价钱去购买，这是因为它不仅使顾客满意，还培养了顾客的忠诚度。而那些价格低、质量也低劣的产品却无人问津。这说明了高质量就意味着高利润和高的经济效益。此外，追求质量也有助于形成良好的企业文化，提高员工的士气，能够充分发挥主动性和创造性，有利于提高企业效益。

1.3.4 质量是民族素质和经济水平的综合反映

越来越多的质量事件源于人们的工作质量。1986年的切尔诺贝利核泄漏事件的起因就是电厂技术员违规操作。高质量的产品要靠严格、科学地管理，严肃认真的工作态度，高水平的工艺和装备来实现，但最根本的是要靠劳动者的素质来实现。世界上能够提供优质产品和服务的国家，没有一个不是具有社会责任心、充满生机、积极进取和受人尊敬的国家。

高的产品质量也是一个国家科技和经济水平的体现。因为高质量的产品是在设计、制造等过程中逐渐形成的；如果设计和制造水平不高，经济实力不强，是不可能生产出优质产品的。因此可以看出，能否生产出高质量的产品，对树立本民族在世界民族中的地位具有极其重要的意义。

1.3.5 质量管理丰富了管理科学

美国作为质量管理理论的发源地，一大批世界级的卓越企业孕育并诞生了一批质量大师，摩托罗拉宣称"没有戴明就没有质量哲学，没有朱兰就没有质量方针，没有凯特就没有质量工具"。

质量管理的过程包括计划、组织、领导和控制等管理活动，遵循管理科学的基本原理和原则。从微观角度看，质量管理是通过建立质量方针和质量目标，并为实现规定的质量目标进行质量策划，实施质量控制和质量保证，开展质量改进等活动。从宏观角度看，质量管理是指研究制定提高国家质量水平的战略措施，实施质量振兴规划，建立产品质量市场监管制度等。

质量管理是一门应用型学科，实践性很强。它主要应用管理学的基本理论和方法，同时也大量应用自然科学中的数学及其分支数理统计学、社会心理学、社会人类学、文化人类学、经济学等其他自然科学和社会科学的研究成果。在现代质量管理的实践中，产生了许多理论，如质量控制理论、质量保证理论、质量经济理论等。同时也创立了一些质量管理方法，这些理论和方法丰富了管理科学的内容。

零缺陷理论、田口质量理论、基于标准化质量体系的质量保证理论，都从预防为主、持续改善的观点发展了管理科学。对质量的不断拷问，尤其是朱兰关于生活质量的论述，把人们对生产率的片面追求转为对品质的追求、对环境可持续发展的追求，是质量管理对管理科学的重大贡献。

1.4 质量观

1.4.1 传统质量观

（1）高质量意味高成本。这是质量错误认识中最常见的一种。对质量机制和制造工艺的新研究表明，高质量并不意味着高成本。根据市场需要，质量首先以设计的形式确定下来，而后通过适当的制造工序，转换成实体产品。对更多的资源进行研究和开发可以显著地提高质量。同时，改善制造工艺也可以大幅度降低成本。计算机、消费用电子产品和家用电器的生产是最好的例证。在过去的 30 年里，这些产品的质量大幅度提高，而相对价格却在大幅度下降。

（2）强调质量将导致生产力降低。这是生产部门普遍存在的一种误解，认为好的质量应以数量为代价，严格的检验要求只能使产品拒收的比率更高，导致提供合格产品的能力严重不足。现代质量控制的重点已转移到设计和制造过程中的预防方面。这样，从一开始就可以防止生产不合格的产品。

例如，在产品生产之前进行设计评审，可以确定该设计是否能够真正满足用户声明或认定的要求。另一项重要的质量活动是工装夹具的设计，可以保证在一定的公差范围内，精确地生产出产品的不同部件。因此，努力提高质量与保证产品数量是相辅相成的。

（3）质量受工作文化和劳动力素质的影响。制造商们经常认为其产品的低质量是由于缺乏质量意识和工人们不良的工作态度所致。对此问题的深入研究表明，管理者对工序设备的操作者进行了全面的培训；将如何做的详细指令告诉员工；当发现结果不令人满意时，调整设备或工序。能做到以上几点，工人们是可以有责任感的。事实上，在大多数工作场合，管理者并没有这么做。可见质量文化与劳动力素质是影响产品质量的原因，但不是根本原因。

（4）质量可以通过严格的检验予以保证。事实上，检验仅是把合格产品和不合格产品分开，不能自动地改进所制造产品的质量。最新的研究表明：在车间发现的不合格产品，有 60%～70% 直接或间接的属于设计、制造工序和采购过程的失误。应该强调的是，质量控制不是检验部门进行的独立活动，必须让包括负责营销、设计、工艺、采购、生产、包装、发货和运输的所有部门都参与进来。实际上，质量控制还必须包括供应商和消费者。可是至今仍有很多企业还在通过严格检验来控制质量。

（5）垄断条件下的质量窘境。决定一种产品销售成功的因素是多种多样的，它们包括市场条件、产品的特点及通过广告而树立的形象、用户的社会文化背景和信贷工具。除垄断和产品短缺外，在所有的条件中最主要的因素是产品质量。依靠强大的媒介宣传攻势，任何产品的需求都可以创造出来，对于这一观点虽然不少人有争议，但就产品的产出和首次销售而言，是有可能的。

若要重复和持续地销售却只能依赖于合理的成本和良好的产品质量。除非在垄断条件下，否则没有一个企业能够在生产不合格产品的情况下长久生存。可见，竞争产生质量，在服务质量方面表现尤为突出。

（6）忽视低质量产品的成本。原材料成本通常占产品总成本的 45%，固定成本占产品总成本的 25%。假设税前利润为 10%，原材料不能重新利用。那么，因为不合格，拒收一件产品带来的直接损失，等于七件合格品的利润。低质量产品的成本通常与废品、返工和过多的检验与试验方面的成本有关。除此之外，低水平的质量管理还导致了其他可以避免的成本产生，例如由于设计较差和低效的制造工艺而产生的原材料浪费现象等。

但是在大多数企业的账目上很少能见到它们，管理者因此很少意识到它们的存在，也不去研究和控制它们。目前在发达国家，低质量产品成本可控制在 5%～15%，而发展中国家可能超过 30%。可见，在低质量产品成本里有个值得挖掘的"金矿"。

1.4.2 现代质量观

现代质量观认为：

（1）合格产品不是简单地符合标准，而是要符合顾客的要求，要让顾客满意，甚至给顾客惊喜。

（2）质量不是严格检验出来的，而是设计和制造出来的。

（3）质量是可预防和控制的，只要影响质量的因素处在可控状态下，产品质量就会处于稳定的状态。

（4）质量不再是某个个体的事情，而是要全员参与、全过程参加，它是一个全面的质量管理与控制活动。

（5）质量不是简单地靠先进设备生产出来的，而是要靠质量教育，质量始于教育，终于教育。只有人的素质提高了，高质量的产品和服务才能被生产出来。

质量概念不单单是指产品质量、服务质量，而且还包括工作质量、过程质量、体系质量、企业的经营质量、资源的利用质量、政府的服务质量、人们的生存质量，所以质量成为一个全社会共同关注的问题。因此，从事质量工程的工作者们首先要有现代质量观，然后传播和践行现代质量观，并不断发展和创新现代质量观。

课后习题

1. 简述质量概念的发展过程，并回答这样发展的原因有哪些。
2. 如何理解质量定义中的有关特性、要求、等级三要素的含义？
3. 什么是过程？试举例。
4. 产品的含义是什么？
5. 根据产品的定义，讨论产品质量与过程质量、工作质量的关系。
6. 举例说明产品质量包括哪些特性。

第2章 现代质量管理的基本原理

本章首先介绍了管理的内涵，进而延伸到质量管理的内涵及基本内容，接下来在介绍了质量管理的发展史后引出质量大师们的管理哲学，最后介绍质量管理的原则和现代质量管理的基础工作。

2.1 管理的内涵

2.1.1 管理的定义

（1）管理就是确切地知道你要别人干什么，并使其用最好的方法去干。在管理学家泰勒眼里，管理就是指挥他人能够用最好的工作方法去工作。他主要探讨和研究：员工如何能寻找和掌握最好的工作方法以提高效率；管理者如何激励员工努力地工作以获得最大的工作业绩。

（2）管理是由计划、组织、指挥、协调和控制等职能为要素组成的活动过程。管理是所有的组织都有的一种活动，当人们在从事计划、组织、指挥、协调和控制工作时，就是从事管理工作。

（3）管理就是决策。管理归根结底是在面对现实和未来，面对环境和员工时，不断地作出各种决策，使组织的一切都可以不断运行下去，直到取得满意的结果，实现令人满意的目标。

（4）管理是一种以绩效责任为基础的专业职能。"现代管理学之父"德鲁克认为管理应该从实际出发，以大企业的管理经验为主要研究对象，将其概括和理论化，以便于向企业管理的实际工作者和研究人员传授并解决管理问题。

综上所述，所谓的管理是指组织为了达到个人无法实现的目标，通过各项职能活动，合理分配、协调相关资源的过程。可以从以下两个方面理解管理的内涵：

（1）从管理的概念出发：①管理是任何组织所必需的活动；②管理的对象是组织的各种资源；③管理是为组织目标服务的，是一个有意识、有目的的行为过程；④管理强调有效性；⑤管理是由一系列相互关联、连续进行的活动构成（计划、组织、领导和控制）；⑥管理的主体是管理者。

（2）从过程的角度出发：①科学的决策；②制订计划并按照计划办事；③创设与维持一种组织结构并持续变革；④合理的人力资源配置；⑤有效地领导并激励下属；⑥加强控制；⑦系统地技术创新、组织创新和文化建设。

2.1.2 管理的职能

自法约尔提出五种管理职能以来，人们不断地进行理论探讨。随着管理理论的最新发展,对管理职能的认识也不断加深,已经证明:计划、组织、领导、控制、创新这五种职能是一切管理活动最基本的职能。

(1) 计划。组织中所有层次的管理者,包括高层管理者、中层管理者和一线(或基层)管理者,都必须从事计划活动。所谓计划,就是指"制定目标并确定为达成这些目标所必需的行动"。决策是计划和修正计划的前提,而计划又是实施决策的保证,计划与决策密不可分。说到底,计划是为决策服务的,是实施决策的工具和保证。

(2) 组织。计划的执行要靠他人的合作。组织工作源自人类对合作的需要。在执行计划的过程中,如果合作能提供比各合作个体总和更大的力量、更高的效率,就应根据工作的要求与人员的特点,设计岗位,通过授权和分工,将适当的人员安排在适当的岗位上,用制度规定各个成员的职责和上下左右的相互关系,形成一个有机的组织结构,使整个组织协调地运转。这就是管理的组织职能。

组织目标决定着组织结构的具体形式和特点。例如,政府、企业、学校、医院、军队、教会、政党等社会组织由于各自的目标不同,其组织结构形式也各不相同,并显示出各自的特点。反过来,组织工作的状况又在很大程度上决定着这些组织各自的工作效率和活力。在每一项计划的执行中,在每一项管理业务中,都要做大量的组织工作,组织工作的优劣同样在很大程度上决定着这些计划和管理活动的成败。任何社会组织是否具有自适应机制、自组织机制、自激励机制和自约束机制,在很大程度上也取决于该组织结构的状态。因此,组织职能是管理活动的根本职能,是其他一切管理活动的保证和依托。

(3) 领导。计划与组织工作做好了,也不一定能保证组织目标的实现,因为组织目标的实现要依靠组织全体成员的努力。配备在组织机构各个岗位上的人员,由于在个人目标、需求、偏好、性格、素质、价值观、工作职责和掌握信息量等方面存在很大差异,在相互合作中必然会产生各种矛盾和冲突。因此就需要有权威的领导者进行领导,指导人们的行为,通过沟通增强人们的相互理解,统一人们的认识和行动,激励每个成员自觉地为实现组织目标共同努力。管理的领导职能是一门非常奥妙的艺术,它贯彻在整个管理活动中。

(4) 控制。人们在执行计划的过程中,由于受到各种因素的干扰,常常使实践活动偏离原来的计划。为了保证目标及为此而制订的计划得以实现,就需要有控制职能。控制的实质就是使实践活动符合计划,计划就是控制的标准。管理者既要有预防下属和事态失控的充分措施,防患于未然,又必须及时取得计划执行情况的信息,并将有关信息与计划进行比较,发现实践活动中存在的问题,分析原因,及时采取有效的纠正措施。

纵向看,各个管理层次都要充分重视控制职能,越是基层的管理者,控制的时效性越强,控制的定量化程度也越高;越是高层的管理者,控制的时效性要求越弱,控制的综合性越强。横向看,对于各项管理活动、各个管理对象都要进行控制,没有控制就没有管理。

(5) 创新。最近几十年来,由于科学技术的迅猛发展,社会经济活动空前活跃,市场需求瞬息万变,社会关系也日益复杂,每位管理者每天可能都会遇到新情况、新问题。如果因循守旧、墨守成规,就无法应付新形势的挑战,也就无法完成肩负的重任。现在已经到了不创新就无法维持的地步。管理者成功的关键就在于创新。要办好任何一项事业,大到国家的改革,小到办实业、办学校、办医院,或者办一份报纸,推销一种产品,都要敢于走新的路,开辟新的天地。所以,创新自然地成为管理过程不可或缺的重要职能。

每一项管理工作一般都是从计划开始,经过组织、领导到控制结束。各项职能之间相互交叉渗透,控制的结果可能导致新的计划,开始一轮新的管理循环。如此循环不息,把工作不断地推向前进。创新在管理循环中处于轴心的地位,成为推动管理循环的原动力。

2.2 质量管理的内涵

2.2.1 质量管理

质量管理是指在质量方面指挥和控制组织协调的活动。通常包括：制定质量方针和质量目标，进行质量策划、质量控制、质量保证和质量改进。

2.2.2 相关术语

(1) 质量方针。质量方针是指由组织的最高管理者正式发布的该组织总的质量宗旨和质量方向，是企业经营总方针的组成部分，是企业管理者对质量的指导思想和承诺。

例如，某企业的质量方针为："及时准确、科学公正、优质高效"。

(2) 质量目标。质量目标是组织在质量方面所追求的目的，是组织质量方针的展开，也是组织质量方针的具体体现。质量目标既要先进，又要可行，便于实施和检查。

例如，某企业的质量目标为：①追求一流，争当重机制造行业检测、校准的旗舰；②检测、校准准确率$\geqslant 99.5\%$；③客户满意度$\geqslant 99\%$；④设备周检率100%。

(3) 质量策划。质量策划致力于制定质量目标并规定必要的运行过程和相关资源以实现质量目标。

质量策划主要包括以下几个方面：①质量管理体系的策划；②质量目标的策划；③有关过程的策划；④质量改进的策划。

上述几种质量策划之间的关系为：质量管理体系的策划是识别质量管理体系所需的大过程，而产品实现的策划和测量、分析、改进的策划，都是对具体过程的策划。其中产品实现的策划包括设计和开发的策划、对生产和服务提供的策划，形成的文件是质量计划。测量、分析和改进的策划包括内审活动的策划，形成的文件是程序文件或作业指导书。

(4) 质量控制。质量控制致力于满足质量要求。不限于生产领域，还适用于产品的设计、生产原料的采购、服务的提供、市场营销、人力资源配置等，涉及组织内几乎所有的活动。质量控制的目的是保证质量满足要求。为此，要解决要求（标准）是什么、如何实现（过程）、需要进行哪些控制等问题。

质量控制是一个设定标准（根据要求）、测量结果，判定是否达到了预期要求，对质量问题采取措施进行补救并防止再发生的过程。

例如：在生产前对生产过程进行评审和评价的过程是质量控制的一个组成部分。为了控制生产过程中某一工序的质量，可以通过作业指导书规定该工序使用的设备、工艺装备、加工方法、检验方法等，对特殊过程或关键工序还可以采取控制图法，监控其质量的波动情况。

(5) 质量改进。质量改进致力于增强组织满足质量要求的能力。质量改进的对象涉及组织的质量管理体系、过程和产品等。质量改进措施是指为本组织及顾客提供更多的收益，在整个组织内所采取的旨在提高过程的效益与效率的各种活动。

为确保措施有效性、效率或可追溯性，组织应注意识别需改进的项目和关键质量要求，考虑改进所需的过程，以增强组织体系或过程实现产品，并使其满足要求的能力。

(6) 质量保证。质量保证致力于提供质量要求得到满足的信任，这种信任是在订货前建立起来的。

质量保证分内部和外部两种，内部质量保证是组织向自己的管理者提供信任；外部质量保证是组织向顾客或其他方提供信任。

质量管理体系将所有影响质量的因素，包括技术、管理和人员方面的，都采取了有效的方法进行控制，具有减少、消除特别是预防不合格的机制，因此质量管理体系的建立和运行是提供信任的重要手段。

2.3 质量管理的发展阶段

2.3.1 产品质量检验阶段

质量管理产生于19世纪70年代，当时，科学技术落后，生产力低下，普遍采用手工作坊进行生产，但没有形成科学理论。20世纪初，泰勒提出了"科学管理"理论，创立了"泰勒制度"，形成了所谓的"工长的质量管理"。到了20世纪30年代，随着资本主义大公司的发展，生产规模的扩大，对零件的互换性、标准化的要求也越来越高，使得工长已无力承担质量检查与质量管理的职责。因此，大多数企业都设置了专职检验人员和部门，并直属经理（或厂长）领导，由他们来承担产品质量的检验工作，负责全厂各生产部门的产品（零部件）质量管理工作，形成了计划设计、执行操作、质量检查三方面都各有专人负责的职能管理体系，那时的检验工作有人称它为"检验员的质量管理"。人们对质量管理的理解还只限于质量的检验，即依靠检验手段挑出不合格品，并对不合格品进行统计而已，管理的作用非常薄弱。

产品质量检验阶段的质量管理的主要手段是：通过严格的检验程序来控制产品质量，并根据预定的质量标准对产品质量进行判断。检验工作是质量管理工作的主要内容，其主导思想是对产品质量"严格把关"。

产品质量检查阶段的长处在于：设计、制造、检验分属三个部门，可谓"三权分立"。有人专职制定标准（计划）；有人负责制造（执行）；有人专职按照标准检验产品质量。这样对产品质量标准的严肃性有好处，各部门的质量责任也得到严格划分。

这种"检验的质量管理"有下列缺点：①解决质量问题缺乏系统的观念；②只注重结果，缺乏预防，事后检验只起到"把关"的作用，而无法在生产过程中预防和控制不合格品的产生，一旦发现废品，一般很难补救；③它要求对成品进行100%的全数检验，对于检验批量大的产品，或对于有损检验，这种检验是不经济和不实用的，在一定条件下也是不允许的。

2.3.2 统计质量管理阶段

企业迫切需要解决事后检验的弱点，这就在客观上为把数据统计的原理和方法引入质量管理领域创造了条件。

统计质量管理阶段的主要特点是利用数理统计原理，预防不合格品的产生并检验产品的质量。这时，质量的检验职能由专职检验人员转移给专业的质量控制工程师和技术人员承担，质量管理由事后检验改变为预测、预防事故的发生。这标志着将事后检验的观念改变为预防质量事故发生的预防观念。

但是，在宣传、介绍和推广统计质量管理的原理和方法的过程中，由于过分强调了质量控制的数理统计方法，搬用了大量的数学原理和复杂的计算，又不注意数理统计方法的通俗化和普及化工作，忽视了组织管理工作，使得人们误认为"质量管理就是数理统计方法""数理统计方法理论深奥""质量管理是数学家的事情"，因而对质量管理产生了一种高不可攀的感觉，令人"望而生畏"，这都影响和妨碍了统计质量管理方法的普及和推广，使它未能充分地发挥应有的作用。

2.3.3 全面质量管理阶段

阿曼德·费根堡姆最早提出全面质量管理概念。1961年，他出版了《全面质量控制》一书，该书强调质量职能应由公司全体人员来承担，解决质量问题不能仅限于产品制造过程，质量管理应贯穿于产品质量产生、形成和实现的全过程，且解决质量问题的方法是多种多样的，不能仅限于检验和数理统计方法。他指出：全面质量管理是为了能够在最经济的水平上，并考虑到充分满足用户要求的条件下进行市场研究、设计、生产和服务，把企业各部门的研制质量、维持质量和提高质量的活动构成一个有效的体系，由此产生了"全面质量管理"的思想。

2.4 质量大师管理哲学

2.4.1 休哈特

1924年5月，休哈特提出了世界上第一张控制图，1931年出版了具有里程碑意义的《产品制造质量的经济控制》一书，全面阐述了质量控制的基本原理，因此他被人们尊称为"统计质量控制之父"，是现代质量管理的奠基者。

休哈特认为，产品质量不是检验出来的，而是生产出来的，质量控制和重点应放在制造阶段，从而将质量管理从事后把关提前到事前控制。

在一切制造过程中所呈现出的波动有两个分量，第一个是过程内部引起的稳定分量（即随机波动），第二个是可查明原因的异常波动。异常波动可用有效方法加以发现，并可被剔除。但随机波动是不会消失的，除非改变基本过程。控制图可以把随机波动与异常波动区分开来。

上述思想奠定了统计质量控制的理论基础。

2.4.2 戴明

戴明在芝加哥西电公司工作时认识了当时在贝尔实验室的休哈特博士，成了亦师亦友的莫逆之交。1950年应聘到日本讲学，奠定了日本企业界良好的质量管理基础。戴明质量大师的荣誉伴随着日本质量革命给日本制造业带来的惊人业绩而享誉全球，"戴明质量奖"至今仍是日本质量管理的最高荣誉。戴明学说对国际质量管理理论和方法产生了异常重要的影响，其主要观点包括"质量管理十四要点"和PDCA循环。本节只介绍戴明的"质量管理十四要点"（Deming's 14 points）：

(1) 创造改善产品与服务的恒久目的。
(2) 采纳新的管理思想与理念。
(3) 停止依靠大批量检验来达到质量标准。
(4) 废除"价低者得"的做法。
(5) 永不间断地改进生产及服务系统。
(6) 建立现代的岗位培训方法。
(7) 建立现代的督导方法。
(8) 驱走恐惧心理。

(9) 打破部门之间的围墙。
(10) 取消对员工发出量化的目标。
(11) 避免单纯定额考核。
(12) 消除妨碍基层员工工作顺畅的因素。
(13) 建立严谨的教育及培训计划。
(14) 创造一个每天都推动以上13项的高层管理机制。

戴明14条原则告诉我们"质量无须惊人之举"，也表明质量工程是一个持续改善的过程，任何企图通过一场运动或一鸣惊人之举来实现质量的提升都是违反规律的。

2.4.3 朱兰

朱兰博士，是世界著名的质量管理专家。《管理突破》《质量计划》《质量控制手册》是他的经典著作。被称为当今世界质量控制科学的"圣经"，为奠定全面质量管理（TQM）的理论基础和基本方法作出了卓越贡献。他所倡导的质量管理理念和方法始终深刻影响着世界企业界以及世界质量管理的发展。

(1) 朱兰关于质量的理解——质量来源于顾客的需求。
① 质量是指那些能满足顾客需求，从而使顾客感到满意的"产品特性"。
② 质量意味着无缺陷，也就是说没有造成返工、故障、顾客不满意和顾客投诉等现象。
(2) 朱兰质量管理三部曲——即质量计划、质量控制和质量改进。
① 质量计划是为了建立有能力满足质量标准的工作程序；
② 质量控制在于掌握何时采取必要措施纠正质量问题；
③ 质量改进有助于发现更好的质量管理方式。
(3) 质量环——质量螺旋（quality loop, quality spiral）。为了获得产品的适用性，需要进行一系列的活动——市场调查、开发、设计、计划、采购、生产、控制、检验、销售、服务、反馈等，质量是在这些过程的不断循环中以螺旋方式提高。质量螺旋反映了产品质量形成的客观规律，是质量管理的理论基础。
(4) "二八原则"。在质量问题中，20%的问题是由于基层操作人员失误造成的，80%的问题是领导者责任造成的；80%的质量问题是在20%的环节中产生的；质量控制应抓关键的人和控制关键的环节。
(5) 生活质量观。社会工业化引起了一系列环境问题的出现，影响着人们的生活质量。质量的概念必然拓展到全社会各个领域，包括人们赖以生存的环境质量、卫生保健质量以及人们在社会生活中的精神需求和满意程度等。

朱兰的生活质量观反映了人类经济活动的共同要求：经济发展的最终目的是不断地满足人们日益增长的物质文化生活的需要。

2.4.4 克劳士比

菲利普·克劳士比被誉为"当代伟大的管理思想家""零缺陷之父""世界质量先生"。他终身致力于"质量管理"哲学的发展和应用，引发了全球源于生产制造业，继而扩大到工商业所有领域的质量运动。为表彰其功绩，美国质量学会（ASQ）2002年设立了"克劳士比奖章"。

克劳士比对于质量管理的重大贡献在于观念的启迪，《质量免费》是其代表作。在《质量免费》一书中，克劳士比提出"第一次就把事做好"（Do it right the first time），这正是零缺陷管理的精髓。他认为，要想理解质量，必须抛弃五种错误的质量观。

① 质量好意味着档次高。"质量"被用来表示事物之间的相对价值，因此必须把质量定义为"与要求认同"。比如，一种经济型汽车达到了经济型车的要求，它的质量就是好的。
② 质量是无形的，因此无法衡量。其实，质量是以做错事的成本来衡量的。
③ 存在着经济性质量（economics of quality）。开始就把事情做好，永远是最经济的。
④ 所有质量问题都是工人造成的。事实上，工人比经理制造的麻烦少得多。
⑤ 质量是质量控制部门的事。人人都应该注意质量。

另外，主要质量观点还包括：
① 质量是符合要求的。这意味着管理层必须认真对待确定下来的要求，然后必须坚持要求每次都达到。如果认为每个要求都可以讨价还价，那么问题就总会存在。
② 质量系统的作用是预防，而不是检验。预防发生在过程的设计阶段，包括沟通、计划、验证以及逐步消除出现不符合的时机。通过预防产生质量，要求资源的配置能保证工作正确地完成，而不是把资源浪费在问题的查找和补救上面（防火与救火）。
③ 质量标准是零缺陷，而不是"差不多就好"。零缺陷的工作标准意味着每一次和任何时候都要满足工作过程的全部要求。把重点放在零缺陷上，就意味着完完全全地符合要求，而不是浪费时间去判定背离要求程度究竟能有多大。
④ 不符合要求的代价。质量是用不符合要求的代价（price of non-conformance，PONC）来衡量的。如果淡化了坏消息，那么管理者将永远不会采取行动。通常在制造公司，做错事情的代价大约会减少销售收入的 25%；而服务业公司要花一半的营运费用在做错事情的代价上。

2.4.5 费根堡姆

阿曼德·费根堡姆，1951 年毕业于麻省理工学院，获工学博士学位；1942～1968 年在通用电气公司工作，1958～1968 年任通用电气公司全球生产运作和质量控制主管，1992 年入选美国国家工程学院。

费根堡姆发展了"全面质量管理/控制"（total quality control）思想，被称为"全面质量控制之父"，其主要质量观点包括：

（1）用系统或者全面的方法管理质量，在质量工程中要求所有职能部门参与，而不局限于生产部门。

（2）要求在产品形成的早期就建立质量，而不是在既成事实后再做质量的检验和控制。

（3）全面质量控制就是全面（不仅仅是产品，还包括工作）、全员（不仅仅是生产部门和人员，而是所有人员）和全过程（整个产品生命周期）的质量管理。

2.4.6 田口玄一

田口玄一博士是日本著名的质量管理专家，20 世纪 70 年代他提出产品质量首先是设计出来的，其次才是制造出来的，检验并不能提高产品质量。

田口玄一提出"三次设计"的概念——系统设计、参数设计和公差设计。系统设计解决产品的布局和结构设计问题；参数设计确定各种零部件的最佳设计参数；公差设计用来确定各种设计参数的公差值。

基于实验设计技术的稳健设计、质量损失函数都是田口玄一为质量管理作出的突出贡献。

2.4.7 石川馨

石川馨博士是 20 世纪 60 年代初期日本 QC（质量控制）小组运动最著名的倡导者，其将国外先进质量管理理论和方法与本国实践相结合。

石川馨的质量理念体现在：质量不仅是指产品质量，还指工作质量、部门质量、人的质量、体系质量、公司质量、方针质量；标准不是决策的最终来源，客户满意才是。

石川馨认为推行日本的质量管理是经营思想的一次革命，体现在：①质量第一；②面向消费者；③下道工序就是顾客；④用数据、事实说话；⑤尊重人的经营；⑥机能管理。

2.5 质量管理的原则

质量管理原则是国际标准化组织组织100多位国际权威，基于上述质量大师的质量管理哲学与实践，历经10余年的开发与完善而形成的。它构成了质量管理与工程的理论基础，是各种国际质量体系与行业标准的基础。

GB/T 19000—2016《质量管理体系 基础和术语》质量管理体系中的质量管理原则包括以下7项内容：①以顾客为关注焦点；②领导作用；③全员积极参与；④过程方法；⑤改进；⑥循证决策；⑦关系管理。

2.5.1 原则一：以顾客为关注焦点

2.5.1.1 概述

质量管理的主要关注点是满足顾客要求并且努力超越顾客期望。

2.5.1.2 依据

组织只有赢得并保持顾客及其他相关方的信任才能获得持续成功。与顾客相互作用的每个方面，都提供了为顾客创造更多价值的机会。理解顾客和其他相关方当前和未来的需求，有助于组织的持续成功。

2.5.1.3 理解

（1）顾客是组织赖以生存的基础。
（2）辨识从组织获得价值的顾客和相关方。
（3）理解顾客当前和未来的需求和期望。
（4）满足顾客要求并争取超越顾客期望。
① 在整个组织内沟通顾客的需求和期望；
② 为满足顾客需求和期望，对产品和服务进行策划、设计、开发、生产、交付和支持。
（5）测量和观察顾客满意情况，并采取相应措施。
① 对顾客和相关方的不满意信息应全面、客观地予以收集。
② 在此基础上进行客观的评价和改进。
③ 没有书面或口头抱怨、投诉，不一定就是满意。例如：对宾馆服务、设施等方面不满意，多数人并不会填写旅客意见反馈表。
④ 顾客当面填写的意见未必就真实。例如：维修人员要求顾客当面填写对维修的意见，对维修效果（设备修复程度）的认可，一般都是真实的；而对维修人员服务态度的评价则未必是真实的。

2.5.2 原则二：领导作用

2.5.2.1 概述

各级领导建立统一的宗旨和方向，并创造全员积极参与，实现组织的质量目标的条件。

2.5.2.2 依据

统一的宗旨和方向的建立，以及全员的积极参与，能够使组织将战略、方针、过程和资源协调一致，以实现其目标。

2.5.2.3 理解

（1）领导包括最高领导者，各级中层、底层领导者，确保透明、务实和以身作则；
（2）建设企业文化，创造一个宽松的环境和氛围，激发、鼓励员工积极参与；
（3）提供相应的资源、员工培训和权限；
（4）在组织内就其使命、愿景、战略、方针和过程进行沟通；
（5）鼓励在整个组织范围内履行对质量的承诺。

2.5.3 原则三：全员积极参与

2.5.3.1 概述

整个组织内各级胜任、经授权并积极参与的人员，是提高组织创造和提供价值能力的必要条件。

2.5.3.2 依据

为了有效和高效地管理组织，各级人员得到尊重并参与其中是极其重要的。通过表彰、授权和提高能力，促进在实现组织的质量目标过程中的全员积极参与。

2.5.3.3 理解

（1）与"领导作用"互为因果，相辅相成；
（2）与员工沟通，调动全体员工的积极性和创造性；
（3）每个员工都要明白自己的工作对质量的重要性，积极参与持续改进，作出贡献；
（4）赞赏和表彰员工的贡献、钻研精神和进步；
（5）提倡公开讨论，分享知识和经验，促进整个组织内部的协作；
（6）进行调查，以评估人员的满意程度和沟通结果，并采取适当的激励措施。

2.5.4 原则四：过程方法

2.5.4.1 概述

过程是指利用输入实现预期结果的相互关联或相互作用的一组活动。系统识别和管理企业所应用的过程，特别是这些过程之间的相互作用，称为过程方法。将活动作为相互关联、功能连贯的过程组成的体系来理解和管理时，可更加有效和高效地得到一致的、可预知的结果。

2.5.4.2 依据

质量管理体系是由相互关联的过程所组成。理解体系是如何产生结果的，能够使组织尽可能地完善其体系并优化其绩效。

2.5.4.3 理解

（1）过程三要素：输入、输出和活动，彼此相互关联，相互作用；
（2）实施这个过程就是将输入转化为输出而开展的各项活动；
（3）过程是一个活动的系统，一个过程可能包括多个子过程，一个过程的输出将直接成为下一过程的输入；
（4）系统地识别和管理这些相互联系和相互作用的过程，称为过程方法。

2.5.5 原则五：改进

2.5.5.1 概述
成功地组织会持续关注改进。

2.5.5.2 依据
改进对于组织保持当前的绩效水平，对其内、外部条件的变化做出反应，并创造新的机会，都是非常必要的。

2.5.5.3 理解
（1）改进是增强企业满足顾客要求能力的活动；
（2）企业应不断改进其过程绩效、产品和服务质量；
（3）组织应改进和提高质量管理体系的有效性和效率；
（4）坚持持续改进，组织才能不断进步，永远进步；
（5）增强对纠正、纠正措施和后续预防措施的关注；
（6）提高对内、外部风险和机遇的预测及反应的能力；
（7）通过加强学习实现改进，增强创新的动力。

2.5.6 原则六：循证决策

2.5.6.1 概述
所谓决策，就是针对预定目标，在一定约束条件下，从诸多方案中选出最佳的一个付诸实施，达不到目标的决策就是失策。基于数据和信息的分析和评价的决策，更有可能产生期望的结果。

2.5.6.2 依据
决策是一个复杂的过程，并且总是包含某些不确定性。它经常涉及多种类型和来源的输入及其理解，而这些理解可能是主观的。重要的是理解因果关系和潜在的非预期后果。对事实、证据和数据的分析可导致决策更加客观、可信。

2.5.6.3 理解
（1）确定、测量和监视证实组织绩效的关键指标。
（2）使相关人员能够获得所需的全部数据。
（3）确保数据和信息足够准确、可靠和安全。
（4）使用适宜的方法对数据和信息进行分析及评价。
① 统计分析技术有助于正确分析数据，以得到所需信息；
② 统计分析方法有多种，如：直方图、正态分布曲线、折线图、点图、柱状图等。
（5）确保人员有能力分析和评价所需的数据。
（6）依据证据，权衡经验和直觉进行决策并采取措施。

2.5.7 原则七：关系管理

2.5.7.1 概述
为了持续成功，组织需要管理与相关方（如供方）的关系。

2.5.7.2 依据
相关方影响组织的绩效。当组织管理与所有相关方的关系，以尽可能地发挥其在组织绩效方面的作用时，持续成功更有可能实现。这对供方及合作伙伴网络的关系管理是尤为重要的。

2.5.7.3 理解

（1）供方是组织的相关方或受益者，双方是相互依存的；

（2）供方提供的产品对组织向顾客提供的产品质量等方面产生重要的影响，关系到能否持续稳定地提供顾客满意的产品；

（3）与供方的关系还将影响组织对市场的快速反应能力；

（4）对供方不能只讲控制，不讲合作，一定要建立双方互惠互利的关系，这对组织和供方都有利（特别是关键供方）；

（5）双方取长补短，合作互利，建立战略伙伴关系；

（6）通过对每一个与相关方有关的机会和限制的响应，提高组织及其相关方的绩效；

（7）对于目标和价值观，与相关方有共同的理解；

（8）通过共享资源和能力，以及管理与质量有关的风险，增加为相关方创造价值的能力；

（9）具有管理良好、可稳定提供产品和服务的供应链。

组织的最高管理者发挥"领导作用"，采用"过程方法"，建立和运行一个以"以顾客为关注焦点""全员积极参与"的质量管理体系；注重数据分析等"循证决策"，使体系不断"改进"；建立起互利的"关系管理"体系。在优先满足顾客利益前提下，使供方、组织和顾客这条供应链良性运作，实现供方、组织和顾客"三赢"的共同愿景。

2.6 现代质量管理的基础工作

2.6.1 质量教育工作

长期的质量工程实践表明，质量应始于教育、终于教育，应从提高员工的素质开始，把质量教育工作视为"第一道工序"，视为提高产品质量、提高企业素质、提供合格人力资源的重要保证。

质量教育是创建企业质量文化、培养质量意识最基础的但又是最容易忽视（不受重视、流于形式）的工作。所谓质量教育，就是围绕质量活动进行的教育和培训。在企业（组织）的人、财、物等各种资源中，人力资源是最宝贵的，是企业竞争成败的关键，因而应该得到充分的开发和利用。

2.6.2 标准化工作

标准是指对重复性事物和概念所做的统一规定，是企业各项生产活动和管理活动的重要依据，也是衡量产品质量和工作质量的重要尺度，是保证和提高产品质量的重要手段。

标准化是指在经济、技术、科学及管理等社会实践中，对重复性事物和概念，通过制定、发布和实施标准，达到统一，以获得最佳秩序和社会效益。

标准化工作就是围绕标准的制定和实施，以及根据实施情况和环境、条件的变化对标准进行及时修订的过程。

2.6.3 计量工作

计量工作是指运用科学的计量方法和手段，为实现计量量值的统一和标准量的正确传递所进行的全部技术工作和管理工作，是确保技术标准的贯彻和执行，保证零部件具有互换性，产品质量符合技术标准要求的重要手段。

企业的计量工作包括测量、物理试验、化学分析等，主要内容如下：

（1）保证各种计量器具处于良好的技术状态，示值准确一致；

（2）做好计量器具的保管、领用、检定、修理和报废等管理工作，确保计量器具配备齐全，完好无损；

（3）积极采用现代化的计量技术、先进的计量方法，不断提高计量的精度和速度。

2.6.4 现场质量管理

现场是指完成工作和开展活动的场所。现场质量管理是指对产品加工（或制造）和服务提供过程的质量管理，主要内容是控制产品和服务的质量特性，确保其符合规定的要求。

产品或服务的质量特性符合要求的程度是由过程（或加工）的能力决定的，而过程能力又取决于影响过程的诸因素，即人员（包括操作者、作业人员）的管理、机器设备（设施）的管理、物料的管理（包括原材料、半成品、成品、次品、废品）、作业方法与工艺纪律的管理、工作环境的管理、检测设备和计量器具的管理等。

2.6.5 质量信息管理

质量信息是指反映产品质量和企业产、供、销、人、财、物各环节工作质量的基本数据、原始记录以及产品使用过程中反映出来的各种信息资料，是质量管理的"耳目"，是开展全面质量管理活动的重要资源。

从质量管理角度，通过收集各种质量信息，能够为新产品开发决策、质量方针及具体改进措施的制定提供依据；从质量保证角度，质量信息是向用户证明质量保证能力、进行质量管理体系认证的客观证据；从质量控制角度，质量信息是反馈控制的基础和前提。

2.6.6 质量责任制

质量责任制就是为组织各个部门、各类人员明确其在质量工作上的任务、责任和权利，建立质量责任制是组织共同劳动、保证生产正常进行、确保产品质量的基本条件。这是由现代工业生产具有组织复杂、分工精细、联系紧密、连续作业等特点决定的。

建立质量责任制，就是要明确规定每位员工应该做些什么，应该怎样去做，负有什么责任，又有什么权利，将质量管理各方面的任务和要求具体地落实到每个部门和工作岗位。

建立质量责任制，还有利于处理人们在生产中的相互关系，消除遇到质量问题互相推诿和不负责任的现象，也有利于增强质量责任感，实现质量的可追溯性。

2.6.7 质量文化建设

质量文化是指企业在生产经营活动中形成的质量意识、质量精神、质量行为、质量价值观和质量形象等"软件"，以及企业所提供的产品和服务质量等"硬件"的总和。

对质量文化的研究开始于美国研究日本产品质量迅速提高"秘诀"的过程。美国许多企业在 20 世纪 80 年代推行 TQM 遭到失败，主要就是缺乏战略计划和适宜的支持性文化。

在以平等竞争为原则的市场条件下，质量文化已成为企业文化的核心，企业质量文化的建设正受到世界各国企业和专家们的高度重视。

课后习题

1. 什么是质量管理？它的主要内容是什么？
2. 质量管理与企业管理的其他职能管理，与设备管理、财务管理相比，有什么特点？
3. 什么是质量方针和质量目标？两者有哪些主要区别？
4. 质量管理的三个发展阶段及其特点是什么？
5. 谈谈你对质量管理原则的理解。
6. 为什么以顾客为中心是质量管理的核心变量？近年来顾客的角色发生了什么样的转变？
7. 简述朱兰的质量三部曲的观点和克劳士比的管理理论。
8. 你认为戴明的"质量管理十四要点"中的哪些要点会与组织现行的运作思想产生较大的冲突？
9. 试对比分析戴明、朱兰、克劳士比和费根堡姆的质量管理理念的异同点。
10. 简述"零缺陷"的基本思想。
11. 为什么说标准化与计量工作是质量管理的基础性工作？
12. 质量、标准化和质量监督工作之间有什么关系？
13. 质量文化的主要功能是什么？

第3章 标准化的质量管理体系

本章介绍了质量管理体系的概述及《质量管理体系 要求》（GB/T 19001—2016）基本结构，质量管理体系的建立与运行，质量审核与质量认证，管理体系一体化。

3.1 质量管理体系概述

3.1.1 质量管理体系的由来

质量管理体系标准起源于第二次世界大战期间，是美国为了监管兵工厂的质量系统而产生的。20世纪50年代末，美国军方发布了MIL-Q-9858A《质量大纲要求》，该质量大纲成为世界上最早有关质量保证方面的标准。之后，美国国防部又制定和发布了一系列对生产武器和承包商进行评定的质量保证标准。

美国在军用品生产上质量保证活动的成功经验，在世界范围内产生了很大的影响。一些工业发达国家，如英国、美国、法国和加拿大等国在20世纪70年代末先后制定和发布了用于民用品生产的质量管理和质量保证标准。随着世界各国经济的相互合作和交流，对供方质量管理体系进行审核已逐渐成为国际贸易和国际合作的共同需求。但是，由于各国制定的质量管理和质量保证标准的内容不同，给国际间的经济合作和贸易往来造成了阻碍，国际社会普遍要求建立全世界统一的"质量管理和质量保证标准"。

国际标准化组织（international organization for standardization，ISO）在1979年成立了质量管理和质量保证技术委员会（ISO/TC 176），负责制定质量管理和质量保证标准，以避免国与国之间在质量标准上的差异。在求同存异的大前提下，ISO于1987年3月发布了ISO 9000系列国际标准，即《质量管理和质量保证》系列标准。该标准采纳了很多先进企业的优良运作模式，一经颁布，就成为质量管理体系建立和审核所遵循的统一规范，在全世界范围内掀起ISO 9000质量认证的热潮。

ISO/TC 176工作组于1994年完成了对1987版标准的修订，发布了1994版的ISO 9000系列标准。为适应现代企业基于过程的管理模式以及规模较小、机构简单的组织或其他行业对标准的需求，ISO/TC 176工作组又对1994版的ISO 9000系列标准进行了重新修订和完善，发布了2000版的ISO 9000系列标准。2008年颁布了修订版的ISO 9000系列标准。目前，最新版ISO 9000标准为2015版，以后所有获得认证的组织都应依据新版标准（ISO 9001:2015）进行审核，已经获得ISO 9001:2008认证证书的企业也需要在3年内升级改版，以维持其证书的有效性。

3.1.2 建立质量管理体系的意义

以ISO 9000系列标准为代表的质量管理体系是对世界上许多经济发达国家质量管理实

践经验的科学总结，是运用现代质量管理基本原理与方法指导企业（组织）进行质量策划、质量控制、质量改进的实施标准，具有通用性和指导性。实施 ISO 9000 系列标准，可以促进质量管理体系的改进和完善，对促进国际经济贸易活动、消除贸易技术壁垒、提高组织的管理水平和质量水平都能起到良好的作用。

概括起来，主要有以下几方面的作用：①有利于提高产品质量，保护消费者的利益；②为提高组织的运作能力提供了有效的方法；③有利于增进国际贸易，消除技术壁垒；④有利于组织的持续改进及持续满足顾客的需求；⑤节省企业多方审核认证的资源。

3.1.3 质量管理体系的基本要求

3.1.3.1 质量管理体系总要求和过程方法

（1）质量管理体系总要求。质量管理体系应符合 GB/T 19001—2016《质量管理体系 要求》标准所提出的各项要求，形成文件，并加以实施和保持，持续改进其有效性。

（2）过程方法。组织应积极采用过程方法，按下列过程建立、实施质量管理体系并改进其有效性，通过满足顾客要求，增强顾客满意度。

① 确定质量管理体系所需的过程及其在组织中的应用。
② 确定这些过程的顺序和相互作用。
③ 确定为确保这些过程的有效运作和控制所需要的准则和方法。
④ 确保可以获得必要的资源和信息，以支持这些过程的运行和监视。
⑤ 监视、测量和分析这些过程。
⑥ 实施必要的措施，以实现对这些过程所策划的结果和对这些过程的持续改进。

上述质量管理体系所需的过程应该包括与管理活动、资源提供、产品实现和测量有关的过程，并且组织应按 GB/T 19001—2016《质量管理体系 要求》标准的要求管理这些过程。针对组织所外包的任何影响产品符合性的过程，组织应确保对其实施控制，用于外包的过程的控制应在质量管理体系中加以识别。

3.1.3.2 质量管理体系文件要求

组织应以灵活的方式将其质量管理体系形成文件。质量管理体系文件应与组织的全部活动或部分活动有关。一个单一文件可以包括一个或多个程序的要求，一个文件化程序的要求也可由一个以上的文件覆盖。

（1）类型。不同组织的质量管理体系文件的多少以及详略的程度取决于组织的规模和活动的类型、过程及相互作用的复杂程度、人员的能力。

（2）内容。质量管理体系文件至少应包括下述五个层次的文件：形成文件的质量方针和质量目标；质量手册；标准所要求的形成文件的程序和记录；组织为确保其过程的有效策划、运行和控制所需的文件和记录；标准所要求的质量记录。此外，根据需要，质量管理体系文件还可包括（但不要求）组织结构图、过程图/流程图、作业指导书、生产计划、内部沟通的文件、批准的供方清单、质量计划、检验和试验计划、规范、表格、外来文件。

① 质量手册。组织应编制质量手册，质量手册包括：质量管理体系的范围，包括任何删减的细节与合理性；为质量管理体系所编制的形成文件的程序或对这些程序的引用；质量管理体系过程之间相互作用的表述。

② 程序文件。程序是为进行某项活动或过程所规定的途径，每一个形成文件的程序即书面程序，应说明 5W1H［原因（why）、对象（what）、地点（where）、时间（when）、人员（who）、方法（how）］，在编制书面程序的过程中，应坚持"谁干谁写"的原则，咨询专家只能指导而不能包办代替。只有这样，程序文件才具有较强的可操作性。标准要求组织

对下列六项活动要有形成文件的程序：文件控制、记录控制、内部审核、不合格品的控制、纠正措施、预防措施。

③ 记录。标准所要求的记录包括：管理评审；教育、培训、技能和经验；实现过程及其产品满足要求的依据；与产品要求有关的设计和开发输入；设计和开发评审的结果以及必要的措施；设计和开发验证的结果以及必要的措施；设计和开发确认的结果以及必要的措施；设计和开发更改评审的结果以及必要的措施；设计和开发更改的记录；供方评价结果以及根据评价采取的必要措施；在输出的结果不能被随后的监视和测量所证实的情况下，组织应证实对过程的确认；当有可追溯性要求时，组织应当对产品进行唯一性标志的确认；丢失、损坏或被发现不适宜使用的顾客财产；当无国际或国家测量标准时用以检定或校准测量设备的依据；当测量设备被发现不符合要求时，对以往的测量结果的确认；测量设备校准和验证的结果；内部审核结果；指明授权放行产品的人员；产品符合性状况以及随后所采取的措施，包括所获得的让步；纠正措施的结果；预防措施的结果。

记录是阐明所取得的结果或提供所完成活动的证据的文件。为了符合要求，提供质量管理体系运行的证据，组织应建立和保持记录，并对记录进行控制。记录控制程序应对记录的控制作出规定，包括记录的标识、储存、保护、检索、保存期限和处置。记录应保持清晰，易于识别和检索。

（3）文件控制。组织应对质量管理体系文件进行控制，并编写形成文件的程序——"文件控制程序"。标准对文件控制作出如下要求：文件发布前得到批准，以确保文件是充分和适宜的；必要时对文件进行评审与更新，并再次批准；确保文件的更改和现行修订状态得到识别；确保在使用处可得到适用文件的有效版本；确保文件保持清晰，易于识别；确保策划和运作质量管理体系所必需的外来文件得到识别，并控制其分发；防止作废文件的非预期使用，若因任何原因而保留作废文件，对这些文件进行适当的标识。

3.1.3.3 管理职责

组织最高管理者在质量管理体系中应履行下列职责：

（1）管理承诺。最高管理者应作出如下承诺：建立质量管理体系；实施质量管理体系；持续改进质量管理体系的有效性。

最高管理者应通过下列活动对其所作出的上述承诺提供保证：向组织传达满足顾客和法律法规要求的重要性；制定质量方针；确保质量目标的制定；进行管理审核；确保资源的获得。

（2）以顾客为关注焦点。最高管理者应以增强顾客满意为目的，确保顾客的要求得到确定并予以满足。

（3）质量方针。质量方针是指组织的最高管理者正式发布的该组织总的质量宗旨和方向。质量方针可以不是由最高管理者亲自制定，但必须是由最高管理者正式发布。最高管理者应确保质量方针：与组织的宗旨相适应；对满足要求和持续改进质量管理体系做出有效性的承诺；提供制定和评审质量目标的框架；在组织内得到沟通和理解；在持续适宜性方面得到评审。

（4）质量目标。最高管理者应确保在组织的相关职能和层次上建立质量目标，质量目标包括满足产品要求所需的内容。质量目标应是可测量的，并与质量方针保持一致。

（5）质量管理体系策划。最高管理者应确保：对质量管理体系进行策划，以满足质量目标以及质量管理体系的总要求；在对质量管理体系的更改进行策划和实施时，保持质量管理体系的完整性。

（6）职责和权限。最高管理者应确保组织内的职责、权限及其相互关系得到规定和沟通。

（7）管理者代表。最高管理者应指定一名管理者作为管理者代表，该管理者应是组织内的下属员工或合同制的全日制员工（不可兼职），无论该成员在其他方面的职责如何，最高管理者都应赋予管理者代表以下方面的职责和权限：确保质量管理体系所需的过程得到建立、实施和保持；向最高管理者报告质量管理体系的业绩和任何改进的需求；确保在整个组织内提高满足顾客要求的意识。管理者代表的职责还可包括与质量管理体系有关事宜的外部联络。

（8）内部沟通。最高管理者应确保在组织内建立适当的沟通过程，并确保对质量管理体系的有效性进行沟通。

（9）管理评审。最高管理者应按策划的时间间隔进行管理评审，确保质量管理体系持续的适宜性、充分性和有效性。评审应包括评价质量管理体系改进的机会和变更的需要，也包括对质量方针和质量目标的评价。

管理评审是一个过程，评审的输入应包括以下信息：审核结果；顾客反馈；过程的业绩和产品的符合性；预防和纠正措施的状况；以往管理评审的跟踪措施；经策划的可能影响质量管理体系的变更。评审的输出应包括与以下方面有关的任何决定和措施：质量管理体系及其过程有效性的改进；与顾客要求有关的产品的改进；资源需求。

3.1.3.4 资源管理

（1）资源的提供。组织应确定并提供以下方面所需的资源：实施、保持质量管理体系并持续改进其有效性；通过满足顾客要求，增强顾客满意度。

（2）人力资源。质量管理体系要求所有从事影响产品质量符合性的工作人员应有能力胜任所在岗位的工作，这种能力基于适当的教育、培训、技能和经验。为了评价培训所要求的有效性，确保达到必要的能力，组织应确定从事影响产品质量工作的人员具备胜任所在岗位工作的必要能力；适当时，提供培训或采取其他措施，使员工具备必需的能力；确保员工意识到所从事活动的相关性和重要性，以及如何为实现质量目标作出贡献；保持教育、培训、技能和经验的适当记录。

（3）基础设施。组织应确定、提供基础设施并对其加以维护。基础设施是指组织运行所必需的设施、设备和服务的体系。这里所说的基础设施特指为达到产品符合性所需要的基础设施，包括：建筑物、工作场所和相关设施；过程设备（硬件和软件）；支持性服务（如运输、通信或信息系统）。

（4）工作环境。工作环境是指工作时所处的一组条件。这里所说的工作环境强调的是为达到产品符合性所需的工作环境。营造适宜的工作环境，不但影响产品符合性，还会对人员的能动性、满意度和业绩产生积极的影响。组织应确定这样的环境，包括人的因素和物的因素，并对其进行科学的管理。

3.1.3.5 产品实现

产品实现是指产品策划、形成直至交付的全部过程，是直接影响产品质量的过程。产品实现所需的过程包括：与顾客有关的过程、设计和开发、采购、生产和服务提供以及监视和测量装置的控制五大过程，这些过程又包括相应的一系列子过程。

产品实现的策划是指组织策划和开发产品实现所需的过程。产品实现的策划应与质量管理体系其他过程的要求相一致。在对产品实现进行策划时，组织应考虑和确定以下内容：产品的质量目标和要求；确定产品对过程、文件和资源的需求；产品所要求的验证、确认、监视、检验和试验活动，以及产品接受准则；为提供实现过程及其产品满足要求的证据所需的记录。

(1) 与顾客有关的过程。与顾客有关的过程包括确定与产品有关的要求、评审与产品有关的要求以及与顾客沟通三个子过程。

① 确定与产品有关的要求。具体说，组织至少应确定下列与产品有关的要求：顾客规定的要求，包括对交付及交付后活动的要求；顾客虽然没有明示，但规定的用途或已知的预期用途所必需的要求；与产品有关的法律法规要求；组织确定的任何附加要求。

② 评审与产品有关的要求。组织在向顾客作出提供产品的承诺之前，应对上述与产品有关的要求进行评审，评审的目的是确保：产品要求得以规定；与以前表述不一致的合同或订单的要求予以解决；组织有能力满足规定的要求。若顾客要求发生变更，组织应确保：相关文件得到更改；相关人员知道已变更的需求。

③ 顾客沟通。顾客沟通与内部沟通都是存在于组织之中的信息传递的重要过程。组织应对以下有关方面确定并实施与顾客沟通的有效安排：产品信息；询问、合同或订单的处理，包括对其修改；顾客反馈，包括顾客抱怨。

(2) 设计和开发。设计和开发是指将要求转换为产品、过程或体系的规定的特性或规范的一组过程。

① 设计和开发策划。组织在对产品设计和开发进行策划时应确定以下内容：设计和开发阶段；适合于每个设计和开发阶段的评审、验证和确认活动；设计和开发的职责和权限。组织应对参与设计和开发的不同小组之间的接口进行管理，确保有效沟通，明确职责分工，对设计和开发进行控制。随着设计和开发的进展，设计和开发策划的输出在适当时应予以更新。

② 设计和开发输入。设计和开发输入与产品要求有关，组织应确定与产品要求有关的输入。这些输入至少应包括：功能和性能要求；适用的法律法规要求；以前类似设计提供的适用信息；设计和开发所必需的其他要求。组织应对这些输入进行评审，以确保这些输入对产品有关的要求而言是充分与适宜的。

③ 设计和开发输出。设计和开发输出应在放行前得到批准，并满足以下要求：满足设计和开发输入的要求；为采购、生产和服务提供适当的信息；包含或引用产品接收准则；规定产品的安全和正常使用所必需的产品特性。

④ 设计和开发评审。组织应依据对设计和开发所策划的安排，在适宜的阶段对设计和开发进行评审。这种评审应是系统的，以便达到以下目的：评价设计和开发的结果满足要求的能力；识别任何问题并提出必要的措施。

⑤ 设计和开发验证。组织应依据对设计和开发所策划的安排，对设计和开发进行验证，以确保设计和开发输出满足输入的要求。

⑥ 设计和开发确认。组织应依据对设计和开发所策划的安排，对设计和开发进行确认，以确保产品能够满足规定的或预期使用的要求。只要可行，组织应在产品交付或服务实施之前完成对设计和开发的确认。

⑦ 设计和开发的更改。组织应首先对这种更改加以识别，并保持记录。在识别更改的基础上，适当时，组织应对设计和开发更改的内容进行评审、验证和确认，并在更改实施前得到批准。设计和开发更改的评审内容应包括评价这种更改给产品组成部分和已交付产品所带来的影响。

(3) 采购。

① 采购过程。组织应对影响随后的产品实现或影响最终产品的那些采购产品和提供采购产品的供方进行控制，确保所采购的产品符合规定要求，控制的类型、方法和程度则取决于影响的程度。组织应制定选择、评价和重新评价供方的准备，根据供方按组织的要求提供产品的能力评价和选择供方。

②采购信息。为了确保采购的产品符合规定的采购要求，组织提供的采购信息应准确表述拟采购的产品，规定采购的要求。组织在与供方沟通前，应确保所规定的要求是充分和适宜的。采购信息包括产品、程序、过程和设备的批准要求，人员资格的要求和质量管理体系的要求。

③采购产品的验证。为确保采购的产品符合规定的采购要求，组织应确定并实施所需的检验和其他必要的活动。当组织或顾客拟在供方的现场实施验证时，组织应在采购信息中对拟验证的安排和产品放行的方法作出规定。

（4）生产和服务提供。

①生产和服务提供的控制。组织应策划并在受控条件下进行生产和服务提供。这些受控条件包括：获得表述产品特性的信息，获得作业指导书，使用适宜的设备，获得和使用监视及测量装置，实施监视和测量，放行、交付和交付后活动的实施。

②生产和服务提供过程的确认。标准所要求确认的生产和服务提供过程是指过程的输出不能由后续的监视和测量加以验证的过程，或仅在产品使用或服务已交付之后问题才显现的过程。组织应对这样的过程进行确认，确认的目的是要证实这些过程实现策划结果的能力。经确认，如果存在这样一些过程，组织应对这些过程做出安排，包括为过程的评审和批准规定准则，设备的认可和人员资格的鉴定，使用特定的方法和程序，记录的要求，进行再确认。

③标志和可追溯性。当需要区别不同的产品或没有标志就难以识别不同的产品时，组织应采用适宜的方法标识产品。组织应贯穿产品实现过程针对监视和测量要求识别产品的状态。当有可追溯性要求时，产品要有唯一标志，组织应控制和记录产品的唯一标志。

④顾客财产。组织应爱护在组织控制下或组织使用的顾客财产。这里所说的顾客财产是指顾客所拥有的由组织控制或使用的财产，可包括知识产权和个人资料。组织应采用适宜的方法识别供其使用或构成产品一部分的顾客财产，并应加以验证，进行保护和维护。若顾客财产发生丢失、损坏或发现不适用的情况，组织应记录这些情况并告知顾客。

⑤产品防护。产品在组织内部处理和交付到预定的地点期间，组织应针对产品的符合性提供防护，这种防护应包括标志、搬运、包装、储存和保护等内容，涉及产品的搬运、包装、储存、防护和交付过程。

（5）监视和测量装置的控制。组织应确定在产品实现过程中所需实施的监视和测量以及监视和测量所需的装置，目的是为产品满足所确定的与产品有关的要求提供证据。在需要确保测量结果有效的必要场合，对测量设备应按下列要求进行控制：对照国际或国家的测量标准，按照规定的时间间隔或在使用前进行校准或检定，当不存在上述标准时，应记录校准或检定的依据；进行调整或必要时再调整；得到识别，以确定其校准状态；防止可能使测量结果失效的调整；在搬运、维护和储存期间防止损坏或失效。当发现测量设备不符合要求时，应对以往测量结果的有效性进行评价。另外，当计算机软件用于规定要求的监视和测量时，应在初次使用前确认其满足预期用途的能力，必要时再确认。

3.1.3.6 测量、分析和改进

（1）总则。组织应对监视、测量、分析和改进过程进行策划，并实施这些过程，以满足下列方面的需要：证实产品的符合性；确保质量管理体系的符合性；持续改进质量管理体系的有效性。在策划和实施时，还应确定包括统计技术在内的使用方法及其应用程度。

（2）监视和测量。

①顾客满意。作为质量管理体系业绩的一种表现，组织应监视顾客有关组织是否满足其要求的有关信息，并确定获取和利用这种信息的方法。

②内部审核。组织应按策划的时间间隔实施内部审核，以确定质量管理体系是否满足下列要求：符合策划的安排、标准的要求以及组织所确定的质量管理体系要求；质量管理体系得到有效实施和保持。组织应考虑拟审核的过程和区域的状况、重要性，以及以往审核的结果，对审核方案进行策划，规定审核的准则、范围、频次和方法。组织应建立内部审核程序，规定以下方面的职责和要求：审核的策划、审核的实施、审核结果的报告以及审核记录的保存。审核员的选择和审核的实施应确保客观性和公正性，审核员不应审核自己的工作。负责受审区域的管理者应确保及时采取措施，以消除所发现的不合格现象。

③过程的监视和测量。组织应采用适当的方法监视质量管理体系过程，并在适宜时进行测量。在确定适当方法时，组织应根据其过程对产品要求符合性和质量管理体系有效性的影响，考虑对每一个过程进行监视和测量的适当类型及程度。这些方法应证实过程实现所策划的结果的能力，若证实过程未能达到所策划的结果，则应采取纠正和预防措施。

④产品的监视和测量。对产品的监视和测量应考虑和确定以下几点。对象：产品的特性。目的：验证产品要求已得到满足。依据：产品实现所策划的安排。时机：产品实现过程的适当阶段。应保持符合接收准则的证据，记录应指明有权放行产品的人员。一般情况下，除非得到有关授权人员的批准，或得到顾客的批准，否则在策划安排所规定的对产品的监视和测量的工作圆满完成之前，不得向顾客放行产品和交付服务。

（3）不合格品控制。组织应确保识别在产品实现过程的各阶段可能产生的不合格品并加以控制，以防止该不合格品仍按预期的要求交付和使用。组织应对发现的不合格品进行评审，在评审的基础上通过下列一种或几种途径进行处置：采取措施，消除已发现的不合格品；经有关授权人员批准，适用时经顾客批准，让步使用、放行或接收不合格品；采取措施，防止其原预期的使用或应用。应将不合格品控制程序形成文件，在不合格品得到纠正之后再次进行验证，以证实其符合要求。需要特别注意的是，为了减少顾客不满意的程序，组织对在交付或开始使用后所发现的不合格品的处置手段或措施一定要与不合格品的影响或潜在影响的程序相适应。未满足顾客要求的不合格品，只有在客户同意放行的条件下才能放行，组织内部未得到客户同意时不能放行，如放行是不符合标准要求的，要开立主要不符合项。

（4）数据分析。组织应确定、收集来自各方面的数据并对其进行分析。数据分析的目的是：证实质量管理体系的适宜性和有效性；评价在何时可以持续改进质量管理体系的有效性。数据分析提供的信息至少应包括以下几方面：顾客满意度；与产品要求的符合性；过程和产品的特性及趋势，包括采取预防措施的机会；供方。

（5）改进。

①持续改进。组织应利用质量方针、质量目标、审核结果、数据分析、纠正和预防措施以及管理评审，持续改进质量管理体系的有效性。

②纠正措施。组织应采取措施，以消除不合格的原因，防止不合格的再次发生。纠正措施程序应形成文件，该程序应规定以下要求：评审不合格；确定不合格的原因；评价确保不合格不再发生的措施的需求；确定和实施所需的措施；记录所采取措施的结果；评审所采取的纠正措施。

③预防措施。组织应采取措施，以消除潜在不合格的原因，防止不合格的发生。预防措施程序应形成文件，该程序应规定以下要求：确定潜在不合格及其原因；评价防止不合格发生的措施的需求；确定和实施所需的措施；记录所采取的措施的结果；评审所采取的预防措施。

3.2 《质量管理体系 要求》(GB/T 19001—2016)基本结构

3.2.1 ISO 9000:2015 族标准

2015年9月23日,ISO同时发布了ISO 9000:2015与ISO 9001:2015标准。此次修订较之前版本发生了较大变化,主要表现在:①标准结构的变化。本次修订采用ISO/IEC导则第1部分ISO补充规定的附件SL中给出的高层结构和核心文本,以与其他管理体系标准保持一致。②关键术语的变化。2015版标准用"产品和服务"替代了"产品",用"监视和测量资源"替代了"监视和测量设备",用"外部提供的产品和服务"替代了"采购产品",用"过程运行环境"替代了"工作环境",用"成文信息"替代了"文件、质量手册、形成文件的程序、记录",不再使用"删减""管理者代表"等术语。③质量管理原则的变化。2015版ISO 9000标准将八项质量管理原则合并为七项质量管理原则。④内容方面的主要变化。2015版标准明确提出理解组织及其环境、理解相关方的需求和期望,识别和应对企业所面临的风险和机遇等方面的要求,更加强调了变更管理,增加了企业知识管理的相关要求。⑤要求方面的主要变化。2015版标准对最高管理者提出了更多的要求,并强调了基于风险的思维,弱化了形式上的强制性要求,为认证企业提供了更多的灵活性,更加强调了质量管理体系有效性的要求。

我国对口ISO/TC 176技术委员会的全国质量管理和质量保证标准化技术委员会(CSBTS/TC 151)是国际标准化组织(ISO)的正式成员,参与了有关国际标准的制定工作,并承担着将ISO 9000系列标准转化为国家标准的任务。1988年12月,该委员会正式发布了等效采用ISO 9000:1987系列标准的GB/T 10300《质量管理和质量保证》系列国家标准。1992年5月,发布了等同采用1987版ISO 9000系列标准的GB/T 19000系列标准;1994年发布了新的GB/T 19000等同采用ISO 9000:1994系列标准;2000年12月28日发布了2000版的GB/T 19000等同采用ISO 9000:2000系列的三个核心标准。2008年12月30日颁布了GB/T 19001—2008(等同采用ISO 9001:2008系列标准)。2016年12月30日,国家标准委官网发布2016年第27号中国国家标准公告,备受关注的GB/T 19000—2016《质量管理体系 基础和术语》和GB/T 19001—2016《质量管理体系 要求》正式发布,并于2017年7月1日正式实施。

3.2.2 GB/T 19001—2016的总体构成

GB/T 19001—2016全部标准共分10章,另加1个引言、2个附录,分别是:0 引言;1 范围;2 规范性引用文件;3 术语和定义;4 组织环境;5 领导作用;6 策划;7 支持;8 运行;9 绩效评价;10 改进;附录A(资料性附录) 新结构、术语和概念说明;附录B(资料性附录) SAC/TC 151制定的其他质量管理和质量管理体系标准。重点内容是第4~10章内容。

条款4 组织环境,包括:理解组织及其环境,理解相关方的需求和期望,确定质量管理体系的范围,以及质量管理体系及其过程等内容。其中,"4.1 理解组织及其环境"和"4.2 理解相关方的需求和期望"是2015版标准新增加的内容,强调组织在策划质量管理体系之前要考虑其所处环境以及相关方需求和期望,以建立符合组织实际的质量管理体系。

条款5 领导作用,包括:领导作用和承诺,方针,以及组织的岗位、职责和权限等内容,体现了"领导作用"和"以顾客为关注焦点"的质量管理原则。2015版标准对最高管理者提出了更高的要求，要求最高管理者对质量管理体系的有效性负责，以确保质量管理体系融入组织的业务过程，促进使用过程方法和基于风险的思维，以确保质量管理体系实现其预期结果，并指导其他相关管理者在其职责范围内发挥领导作用。

条款 6　策划，包括：应对风险和机遇的措施，质量目标及其实现的策划，以及变更的策划等内容。应对风险和机遇的措施是 2015 版标准新增加的内容，是基于风险的思维在质量管理体系策划的具体应用；在质量目标策划及变更策划方面，2015 版标准更加关注质量管理体系实现预期结果及质量目标的实现，更加关注体系变更策划的系统性要求。

条款 7　支持，包括：资源、能力、意识、沟通、成文信息等内容。2015 版标准增加了"组织的知识"的要求，组织应考虑如何确定和管理实现产品和服务符合性，以满足组织当前和未来对所需的知识的需求；2015 版标准用"成文信息"替代了"形成文件的程度""记录"等要求，在文件化方面赋予了企业更多的弹性和灵活性。

条款 8　运行，是指从识别包括顾客要求在内的与产品和服务有关的要求，到将产品和服务实现的策划、产品和服务交付给顾客以及交付后活动的全部过程，是质量管理体系直接增值的过程。它要求组织对这一过程的各个环节进行策划、管理和控制，包括对运行的策划和控制，产品和服务的要求，产品和服务的设计和开发，外部提供的过程、产品和服务的控制，生产和服务提供，产品和服务的放行，不合格输出的控制等相关内容。

条款 9　绩效评价，包括：监视、测量、分析和评价，内部审核，以及管理评审等内容，体现了"循证决策"的质量管理原则。2015 版标准要求不仅要重视过程，也要关注结果，组织应采取适宜的方法评价质量管理体系的绩效和有效性。

条款 10　改进，包括：总则、不合格和纠正措施以及持续改进等内容，是"改进"原则在标准中的具体应用。组织应通过产品和服务改进，纠正、预防或减少不利影响，改进质量管理体系的绩效和有效性等方面的活动，持续满足顾客要求和增强顾客满意度。

3.3　质量管理体系的建立与运行

3.3.1　质量管理体系的总体设计

3.3.1.1　领导决策，统一认识

贯彻 ISO 9000 族标准，是一项系统工程，成功的关键是组织领导要高度重视，进行正确的决策并亲自参与。组织领导的正确决策及统一认识，建立在教育培训的基础上。通过培训，组织的高层领导人员在贯标的必要性、建立质量管理体系的紧迫性、贯标与认证的关系以及建立质量管理体系的总体指导思想等方面统一认识，然后由最高管理者作出决策。

3.3.1.2　组织落实，成立机构

根据组织的规模、产品及组织结构，建立不同形式、不同层次的贯标机构。首先，成立由企业最高管理层成员（包括管理者代表）为首的总体策划、协调的指导机构；其次，建立由各职能部门领导参加的工作机构，负责实施总体规划；最后，成立由各职能部门领导或业务骨干参加的体系设计和体系文件编写的工作机构。

3.3.1.3　教育培训，制订计划

除了对领导层的培训外，还必须对贯标骨干人员（各职能部门领导和体系设计、体系文件编写人员）分层次进行教育培训。

制订工作计划是对贯彻 ISO 9000 族标准，建立质量管理体系全过程各阶段工作的全面安排。

3.3.1.4 质量管理体系策划

质量管理体系策划是组织最高管理者的职责，通过策划确定质量管理体系的适宜性、充分性和完善性，以保证体系运行结果有效。质量管理体系策划的具体工作内容为：识别产品、识别顾客，并确定与产品有关的要求，制定质量方针和目标；识别并确定过程；确定为确保过程有效运行和控制所需的准则和方法；确定质量管理体系范围；合理配备资源等。

3.3.2 质量管理体系的文件编制

组织中文件的作用为信息沟通、符合性证据、知识共享。文件可以是任何媒体形式或类型，如纸张、磁带、电子或光学计算机磁盘、照片、标准样品。组织应依据组织类型和规模、过程的复杂性和相互作用、产品的复杂性、顾客的要求、适用的法规要求、证实的人员能力以及满足质量管理体系要求所需证实的程度，确定质量管理体系所需文件的详略程度。

质量管理体系文件一般包括：①形成文件的质量方针和质量目标；②质量手册；③GB/T 19001—2016 标准所要求的形成文件的程序；④组织为确保其过程的有效策划、运行和控制所需的文件；⑤GB/T 19001—2016 标准所要求的记录。

编制文件时应注意的基本问题：①质量管理体系文件总是伴随着质量管理体系的创新而不断更新。②编制质量管理体系文件应遵循"说写做一致、写我所做、做我所写、证明给我看"的质量管理体系精神；应当遵守"体系建立的合理性"和"体系运行的有效性"两个基本原则。③文件的多少和详略程度取决于组织的规模、活动的类型、过程及其相互作用的复杂程度以及人员的能力。④质量管理体系文件编制要制订统一的规范，做到结构层次和编写格式的规范、统一和完整。⑤除质量手册应由组织统一编写外，其他层次的文件还可按分工要求由相关部门分别编制，一般是"谁主管，谁编制，谁实施，谁修改"。

3.3.3 质量管理体系的试运行及评价

质量管理体系的有效运行是依靠体系的组织机构进行组织协调、质量监控、信息管理、质量管理体系审核和评审实现的。

在质量管理体系试运行过程中，要重点抓好以下工作：

（1）有针对性地宣传贯彻质量管理体系文件，统一认识新建立的质量管理体系的必要性，学习掌握标准，进而贯彻执行质量管理体系的各项程序和条款。

（2）体系文件在试运行阶段必然会出现一些问题，这是正常情况，要随时把实践中发现的问题和改进意见如实地反馈给有关部门，以便及时采取纠正措施。

（3）体系建设的工作小组对体系试运行中所暴露出的问题，如体系设计不周、项目不全、程序不优化、体系与环境不适应等进行协调和改进。

（4）所有与质量活动有关的人员都应按照体系文件的要求，做好质量信息的收集、分析、传递、反馈、处理和归档等工作，尤其是各种信息的重用，以支持质量体系持续改进。

（5）质量管理体系评价包括：内部审核、管理评审、自我评价。

① 内部审核。内部审核是指以组织自己的名义所进行的自我审核，又称为第一方审核。

② 管理评审。最高管理者应按策划的时间间隔评审质量管理体系，以确保其持续的适宜性、充分性和有效性。评审应包括评价质量管理体系改进的机会和变更的需要，包括质量方针和质量目标。

对质量方针和质量目标的评审，依据是顾客的期望和社会要求，并考虑新技术的采用以及质量概念的发展和经营环境的变化。管理评审应保持评审记录，并提交评审报告。

管理评审应输入：审核结果；顾客反馈；过程的业绩；产品的符合性；预防和纠正措施

的状况;以往管理评审的跟踪措施;可能影响质量管理体系的变更;改进的建议。

管理评审应输出:质量管理体系及其过程有效性的改进;与顾客要求有关的产品改进;资源需求。

③ 自我评价。自我评价是一种仔细认真的评价。评价的目的是确定组织改进的资金投向,测量组织实现目标的进展;评价的实施者是组织的最高管理者;评价的结论是组织有效性和效率以及质量管理体系成熟水平方面的意见或判断。自我评定方法是针对该标准的每个主条款从1级(没有正式方法)到5级(最好的运作级别)共5个等级来评价质量管理体系的成熟程度。

3.3.4 质量管理体系建立和运行中应注意的问题

调查表明,在已经建立 ISO 9000 质量管理体系的企业,有近 2/3 的企业并没有收到预期效果。因此,必须清楚了解质量管理体系建立和运行中应注意的问题。

(1) 每个企业在客观上都存在一个质量管理体系,但这个体系需要不断地加以改进和完善。切不可认为通过认证就一劳永逸了。

(2) 一个企业只能建立一个质量管理体系,这个体系可以覆盖多种产品,适应不同环境的要求,但有时可以根据不同的产品建立不同的质量保证模式。

(3) 质量管理体系的建立和运行过程是一项复杂的系统工程,涉及企业的每一级领导、每一个员工、每一个部门和每一项质量活动,必须得到各级领导的高度重视和每一个员工的积极参与,以及各个部门间的通力合作,而不是标准化或者某个质量部门的事情。

(4) 必须根据企业的实际情况制定质量方针和质量目标,并层层分解到部门和人,使之得到贯彻和落实。

(5) 体系文件必须上下协调、接口清晰、可操作性强。文件应该是实际操作成功经验的体现。体系文件不仅包括质量管理性文件,也包括与产品质量和工作质量有关的技术文件与作业指导书,以及工作完成后的证实性文件,即质量记录。

(6) 确定一名熟悉质量管理业务,了解企业实际,具有较强组织、协调、指挥能力的管理者代表,建立一个业务能力强、具有较高权威的运作机构,对能否顺利建立和运行质量管理体系是十分重要的。因为人们都不同程度地对新事物、对改变有本能的抵触情绪,尤其是在任务紧迫的情况下。

(7) 必须制订严密的工作计划,使一切工作都能按部就班地进行,这样才能达到预期目标而不是像"搞运动",一阵风过去又回到老样子。

(8) 质量管理体系文件一旦发布,必须遵循质量管理体系做事三准则:如果有规定,就坚决按照规定执行;如果规定不合理,先执行规定然后提出修改建议;如果没有规定,先按正确方法执行,然后制定规定,使体系文件更加完善。事实上,很多情况下就是由于不能照章办事,导致体系作用难以发挥。例如,该评审的设计没有按规定进行评审,结果产品遗留下了设计缺陷。

3.4 质量审核与质量认证

3.4.1 质量审核

质量审核是指确定质量活动和有关结果是否符合计划安排,以及这些安排是否有效地实施并适合于达到预定目标的,有系统、独立的检查。根据审核的对象,质量审核可分为质量管理体系审核、过程质量审核、产品质量审核。以下详细介绍质量管理体系审核的类型。

审核可以是为内部或外部的目的而进行的，因此质量管理体系审核常常分为内部质量管理体系审核和外部质量管理体系审核两大类。

3.4.1.1 内部质量管理体系审核

内部质量管理体系审核即第一方审核，是一个组织对其自身的质量管理体系所进行的审核，其目的：

（1）根据质量管理体系要求标准，对活动和过程进行检查，评价组织自身的质量管理体系是否符合质量方针、程序和管理体系及相应法规的要求；

（2）建立自我诊断、自我改进的机制；

（3）为第二、三方审核奠定基础。

3.4.1.2 外部质量管理体系审核

外部质量管理体系审核可分为第二方审核和第三方审核两类。

（1）第二方审核。第二方审核是由组织的顾客或其他人以顾客的名义进行，可按合同规定要求对组织的质量管理体系进行审核，也可作为合同前评定组织是否具备一定的质量保证能力的措施。其目的：①当有建立合同关系的意向时，对供方进行初步评价；②在有合同关系的情况下，验证供方的质量管理体系是否持续满足规定的要求并且正在运行；③作为制定和调整合格供方名单的依据之一；④达成供需双方对质量要求的共识。

（2）第三方审核。第三方审核是由外部独立的服务组织（认证机构或其他独立机构）进行审核，这类组织通常经认可的，提供符合要求（如 ISO 9001）的认证或注册。其目的：①确定质量管理体系要求是否符合规定要求；②确定现行质量管理体系实现规定质量目标的有效性；③确定受审核方的质量管理体系是否能被认证/注册；④为受审核方提供改进其质量管理体系的机会。外部质量管理体系审核较之内部质量管理体系审核有更高的独立性。

3.4.2 质量认证

3.4.2.1 质量认证的含义

质量认证是指由一个权威机构（第三方）对产品或质量体系作出合格的评定。这种认证已经发展成为世界范围内广泛的国际认证，它不受供、需双方经济利益的影响，是建立在公正、科学的基础之上的第三方认证，是世界各国对产品质量和企业质量管理体系进行评价、监督、管理的通行做法和认证制度。质量认证包括以下四个方面的内容。

（1）认证的对象是产品（产品质量认证）或过程（质量管理体系认证）。

（2）认证的依据是标准或技术规范。

（3）认证的方式是颁发合格证书或合格标志。

（4）认证的主体是第三方认证机构。

3.4.2.2 质量管理体系认证

质量管理体系认证的对象是质量管理体系，即质量保证能力。它的主要依据是 ISO 9001 标准。它的作用是能够提高顾客对供方的信任，增加订货，减少顾客对供方的检查评定，有利于顾客选择合格的供方。质量管理体系认证是自愿的，企业通过体系认证获得的体系认证证书不能用在所生产的产品上，但可以用于正确的宣传，它是 ISO 向各国推荐的一种认证制度之一。

（1）认证条件。质量管理体系认证要求符合以下条件：①独立的具有法律地位的合法组织；②产品符合国家标准或行业标准要求或能按需方的图纸或提出的要求进行生产和提供服务；③正在进行生产或提供服务并有持续 3 个月以上的符合要求的生产记录；④有按照 ISO 9000 国际标准建立的质量体系文件；⑤质量体系运行无严重不合格。审核质量体系运行正常与否的依据是检查企业质量管理行为是否符合质量体系文件的要求。

（2）认证程序。质量管理体系认证程序：①递交认证申请书和签约；②提交质量体系文件；③实施现场审核；④批准与注册认证发证；⑤认证后的跟踪监督。

程序②具体包括企业在体系文件正式颁布运行后，将质量体系文件及有关资料提交给认证机构，认证机构审核文件是否符合申请认证的 ISO 9000 质量管理标准，对不符合处，写出修改，企业根据修改页的要求，对文件谬误处进行修改，并将修改意见内容以修改页的形式返回认证中心，认证中心对修改及纠错措施进行跟踪。

程序④一般有以下三种情况出现：①审核过程发现三项以上严重不符合项则不予通过；②审核过程中发现 1~2 项严重不符合项或若干一般不符合项的，根据情况定出整改时间，延期通过；③未发现不合格，即行通过。审核组的审核报告经认证中心管理委员会讨论通过后，向认证机构推荐注册。认证机构一般在管委会会议后 10~20 天左右将认证证书颁发给企业。

质量体系认证程序如图 3-1 所示。

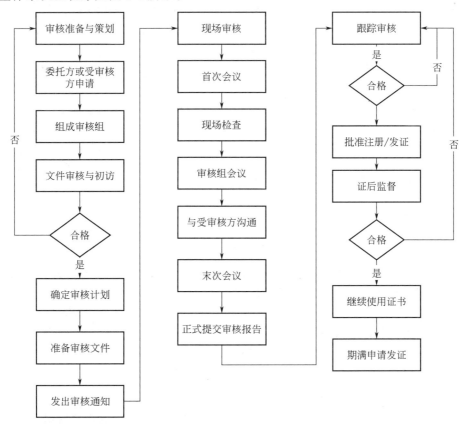

图 3-1　质量体系认证程序

3.4.2.3 质量管理体系认证的作用

ISO 9000 族标准是世界上经济发达国家质量管理实践经验的科学总结，具有通用性和指导性。建立符合 ISO 9001 标准要求的质量管理体系并通过认证，可以促进组织质量管理体系的改进和完善，对促进国际贸易、消除贸易技术壁垒、提高组织管理水平等都能起到良好的作用。概括起来,其作用主要包括以下几个方面。

(1) 有利于提高产品和服务质量,保护消费者利益。按 ISO 9000 族标准建立质量管理体系,通过体系的有效应用,促进组织持续地改进产品、服务及其过程,实现产品和服务质量的稳定和提高,无疑是对消费者利益的一种最有效的保护,也增加了消费者选购合格供应商的产品和服务的信任程度。

(2) 为提高组织的运作能力提供了有效的方法。ISO 9000 族标准鼓励组织在制定、实施质量管理体系时采用过程方法,将活动作为由相互关联、功能连贯的过程组成的体系来理解和管理,从而更加有效和高效地得到一致的、可预知的结果。此外,质量管理体系提供了持续改进的框架,增加了顾客和其他相关方满意的机会。因此,ISO 9000 族标准为有效提高组织的运作能力和增强市场竞争能力提供了有效的方法。

(3) 有利于增进国际贸易,消除技术壁垒。在国际经济技术合作中,ISO 9000 族标准被作为相互认可的技术基础,ISO 9000 的质量管理体系认证制度也在国际范围内得到互认,并被纳入合格评定的程序之中。世界贸易组织/技术壁垒协定(WTO/TBT)是 WT0 达成的一系列协定之一,它涉及技术法规、标准和合格评定程序。贯彻 ISO 9000 族标准为国际经济技术合作提供了国际通用的共同语言和准则,取得质量管理体系认证已成为参与国内和国际贸易、增强竞争能力的有力武器。因此,贯彻 ISO 9000 族标准对消除技术壁垒、排除贸易障碍起到了十分积极的作用。

(4) 有利于组织的持续改进和持续满足顾客的需求和期望。顾客要求产品和服务具有满足其需求和期望的特性,这些需求和期望在产品和服务的技术要求或规范中得到表述。因为顾客的需求和期望是不断变化的,这就促使组织持续地改进产品和服务,而质量管理体系要求恰恰为组织改进其产品、服务及过程提供了一个有效途径。

(5) 减少社会重复检查费用。顾客为了保证供方提供产品的可靠性,会在适当的条件下对其质量管理体系提出要求。经过认证的组织,可以避免不同的供方实施重复的第二方审核。

3.5 管理体系一体化

3.5.1 管理体系一体化的意义及内涵

获得了 ISO 9000 认证证书的组织大都已经或同时获得 ISO 14001、OHSAS 18001 认证证书。同时维护三种管理体系的运行,容易造成:①重复劳动浪费组织资源;②各管理体系独立运行,协调成本增加;③认证审核不统一;④整体的管理效率降低。

因此,越来越多的组织面临着两个或更多管理体系整合的问题。同时,这也给认证机构提出了对管理体系实施一体化审核的要求。

3.5.1.1 管理体系一体化的意义

(1) 企业自我发展、自我完善、提高效益的重要途径。
(2) 各管理领域优势互补。
(3) 提供整体解决问题的手段。
(4) 建立相融合的管理理念。
(5) 增强企业市场竞争力的重要手段。
(6) 降低管理和认证费用,提高效率。

3.5.1.2 管理体系一体化的内涵

"一体化管理体系(IMS)"的定义:建立综合的方针和目标,通过两种或两种以上管理体系的有机整合，从而形成使用共有要素以实现这些目标的单一的管理体系。

根据参与一体化的不同管理体系的数目，可以将 IMS 分为二元、三元和多元（三元以上）这三种类型。ISO 9000（质量）、ISO 14000（环境）、OHSAS 18000（安全）三者一体化最常见。

3.5.2 环境管理体系概述

3.5.2.1 环境管理体系标准的产生背景

（1）温室效应导致全球变暖。
（2）臭氧层被破坏。
（3）有毒有害化学物质污染与转移。
（4）海洋污染。
（5）生物多样性的破坏。
（6）生态环境恶化。
（7）自然资源的消耗。

3.5.2.2 ISO 14000 系列标准的构成

ISO 14000 系列标准由 ISO 14001《环境管理体系要求及使用指南》、ISO 14004《环境管理体系——原则、体系和支持技术通用指南》、ISO 14010《环境审核指南——通用原则》和 ISO 14011《环境审核指南　审核程序　环境管理体系审核》组成。

3.5.2.3 ISO 14000 系列标准的特点

（1）以市场驱动为前提；
（2）强调污染预防；
（3）可操作性强；
（4）标准具有广泛的适用性；
（5）强调自愿性原则。

3.5.3 职业健康安全管理体系概述

职业健康安全管理体系产生的主要原因是企业自身发展的要求。职业健康安全管理体系产生的另外一个重要原因是世界经济全球化和国际贸易发展的需要。

1999 年，英国标准协会（BSI）、挪威船级社（DNV）等 13 个组织首次提出了职业健康安全评价系列（OHSAS）标准，即 OHSAS 18001《职业健康安全管理体系——规范》、OHSAS 18002《职业健康安全管理体系——实施指南》。

为了在当今竞争激烈的全球市场中生存，组织必须积极地管理所有类型的风险，企业的职业健康和安全问题也不例外。

国际标准化组织 2018 年 3 月发布的 ISO 45001 取代了于 1999 年首次发布并于 2007 年修订的 OHSAS 18001 标准，标志着在全球范围内完善职业健康和安全标准方面迈出了重要的一步，成为 OH&S（职业健康和安全）管理体系的主要国际标准。

ISO 45001 将为组织的职业健康和安全实践提供全新的动力。新规定为进一步的过程改进提供了新的激励措施。这意味着更多的机会来保护和促进员工的健康和绩效，以及员工激励的持续改进。该标准还引入了术语"机遇"，作为职业健康和安全领域的一项全新内容，不仅涵盖消除或最小化职业健康和安全风险的问题，还能使组织主动改进伤害预防和减少健康损害，使组织能够长久存续下去。

ISO 45001 的特点：

（1）ISO 45001 执行高层结构（HLS），与其他管理体系共享通用框架，例如 ISO 9001 和 ISO 14001。

（2）ISO 45001 高度重视高级管理层的责任。这一方面已经在修订的 ISO 9001 和 ISO 14001 标准中得以实施。

（3）ISO 45001 明确包括非永久雇用，即通过其他方式在组织/公司职责内工作的人员，例如分包方，以及全部外包的过程。

3.5.4 一体化管理体系的建立和实施

3.5.4.1 建立一体化管理体系的基础

三大标准体系的异同如表 3-1、表 3-2 所示。

表 3-1 三大标准体系的相同点

项目	ISO 9001	ISO 14001	ISO 45001
性质	都是组织自愿采用的管理型标准，具有通用性和国际性的特点，追求体系的适用性、符合性和充分性		
理论基础	系统论、控制论、信息论是共同的理论基础		
管理原则	三个标准的内容都体现了"领导作用""全员参与""过程方法""管理的系统方法""持续改进""基于事实的决策方法""互利的供方关系"等管理原则		
预防思想	对不同要素控制的发展过程，注重预防、发挥预防功能是其共同特点		
体系总要求	都注重承诺和结构化，并要求采用系统的方法（包括内外环境的信息沟通和适当的管理技术），建立一个完整的、有效的、文件化的管理体系		
框架结构	各标准具有相似的框架结构，并且都建立三个层次的文件体系，即管理手册（包括所制定的管理方针和目标）、程序文件、作业指导书及记录		
运行模式	都是从体系的策划建立→实施保持→监视测量→评审改进四个方面依次作出规定		
要素管理	都是从注重技术解决发展到注重从组织上、管理职责上去解决问题		
共有或近似的要素	管理承诺、组织结构和职责、信息交流与沟通、管理评审、文件和记录的控制、培训、监控和测量、内部审核、不合格、纠正和预防措施等		
体系一体化倾向性	都鼓励与其他管理体系的结合，均强调与其他管理体系协同运作，节约资源，不断提高组织的整体绩效		

表 3-2 三大标准体系的差异

项目	ISO 9001	ISO 14001	ISO 45001
目的	满足顾客需求，超越顾客期望	污染预防和资源利用与保护	事故和职业病预防
基础	过程	环境因素	危险源
范围	产品	产品+活动+场所	产品+活动+场所
主要受益者	顾客	全人类	员工
核心条款	5.2 以顾客为关注焦点	4.3.1 环境因素	4.3.1 危险源辨识、风险评价和风险控制的策划
对象	顾客及相关方	相关方	相关方
法规及其他要求	与质量有关	与环境有关	与职业健康安全有关

续表

项目	ISO 9001	ISO 14001	ISO 45001
体系建立	过程分析	环境初始评审	职业健康安全的初始评审
关系	协调顾客及相关方关系	协调社会需求和经济需求的关系	协调组织需求和员工需求的关系
沟通	组织内部、顾客、供方	主要相关方	主要相关方
策划文件	质量计划	环境管理方案	职业健康安全管理方案
监测重点	顾客满意度、关键过程、产品	与重要环境因素有关的运行和活动，目标和指标，法规和其他要求	与重要危险源有关的运行和活动，目标与指标，法规和其他要求
国际贸易	技术壁垒	绿色壁垒	政治壁垒
认证	预审（不是必需）+正审	预审（必需）+正审	预审（必需）+正审
效果	管理改善	环境改善、社会满意	社会和员工满意度提高
应急准备	无	有	有

3.5.4.2 一体化管理体系设计

（1）前期策划。在宏观上进行系统设计，在微观上提出编制要求和详细规定，保证文件的统一性、协调性和整体性。在统一规划框架下下达具体编制任务和计划。

（2）确定编制原则。编制时要遵循上下协调原则、三标协调原则、前后标准体系相照应原则、谁主管谁编制原则。

（3）确定文件结构与层次。可以按 ISO 9001 标准的要求确定为三个层次（A，B，C），A 层次形成文件的包括管理方针和管理目标的管理手册；B 层次为程序文件；C 层次为其他文件和记录。

（4）在修订质量方针的基础上，制定环境与职业健康安全管理方针。

（5）修订确认质量目标，确定环境、职业健康安全管理目标和指标，目标要具体，指标要量化。

（6）识别本企业的过程网络，分析对质量、环境、职业健康安全有影响的主要活动及关键环节。

（7）设计、分析和调整质量、环境、职业健康安全管理职能。

（8）配备资源。

（9）规定组织结构和职责权限。

（10）策划程序文件分类、结构及与原质量管理体系文件的关系。B 层次文件和 C 层次文件具体由各职能部门和责任单位编制。充分利用原有文件，做好各类文件接口的协调配合，最终汇编成程序文件、其他文件以及与其相适应的记录、管理细则，要设计出标准化、格式化的一体化管理记录格式。其中，环境、职业健康安全管理标准要素与质量管理体系标准过程要求相同的程序文件可合并在一起编制与执行。

（11）制定环境职业健康安全管理实施方案。

3.5.4.3 一体化管理体系的建立和实施

一体化管理体系的建立和实施过程与质量管理体系的建立和实施过程基本一致，因此组织在贯标时可参考质量管理体系建立与实施的步骤，只是在实施过程中要把握住三标一体化管理体系与原管理体系（质量管理体系、环境管理体系、职业健康安全管理体系）的区别，重点注意以下几点：

（1）分析组织的原有体系，找出问题的薄弱环节。

（2）最高管理者承诺：除关注质量外，重点还应对组织的环境、职业健康安全管理体系的持续改进、事故与污染预防作出承诺；对遵守适用的环境与职业健康安全法律法规及其他要求作出承诺，并确定组织实现环境、职业健康安全方针的目标和指标。

（3）梳理组织原有规章制度，汇集相关法律法规及相关要求。

（4）实现"七定"：①定企业对环境、职业健康安全影响的主要活动，识别、评价环境因素，从而确定重要环境因素，实施风险评价，确定重大危险源；②定资源配备，包括人力资源及设备设施的需求；③定推动方式及认证范围；④定管理者代表；⑤定机构，组成以最高管理者为首的贯标领导小组，组成"贯标"办公室，组成一体化管理体系文件编制组；⑥定一体化管理体系框架及一体化管理体系文件结构；⑦定贯标认证规划及实施步骤计划。

课后习题

1. ISO 9000 族标准的核心标准有哪些？
2. ISO 9000 族标准具有哪些特点？
3. 相较 2008 版，ISO 9001:2015 标准主要有哪些变化？
4. 企业推行 ISO 9000 族标准的一般步骤是什么？
5. 质量审核的类型有哪些？第一方审核、第二方审核、第三方审核三种审核类型的主要区别是什么？
6. 管理评审与内部审核有什么区别与联系？
7. 什么是质量认证？质量管理体系认证与产品认证有何区别与联系？
8. 什么是质量管理体系审核？审核应遵循哪些基本原则？
9. 如何理解以过程为基础的质量管理体系模式？

第4章 统计质量工具

本章介绍了产生质量问题的原因与提高质量的途径,以及管理与改进中的新旧工具的相关知识,在对每种工具的定义、使用范围进行了严格界定的基础上,结合具体示例介绍了每种工具的运用。

4.1 质量波动理论

4.1.1 产品质量波动分类

在生产制造过程中,无论把环境和条件控制得多么严格,任何一个过程所生产出来的两件产品都是绝对不可能完全相同的。也就是说,任何一个过程所生产出来的产品,其质量特性值总是存在一定的差异,这种客观差异称为产品质量波动性。

从统计学的角度来看,可以把产品质量波动分成两类:正常波动和异常波动。

4.1.1.1 正常波动(一般波动)

正常波动:是由偶然性、不可避免的因素造成的波动,这些偶然因素在生产过程中大量存在,对产品质量经常发生影响,但其所造成的质量特性波动往往较小。如:原材料的成分和性能上的微小差异,机器设备的微小振动,温度的微小变化。对这些波动的随机因素消除,在技术上难以达到,在经济上代价又很大,因此,一般情况下这些波动在生产过程中是被允许存在的,所以称为正常波动。把仅有正常波动的生产过程称为过程处于统计控制状态,简称为受控状态或稳定状态。

正常波动的特征:①正常波动是由随机原因引起的;②正常波动的影响相对较小;③正常波动的影响是很难通过对过程的控制而消除的;④在正常的生产过程中是允许存在的;⑤减小正常波动的影响需要技术上的改进。

4.1.1.2 异常波动(特殊波动)

异常波动:是由异常因素或系统因素引起的产品质量波动。这些系统因素在生产过程中并不大量存在,对产品质量不经常发生影响,但一旦存在,对产品质量的影响就比较显著。如:原材料的成分和性能不符合规定要求、机器设备带病运转、操作者违反操作规程、测量工具带系统性误差等。由于这些因素引起的质量波动大小和作用方向一般具有周期性和倾向性,因此,异常波动比较容易查明,容易预防和消除,又由于异常波动对质量特性的影响较大,一般生产过程中是不允许存在的,所以把有异常波动的生产过程称为处于非统计控制状态,简称失控状态或不稳定状态。

异常波动的特征:①异常波动是由系统原因引起的;②在生产过程中并不是大量存在的;③一旦存在,则影响比较显著;④在正常的过程中不允许存在的;⑤比较容易查明和消除的。

4.1.2 产品质量波动的原因

引起产品质量波动的原因，包括以下内容：
(1) 人（man）：操作者的质量意识、技术水平、文化素养、熟练程度和身体素质等。
(2) 机器（machine）：机器设备、工夹具的精度和维护保养状态等。
(3) 材料（material）：材料的化学成分、物理性能和外观质量等。
(4) 方法（method）：加工工艺、操作规程和作业指导书的正确程度等。
(5) 测量（measure）：测量设备、试验手段和测试方法等。
(6) 环境（environment）：工作场地的温度、湿度、粉尘浓度、照明、噪声和振动等。
通常把上述因素称为引起产品质量波动的六大因素，简称为"5M1E"因素。

人们经过反复的实践和研究，对质量波动达成了以下共识：①一个生产过程中存在多个质量波动原因；②每个质量波动原因的发生都是随机的；③质量发生波动是正常的，没有波动反而是虚假现象；④完全消除质量波动是不可能的，但减小质量波动确实是可能的。

4.1.3 产品质量波动/变异的补充说明

质量管理的一项重要工作，就是要找出产品质量波动规律，把正常波动控制在合理范围内，消除系统原因引起的异常波动。随着科技的进步，有些偶然因素的影响可以设法减少，甚至基本消除。但从偶然因素的整体来看是不可能完全消除的，因此，对于偶然因素引起产品质量的偶然波动，必须承认这一客观事实，产品质量的偶然波动是影响微小的，同时又是不可避免的，一般情况下不必特别处理。

异常因素则不然，它对于产品质量影响较大，可造成产品质量过大的异常波动，以致产品质量不合格，同时它也不难消除。因此，在生产过程中异常因素是值得注意的对象。只要发现产品质量有异常波动，就应尽快找出不合格品，采取措施加以消除，并纳入质量标准，保证不再出现。

4.2 质量管理中的统计技术

4.2.1 统计技术概述

统计技术是指收集、整理、分析和解释统计数据，并对其所反映的问题作出一定结论的技术。使用统计技术可帮助组织了解变异，从而有助于组织解决问题并提高有效性和效率。这些技术也有助于更好地利用可获得的数据进行决策。同时也能帮助了解波动/变异的特性和规律，分析引起波动/变异的根本原因，寻找控制和减小波动/变异的机会。

统计技术的用途：
(1) 提供表示事物特征的数据；
(2) 比较两事物的差异；
(3) 分析影响事物变化的因素；
(4) 分析事物之间的相互关系；
(5) 研究取样和试验方法，确定合理的试验方案；
(6) 发现质量问题，分析和掌握质量数据的分布状况和动态变化描述质量形成过程。

在科学研究和生产实践中，经常遇到各种各样的数据，按照性质和使用目的的不同，可以分为计量值数据（或称连续型数据）和计数值数据（或称离散型数据）。两者所遵循的统计分布规律不同，在进行数据统计分析时所采用的抽样方法或控制图也不同，因此，必须会正确区分这两类数据。

（1）计量值数据。计量值数据是指可以连续取值的数据，又称连续型数据。一般是用量具、仪器进行测量取得，其特点是可以在某一范围内连续取值。它大多服从或近似服从正态分布。例如：长度、容积、重量、温度。

（2）计数值数据。计数值数据是指不能连续取值的，只能以个数计算的数据。计数的方法又分为计点和计件两种。当单位产品的质量特征用缺陷品（不合格品）个数这种离散尺度衡量时，叫作计点方法。例如：某产品的不合格品数、缺陷数等。

统计方法中常用的统计特征数可分为两类：

（1）表示数据集中趋势的统计特征数，如样本平均值、样本中位数等。

（2）表示数据散布或离散程度的统计特征数，如样本极差、样本方差和样本标准偏差等。

4.2.2 统计分析工具分类

质量管理工具和技术是根据各种具体的分析需要而开发的，由于应用的目的、内容、数据类型不同，因而有着多种多样的工具和技术。如果按其处理的数据类型特征进行分类，可将统计工具和技术大致分成两大类：适用于非数字数据的工具和技术以及适用于数字数据的工具和技术。

适用于数字数据的工具和技术：排列图、直方图、控制图、散布图、二维分析图、假设检验和参数估计等。适用于非数字数据的工具和技术：分层法、因果图、树图、对策表、水平对比法、流程图、头脑风暴法等。既适用于数字数据又适用于非数字数据的工具和技术：调查表。

4.3 调查表

4.3.1 调查表概述

调查表亦称统计分析表，它是为了调查客观事物、产品和工作质量，或为了分层收集数据而设计的图表，即把产品可能出现的情况及其分类预先列成统计分析表，然后检查产品时只需在相应分类中进行统计。在检验产品或操作工人加工、拣选产品时，发现问题后，工作人员只要在统计分析表中相应的栏内填上数字和记号即可。使用一定时间后，可对这些数字或记号进行整理，这些问题就能迅速地、粗略地显露出来，以便于分析原因，提出措施，提高质量。

为了获得良好的效果、可比性、全面性和准确性，统计分析表格应设计得简单明了，突出重点；应填写方便，符号好记；调查、加工和检查的程序与统计分析表的填写次序应基本一致，填写好的统计分析表要定时更换并加以保存，数据要便于加工整理，分析整理后得到的信息应及时反馈。

4.3.2 调查表应用程序

（1）明确收集数据的具体目的。

（2）针对目的（问题）收集所有相关的资料。收集的资料最好是现场数据和原始记录，这样才能反映出工作过程和生产过程的实际情况。

（3）确定负责人和整理资料使用的统计分析方法。

（4）编制用于记录数据的表格。

① 调查表的题目：调查的目的要通过题目清楚地表现出来。

② 调查对象和项目：指出要调查什么，要获得什么样的数据。

③ 调查方法：明确采用什么工具、用什么方法来调查。

④ 调查日期和期间：以怎样的时间间隔、从何日开始、到何日为止。

⑤ 调查人：由谁来调查或由谁来收集数据。

⑥ 调查场所：在什么地方调查。

⑦ 调查结果的整理：合计、平均数、比例等的计算。

（5）对收集和记录的部分资料进行预先检查，审查表格设计的合理性。设计出调查表形式后要先使用几次，审查该表的设计是否合理，内容能否满足需要，使用是否方便等。

（6）必要时，评审并修订表格。

（7）正式使用调查表。

4.3.3 调查表示例

示例一 不良项目调查表

不良项目调查表是用来调查不良项目具体情况的调查表，如表4-1所示。它列出可能发生不良的具体项目，用一定的标记符号记录各不良项目的发生，并计算出相应的总的发生次数及其比率，以便继而用于排列图等分析研究。

表4-1 乳粉包装密封不良项目调查表

产品名称：乳粉M5		设备名称：MC-K1		批号：MF5			
工序名称：填充、包装		测定方法：全部目测		期间：2020年5月7~12日			
不合格项目	5月7日	5月8日	5月9日	5月10日	5月11日	5月12日	合计
密封线开口	/////	///	//	//////	//	///	21
外表粘着粉末	//	/////	/	//	/	///	14
密封部皱褶	///		////	/////	//	/	15
密封温度不良		/		/		//	5
其他	/				/		3
合计	11	10	7	14	7	9	58
检察员	张三	王五	李四	王凯	杜斌	李思	

示例二 缺陷位置调查表

缺陷位置调查表主要用来调查产品各部位的缺陷情况，如表4-2所示，可将该产品的草图或展开图放在调查表上，不同类型的缺陷可采用不同的符号或颜色来标记。这种调查表常常用于调查产品表面的外伤、油漆脱块、铸锻件表面缺陷等。

表 4-2 汽车车身喷漆缺陷位置调查表

车种	检查场所	检查日期	检查台数	盖章	负责人
GM-2300	涂检	3月3~5日	1200台		
工序	检查方法	检查方法	检查员		
B520	目视	全数	张三		

记号：
● 漆刺
X 线头
△ 其他

特殊事项：
①3月3日上午
10:00传送带停止（10分钟）
②3月5日下午
2:30压缩机
故障

缺陷位置调查表的使用方法是：画出产品示意图或展开图，并规定不同外观质量缺陷的表示符号，然后把检查样本所发现的缺陷，按规定的符号在同一张示意图中的相应位置上表示出来。这样，这张缺陷位置调查表就记录了这一阶段（这一批）样本的所有缺陷的分布位置、数量和集中部位，便于进一步发现问题，分析原因，采取改进措施。

示例三 质量分布调查表

质量分布调查表是对计量值数据进行现场调查的有效工具。它是根据以往的资料，将某一质量特性项目的数据分布范围分成若干区间而制成的表格，用以记录和统计每一质量特性数据落在某一区间的频数。

表 4-3 为某食品生产车间对 2020 年 5 月 4 日生产的燕麦曲奇的重量，进行质量分布调查所得数据。调查一共抽取 130 个样品，发现重量在 25.5~30.5g 的曲奇的数量为 26 块。

表 4-3 质量分布调查表

调查人：武志军　调查日期：2020年5月4日　调查数（N）：130个　单位：g

频数	1	5	6	15	26	32	25	10	5	5	0
						丁					
					一	正					
					正	正	正				
					正	正	正				
				正	正	正	正				
			一	正	正	正	正	正			
	一	正	正	正	正	正	正	正	正	正	
重量	5.5	10.5	15.5	20.5	25.5	30.5	35.5	40.5	45.5	50.5	55.5

示例四 矩阵调查表

矩阵调查表是一种多因素调查表，它要求把产生问题的对应因素分别排成行和列，在其交叉点上标出调查到的各种缺陷和问题以及数量。表 4-4 为塑料制品外观质量矩阵调查表。

表 4-4 塑料制品外观质量矩阵调查表

机号	2月5日		2月6日		2月7日		2月8日		2月9日	
	上午	下午	上午	下午	上午	下午	上午	下午	上午	下午
1#	○○ ●×	●□	○○	×× □	○△ △×	○	○○ ●● ○○ ○	○○ ●△ ○○ △	○□	○△
2#	○△ ○● □	○○ ×× ×	○○ ×× △	●● △△ ×	○○ △● ×	○○ ×× ×	○○ ○○ ○○ ○○ △	○○ ○○ ●● ○○ △×	○○ ●×	○△ ×□

注：○ 气孔；△ 形成；● 疵点；× 变形；□ 其他

4.3.4 应用调查表的注意事项

（1）对要调查的问题分类要清楚，否则会造成记录混淆，产生分析、判断错误。
（2）对调查表的主要作用要清楚，记录要认真，使调查表的效果能得到应有的发挥。
（3）调查表要针对需要调查的产品、零部件的特点来设计。

4.4 适用于数字数据的工具和技术

4.4.1 排列图

4.4.1.1 排列图的概念

排列图，又称为 ABC 图、帕累托图，是通过找出影响产品质量的主要问题来确定质量改进关键项目的图表。排列图最早由意大利经济学家帕累托（Pareto）用于统计社会财富分布状况。他发现少数人占有大部分财富，而大多数人却只有少量财富，即所谓"关键的少数与次要的多数"这一相当普遍的社会现象。后来，朱兰把这个原理应用到质量管理中，成为解决产品质量主要问题的一种图形化的有效方法。排列图的使用要以分层法为前提，将分层法已确定的项目从大到小进行排列，再加上累积值的图形。它可以帮助我们找出关键的问题，抓住重要的少数及有用的多数，适用于计数值统计。

4.4.1.2 排列图应用的原理

排列图建立在帕累托原理的基础上，通过区分最重要的与较次要的项目，可以用最少的努力获取最佳的改进效果。

4.4.1.3 排列图的作用

质量问题的原因是多种多样的，经常是 2～3 项占据其大部分。利用排列图可以容易知道这些项目的顺序，及其在质量问题中所占的比率，据此能够正确地判断出应改进的重点。重要性顺序显示出每个质量改进项目对整个质量问题的作用，识别进行质量改进的机会。

4.4.1.4 排列图的应用步骤

（1）选择要进行质量分析的项目，即将要处置的事，以状况（现象）或原因加以层别。

(2) 选择用于质量分析的量度单位，如出现的次数（频数）、成本、金额或其他度量单位。

(3) 选择进行质量分析的数据的时间间隔。

(4) 画横坐标。按项目频数递减的顺序自左至右在横坐标上列出项目。

(5) 画纵坐标。在横坐标的两端画两个纵坐标，左边的纵坐标按量度单位规定，其高度必须与所有项目的量值和相等，右边的纵坐标应与左边纵坐标等高，并从 0～100% 进行标定。

(6) 在每个项目上画长方形，其高度表示该项目量度单位的量值，长方形显示出每个项目的作用大小。

(7) 由左到右累加每一项目的量值（以%表示），并画出累计频数曲线（帕累托曲线），用来表示各项目的累计作用。

(8) 利用排列图确定对质量改进最为重要的项目。

4.4.1.5 关键的改进项目

一般可将累计频率达到80%左右时对应的少数几个项目确定为关键的改进项目。

对排列图分析的解释可用下列语句陈述：存在几个与某结果相关的因素，但这几个关键的少数因素却决定了总体的结果。由于它们代表了我们工作的最大潜在收益，因此我们应该跟踪这几个关键的少数因素。

应注意，最高的那个矩形项目未必总是被选中的最关键项目，因为它有可能不在你的控制范围之内。例如，如果维修过程时间过长是要解决的问题，第一个矩形是顾客对修理估价做出反应的时间，第二个矩形是从仓库获取零件的时间，则第二个矩形是可"控制"的因素，应选择该因素进行改进。总之，要选择利于控制和改进机会最大的因素作为最关键的项目。

4.4.1.6 应用排列图的注意事项

(1) 主要因素最好是 1～2 项，至多三项，否则将失去意义。

(2) 项目不宜过多，可把不重要的项目并入其他栏，排在最后。

(3) 对分析出的主要问题可以进行分层处理，再画出不同的排列图，便于分析比较。

(4) 针对主要因素采取措施后，应按原项目重新画排列图，以检查措施效果及下一步需改进质量的项目。

4.4.1.7 排列图示例

某电信服务公司将收集到的电话故障报告记录进行了整理，发现故障类型和每类发生次数如下：无反应 60 次；串线 120 次；信号器 70 次；不响 10 次；噪声 240 次。

要求：①按发生次数用表格的形式列出故障类型由高到低排列，表中要列出序号、项目、发生次数、累计发生次数、频率、累计频率（表4-5）。②用图的形式将表格所反映出的项目、发生次数、累计频率表示出来（图4-1）。③找出需要优先解决的两类故障，以取得明显的改进效果。

表 4-5 电话故障报告排列图数据表

序 号	项 目	发生次数	累计发生次数	频率/%	累计频率/%
1	噪声	240	240	48	48
2	串线	120	360	24	72
3	信号器	70	430	14	86
4	无反应	60	490	12	98
5	不响	10	500	2	100
合计		500		100	

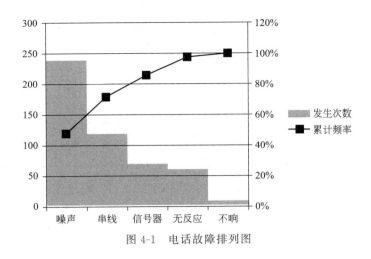

图 4-1　电话故障排列图

4.4.2　直方图

4.4.2.1　直方图的概念

直方图，亦称频数分布图，它适用于对大量计量值数据进行整理加工，找出其统计规律，即分析数据分布的形态，以便对其总体的分布特征进行推断，然后对工序或批量产品的质量水平及其均匀程度进行分析。即针对某产品或过程的特性值，利用正态分布的原理，把 50 个以上的数据进行分组，并算出每组出现的次数，再用类似的直方图形描绘出来。

4.4.2.2　直方图的作用

（1）显示质量波动分布的形态。
（2）较直观地传递有关过程质量状况的信息。
（3）对照常见的几种数据波动形态的直方图，人们就能掌握过程的状况，发现潜在的异常原因，从而确定在什么地方进行质量改进工作。
（4）判断工序是否稳定。
（5）对工序能力进行评价，评估并了解工序能力对产品质量的保证。

4.4.2.3　直方图的作图步骤

（1）收集数据。采用抽样法，从分析的过程中测量出足够多的关于某个质量特性的数据。数据个数一般为 50 个以上，最少不得少于 30 个，见表 4-6。

表 4-6　食品重量原始数据 X　　　　　　　　单位：×0.1g

26	22	19	17	17	11	23	22	30	30
22	25	20	23	20	3	19	12	20	6
29	23	17	19	12	9	14	14	17	15
14	10	20	18	16	12	22	16	20	23
23	13	20	12	23	13	19	22	19	16
14	18	27	17	24	17	30	16	8	28
20	17	23	24	11	19	19	11	20	19
19	10	19	11	17	16	20	8	16	16
17	12	30	19	22	22	19	17	23	32
19	21	18	17	12	21	25	16	11	13

（2）求极差 R。在原始数据中找出最大值 $X_{\max}$ 和最小值 $X_{\min}$，计算二者的差值，就是极差。

（3）确定分组的组数和组距。一批数据究竟分多少组，通常根据数据个数的多少而定，可参考表 4-7。

表 4-7 直方图分组数表

数据个数	50 以内	50～100	100～250	250 以上
分组数 K	5～7	6～10	7～12	10～20

分组时，若组数取得太多，每组内出现的数据个数很少，甚至为零，作出的直方图过于分散或呈现锯齿状；若组数取得很少，则数据会集中在少数组内，而掩盖了数据的差异。所以分组组数取得太多或太少都不合适。分组数 K 确定后，组距 h 也就确定了。$h=R/K$。

（4）确定各组界限。

为避免数据落在组界上，组界值的末位数可取测量值单位的 1/2。例如，测量单位为 0.1g，组界的末尾数应取 $0.1/2=0.05$g。分组界限应能把最大值和最小值包括在内。在决定组界限时，可先从第一组开始，一般参考下面的公式确定：

① 第一组的上下界限值为 $\pm(h/2)$。由于第一组的界限值向下移动了半个组距，所以实际组数比一开始选定的组数多一组。从而防止最大值落到组界之外。

② 第一组的上界限值就是第二组的下界限值，第二组的下界限值加上组距就是第二组的上界限值，也就第三组的下界限值，依此类推，可定出其他各组的组界。

③ 为了计算的需要，往往要决定各组的中心值。每组的上下界限相加除以 2，所得数据即为组中心值。组中心值为各组数据的代表值。

（5）制作频数分布表。将测得的原始数据分别归入相应的组中，统计各组的数据个数，即频数 f_i，各组频数填好后检查一下其总数是否与数据总个数相符，避免重复或遗漏（表 4-8）。

表 4-8 频数分布表

组号	组界限	组中心值	频数记录	频数 f_i
1	1.5～4.5	3	/	1
2	4.5～7.5	6	/	1
3	7.5～10.5	9	/////	5
4	10.5～13.5	12	//////////////	14
5	13.5～16.5	15	/////////////	13
6	16.5～19.5	18	///////////////////////////	27
7	19.5～22.5	21	//////////////////	18
8	22.5～25.5	24	////////////	12
9	25.5～28.5	27	///	3
10	28.5～31.5	30	/////	5
11	31.5～34.5	33	/	1
合计				100

（6）画直方图。以横坐标表示质量特性（本例中的质量特性就是食品重量），纵坐标为频数（或频率），在横轴上标明各组组界，以组距为底，频数为高，画出一系列的直方柱，

就形成了直方图。

在直方图的空白区域，记上有关数据的资料，如收集数据的时间、数据个数、样本平均值、样本标准偏差和四分位数等（图 4-2）。

统计量

变量	N	N*	均值	均值标准误差	标准差	方差	最小值	下四分位数	中位数	上四分位数	最大值
面粉重量	100	0	18.270	0.560	5.605	31.411	3.000	14.250	19.000	22.000	32.000

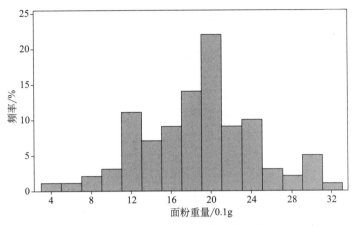

图 4-2 面粉重量分布直方图

4.4.2.4 常见直方图的分析

（1）标准型（正常型）。如图 4-3(a) 所示，标准型直方图具有"中间高，两边低，左右对称"的特征。两边与规格限有一定距离，适当留有余地。根据产品质量特性值的频数分布所画出来的直方图是正常型时，就可初步判断生产过程处于正常状态。

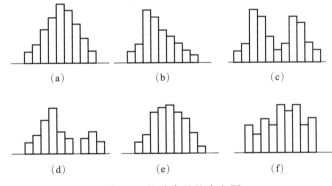

图 4-3 几种常见的直方图

（2）偏态型。如图 4-3(b) 所示，数据的平均值位于中间值的左侧（或右侧），从左至右（或从右至左），数据分布的频数增加后突然减少，形状不对称。当下限（或上限）受到公差等因素限制时，由于心理因素，往往会出现这种形状。

（3）双峰型。如图 4-3(c) 所示，靠近直方图中间值的频数较少，两侧各有一个"峰"。当有两种不同的平均值相差大的分布混在一起时，常出现这种形状。此时应加以分层处理。

（4）孤岛型。如图 4-3(d) 所示，在主体直方图的左侧或右侧出现孤立的小直方图，像一个孤立的小岛。出现孤岛型直方图，说明有特殊事件发生。造成的原因通常是工艺条件，如人、机、料、法、环等条件发生突变所致，只要找出原因，就能使直方图恢复到正常型。

(5) 平顶型。如图 4-3(e) 所示,直方图没有突出的顶峰,呈平顶型。当几种平均值不同的分布混在一起,或过程中某种要素缓慢劣化(如工具的磨损、操作者的疲劳)时,常出现这种形状。

(6) 锯齿型。如图 4-3(f) 所示,锯齿型直方图是指各组长方形出现参差不齐的形状。出现这种情况,一般是由于分组过多,或测量方法及工具的差异过大、读数存在问题所造成的。

4.4.2.5 直方图与规范、公差的比较

当直方图图形为标准型时,一般还需要对照规范或公差进行比较,以判定过程满足规范要求的程度。统计分布符合标准的直方图有以下几种情况:

(1) 理想直方图:散布范围 B 在标准界限 $T=[T_L,T_U]$ 内,两边有余量,如图 4-4 所示。

(2) B 位于 T 内,一边有余量,一边重合,分布中心偏移标准中心,应采取措施使分布中心与标准中心接近或重合,否则一侧无余量易出现不合格品,如图 4-5 所示。

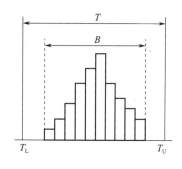
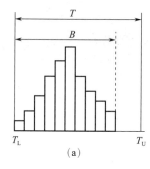
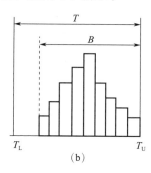

图 4-4 理想直方图　　　　图 4-5 偏差直方图

(3) B 与 T 完全一致,两边无余量,易出现不合格品,如图 4-6 所示。

(4) 统计分布不符合标准的直方图有以下几种情况:

① 分布中心偏移标准中心,一侧超出标准界限,出现不合格品,如图 4-7 所示。

② 散布范围 B 大于 T,两侧超出标准界限,均出现不合格品,如图 4-8 所示。

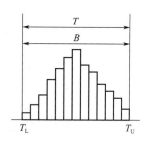
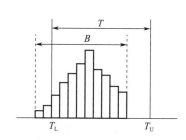
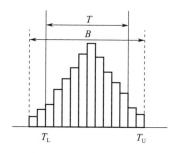

图 4-6 直方图和公差重合　　图 4-7 直方图和公差不重合(左偏)　　图 4-8 直方图超过公差

尽管直方图能够很好地反映出产品质量的分布特征,但由于统计数据是样本的频数分布,它不能反映过程中质量特性随时间的变化。比如工具的磨损,导致生产过程存在着趋向性异常变化,但直方图图形却属标准型,掩盖了这种信息。

4.4.3 散布图

4.4.3.1 散布图的概念

散布图又称相关图,它是通过分析研究两种因素的数据之间的关系,来控制影响产品质

量的相关因素的一种有效方法。在生产实践中，往往是有些变量之间存在相关关系，但又不能由一个变量的数值精确地求出另一个变量的数值。将这两种有关的数据列出，用点画在坐标图上，然后观察这两种因素之间的关系，这种图就是散布图。

在散布图中，成对的数据形成点子云，研究点子云的分布形态，便可推断成对数据之间的相关程度。当 x 值增加，相应地，y 值也增加，就称 x 和 y 之间是正相关；当 x 值增加，相应地，y 值减少，则称 x 和 y 之间是负相关。

4.4.3.2 常见的散布图形态

（1）强正相关。点子集中分布在某条直线的周围，如果 x 值增加，则 y 值也显著线性地增加。说明 y 随 x 的变化而做显著地同方向变化，x 是 y 的显著原因。只要把 x 正确地管理起来，y 就可以被控制在某个目标范围内；或者，只要知道 x 的值，就可估计出 y 的值（图 4-9）。

（2）强负相关。点子集中分布在某条直线的周围，如果 x 值增加，y 值则显著地线性减少。说明 y 随 x 的变化做显著地反方向变化，x 是 y 的显著原因。正确地管理 x，可使 y 被控制在某个目标范围内；已知 x 的值，就可估计出 y 的值（图 4-10）。

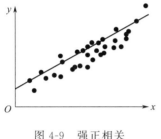

图 4-9　强正相关

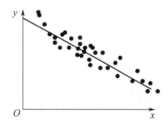

图 4-10　强负相关

（3）弱正相关。点子不是相对地集中分布在某条直线的周围，当 x 增加时，y 也有线性增加的倾向，但不明显。说明 y 随 x 的变化做不显著的同方向变化，x 是 y 的一个原因，除此之外，y 还受其他因素的影响。在调查和研究 x 与 y 之间的关系的同时，还应对其他相关的原因进行调查研究，以对 y 进行适当的控制或估计（图 4-11）。

（4）弱负相关。点子不是相对地集中分布在某条直线的周围，当 x 增加时，y 则有减少的趋势，但不明显。说明 y 随 x 的变化做不显著的反方向变化，x 是 y 的原因之一，y 同时还受其他因素的影响。应同时研究 x 以及其他相关原因与 y 的关系，同时管理好这些与 y 相关的原因（图 4-12）。

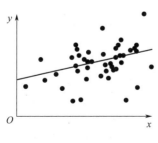

图 4-11　弱正相关

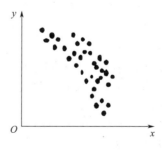

图 4-12　弱负相关

（5）不相关。点子随机地分布在坐标系的平面上，y 没有任何随 x 变化而变化的倾向。说明 x 与 y 之间没有相关关系，x 不是 y 的原因。要调查和研究与 y 相关的非 x 的其他因素，并找出这些相关的原因，从而对它们进行适当的管理（图 4-13）。

（6）曲线相关。点子较为集中地分布在某条非线性的曲线周围，当 x 变化时，y 则按某种曲线规律做相应地变化。说明 x 与 y 相关，但不是线性相关，x 是影响 y 的原因。对于非线性相关问题，需用非线性回归分析方法进行研究，也可将曲线分割成若干不同的直线段，分别采用类似线性相关的分析法进行研究，从而对原因 x 进行适当的管理或对 y 做相应的估计（图 4-14）。

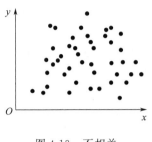
图 4-13　不相关

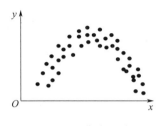
图 4-14　曲线相关

4.4.3.3　散布图的作用

（1）发现和确认两组相关数据之间的关系。

（2）确认两组相关数据之间的预期关系：一旦确认了两组相关数据之间的关系后，就可根据这种关系，对相应的原因进行控制或对相应的结果进行预测。如，把 x 正确地控制起来，使 y 处在所希望的目标上；或在已知 x 的情况下，对 y 的值做估计。

4.4.3.4　散布图的制作过程

（1）选定分析对象。分析对象的选定，可以是质量特性值与因素之间的关系、质量特性值与质量特性值之间的关系、因素与因素之间的关系。

（2）收集数据。从将要对其关系进行研究的两组相关的数据中，收集对应的数据（x，y），最好收集 30 对以上的数据。

（3）确定坐标轴的范围和刻度。分别用 x 和 y 的最大、最小值来标定 x 轴和 y 轴的刻度。

（4）当散布图上出现明显偏离其他数据点的异常点时，应查明原因，以便决定是否删除或校正。所谓异常点就是散布图上出现远离群点的点。对于这种点的出现，要查明原因。一般来说产生这种现象的原因是测量的误差、数据记录错误或操作条件的变化等。如查清确实属于上述等原因造成的，则应将这些点删除。如果原因不明，就不能删除，变量之间很可能包含着我们认识不到的规律，观察点子云形态，找出相关关系的类型和程度。

4.4.3.5　散布图的分析和判断

散布图的分析和判断方法有对照典型图例法、简单象限法、相关系数和回归分析等。这里只介绍前两种方法。

（1）对照典型图例法。把实际画出的散布图与典型图例对照，就可得到两个变量之间是否相关及属于哪一种相互关系的结论。

（2）简单象限法。

① 在图上画一条与 y 轴平行的 P 线，使 P 线的左、右两侧的点子数目相等或大致相等；

② 在图上画一条与 x 轴平行的 Q 线，使 Q 线的上、下两侧的点子数目相等或大致相等；

③ P、Q 两线把图形分成 4 个象限区域。分别计算各象限区域内的点子数目（线上的点子不计）；

④ 分别计算对角象限区域内的点子数 $n\mathrm{I}+n\mathrm{III}$，$n\mathrm{II}+n\mathrm{IV}$。

当 $n\mathrm{I}+n\mathrm{III}>n\mathrm{II}+n\mathrm{IV}$ 时，为正相关；

当 $n_Ⅰ+n_Ⅲ<n_Ⅱ+n_Ⅳ$ 时，为负相关；

当 $n_Ⅰ+n_Ⅲ=n_Ⅱ+n_Ⅳ$ 时，为不相关。

4.4.3.6 应用散布图的注意事项

（1）明确在什么范围内相关。当 x 在很小范围内提取时，即使 x 和 y 之间有相关关系，有时也常常呈现不相关的状态，因此这时 x 需在足够大的范围内提取。

有时在试验条件下 x、y 相关，而在实际生产条件下 x、y 不相关，这样不能把相关的结论扩大至更广泛的范围内。

（2）注意异常点。在出现极少数的离开散布点群的"孤立点"的情况下，首先要调查这对数据的"履历"：是否有测量错误，是否有不良品的混入，是否有由于原材料的变更而引起的特性变化，是否有设备故障等。如果判明了原因，就把异常原因记在这个点上，而在分析散布图的相关关系时不考虑此点。如果原因不明，还需把异常点包含在内，来判断整个分布图所反映的关系。

（3）注意是否有分层的必要性。在调查成对数据的"履历"后，当有分层因素时，想办法通过变更点的符号，或用颜色加以区别。

（4）注意假相关。在画出散布图后，所出现的这种形式上相关而实际并不相关的情况就是假相关或伪相关。假相关是巧合，而真正的或实际的相关是有其技术上的解释的。相反，也会偶然出现假不相关的情况。散布图相关性规律的运用范围一般仅局限于观测值数据的范围内，不能任意扩大相关的判断范围。

4.4.4 分层法

4.4.4.1 分层法概述

分层法也称分类法或分组法，它是将质量数据归类整理的一种统计分析方法。在生产过程中，影响质量波动的原因是多方面的，因此，人们所收集的质量数据往往带有综合性。为了真实地反映质量问题的原因和变化规律，将收集到的数据按其来源进行分类后，再进行质量分析的方法，称为分层法。

质量管理中的数据分层就是根据一定的使用目的和要求，按其性质、来源、影响因素等进行分类，把性质相同的，在同一条件下收集的数据归纳在一起，以便进行比较分析。分层的目的是将杂乱无章的数据和错综复杂的因素系统化和条理化，有利于找出主要质量原因，并采取相应的技术措施。

分层法常与其他统计方法结合起来使用，如分层直方图法、分层排列图法、分层控制图法、分层散布图法和分层调查表等。

4.4.4.2 分层的原则

分层的原则是：同一层次内的数据波动幅度尽可能小，层与层之间的差别尽可能大。分层要结合生产实际情况进行，目的不同，分层的方法和粗细程度也不同。分层要合理，要按相同的层次进行组合分层，以便使问题暴露得更清楚。

一般说来，分层可采用以下标志：①人员可按年龄、工龄和性别等分层。②机器可按设备类型、新旧程度、不同生产线、工夹具类型分层。③材料可按产地、批号、制造厂、规格、成分等分层。④方法可按不同的工艺要求、操作参数、操作方法、生产速度分层。⑤测量可按测量设备、测量方法、测量人员、测量取样方法、环境条件等分层。⑥时间可按不同的班次、日期等分层。⑦环境可按照明度、清洁度、温度、湿度等分层。⑧其他可按地区、使用条件、缺陷部位、缺陷内容等分层。

4.4.4.3 分层法应用步骤

（1）明确调查目的，确定调查原因与对象；
（2）设计收集数据所使用的表格；
（3）设定数据收集点并培训相关人员如何填制表格；
（4）观察及记录所得的数值；
（5）整理数据，分类绘制应有的图表；
（6）比较分析与最终推论。

4.4.4.4 分层法示例

分层法示例见表 4-9。

表 4-9 酒店意见调查表

总部部门		意见总件数	表扬件数	批评件数			建议件数	批评意见分类（批评与建议共69件）		
				意见表/大堂（信件）		合计		简要内容	件数	比率
饮食总部	翠园宫	56	51	4/1		5		饮食方面：	29	42%
	面食	90	82	8/		8				
	花厅	169	166	3/		3				
	风味	197	189	7/1		8				
	会议	10	10	/						
	其他	15	5	5/		5	5			
	累计	537	503	27/2		29	5			
客房总部	营业	227	226	1/		1		客房方面：	19	27.5%
	东客	140	140	/						
	西客	164	162	1/1		2				
	其他	23		16/		16	7			
	累计	554	528	18/1		19	7			
其他部门	会议							其他方面：	9	13.1%
	旅游	5	2	3/		3				
	商场	30	30	/						
	工程	4		3/1		4				
	财务	1		1/		1				
	销售	1		1/		1				
	累计	41	32	8/1		9				
合计	件数	1132	1063	57			12	建议：	12	17.4%
	比率	100%	94%	5%			1%			
	备注									

某酒店 2018 年 10 月份，共收到宾客意见 1132 条，其中表扬意见 1063 条，批评意见 57 条，建设性意见 12 条。尽管批评意见仅占意见总数的 5%，但比上月占 2% 有显著上升。这引起了质管部门和总经理的注意。为了分析问题，对宾客的意见进行了分层。

按部门分层：饮食部有 29 条批评意见，占批评意见总数的 50.9%，是主要问题之所在。

将宾客对饮食部的意见按地点再次分层。可看出面食区和风味区两个地方都有 8 条意见。这样就比较清晰地了解到宾客的意见来自何处，主要问题是什么。

4.5 适用于非数字数据的工具和技术

本节主要介绍适用于非数字数据的工具和技术：水平对比法、头脑风暴法、亲和图、因果图、树图、流程图、对策表等。

4.5.1 水平对比法

4.5.1.1 水平对比法的概念

水平对比法（bench marking）又称标杆管理，是1979年由美国施乐公司首创的，它是把产品或服务的过程及性能与公认的领先者进行比较，以识别质量改进机会的一种方法，它有助于认清目标并确定为使自己在市场竞争中处于有利地位所应编制计划的重点内容。

4.5.1.2 水平对比法的作用

通过水平对比法，将最佳的水平和组织的实际进行对照，找出差距，促进质量改进，使组织在竞争中立于不败之地甚至成为同业之冠。在确定组织产品质量水平、过程质量改进、质量方针和质量目标时，水平对比法都很有用。

4.5.1.3 应用水平对比法的一般程序

（1）确定对比项目：所选项目应是组织中可能薄弱的过程及其输出，应是过程及其输出的关键，应直接与顾客的需要相联系。

（2）确定对比对象：典型的对比对象可以是直接的竞争对手和（或）虽不是竞争对手，但在有关项目上是公认的领先者。

（3）收集资料：可通过直接接触、考察、访问、人员调查或公开刊物等途径获取有关数据。必要时，可以组成小组开展收集活动。

（4）归纳、整理和分析资料：对收集的资料进行归纳、整理，得出对比对象有关对比项目的资料，以便与自身情况进行比较。

（5）进行对比分析：将获得的数据进行分析对比，以明确与领先者的差距，针对有关项目制定最佳的改进目标。

（6）制定改进措施和实施计划：根据顾客的要求和领先者的绩效确定质量改进的机会，制订实施追赶计划并予以实施。

4.5.2 头脑风暴法

4.5.2.1 头脑风暴法的概念

头脑风暴法（mind storming），又称畅谈法、集思法、智力激励法、脑力激荡法、奥斯本法，是由美国人奥斯本于1938年创造的。它是采用会议形式，引导每个参加会议的人围绕某个中心议题，充分解放思想、激发灵感，在自己头脑中掀起风暴，毫无顾忌、畅所欲言地发表独立见解的一种集体创造性思维的方法。这种方法适合于解决比较简单、严格确定的问题。

4.5.2.2 头脑风暴法的用途

（1）为团队工作找出问题和机会。

（2）确定收集哪些材料。

（3）当作出因果图时帮助找出可能的原因。

（4）找出潜在的问题或机会的答案。

(5) 在质量改进中,它用于识别问题的可能解决办法和潜在质量改进的机会。

(6) 在 QC 小组活动尤其是质量改进的活动中,头脑风暴法的用途很大,比如,在画因果图、树图、亲和图时就可运用这种方法。

4.5.2.3 头脑风暴法的要求

(1) 组织形式。参加人数一般为 5~10 人,最好由不同专业或不同岗位者组成;会议时间控制在 1 小时左右;主持人只主持会议,对设想不作评论。设记录员 1~2 人,要求认真地将与会者的每一个设想不论好坏都完整地记录下来。

(2) 会议类型。①设想开发型,要求参与者要善于想象,语言表达能力要强;②设想论证型,要求与会者善于归纳、善于分析判断。这是为了将众多的设想,归纳转换成实用型方案召开的会议。

(3) 会前准备工作。会议主题提前通报给与会人员,让与会者有一定准备;主持人要熟悉并掌握该技法的要点和操作要素;参与者要懂得该会议提倡的原则和方法;会前可进行柔化训练,即对缺乏创新锻炼者进行打破常规思考、转变思维角度的训练活动,以减少思维惯性。

(4) 会议原则。禁止批评和评论;目标集中,追求设想数量;鼓励巧妙地利用和改善他人的设想,这是激励的关键所在;与会人员一律平等,各种设想全部记录下来;主张独立思考,提倡自由发言,不强调个人的成绩,以小组整体利益为重,激发个人追求更多更好的主意。

(5) 会议实施步骤。由主持人公布会议主题并介绍相关的参考情况;突破思维惯性,大胆进行联想;主持人控制好时间,力争在有限的时间内获得尽可能多的创意性设想。

(6) 主持人技巧。主持人应拥有各种创新思维并懂得技法,会前要向与会者重申会议应严守的原则和纪律,善于激发成员思考,使场面轻松活跃而又不失脑力激荡的规则;鼓励与会者多次设想,比如,平均 3 分钟内要发表 10 个设想;要掌握好时间,会议持续 1 小时左右,形成的设想应不少于 100 种。但最好的设想往往是会议要结束时提出的,因此,约定结束的时间到了可以根据情况再延长 5 分钟。

4.5.2.4 头脑风暴法的原则

(1) 推进者与大家身份一致。
(2) 明确阐述头脑风暴会议的目的。
(3) 每位小组成员依次提出一个观点。
(4) 如可能,可对小组其他成员的观点进行补充。
(5) 在观点产生阶段,既不评价也不议论观点。
(6) 当着会议成员的面把所有观点记录下来,但在会议上不做任何判断性的结论。
(7) 会议持续到不再有观点产生为止。
(8) 重温所有观点加以明确。

4.5.3 亲和图

4.5.3.1 概述

亲和图(affinity diagram),又叫 A 型图解、近似图解,它是把收集到的大量有关某一特定主题的意见、观点、想法和问题,按它们之间相互的亲(接)近关系加以归类、汇总的一种图示技术。亲和图由日本的川喜田二郎发明,所以又称 KJ 法。

亲和图的主要好处是建立了每个人对各种想法参与讨论的平台,并且作为结果所产生的图表是小组成员联合建立的针对分析问题的概念模型。它主要适用于事实或观点处于混乱状态或问题看起来太大、太复杂而无法掌握的场合。

4.5.3.2 应用亲和图的基础

实施前,首先确定层别的目的:不良率分析、效率的提升、作业条件确认等。同一层次内的数据波动幅度尽可能小,层与层之间的差别尽可能大,否则就起不到归类、汇总的作用。调查表应针对所调查对象设计。数据的性质分类应清晰、详细地记载。依各种可能原因加以区别,直到找出真正原因所在。分层时不要将两个以上角度混杂分类,并应尽量融进其他手法,如排列图、直方图、散布图、控制图等。分层所得到的分析信息应与对策相连接,并逐一付诸实际行动。

4.5.3.3 亲和图的应用步骤

(1) 用广义的术语阐述将要研究的主旨。
(2) 尽可能多地将每个人的观点、意见或想法记录在卡片上。
(3) 把卡片混合起来随机放在一张桌子上。
(4) 将有关的卡片按下列方式分组:
① 把看似有关系的卡片放在一组;
② 一组最多为 10 张卡片,不应将单张卡片勉强地编入某组;
③ 找出一张能代表该组内容的主卡片;
④ 把主卡片放在最上面。
(5) 按组将卡片中的信息进行登录汇总。

4.5.3.4 亲和图的特点

从混淆的状态中,采集语言资料,将其整合,以便发现问题时可使不同见解的人统一思想,减少争论内耗,提高效率,打破现状,产生新思想。掌握问题本质,让有关人员明确认识。团体活动,对每个人的意见都采纳。

4.5.3.5 亲和图示例

亲和图示例见图 4-15。

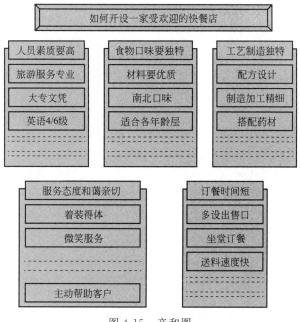

图 4-15 亲和图

4.5.4 因果图

4.5.4.1 因果图的概念

因果图亦称鱼骨图、石川图或特性要因图，它是由日本质量管理大师石川馨在川崎重工船厂创建质量管理过程时发展出来的，是一种用于分析质量问题产生的具体原因的图示方法。

任何一个质量问题的发生或存在都是有原因的，而且经常是多种复杂因素平行或交错共同作用的结果。要想有效地解决质量问题，首先要找出这些问题的原因，而且要从粗到细地追究到最原始的因素，因果图正是解决这一问题的有效工具。它把对某个质量特性具有影响的各种主要因素加以归类和分解，并在图上用箭头表示之间关系。由于它使用起来简单有效，在质量管理活动中运用广泛（图4-16）。

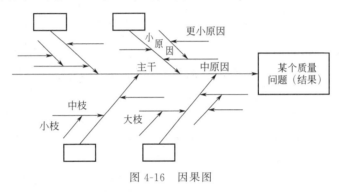

图 4-16　因果图

4.5.4.2 因果图的三种类型

（1）整理问题型因果图：各要素与特性值间不存在原因关系，而是结构构成关系。

（2）原因型因果图：追求问题的原因，并寻找其影响因素，以因果图表示结果（特性）与原因（要因）间的关系。"鱼头"在右，特性值通常以"为什么……"来写。

（3）对策型因果图：追求问题点如何防止，或者目标如何达成，并以因果图表示期望效果与对策的关系。"鱼头"在左，特性值通常以"如何提高/改善……"来写。

4.5.4.3 因果图的用途

（1）因果图主要用于分析质量特性与影响质量特性的可能原因之间的因果关系，通过把握现状、分析原因、寻找措施来促进问题的解决。

（2）能够集中于问题的实质内容，而不是问题的历史或不同的个人观点。

（3）以团队努力，聚集并攻克复杂难题。

（4）辨识导致问题或情况的所有原因，并从中找到根本原因。

（5）分析导致问题的各原因之间相互的关系。

（6）采取补救措施，正确行动。

具体来说，因果图可应用于：①分析因果关系；②表达因果关系；③通过识别症状，分析原因，寻找措施，促进问题的解决。

4.5.4.4 因果图的基本特征

（1）因果图是对所观察的结果或需考察的现象，可能产生影响的原因的直观反映。

（2）因果图清晰地揭示出了这些可能的原因之间的相互关系。一个原因可能出现在图的几个地方。例如，如果温度既影响含水量又影响物体的尺寸，那么温度可以出现在两个地方。

（3）这些相互关系一般是定性的和假定的。因果图通常为有经验地建立因果关系所需的数据作准备。

4.5.4.5 绘制因果图的步骤

（1）确定要研究分析的质量问题和对象，即确定要解决的质量特性是什么，将分析对象用肯定语气（不标问号）写在图的右边，最好定量表示，以便判断采取措施后的效果。画出"主干"，箭头指向右端的结果——研究的对象。

（2）确定造成这个结果和质量问题的因素分类项目。影响工序质量的因素分为人员、设备、材料、工艺方法、环境等；再依次细分，画"大枝"，箭头指向"主干"，箭尾端记上分类项目，并加方框。

（3）把到会者发言、讨论、分析的意见归纳起来，按相互的隶属关系，由大到小，从粗到细，逐步深入，直到能够采取解决问题的措施为止。将上述项目分别展开："中枝"表示对应的项目中造成质量问题的一个或几个原因；一个原因画一个箭头，使它平行于"主干"而指向"大枝"；把讨论、意见归纳为短语，应言简意赅，记在箭杆的上面或下面，再展开，画"小枝"，"小枝"是造成"中枝"的原因。如此展开下去，越具体、越细致越好。

（4）确定因果图中的主要、关键原因，并用符号明显地标出，再去现场调查研究，验证所确定的主要、关键原因是否找对、找准，以此作为制定质量改进措施的重点项目。一般情况下，主要、关键原因不应超过所提出的原因总数的 1/3。

（5）注明本因果图的名称、日期、参加分析的人员、绘制人和参考查询事项。

4.5.4.6 因果图的注意事项

（1）质量问题尽量具体、明确、有针对性。一个质量问题只能画一张图，多个质量问题应画多张因果图。

（2）发扬民主，集思广益，畅所欲言。

（3）分析到能采取具体措施为止。

（4）主要原因一定要确定在末端因素上，而不应确定在中间过程上。

（5）主要原因可用排列图、投票或试验验证等方法确定，然后加以标记。

（6）画出因果图后，就要针对主要原因列出对策表。对策表包括原因、改进目标措施、负责人、进度要求、效果检查和存在的问题等。

4.5.4.7 因果图示例

因果图示例见图 4-17。

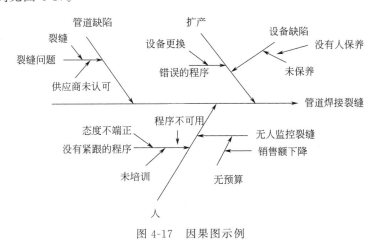

图 4-17 因果图示例

4.5.5 树图

4.5.5.1 树图的说明

树图（tree diagram）又称系统图，是表示某个问题与其组成要素之间的关系，从而明确问题要点，寻求达到目的所应采取的最适当手段和措施的一种树枝状的图。树图通常用来将主要的类别逐渐分解成越来越细的层次。其适用的场合有：方针目标实施；对过程进行详细分析；探究问题的根本原因；评估方案。树图可以是单目标的，也可以是多目标的。一般均自左至右（或自上而下）展开作图。

4.5.5.2 树图的作用

树图可以系统地把某个质量问题分解成许多组成要素，以显示出问题与要素、要素与要素之间的逻辑关系和顺序关系。通过绘制树图，就能对问题有全面地认识，然后从图形中找出问题的重点，提出实现预定目标的理想途径。具体来说，树图可用于以下几个方面：

（1）新产品开发过程中设计质量的展开。
（2）企业制订质量保证计划，维护健全的质量管理体系，展开质量保证活动。
（3）对解决企业有关产品质量、成本、交货期等问题进行措施展开。

4.5.5.3 树图的类型

（1）构成要素展开型——把构成事物或事务的因素展开的树图，如公司组织结构图。

构成要素展开型树图的应用步骤：清楚和简要地阐述将要研究的主题；确定主题的主要类别；绘制图形，把主题放在左框内，把主要类别放在右边框中；针对每一主要类别，规定其组成要素及子要素；把针对每一个主要类别的组成要素及其子要素放在相应的右边框中；对树图进行评审，确保最终得到一幅正确而又完整的树图。

（2）措施展开型——把解决问题的措施或方法展开的树图。

措施展开型树图的应用步骤：确定目的或目标；提出手段和措施；对手段、措施进行评价；绘制手段、措施卡片。

4.5.6 流程图

4.5.6.1 流程图的概念

流程图是将一个过程步骤用图的形式表示出来的一种图示技术。这个过程可以是生产线上的工艺流程，也可以是完成一项任务必需的管理过程。通过研究一个过程中各个步骤之间的关系，就可以发现故障的潜在原因和需要进行质量改进的环节。

4.5.6.2 绘制流程图常用的符号

如图 4-18 所示：

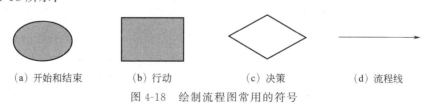

(a) 开始和结束　　(b) 行动　　(c) 决策　　(d) 流程线

图 4-18　绘制流程图常用的符号

（1）开始和结束符号，用于识别过程的开始或结束。"开始"和"结束"的字样常在该符号中出现。
（2）行动符号，表示过程的一个步骤。行动的简要描述显示在矩形中。

（3）决策符号，表示过程面临一个决策或分支点。菱形中对决策或分支的描述通常以问题的形式出现。对问题的回答决定了决策符号指引的路径去向。

（4）流程线，用于表示步骤的进展顺序。流程线上的箭头指明过程的走向。

4.5.6.3 流程图的作用

利用流程图可以"再现"一个过程。通过这种"再现"可以使我们详细了解一个过程的实际情况及其各步骤之间的关系，通常能发现潜在的问题、系统瓶颈、不必要的步骤以及返工的环节，找到改进的机会。通过绘制流程图可以使QC小组成员更好地理解整个过程，更有效地从事解决问题的工作。也可以帮助定义质量改进项目的范围——QC小组工作或调查的边界。还可用于从材料到产品销售和售后服务全过程的所有方面，描述现有的过程，亦可用来设计一个新的过程。流程图在QC小组活动、质量改进活动中有着广泛的用途。

4.5.6.4 流程图的应用步骤

（1）描述某一现有过程的流程图的应用程序。

① 确定该过程的开始和结束。
② 观察从开始到结束的整个过程。
③ 确定该过程的步骤。
④ 绘制表示该过程的流程图草案。
⑤ 与该过程中的有关人员一起评审流程图草案。
⑥ 根据评审结果对流程图加以改进。
⑦ 对比实际过程验证流程图。
⑧ 注明日期，以备将来使用或参考。

（2）设计一个新过程的流程图的应用程序。

① 确定过程的开始和结束。
② 将过程中的步骤具体化。
③ 确定该过程的步骤。
④ 绘制表示该过程的流程图草案。
⑤ 与将要参与该过程的人员一起评审该流程图草案。
⑥ 根据评审结果对流程图加以改进。
⑦ 注明日期，以备将来使用或参考。

4.5.6.5 流程图示例

复印文件的流程图如图4-19所示。

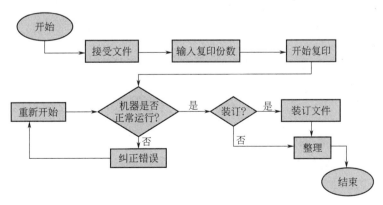

图4-19 复印文件流程图

4.5.7 对策表

4.5.7.1 对策表的含义

对策表,又称措施计划表,是针对质量问题的主要原因而制定的应采取措施的计划表。可广泛适用于各种质量控制活动中,用以针对质量问题(或原因)制订对策或措施,作为实施时的依据。对策表是执行的依据,即必须按照对策表规定的内容执行。通常,对策表是在因果分析图的基础上,根据存在质量问题的原因制定适当措施、对策,以期质量问题获得解决。

对策表的表头应落实5W1H的问题,即 why(目标)、what(对策)、who(执行者)、where(地点)、when(时间)和 how(如何做,措施)。

4.5.7.2 对策表的一般形式

对策表见表4-10。

表4-10 对策表

序号	项目	现状(或问题点)	目标	措施	责任人	完成时间	备注
1							
2							
3							
4							
…							

4.5.7.3 对策表的作用

对策表可用于针对不合格原因,防止不合格的再发生而采取纠正措施的计划制订;对措施计划评价并有效贯彻实施;检查和评价所采取措施结果及其有效性。

4.5.7.4 对策表的应用步骤

(1)通过分析,找出影响质量的主要因素。

(2)将找到的因素作为项目填入对策表。

(3)将该项因素的现状填入对策表内。

(4)将改进后的目标填入对策表内。

(5)将措施责任人、完成时间填入对策表内。

① 措施是指要做的事,一个项目可能只有一条措施,也可能有若干条措施。每条措施都要有责任人和完成时间。

② 在确定措施、责任人、完成时间时,应充分征求意见,特别是责任人的意见,最好不要强制分配任务。

③ 在确定完成时间时,应充分考虑措施的难易程度和整个项目的进展时间要求,不要过分紧张。

(6)必要时,对对策表进行评审、修正。

(7)公布对策表,督促有关责任人执行。

课后习题

1. 如何理解产品形成过程的波动?
2. 质量管理中的数据分为哪几类?请给出具体例子说明。
3. 分层法和调查表法的主要用途是什么?
4. 排列图和因果图如何制作?有何用途?
5. 如何理解将帕累托原则应用于质量管理之中?
6. 试简述树图的类型及形式。
7. 绘制在银行办理个人存取款业务的流程图。
8. 你感到最吃力或者成绩不理想的学科是哪一门?从兴趣、花费时间、课程设置、授课方式、学习习惯等方面出发画出因果图。
9. 与同学一起绘制一个与以下陈述相关的亲和图,"在当前经济环境下,与找工作相关的议题有哪些?"通过绘制该图你有何发现?
10. 绘制一个有关完成学位的过程决策程序图。
11. 如要管理下列质量特征,应选用什么管理图?
 (1) 盒装饼干的重量。
 (2) 1000 个零件中的次品数目。
 (3) 收音机上的虚焊点数目。
 (4) 一炉化工产品的产量。
 (5) 一批产品的次品率,各批数目可能不同。
 (6) 每天抽 5 个包装袋样品,分析其拉伸强度。
 (7) $1m^2$ 钢板上的刮花数目。
12. 某厂生产某零件,技术标准要求公差范围 (220 ± 20)mm,经随机抽样得到 100 个数据,如表 4-11 所示。

表 4-11 随机抽样数据表

202	204	205	206	206	207	207	208	208	209
209	210	210	210	211	211	211	211	212	212
212	213	213	213	214	214	214	214	215	215
215	216	216	216	216	217	217	217	217	217
217	218	218	219	218	218	218	218	218	218
219	219	219	219	220	220	220	220	220	220
220	220	221	221	221	221	221	222	222	222
222	222	223	224	223	224	224	225	225	225
224	225	225	226	226	227	227	227	227	228
228	228	228	229	229	229	230	232	234	235

 (1) 进行统计整理作直方图。
 (2) 计算平均值 X 和标准差 S。
 (3) 对直方图进行分析。
13. 根据表 4-12 中的数据绘制一个排列图,字母 A,B,C,D,E 和 F 表示过程中发现的缺陷类别。哪种缺陷最值得首先关注?

表 4-12 数据表

A	B	B	C	A	A	C	A	D	A
A	C	B	B	A	A	A	C	D	B
D	B	C	E	A	F	B	E	D	E
C	A	B	D	B	A	A	A	C	A
D	A	E	F	B	B	A	A	D	E
A	B	B	A	D	E	A	A	A	A

14. 某机加工件一周的质量不良项目有六项，其缺陷记录如表 4-13 所示，试计算及作主次因素排列图。

表 4-13 缺陷记录表

缺陷项目	疵 点	气 孔	未充满	形状不佳	尺寸超差	其 他	合 计
频数	49	17	11	10	6	7	100

15. 某产品两个质量特性 x、y 的测量数据见表 4-14，试作出散布图，并说明是否相关（用相关系数进行检验）。

表 4-14 某产品质量特性测量数据表

序 号	x	y	序 号	x	y
1	1.2	2.8	5	3.8	3.3
2	1.5	2.9	6	4.0	3.7
3	2.0	3.0	7	4.9	4.1
4	3.0	3.2	8	4.8	4.3

第5章 设计质量控制

本章在介绍设计质量控制有关概念、方法和基本原理的基础上，借助实例，对质量功能展开的规划、设计与展开过程，典型正交试验及稳健设计的步骤和过程等进行了详细介绍。

5.1 设计质量控制概述

5.1.1 设计及设计过程

5.1.1.1 设计

ISO 9001:2015 标准对设计的定义是"设计和开发是将要求转换为产品、过程或体系的规定的特性或规范的一组过程"。

5.1.1.2 设计过程

产品设计过程一般情况下包括九个阶段，即：产品理念形成；顾客未来需求预测；技术选择阶段；技术开发阶段；最终产品定义阶段；产品营销与分销准备阶段；产品设计与评价阶段；制造系统设计阶段；产品制造、交付和使用阶段。

5.1.2 设计质量

5.1.2.1 设计质量的定义

设计质量（design quality）是指所设计的产品是否能够满足顾客需求、是否易于制造和维护、经济性是否合理、对生态环境是否造成危害、风险是否最小等。对产品设计过程中的质量进行有效的管理、控制，对产品的质量起着关键的作用。

5.1.2.2 设计的质量要素

在产品质量管理活动中，影响产品质量的因素称为质量因素。根据各种质量因素对产品质量的影响作用不同，从设计的观点看，质量因素可分为控制因素、标示因素、信号因素和误差因素。

（1）控制因素。控制因素是指为了改进产品的质量特性，在技术上能控制其水平（取值范围）的因素，因此也称为可控因素或设计变量、设计参数。例如，材料种类、产品结构形式、结构参数、时间、温度、压力、浓度等易于控制的因素，均为控制因素。在产品的设计质量控制过程中，要选择最适宜的控制因素及其组合，以得到价廉物美的产品。

（2）标示因素。标示因素是指维持环境与使用条件等方面的因素，其水平值在设计前就已经确定。产品的各种使用条件、设备的差别、操作人员的熟练程度等都属于标示因素。在产品的设计质量控制过程中，针对标示因素的某种水平，通过调节其他各个控制因素水平，寻求各控制因素最适宜的水平与使用范围。

（3）信号因素。信号因素可对产品质量特性值（即产品输出特性值）和目标值之间的偏差进行校正。例如：汽车方向盘转角、压力机的压力、染色工艺的染料用量等都属于信号因素。因此，设计过程中选取的信号因素应具有易于改变的水平，一般要求其水平易于控制、检测、校正和调整，并与产品的输出特性值呈线性或非线性关系，使输出特性值按一定比例随其改变而改变，以保证输出特性值符合目标值。

（4）误差因素。误差因素是指除控制因素、标示因素和信号因素以外，难以控制、不可控制或控制代价很高的，并且对产品质量有干扰的其他所有因素。通常是引起质量波动的主导因素，因此又称为质量波动源、噪声因素、质量干扰因素、不可控因素。根据误差因素使质量特性产生波动的原因，大致可以分为三种类型，即外部干扰、内部干扰和随机干扰。

① 外部干扰是指产品在使用过程中，由于环境因素和使用条件发生变化而影响产品质量稳定性的干扰因素。

② 内部干扰是指产品在存放和使用中，其组成部分随时间的推移，而发生老化、磨损、腐蚀、蠕变以及失效等现象，从而影响产品正常发挥其功能的干扰因素。

③ 随机干扰是指在同一设计制造条件下，由于操作人员、材料、机器设备、环境等方面存在波动，从而使产品质量特性值发生波动的干扰因素。这种干扰具有随机性，因此称为随机干扰。

这三种质量干扰引起的产品质量特性值波动越小，产品质量就越稳定，产品质量也就越好。一般来说，产品的质量波动是客观存在的，不可能完全消除。通过设计质量控制和制造质量控制，可以减小或衰减波动的幅度。如表 5-1 所示。

表 5-1　质量干扰因素与设计、制造的控制关系

项目	外部干扰	内部干扰	随机干扰
设计质量控制	可行、有效	可行、有效	可行、有效
制造质量控制	无效	无效	可行、有效

设计质量控制可以有效地控制和衰减外部干扰、内部干扰和随机干扰引起的质量波动，而制造过程中的质量控制只能控制由随机干扰引起的质量波动。所以说，设计质量控制对产品的质量起着重要的作用。

5.1.2.3　产品质量设计模型

根据以上的因素分类，我们可以给出产品质量的设计模型，此模型的基本要素包括：信号因素（输入）y_0、设计变量（可控因素）x、噪声因素 z 和质量特性（输出特性）y，如图 5-1 所示。此图解设计模型表明，产生输出 y 必须由相应的输入 y_0 以及对输出的影响因素 x 和 z 的控制。

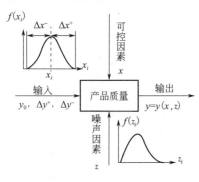

图 5-1　产品质量设计图解模型

可控因素 x 是产品设计中的一些可控因素集合，由于在设计时所确定出的名义值，经加工制造都会产生偏差，因此又用该偏差的最大允许值 Δx 来确定它的变差范围。

噪声因素 z 是不可控因素的集合，一般服从某种概率分布的一些随机变量。

质量特性（输出）y 是设计结果的输出，由于它受到设计变量 x 和噪声因素 z 的影响，所以 y 是 x 和 z 的线性、非线性、显式或隐式的随机函数，即 $y=y(z,x)$。

如果能观测的 y 的一组值 $y_1, y_2, \cdots, y_n$。按统计学方法可计算出它的均值和标准差。

$$\bar{y} = \frac{1}{N}\sum_{j=1}^{N} y_j$$

$$S_y = \left(\frac{1}{N-1}\sum_{j=1}^{N}(y_j - \bar{y})^2\right)^{\frac{1}{2}}$$

从保证产品的功能质量要求看，显然应该使设计结果的输出均值和标准差满足：

$$\bar{y} = y_0$$

$$|ks_y| < |\Delta y|$$

式中，k 为常数，随概率分布而定。若为正态分布，则可取 $k=3$。

5.1.3 设计质量控制

5.1.3.1 设计质量控制概念

设计质量控制就是按规定程序和规范，控制和协调各阶段的设计工作，以保证产品的设计质量，及时地以最少的耗费完成设计工作。因此设计质量控制就是对设计过程的工作质量进行控制。设计过程划分为设计策划过程、设计输入过程、设计输出过程、设计评审过程、设计验证过程、设计确认过程、设计更改过程和设计的状态管理过程。设计质量控制就要相应地对每一个设计子过程进行质量控制。

5.1.3.2 设计质量控制实施

(1) 设计策划。GB/T 19001—2016 标准中 8.3.2 设计和开发策划，规定在确定设计和开发的各个阶段和控制时，组织应考虑：①设计和开发活动的性质、持续时间和复杂程度；②所需的过程阶段，包括适用的设计和开发评审；③所需的设计和开发验证、确认活动；④设计和开发过程涉及的职责和权限；⑤产品和服务的设计和开发所需的内部、外部资源；⑥设计和开发过程参与人员之间接口的控制需求；⑦顾客及使用者参与设计和开发过程的需求；⑧对后续产品和服务提供的要求；⑨顾客和其他有关相关方所期望的对设计和开发过程的控制水平；⑩证实已经满足设计和开发要求所需的成文信息。

(2) 设计输入。GB/T 19001—2016 标准中 8.3.3 设计和开发输入，规定组织应针对所设计和开发的具体类型的产品和服务，确定必需的要求。组织应考虑：①功能和性能要求；②来源于以前类似设计和开发活动的信息；③法律法规要求；④组织承诺实施的标准或行业规范；⑤由产品和服务性质所导致的潜在的失效后果。

针对设计和开发的目的，输入应是充分和适宜的，且应完整、清楚。

相互矛盾的设计和开发输入应得到解决。

组织应保留有关设计和开发输入的成文信息。

(3) 设计控制。GB/T 19001—2016 标准中 8.3.4 设计和开发控制，规定组织应对设计和开发过程进行控制，以确保：①规定拟获得的结果；②实施评审活动，以评价设计和开发的结果满足要求的能力；③实施验证活动，以确保设计和开发输出满足输入的要求；④实施确认活动，以确保形成的产品和服务能够满足规定的使用要求或预期用途；⑤针对评审、验证和确认过程中确定的问题采取必要措施；⑥保留这些活动的成文信息。

设计和开发的评审验证和确认具有不同目的。根据组织的产品和服务的具体情况，可单独或以任意组合的方式进行。

(4) 设计输出。GB/T 19001—2016 标准中 8.3.5 设计和开发输出，规定组织应确保设计和开发输出：①满足输入的要求；②满足后续产品和服务提供过程的需要；③包括或引用监视和测量的要求，适当时，包括接收准则；④规定产品和服务特性，这些特性对于预期目的、安全和正常提供是必需的。

组织应保留有关设计和开发输出的成文信息。

（5）设计更改。GB/T 19001—2016 标准中 8.3.6 设计和开发更改，规定组织应对产品和服务在设计和开发期间以及后续所做的更改进行适当的识别、评审和控制，以确保这些更改对满足要求不会产生不利影响。

组织应保留以下方面的成文信息：①设计和开发更改；②评审的结果；③更改的授权；④为防止不利影响而采取的措施。

5.1.3.3 设计质量评价

（1）设计质量评价指标。可用以下指标来评价产品的设计质量特性：部分缺陷、功能特性指数、质量损失函数、质量信息熵函数。

（2）设计质量评价分类。根据设计所处的阶段，质量评价分为：事前评价、事中评价、事后评价、跟踪评价。

（3）设计质量评价方法。常用的评价方法有以下几类：专家评价法、经济分析法、运筹学和其他数学方法、混合法。

5.1.4 产品质量设计

5.1.4.1 产品质量设计的概念

产品设计过程的质量管理，关键就是要搞好质量设计。所谓质量设计，就是在产品设计中提出质量要求，确定产品的质量水平（或质量等级），选择主要的性能参数，规定多种性能参数经济合理的容差，或制定公差标准和其他技术条件。无论新产品的研制，还是老产品的改进，都要经过质量设计这个过程。

5.1.4.2 产品质量设计的任务

产品质量设计的具体任务主要有以下三项：

第一，保证产品的功能质量，要求所设计的新产品达到技术上规定的功能目标；

第二，保证产品的价值质量，即质量成本，要使产品的生产技术准备费用、制造费用和使用费用最低，使产品在价格上有较强的市场竞争能力；

第三，保证产品的图纸（或配方）质量，要能够正确反映设计思想和用以指导生产的技术要求。避免因图纸（或配方）设计不周而造成产品质量低劣和其他各种损失。

5.1.4.3 产品质量设计的步骤

在进行产品质量设计时，一般采用以下步骤：

① 研究用户对产品质量的要求。

② 制订产品质量水平方案。

③ 编制产品设计书，其内容包括产品性能和技术上代用特性及其目标值，研究实现目标值的方法，同时概算出产品成本。

④ 制定产品补充的技术条件，确定应采取的技术措施。

⑤ 编写产品试验规程。包括机电产品的耐久性试验、环境试验、加速试验与应用试验等。

⑥ 编写产品使用说明书和维修说明书。保证产品到用户手中以后能正确使用，真正发挥产品质量应有的作用。

⑦ 编制产品的检查规程。具体规定产品在生产过程中应进行控制和监督的有关质量的计量方法和计测检查手段。

⑧ 制订产品在试制阶段的质量跟踪方案。运用工序能力调查情报，确定要进行调查的质量特性项目和拟收集的有关质量数据的准备工作。

⑨ 根据检查规程，确定产品检查项目以及所需检测仪器和测量工具项目。

⑩ 修订质量设计指南，将质量设计工作中取得的新成果补充进去。质量设计指南是根据检查标准、技术标准、作业标准、设备参考资料等汇总质量设计方面有用的项目和数据而编成的参考手册。

组织专门小组进行设计评审，目的在于补充设计的考虑不周之处，寻找存在的问题，并运用质量管理方法加以解决，使质量设计文件达到完善的地步。

5.1.4.4 产品质量设计的职能

产品质量设计的主要职能是：收集分析质量信息，制定质量目标，组织质量评价活动，进行设计评审，故障分析，实验室试验，现场试验，小批试生产鉴定等。

（1）产品质量信息的收集分析。技术和质量情报是开发新产品的依据，它对开发新产品的成败影响极大。因此，企业应当建立技术情报和质量信息系统，对各种技术情报、质量信息进行全面、统一的管理和使用。

（2）产品质量目标的制定。产品质量目标应在充分分析市场动态、用户要求、技术水平的基础上，结合企业的质量政策和实力来制定，并要坚持以下原则：

① 保证在同类同档产品中具有自己的特色。

② 力争成为同类产品的高档货，具有较高的质量水平。

③ 当不能实现高档货时，则应做到在同档产品中成本最低。

（3）产品质量评价活动。在产品开发的不同阶段，有不同的评价内容和重点。

① 规划、方案、构思阶段。主要是对产品质量目标进行评价，也称为 A 评价。其目的是早期沟通设计、生产、供销、质量等部门的意见，通盘考虑产品开发方案中各种重要问题，如质量目标是否符合用户和本企业发展的要求，技术上是否先进，研制费用是否合理等。

② 样品试制、试验阶段。主要是对产品的性能进行评价，也称为 B 评价。这一阶段的评价可能不止一次，主要是验证产品的设计（配方）是否正确，产品性能是否达到方案要求等。

③ 小批试制阶段。主要是对产品的使用寿命、有效性进行评价，也称为 C 评价。这一阶段不仅要对产品的各项指标进行全面考核，而且还要对投产前的各项准备工作进行评价，以保证大量投产后的产品质量。

④ 批量生产阶段。是对销售市场进行评价，主要是考核产品的使用效果，收集用户意见和市场需求情况，以作为进一步改进产品质量的依据。

（4）产品质量——成本分析。进行质量——成本分析的目的是在保证实现产品质量目标的前提下，努力降低产品的成本，以便获得更大的销路和更好的经济效益。

（5）产品设计评审。设计评审是防止产品缺陷的一种早期报警手段。为了及早地发现、防止和弥补设计本身的缺陷，在产品开发设计过程的各阶段决策点上，组织与产品形成有关但不直接参与或对产品开发设计不负直接责任的专家，对产品设计及可能出现的缺陷进行评审，以及时查出和补救设计中的不足，防止把设计中的质量缺陷带到生产中去而影响产品的性能、使用效果及制造成本、保养费用等。

5.2 质量功能展开

5.2.1 质量功能展开概述

5.2.1.1 质量功能展开的起源与发展

质量功能展开（quality function development，QFD）是日本质量管理专家水野滋和赤尾洋二于 20 世纪 60 年代提出的一种立足于在产品开发过程中最大限度地满足顾客需求的系统化、用户驱动式质量保证方法。

20 世纪 80 年代，质量功能展开传入美国，在并行工程中得到应用，如飞机通信系统等大型复杂系统。初期获得成功以后，质量功能展开的应用面得到了极大扩展。

20 世纪 90 年代初期，熊伟教授和新藤久和教授的《日本质量机能展开的动向与今后的发展》一文将质量功能展开首次引入我国。此后，我国的许多刊物介绍了质量功能展开的研究成果。

此后，质量功能展开经过了近十年的时间，得到了广泛应用，从制造业发展到建筑业、医院、软件产业、服务业等。现已成为一种重要的质量设计技术，得到世界各国的普遍重视，被认为是满足顾客要求、赢得市场竞争、提高企业经济效益的有效技术。

5.2.1.2　QFD 的基本原理

运用 QFD 的过程就是回答以下三个问题：

（1）顾客所要求的质量是什么（什么样的产品或服务是必不可少和必须考虑到的）？

（2）该产品必须具有什么样的功能以及如何利用它来提供相关的服务？

（3）根据现有掌握资源的情况，如何尽可能满足顾客的需求？

所以说，QFD 体现了开发产品应以顾客为导向、以顾客的需求为唯一依据的指导思想，把产品的功能放在产品开发的中心地位，对产品性能进行定量描述，实现对功能的量化评价。QFD 是根据顾客需求开发出综合质量高的产品的有效手段。

目前对质量功能展开有如下共识：

（1）QFD 最为显著的特点是要求企业不断地倾听顾客的声音，了解顾客的意见和需求，然后通过合适的方法和措施，在产品开发阶段得以完美体现；

（2）QFD 是在实现顾客需求的过程中，帮助产品研发部门制定出相关质量技术的要求和措施，并使各职能部门能协调工作；

（3）QFD 是一种在产品研发设计阶段进行质量保证的方法；

（4）QFD 的目的是使产品以最快的速度、最优的质量、最低的成本和最合理的价格供应产品所属市场。

因此，质量功能展开方法的核心思想是：注重产品从开始的可行性分析到生产都是以顾客需求为驱动的，强调将顾客的需求明确转变为产品开发的管理者、设计者、制造工艺部门以及生产计划部门等有关人员均能理解并执行的各种具体信息，从而保证企业最终能生产出符合顾客需求的产品。

5.2.1.3　**质量功能展开的构成**

质量功能展开包括广义的质量功能展开和狭义的质量功能展开。而广义的质量功能展开又包括质量展开、技术展开、成本展开和可靠性展开。质量功能展开的构成如图 5-2 所示。

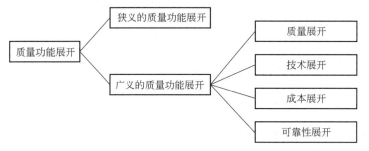

图 5-2　质量功能展开的构成

赤尾洋二教授对广义的质量功能展开的定义是：将顾客的需求转换成代用质量特性，进而确定产品的设计质量（标准），再将这些设计质量系统地（关联地）展开到各个功能部件的质量、零件的质量或服务项目的质量上，以及制造工序各要素或服务过程各要素的相互关联上，使产品或服务事先就完成质量保证，符合顾客需求。

（1）技术展开。由作为质量展开核心的质量表制定的规划质量和设计质量，在现有技术可以达到的情况下自然没有问题，但如果现有的技术不能实现，开发日程将会大幅度拖延，甚至需要变更设计方案。因此，必须尽早发现和解决这些在新产品开发过程中成为障碍的技术问题。在质量功能展开中，这些技术问题被称为"瓶颈技术"，对实现规划质量所必要的技术进行研讨的过程被称为技术展开。

（2）成本展开。对于企业的一般情况而言，如果只进行质量和技术展开，有可能会使成本提高。因此，必须考虑质量和成本的平衡。其基本思想是：在设定计划质量的同时设定计划成本，制订各费用项目和各零部件的成本计划，然后，可以预测质量保证上的问题点并加以解决。

（3）可靠性展开。在新产品开发中，为了实现没有故障的质量，必须把可靠性手法与质量展开相结合，预测故障类型，研究其产生原因及其对产品的影响，在投产之前制定对策，排除故障。

5.2.1.4 QFD方法的作用

QFD方法具有很强的功效性，具体表现为：

（1）QFD有助于企业正确把握顾客的需求。QFD是一种简单的、合乎逻辑的方法，它包含一套矩阵，这些矩阵有助于确定顾客的需求特征，以便于更好地满足和开拓市场，也有助于决定公司是否有力量成功地开拓这些市场以及什么是最低的标准等。

（2）QFD有助于优选方案。在实施QFD的整个阶段，人人都能按照顾客的需求评价方案，所有的决定都是以最大限度地满足顾客需求为基础的。当作出一个决定后，该决定必须是有利于顾客的，而不是有利于工程技术部门或生产部门，顾客的观点置于各部门的偏爱之上。QFD方法建立在产品和服务应该按照顾客需求进行设计的观念基础之上，所以顾客是整个过程中最重要的环节。

（3）QFD有利于打破组织机构中部门间的功能障碍。QFD主要是由不同专业、不同观点的人来实施的，所以它是解决复杂、多方面业务问题的最好方法。但是实施QFD要求有献身和勤奋精神，要有坚强的领导集体和一心一意的成员，QFD要求并鼓励使用具有多种专业知识的小组，从而为打破功能障碍、改善相互交流提供了合理的方法。

（4）QFD容易激发员工的工作热情。实施QFD，打破了部门间的隔阂，会使员工感到心满意足，因为他们更愿意在和谐气氛中工作，而不是在矛盾的气氛中工作。另外，当他们看到成功和高质量的产品，会感到自豪并愿意献身于公司。

（5）QFD能够更有效地开发产品，提高产品质量和可靠性，更好地满足顾客。为了开发产品而采用QFD的公司已经尝到了甜头，成本削减了50%，开发时间缩短了30%，生产率提高了200%。

5.2.1.5 质量功能展开的特点

（1）质量功能展开的整个过程是以满足顾客需求为出发点的，每一个阶段的质量屋，输入和输出都是由顾客需求驱动的。这也是市场经济规律在生产经营实际中的灵活应用，其目的是保证最大限度地满足顾客需求。

（2）在质量功能展开的整个过程中，各个阶段都是将顾客需求转化为管理者和设计人员能明确了解的各种指标信息，减少产品从规划到产出各个环节的信息阻塞，从而实现产品的成本降低和质量提高，提高产品的竞争力。

(3) 质量功能展开方法的基本思想是"需要什么"和"怎么满足"。在这种对应形势下，顾客的需求不会被误解或忽视，产品的质量功能不会疏漏和冗余。这实际上也是一种企业经济资源的优化配置。

(4) 质量屋（house of quality，HOQ）是建立质量功能展开的基础工具，也是质量功能展开的精髓。典型的质量屋框架构成形式和分析求解方法不仅可以运用于新产品的研发，还可以运用于原有产品的改善等企业管理、产品设计的中间过程。

5.2.2 质量屋及应用方法

5.2.2.1 质量屋的构成

质量功能展开过程是通过一系列图表和矩阵来完成的，其中起到重要作用的是质量表（quality chart 或 quality table）。现有质量表的定义是由赤尾洋二教授整理而成的："质量表是将顾客需求的真正质量，用语言表现，并进行体系化，同时表示它们与质量特性的关系，是为了把顾客需求变换成代用特性，进一步进行质量设计的表"。

日本的质量表流入美国后，由于它的形状很像一座房屋，所以被形象地称为质量屋，是一种形象直观的二元矩阵展开图表。质量功能展开的基本原理就是用"质量屋"的形式，科学地将顾客的需求逐层展开为产品的设计要求、零件的设计要求、工艺要求和生产要求等。然后，采用加权评分的方法，对设计、工艺要求的重要性作出评定，量化分析顾客需求与工程措施间的关系度。经数据分析处理后，找出满足顾客需求贡献最大的工程措施，即关键措施，从而指导设计人员抓住主要矛盾，开展稳定性优化设计，最终保证开发和设计产品的质量，开发设计出顾客满意的产品。

质量屋的结构如图 5-3 所示，其内容可根据设计开发的需要进行适当剪裁。

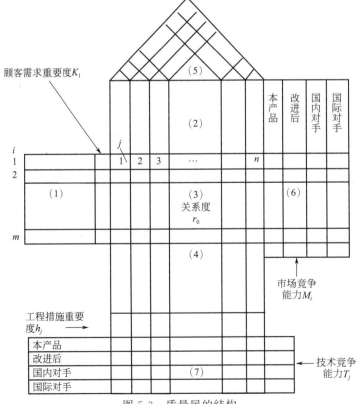

图 5-3　质量屋的结构

质量屋中的结构要素如下：
(1) "左墙"：顾客需求及其权重，即质量屋的"什么（what）"。
(2) "天花板"：技术需求或工程措施（设计要求或质量特性），即质量屋的"如何（how）"。
(3) "房间"：关系矩阵，即顾客需求和技术需求之间的相关程度，关系矩阵。
(4) "地板"：工程措施的指标以及重要度。
(5) "屋顶"：技术需求相关关系矩阵。
(6) "右墙"：竞争分析，站在顾客的角度，对本企业的产品和市场上其他竞争者的产品在满足顾客需求方面进行评估。
(7) "地下室"：技术评估，对技术需求进行竞争性评估，确定技术需求的重要度和目标值等。

5.2.2.2 质量屋的构造步骤

步骤1：确认顾客需求并进行顾客需求重要性评估。首先识别出顾客需求，包括主要需求、详细内容和各服务项目属性；其次管理者必须将顾客需求在相对平等条件下量化以表示其重要程度，并放置在质量屋的左墙。

步骤2：进行同行竞争者的标杆评价。针对主要竞争者A、竞争者B作比较分析，得到市场竞争能力评价，以此作为右墙。

步骤3：挖掘工程措施。质量屋的天花板是工程措施。在此步骤中，管理者必须从组织运作的角度出发，运用各种方法挖掘出各种行之有效的与所有相关功能单位有关的工程措施。

步骤4：评估关系矩阵，定量表示工程措施在满足顾客需求方面的有效性。质量屋的中心是关系矩阵，用以表示顾客需求和工程措施的关联程度，也就是说管理者请专家根据已有的经验和数据评估步骤3各项工程措施符合步骤1所列出的特定顾客需求的贡献程度。

步骤5：设定工程措施的指标及其相对重要度。根据顾客需求决定各项工程措施的相对权重。关键措施的重要度应明显高于一般工程措施的重要度。例如可将重要度高于所有工程措施的平均重要度1.25倍以上的工程措施列为关键措施。

步骤6：进行各项工程措施的竞争能力评价，将技术竞争能力与之作差异比较。管理者可以通过与已有的运用于任何行业的相关措施进行标杆比较，得到一个相对全面的评价。

步骤7：决定各工程措施之间的相互关系，评估其相关矩阵，作为质量屋的屋顶，完成整个质量屋的建构。

5.2.2.3 质量屋中参数的配置及计算

(1) 顾客需求及权重K_i。对顾客需求按照性能（功能）、可信性（包括可用性、可靠性和维修性等）、安全性、适应性、经济性（设计成本、制造成本和使用成本）和时间性（产品寿命和及时交货）等进行分类，配置至产品规划质量屋中相应的位置。

标定各需求相互间的相对重要度。可采用1~9或者1~5数字标定各需求的重要度。数值越大，重要度越高；反之，重要度越低。

(2) 技术需求。在配置技术需求时，应注意满足以下三个条件：
① 针对性：技术需求要针对所配置的顾客需求。
② 可测量性：为了便于实施对技术需求的控制，技术需求应可测定。
③ 宏观性：技术需求只是为以后的产品设计提供指导和评价准则，而不是具体的产品整体方案设计。对于技术需求，要从宏观上以技术性能的形成来描述。

(3) 关系矩阵。确定工程措施与顾客需求之间的关系度，以及工程措施两两之间的相关度（正相关、强正相关、负相关、强负相关）；最后进行加权评分以确定工程措施的重要度T_{aj}。

关系矩阵中m和n分别指的是顾客需求和技术需求的个数，$r_{ij}(i=1,2,\cdots,m; j=$

$1, 2, \cdots, n$）指的是第 i 个顾客需求与第 j 个技术需求之间的相关程度值。

关系矩阵一般用"◎、○和△"表示，它们分别对应数字"9，3 和 1"，没有表示无关系，对应数字 0。

如果关系矩阵中相关符号很少或大部分是"弱"相关符号，则表示技术需求没有足够地满足顾客需求，应对它进行修正。

（4）竞争分析。

① 其他企业的情况，本企业的现状。竞争能力用 1～5 五个数字表示，1 表示最差，5 表示最好。

② 确定对每项顾客需求是否要进行技术改进以及改进目标；

③ 根据本企业现状和改进目标计算出对顾客需求的改进程度（比例）；

④ 销售考虑 S_i，用于评价产品的改进对销售情况的影响。

⑤ 根据改进程度、重要性、销售考虑 S_i 计算出顾客需求的权重（绝对值和相对值）。

竞争分析中的各项计算公式如下：

$$改进比例 R_i = 改进目标 T_i / 本企业现状 U_i$$
$$绝对权重 W_{ai} = 改进比例 R_i \times 重要度 K_i \times 销售点 S_i$$
$$相对权重 W_i = (W_{ai} / \sum W_{ai}) \times 100\%$$

式中，i 表示顾客需求的编号。

（5）技术评估。与相关外企业状况的比较，评估本企业所提出的这些技术需求的现有技术水平；给出具体各项技术需求的技术指标值；利用竞争分析的结果和关系矩阵中的信息，计算各项技术需求的重要程度（绝对值和百分比），以便作为制定技术需求具体技术指标或参数的依据。

技术需求的重要程度计算：

$$重要程度 T_{aj} = \sum r_{ij} k_i$$
$$相对重要程度 T_j = (T_{aj} / \sum T_{aj}) \times 100\%$$

式中，i 表示顾客需求的编号，j 表示技术需求的编号，r_{ij} 是关系矩阵的值，k_i 是顾客需求的权重。

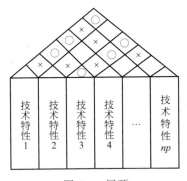

图 5-4 屋顶

（6）屋顶。各技术需求之间的相互关系表现为三种形式：无关系、正相关和负相关。

屋顶中的内容不需要计算，一般只是用"○"表示正相关，用符号"×"表示负相关，标注到质量屋屋顶的相应项上，作为确定各技术需求具体技术参数的参考信息（图 5-4）。

5.2.2.4　QFD 的模式

目前，日、美等国通过对 QFD 的深入研究和发展，形成了三种比较常见的 QFD 模式：综合 QFD 模式、ASI 四阶段模式和 GOAL/QPC 的矩阵模式。第一种模式是由赤尾洋二定义的，而后两种是在 QFD 传入美国后，由美国的两家非营利性培训组织 ASI（American Supplier Institute，美国供应商协会）和 GOAL/QPC（Growth Opportunity Alliance of Lawrence Inc.，劳伦斯成长机会联盟）结合美国的实践，简化和发展出来的。由于综合 QFD 模式和 GOAL/QPC 模式相对复杂，感兴趣的读者可以参考其他文献，本书只介绍 ASI 四阶段模式（图 5-5）。

ASI 四阶段模式是将 QFD 方法贯穿产品设计到生产的整个循环过程，包括设计、零部件、工艺和生产。这四个阶段有助于把来自顾客对产品的要求传送到设计小组以及生产操作

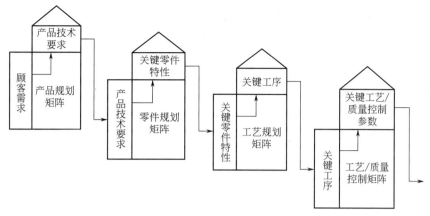

图 5-5　ASI 四阶段模式

者等所有参与人员。根据"下一道工序就是上一道工序的用户"的原则，通过层层分解，最终设计出完整的产品/服务质量控制体系。各阶段的质量功能展开均可采用质量屋的形式，其中，顾客需求的识别（"左墙"——what 构造）和质量特性的挖掘（"天花板"——how 构造）是两大核心要素，是 HOQ 是否可以有效建立的关键。除了"左墙"和"天花板"的内容有区别外，质量屋的其他要素也都通用，如图 5-5 所示，像瀑布的样子，因此也称为 QFD 瀑布式分解模型。

实施 QFD 的关键是获取顾客需求并将顾客需求分解到产品形成的各个过程，将顾客需求转换成产品开发过程具体的技术要求和质量控制要求。通过对这些技术和质量控制要求的实现来满足顾客的需求。因此，严格地说，QFD 是一种思想，一种产品开发管理和质量保证与改进的方法论。将顾客需求一步一步地分解和配置到产品开发的各个过程中，需要采用 QFD 瀑布式分解模型。下面是几种典型的 QFD 瀑布式分解模型。

（1）按顾客需求→产品技术要求→关键零件特性→关键工序→关键工艺/质量控制参数，分解为四个质量屋矩阵，如图 5-5 所示。

（2）按顾客需求→供应商详细技术要求→系统详细技术要求→子系统详细技术要求→制造过程详细技术要求→零件详细技术要求，分解为五个质量屋矩阵。

（3）按顾客需求→技术要求（重要、困难和新的产品性能技术要求）→子系统/零部件特性（重要、困难和新的子系统/零部件技术要求）→制造过程要求（重要、困难和新的制造过程技术要求）→统计过程控制（重要、困难和新的过程控制参数），分解为四个质量屋矩阵。

（4）按顾客需求→工程技术特性→应用技术→制造过程步骤→制造过程质量控制步骤→在线统计过程控制→成品的技术特性，分解为六个质量屋矩阵。

每一阶段质量屋的工程措施应足够具体和详细，适于作为下一个阶段质量屋的顾客需求（"左墙"）。例如，若产品规划质量屋中关键的工程措施不够具体和详细，可能需要在进行零部件展开前先建立设计要求——产品特性质量屋，其后再建立产品特性——零部件特性质量屋。反之，若产品规划阶段工程措施对于工艺计划阶段已足够详细，则可省略零部件展开阶段。

质量屋的规模不宜过大，即顾客需求和工程措施的数量不宜过多，以便于操作。一般顾客需求不应多于 20 项，工程措施不应多于 40 项。要特别指出，四个阶段的质量屋必须按照并行工程（concurrent engineering）的原理在产品方案论证阶段同步完成，以便同步地规划产品在整个开发过程中应该进行的所有工作，确保产品开发一次成功。质量功能展开是贯彻实施并行工程思想的十分有力的工具。

5.2.3 质量屋应用实例——圆珠笔的开发

下面以圆珠笔的开发为例，使大家对 QFD 有一个初步的了解。圆珠笔是最通用的书写工具，其书写的字迹质量与用碳素墨水钢笔的书写质量接近，字迹流畅、均匀、牢固、不褪色，适于长期或永久保留，因此可在任何正式的场合使用。国产圆珠笔的质量与国外先进水平相比，还有很大差距。为了提高国产圆珠笔质量，进军国际市场，采用 QFD 方法进行出口圆珠笔的开发（图 5-6）。

工程措施（第1级） 顾客需求（第1级）	重要度 K_i	笔尖组件设计	油墨浓度	油墨成分	收放机构	外形设计	成本控制	材料	市场竞争能力 M_i			
									本产品	改进后	国内对手	国外对手
书写流利	5	9	5	5			1	2	4	5	4	5
永不褪色	4		2	9			1		3	4	3	5
外形美观	3	1			3	9	1	2	4	5	4	5
使用方便	3	1			8	1			4	5	5	5
价格适中	1	1		2			9		4	5	4	4
适度耐用	2	2			3		1	7	5	5	5	5
		圆珠与珠座间隙适当	将浓度目标值控制在×× %	选择合理的配方	收放简便，可无故障收放次数	美观大方，适合不同消费者	售价不高于1美元	选用合适的笔尖和笔杆材料	0.78	0.96	0.81	0.99
									市场竞争能力指数 M			
工程措施重要度 h_j		56	33	63	41	30	23	30				
技术竞争能力 T_j	本产品	4	4	3	3	5	4	3	0.72	技术竞争能力指数 T		
	改进后	5	4	4	5	5	5	4	0.91			
	国内对手	4	5	4	4	5	5	4	0.78			
	国外对手	5	5	5	5	5	5	4	0.98			

图 5-6　圆珠笔质量屋

5.2.3.1 顾客需求与工程措施的设定

为了建立质量屋，必须首先收集顾客信息，整理得出顾客需求。顾客或市场的需求往往比较笼统、定性和朴素，有些意见可能有局限性。另外，随着时间的推移、经济和技术的发展、消费环境的变化，市场需求也是不断变化的。应当尽可能完整、及时地收集第一手的市场信息。在此基础上，对这些原始信息进行整理、加工和提炼，形成系统的、有层次的、有条理的、有前瞻性的顾客需求。这项工作是极其重要的，它是一个企业正确地制定产品开发战略、设定产品质量目标的基础。

经过广泛调研，顾客对圆珠笔的要求主要有：书写要流利，字迹永不褪色，外形美观，使用方便，价格适中，有适当的耐用性。将这六条整理后作为顾客需求填入质量屋"左墙"。

从技术的角度出发，应针对顾客的需求，进行产品质量特性（设计要求）的展开（需要时可以把质量特性划分层次），按隶属关系整理成表格，形成质量屋中的"天花板"部分。

圆珠笔的设计要求包括笔尖组件设计、油墨浓度选择、油墨成分的确定、收放机构设计、外形设计、成本控制和材料。这七项要求没有层次上的隶属关系，作为同级工程措施并列填入质量屋的"天花板"。

5.2.3.2 关键措施与瓶颈技术的确定

为了从上述七项工程措施中挑选出具有关键意义的几项，首先，要对顾客需求进行评估，给出各项需求的重要度值；然后，确定顾客需求与工程措施两两之间的关系度（关系矩阵）；最后，分别计算每项工程措施与全部顾客需求的加权关系度之和并进行比较。加权系数即相应的顾客需求的重要度。加权关系度之和大（亦即对满足顾客需求贡献大）的那些工程措施就是所谓的关键措施。我们将每项工程措施对顾客需求的加权关系度之和称为工程措施的重要度，根据该重要度明确重点，集中力量实现关键的工程措施，把好钢用在刀刃上，最大限度地发挥人力、物力的作用。

关键措施的重要度应明显高于一般工程措施的重要度。例如，可将重要度高于所有工程措施的平均重要度 1.25 倍以上的工程措施列为关键措施，加权后工程措施的重要度：

$$h_j = \sum_{i=1}^{m} k_i r_{ij}$$

第 1 项工程措施"笔尖组件设计"的重要度为：

$$h_1 = \sum_{i=1}^{6} k_i r_{ij} = 5 \times 9 + 4 \times 0 + 3 \times 1 + 3 \times 1 + 1 \times 1 + 2 \times 2 = 56$$

第 2 项工程措施"油墨浓度"的重要度为：33。以此类推，可以求出另外工程措施的重要度。按照重要度超过平均重要度的 1.25 倍，确定了两项关键措施：油墨成分和笔尖组件设计。

在该质量屋中，对新产品预期的竞争能力（市场竞争能力和技术竞争能力）也作了分析，帮助决策者了解产品的竞争态势。

对市场竞争能力 $M_i(i=1, 2, \cdots, m)$ 进行综合后，获得产品的市场竞争能力指数 M 为

$$M = \sum_{i=1}^{m} k_i m_i / \left(5 \sum_{i=1}^{m} k_i \right)$$

在图 5-6 中"本产品"的市场竞争能力指数为：

$$\begin{aligned} M &= \sum_{i=1}^{6} k_i m_i / \left(5 \sum_{i=1}^{6} k_i \right) \\ &= (5 \times 4 + 4 \times 3 + 3 \times 4 + 3 \times 4 + 1 \times 4 + 2 \times 5) / [5 \times (5 + 4 + 3 + 3 + 1 + 2)] \\ &= 70/90 = 0.78 \end{aligned}$$

对技术竞争能力 $T_j(j=1, 2, \cdots, n)$ 进行综合后，获得产品的技术竞争能力指数 T 为：

$$T = \sum_{j=1}^{n} h_j T_j / \left(5 \sum_{j=1}^{n} h_j \right)$$

在图 5-6 中"本产品"的技术竞争能力指数为：

$$\begin{aligned} T &= \sum_{j=1}^{7} h_j T_j / \left(5 \sum_{j=1}^{7} h_j \right) = (56 \times 4 + 33 \times 4 + 63 \times 3 + 41 \times 3 + 30 \times 5 + 23 \times 4 + 30 \times 3) \div \\ &\quad [5 \times (56 + 33 + 63 + 41 + 30 + 23 + 30)] = 0.72 \end{aligned}$$

市场竞争能力指数和技术竞争能力指数越大越好。

综合竞争能力指数是市场竞争能力指数与技术竞争能力指数的乘积，即

$$C = MT$$

在图 5-6 中，"本产品"的综合竞争能力指数为：
$$C=MT=0.78\times 0.72=0.56$$
C 值越大越好。

关键措施从质量角度来说必须予以保证，并从严控制，但在技术上不一定难以实现。我们将现有技术很难解决的技术关键称为"瓶颈技术"，在质量功能展开的过程中必须找出瓶颈，并攻克瓶颈技术。

根据工程经验，另有一部分工程措施虽然重要度不够高，但技术实现上难度较大，对此类工程措施也必须重点攻关。瓶颈技术在多个阶段的质量屋中都存在，可按下列准则进行分析确认：①现有技术不能实现的关键工程措施；②成本过高的零部件；③质量和可靠性过不了关的零部件；④新开发的工艺和原材料等。

找出关键工程措施和瓶颈技术后，应组织力量攻关，应用有关的工程技术，使瓶颈技术获得突破，使关键工程措施的设计方案实现稳定性优化，使产品开发中的技术障碍得以解决，以免延误研制周期或留下质量隐患。

5.2.3.3 四个阶段的质量功能展开

由于产品开发一般要经过产品规划、零部件展开、工艺计划、生产计划四个阶段，有必要进行四个阶段的质量功能展开。对圆珠笔的开发而言，可以将"油墨成分""笔尖组件设计"作为下一阶段即零部件展开阶段的质量屋的"左墙"，进一步展开对零部件设计的分析，以便将顾客的要求深入地贯彻到产品的详细设计中去。在圆珠笔的工艺计划和生产计划阶段，也应类似地进行质量功能展开。

5.2.3.4 落实关键环节的稳定性优化设计和强化控制

通过四个阶段的质量功能展开，确定了关键环节，为深入的产品开发指明了方向，对于关键措施与瓶颈技术攻关及产品和工艺的健壮性设计则有赖于其他质量和可靠性工具，因此，有必要将 QFD 与其他质量和可靠性工具结合使用，开发出优化的产品。根据情况可采用系统设计、试验设计、参数设计与容差设计、故障模式与影响分析、故障树分析、价值工程/价值分析（value engineering/value analysis）、数字仿真、以顾客为中心的可靠性设计分析等各种方法，以便实现稳定性的设计优化、工艺优化，充实和完善质量屋。对关键零部件和关键工艺，在生产制造阶段还要采用与健壮性设计相适应的监控方法，如统计过程控制、先进质量体系等，进行严格的质量控制。

5.2.3.5 质量屋的不断迭代与完善

第一轮四个阶段的质量屋大致在产品初步设计结束时完成。随着产品研制工作的深入，需要对各阶段的质量屋不断进行迭代、完善，尤其在初步设计结束和投产决策两个节点，应进行 QFD 的评审。在产品进入市场前形成最终的四个阶段的质量屋，成为产品技术归档资料的一部分。质量屋的迭代与完善可结合设计评审、工艺评审和产品评审进行。

在新产品上市后，应继续应用 QFD 方法，开展和优化售后服务，收集、研究顾客的意见，应用 QFD 方法不断改进产品，提高产品质量，推出新的款式、型号，满足市场新的需求。

5.3 试验设计

5.3.1 试验设计概述

5.3.1.1 试验设计简介

试验设计方法是一种同时研究多个输入因素对输出的影响的方法。它是指通过对选定的输入因素进行精确、系统的人为调整来观察输出变量的变化情况,并通过对不同结果的分析,最终确定影响结果的关键因素及其最有利于结果的因素取值的方法。

试验设计法起源于英国。20 世纪 30 年代,由于农业试验的需要,英国著名统计学家费歇尔(R. A. Fisher)在考察各种肥料及施肥量对农作物产量的影响时,建立了试验设计最初的数学模型,在试验设计和统计分析方面做了一系列的工作,从而使试验设计成了统计科学的一个分支。随后,诸多的科学家、学者和实践者对试验设计都作出了较多的贡献,使得该分支在理论上日益成熟,在应用上也日益广泛。

20 世纪 40 年代,芬尼(D. J. Finney)提出多因素试验的部分实施方法,奠定了减少试验次数的正交试验设计法的基础。20 世纪 50 年代初期,日本电信实验室(ECL)的田口玄一博士又在此基础上开发了正交试验设计技术,应用一套规格化的正交表来安排试验,采用一种程序化的计算方法来分析试验结果。由于这种方法的试验次数少、分析方法简便、重复性好、可靠性高、适用面广,因此获得迅速普及,成为质量管理的重要工具。

到 20 世纪 80 年代中期,六西格玛管理兴起以后,作为 DMAIC 模式的重要一环,试验设计已经成为过程改善不可缺少的重要组成部分。1988 年 1 月,美国摩托罗拉公司的质量与生产改善顾问博特(K. R. Bhote)发表了一篇题为《试验设计——通向质量的高速公路》的文章。文中认为:"如果质量是带动公司前进的火车头,那么试验设计就是燃料。"

5.3.1.2 有关概念

(1)指标:在试验中,用来衡量试验结果的量称为试验指标。产品的质量、成本、产量等都可以作为试验指标。

(2)因子:又称因素,在试验中,影响试验考核指标的参数称为因子,也就是作用因素或自变量。可控因素,如温度、时间等。不可控因素,如机床的振动、刀具磨损等。一般用字母 A,B,C 等来表示因素。

(3)水平:是试验中各因素的不同取值。也就是说,因素在试验中所处状态和条件的变化可能引起指标的变动,把因素变化的各种状态和条件称为因素的水平。一个因素往往要考察几个水平,如采用不同的淬火温度、不同的反应时间等,一般用阿拉伯数字 1,2,3 等表示水平。例如 A1 表示 A 因素 1 水平。

5.3.1.3 试验设计的基本原则

(1)重复性。重复是为了估计误差、提高试验的精度和增强统计推断能力。一般用标准差来度量误差的大小和描述该项试验的精度。如果没有重复,则只能以直接比较每次处理的观测值的大小来判断其优劣,这样既不精确又不可靠。如果重复试验,则可以处理观测值之间出现的差异,从而得出比较可靠的结论。重复次数越多,试验精度越高,但成本也会增加。

(2)随机化。随机化是数据统计分析的基础,只有随机才能保证收集数据的统计分布规律。按照概率论的观点,经过随机化,系统误差可趋向于相互抵消,在试验时可使未受控制因素的影响相互抵消而使系统误差转化为随机误差,从而避免在比较平均值时发生偏移。

5.3.2 正交试验设计

5.3.2.1 正交试验设计

所谓正交试验设计,就是利用一套现成的规格化的表——正交表来安排多因素试验,并对试验结果进行统计分析,找出较优(或最优)试验方案的一种科学方法。

具体来说,它能明确回答下面几个问题:

(1)因素的主次,即各因素对所考察指标的影响大小顺序。

(2)因素与指标的关系,即每个因素各水平不同时,指标是怎样变化的?

(3) 什么是较好的生产条件或工艺条件？
(4) 进一步试验的方向。

5.3.2.2 正交表

正交表是试验设计的重要工具，由于选定的因素和水平不同，有多种正交表可供选用。

例如，某种试验需安排的 4 个因素，而每个因素又分 3 个水平做试验，可选择的正交表 $L_9(3^4)$。L 表示正交表的符号，9 表示按此表要做 9 次试验，3 表示每个因素有 3 个水平，4 表示最多能安排 4 个因素。

5.3.2.3 试验设计的优点

(1) 实际使用时，只需确定影响考核指标的因素和水平就可方便地从正交表中得到相应的方案。而方案和水平的确定主要取决于专业知识和实践经验。所以正交实验法简单易学、容易掌握。

(2) 能用较少的试验，得到最优的方案。例如对一个 7 个因素与 2 个水平的试验。按常规做法需做 $2^7=128$ 次试验。如取 13 个因素、3 个水平则需作 $3^{13}=1594323$ 次试验。如采用正交试验，选 $L_8(2^7)$ 和 $L_{27}(3^{13})$ 正交表做试验，只需分别做 8 次和 27 次即可。

(3) 通过对试验数据的分析，可以很快找到影响结果的主要因素和次要因素，从而有利于采取纠正、预防措施和达到质量改进。

(4) 通过对试验结果的分析，可以分析因素之间有无交互作用，以及交互作用对试验结果的影响。

(5) 一般而言，试验可以在正常生产条件下进行，边生产边试验，无须专门投资，也无须增加设备。

5.3.2.4 试验方案的设计

(1) 确定试验指标。试验指标用数量表示的，称为定量指标，如温度、压力、硬度、强度、寿命、成本等。不能直接用数量表示的指标，称为定性指标，如产品的外观质量可作为定性指标。

(2) 确定试验因素并选取适当水平。试验中，凡对试验指标可能产生影响的原因，称为因素。类似数学中的自变量，通常用大写字母 A，B，C…表示。因素在试验中所处的各种状态，或所取的不同值，称为水平，通常用 1，2，3…表示。

例题：为了提高某材料的加工性能，需要进行热处理，采用的试验因素有淬火温度、回火温度和喷丸残余压变力，每个试验因素的取值均为两个。如表 5-2 所示。

表 5-2 水平值表

水 平	因 素		
	A	B	C
	淬火温度/℃	回火温度/℃	残余压变力/kPa
1	A_1 820	B_1 460	C_1 60
2	A_2 840	B_2 500	C_2 80

(3) 选用合适的正交表。本案例是 2 个水平 3 个因素的试验，共有 $2^3=8$ 种处理组合。

(4) 表头设计。正交表的每一列都可以安排一个因素，将试验中需要考察的因素，分别安排到正交表的各列上去，叫作表头设计。

(5) 编制试验方案。试验方案可以看出两个特点：

① 在每一列中每个因素的各个不同水平，在试验中出现的次数相等。

② 在任意两列中，两个因素各种不同水平的所有可能搭配都出现了，而且出现的次数相等。试验结果分析见表5-3。

表 5-3 试验结果分析表

试验号	因素（列号）			
	A 淬火温度/℃(1)	B 回火温度/℃(2)	C 残余压应力/kPa(3)	试验指标 Y_i(4)
1	A_1 820(1)	B_1 460(1)	C_1 60(1)	50
2	A_1 820(1)	B_2 500(2)	C_2 80(2)	47
3	A_2 840(2)	B_1 460(1)	C_2 80(2)	60
4	A_2 840(2)	B_2 500(2)	C_1 60(1)	55
Y_{j1}	97	110	105	
Y_{j2}	115	102	107	
$\overline{Y_{j1}}$	48.5	55	52.5	
$\overline{Y_{j2}}$	57.5	51	53.5	
R_j 极差	9	4	1	$\sum_{i=1}^{4} Y_i = 212$
优水平	A_2	B_1	C_2	
主次因素	A, B, C			
最优组合	A_2, B_1, C_2			

试验指标用 Y_i 表示，i 代表试验号，A_1 水平出现在第1、2号试验中。

$$\overline{Y_{A_1}} = \frac{1}{2}(Y_1 + Y_2) = \frac{1}{2}(50+47) = 48.5$$

$$\overline{Y_{A_2}} = \frac{1}{2}(Y_3 + Y_4) = \frac{1}{2}(60+55) = 57.5$$

用 Y_{j1} 表示第 j 列因素一水平所对应各试验的试验指标之和，$\overline{Y_{j1}}$ 为其平均值。

通过 Y_{j1}，Y_{j2}…的比较，就可找到该因素最高水平，各因素的最高水平组合起来，就是对试验结果最有利的条件。

本例中各因素的最高水平为 A_2，B_1，C_2，所以对试验结果来说最优条件是 A_2，B_1，C_2。

在 $\overline{Y_{j1}}$，$\overline{Y_{j2}}$…中数值最大者与最小者之差，即因素的极差，用 R_j 表示。它反映了各因素水平变动时，试验指标变动的幅度。

极差越大，说明这个因素对指标的影响越大，所以根据极差的大小就可以排出因素主次的顺序为 A, B, C。

5.3.2.5 正交试验的应用步骤

无论采用哪种正交表进行试验，其应用步骤是：

① 明确试验目的→② 确定考察指标→③ 挑因素、选水平、制定因素表→④ 设计试验方案→⑤ 实施试验方案→⑥ 试验结果分析→⑦ 反复调优试验→⑧ 进行验证试验→⑨ 明确结论（见图5-7）。

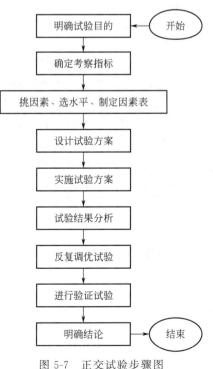

图 5-7 正交试验步骤图

5.4 稳健设计

稳健设计（田口方法）是日本著名质量工程学家田口玄一博士于20世纪70年代创立的新的优化设计技术，广泛应用于技术开发、产品开发和工艺开发。1985年该方法引入我国，对于提高产品研制质量，缩短产品研制周期，节省产品研制费用发挥了很大作用。

5.4.1 质量特性的类型

输出质量特性即指选用什么样的特性值来度量产品的质量。对于具体的某种产品设计，选用什么特性值来度量质量是一个非常专业的问题。在此主要介绍质量特性的类型。

（1）静态特性。具有单一目标值的计量质量特性称为静态特性。目标值是指希望尽可能达到，但在现实中却未必能达到的质量特性值。它可能是0，也可能是某一非零值m或∞；"静态"是相对"动态"而言的。具有特定要求的产品（工艺）开发问题属静态特性问题。

静态特性可分为以下3种类型。

望目特性：存在固定目标值，希望质量特性围绕目标值波动，且波动越小越好，这样的质量特性称为望目特性。

望小特性：不取负值，希望质量特性越小越好（理想值为0），且波动越小越好，这样的质量特性称为望小特性。

望大特性：不取负值，希望质量特性越大越好（理想值为∞），且波动越小越好，这样的质量特性称为望大特性。

（2）动态特性。所谓动态特性，是指为了实现变动目标值，通过发出相应的信号或改变相应的条件而改变输入值，希望系统的输出特性随着输入值（信号或条件）的变化而相应地变化，且波动越小越好的质量特性。

例如，计测仪器在其测量范围内，被测对象经常变化。此时，被测对象的真值是信号因素，仪器的测试结果应根据被测对象真值的变化（信号的变化）而变化，且希望波动越小越好，因此，属动态特性。除此之外，金属材料的压延性能、染料的染色性能等均属动态特性。

从不同的角度可将动态特性划分为不同的类型。

按输入信号的性质，可将动态特性划分为主动型动态特性和被动型动态特性。按输入与输出的取值方式，可将动态特性划分为四类：①计量—计量型，即输入信号为计量值，输出特性亦为计量值的动态特性；②计量—计数型，即输入信号为计量值，输出特性为计数值的动态特性；③计数—计量型，即输入信号为计数值，输出特性为计量值的动态特性；④计数—计数型，即输入信号为计数值，输出特性亦为计数值的动态特性。

值得注意的是，静态特性问题全是产品开发问题，但产品开发并不全部是静态特性问题，很多产品的开发与设计属于动态特性问题，如汽车操纵性的改善就是动态特性的产品开发问题，所有技术开发问题均属动态特性问题。

5.4.2 田口质量观

5.4.2.1 质量的定义

田口方法将产品质量定义如下："所谓质量，是指产品上市后给社会造成的损失大小，但是由于功能本身造成的损失除外"。

上述质量定义的特点是：产品质量的好坏不是从产品给予社会的价值，而是从产品上市后给予社会的损失来衡量；将产品质量与经济损失联系在一起，既体现了"满足用户需求"

这一产品质量的根本内容，又强调了经济效果；同时，以经济损失将"产品质量"给以定量的描述，使质量和成本具有可比性。

5.4.2.2 四个基本的质量观点

田口玄一博士除了对质量下了一个总的定义外，还提出了以下四个基本的质量观点。

（1）质量是在最初即被设计到产品中的，而不是检验和审查出来的。在产品或工序的设计阶段就应该开始质量改进工作，并且在整个生产阶段持续下去。这就是通常所说的"离线"质量阶段。依靠传统的检验和审查（在生产线上）工序并不能使低劣质量得以改善。再多的检验也不能把质量拉回到产品中，而只能起到缓解症状的作用。

（2）质量是通过最大限度地减少对目标值的偏离得到最佳值，而不是对规格进一步确证的失败值。产品是要设计的，也就是稳健性设计或排除非可控环境因素的影响，比如，噪声、温度和湿度。这个概念主要是与影响质量的实际方法相联系的。减少变化是改进质量的关键。通过设定目标值的关键参数，确保生产时与目标值的偏离最小，从而使质量得到极大提高。

（3）质量并非基于产品的外观特征或特性。增加产品的某种特性不是提高质量的良方，而仅仅是引起价格和市场变化的因素而已。产品的特征和特性虽与质量相关，但不是质量的根基。特征只是对产品性能的一种衡量。

（4）质量成本可通过全生命周期产品特征变化给顾客带来的质量损失加以测量。从给出设计参数开始，就可用产品的整个生命周期成本的方法对质量成本加以测量。这种方法包括成本或返工、检验、担保服务、退货和产品替换。实际上，这些成本对于发现哪种重要的参数需要控制起到了一些指导作用。

基于以上观点，可以看出低劣的质量在于产品的组成成分缺少稳健性。正因为这种非稳健性，所生产的产品就不能满足顾客的质量（产品变异）和规格（目标值）要求。产品偏离目标值越大，产品变化也越大。因此，必须采取一定的方法减小变差，努力达到零缺陷。

5.4.2.3 田口质量策略

田口玄一博士认为，产品质量的稳健性是指产品的质量特性对设计参数和噪声因素变差影响的不敏感性，因此稳健产品是这样一种产品，即它对制造工艺、环境和使用条件和材质的差异以及材料的老化、零部件的磨损和腐蚀等的影响是不敏感的。对于一种获得稳健性的产品，一般说来可以放宽对制造工艺、使用条件的要求，可以采用较低廉的原材料，从而降低产品的成本。

若产品质量的好坏用质量特性值接近于目标值的程度来评定，则可认为功能特性越接近目标值，质量就越好；偏离目标值越远，质量就越差。设产品质量特性为 y，目标值为 y_0，考虑到 y 的随机性，若用产品质量的平均损失来计算，则：

$$E[L(y)] = E[(y-y_0)^2] = E[(y-\overline{y})^2 + (\overline{y}-y_0)^2]$$
$$= \sigma_y^2 + \delta_y^2$$

式中，$\overline{y}$ 为质量指标的期望值或均值；σ_y^2 为质量指标的方差，它表示输出特性变差的大小，即稳健性；δ_y^2 为质量特性指标的绝对偏差，即灵敏度。在一般情况下，减小偏差要比减小波动容易些。

图 5-8 是上述原理的图解表示。第一，要使质量指标的实际值尽可能达到目标值；第二，要使它的随机钟形分布变得"瘦小"些，以保证一批产品的实际质量指标的波动度限制在规定的容差内。

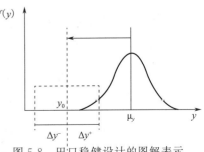

图 5-8 田口稳健设计的图解表示

通常，要想达到稳健设计第一个目的，主要方法是：
(1) 通过产品的概念设计，改变输入和输出之间的关系，使其功能特性尽可能接近目标值。
(2) 通过参数设计调整设计变量的名义值，使输出均值达到目标值。

要想达到稳健设计的第二个目的，主要方法是：
(1) 通过减少参数名义值的偏差，缩小输出特性的方差。但是减小参数的容差需要采用高性能的材料或者高精度的加工方法，这就意味着要提高产品的成本。
(2) 利用非线性效应，通过合理地选择参数在非线性曲线上的工作点或中心值，使质量特性值的波动缩小。

5.4.3 质量损失函数

5.4.3.1 望目特性的质量损失函数

根据田口玄一的质量损失理论，产品质量指标存在客观的波动，有波动就会造成损失，质量损失的大小与波动程度相关。质量损失函数是指产品质量的特征值偏离目标值时所造成的经济损失随偏离程度的变化关系。下面给出望目特性的质量损失函数。

如果设产品质量特征值的目标值为 m，而实际测量值为 y，质量损失函数表示为 $L(y)$。计算公式为：

$$L(y) = k(y-m)^2$$

式中，$(y-m)$ 反映了质量特征值与目标值的接近程度，即产品功能波动大小；k 是一个与 y 无关的常数，为单位平方偏差的经济损失，k 越大，损失也越大。

由上可知，$L(y)$ 为二次函数，因此，质量损失函数曲线是以 m 为中心的抛物线，如图 5-9 所示。

质量损失函数中系数 k 的确定可以有以下两种方法：

(1) 根据功能界限 Δ_0 和产品丧失功能时的损失 A_0 确定。Δ_0 是产品能够正常发挥功能的界限值。当 $|y-m|<\Delta_0$ 时，产品正常发挥功能；当 $|y-m|\geqslant\Delta_0$ 时，产品丧失功能。若产品丧失功能时的损失为 A_0，则可以认为在 $y=m\pm\Delta_0$ 两点上，均有 $L(y)=A_0$。

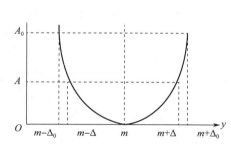

图 5-9 质量损失函数曲线

由 $L(y)=k(y-m)^2$ 可以得到：$k=\dfrac{A_0}{\Delta_0^2}$

(2) 根据容差 Δ 和产品不合格时的损失 A 确定。容差是指产品合格的范围。当 $|y-m|\leqslant\Delta$ 时，产品为合格品；而当 $|y-m|>\Delta$ 时，产品为不合格品。若产品为不合格品时的损失为 A，则此时在 $y=m\pm\Delta$ 两点上，均有 $L(y)=A$。

由 $L(y)=k(y-m)^2$ 可以得到：$k=\dfrac{A}{\Delta^2}$

5.4.3.2 望小特性的质量损失函数

设 y 为望小特性，即目标值 $m=0$，但 y 不取负值。可得望小特性的损失函数为：

$$L(y) = ky^2$$

式中，$k=\dfrac{A_0}{\Delta_0^2}$。

5.4.3.3 望大特性的质量损失函数

设 y 为望大特性，则 $1/y$ 为望小特性，望大特性 y 的质量损失函数为：

$$L(y) = k/y^2$$

式中，$k = A_0 \Delta_0^2$。

5.4.4 稳健设计

5.4.4.1 稳健设计的基本概念

（1）信噪比——稳健性指标。所谓信噪比（S/N）是用来描述抵抗内外干扰因素所引起的质量波动的能力，或叫作产品的稳定性或稳健性。

信噪比是稳健性设计中用以度量产品质量特性的稳健性指标，是测量质量的一种尺度。信噪比是信号量与噪声的比率，信噪比越大表示产品越稳健。

$$\eta = S/N$$

式中，S 是信号功率，N 是噪声功率。

按照质量特性的实际情况，信噪比可以分为以下 3 类：

① 望目特性信噪比。其中，望目特性是指存在一个固定的目标，希望质量特性围绕目标值波动，而且波动越小越好。

测得质量特性 y 的 n 个数据：$y_1, y_2, \cdots, y_n$，望目特性信噪比估计公式为 $\eta = 10\lg\{[1/n(S_m - V_e)]/V_e\}$，其中

$$S_m = n\overline{y}^2, \quad \overline{y} = \frac{1}{n}\sum_{i=1}^{n} y_i, \quad V_e = \frac{1}{n-1}\sum_{i=1}^{n}(y_i - \overline{y})^2$$

② 望小特性信噪比。其中，望小特性是指质量特性是连续的、非负的，而且希望质量特性越小越好（理想值为 0），波动越小越好。

测得质量特性 y 的 n 个数据：$y_1, y_2, \cdots, y_n$，望小特性信噪比估计公式为：

$$\eta = -10\lg \frac{1}{n}\sum_{i=1}^{n} y_i^2$$

③ 望大特性信噪比。其中，望大特性是指质量特性是连续的、非负的，而且希望质量特性越大越好，波动越小越好。

测得质量特性 y 的 n 个数据：$y_1, y_2, \cdots, y_n$，望大特性信噪比估计公式为：

$$\eta = -10\lg \frac{1}{n}\sum_{i=1}^{n} \frac{1}{y_i^2}$$

（2）灵敏度——可调整性。灵敏度是稳健设计中用以表征质量特性可调整性的指标。灵敏度系数是控制因子值的函数，一个稳健的产品或工艺是灵敏度系数最小的情况。其中，灵敏度可以分为静态特性灵敏度和动态特性灵敏度。其计算公式如表 5-4 所示。

表 5-4 灵敏度计算公式

类 别	定 义 式	计算公式（dB）
静态特性灵敏度	产品质量特性 y 的期望值为 μ $S = \mu^2$	$\eta = 10\lg \frac{1}{n}(S_m - V_e)$
动态特性灵敏度	输出特性 Y 与信号因子 M 有线性关系 $Y = \alpha + \beta M + \varepsilon$ $S = \beta^2$	$\eta = 10\lg \frac{1}{r}(S_m - V_e)$

5.4.4.2 稳健设计原理

稳健设计是以追求产品质量特性的稳健性、抗干扰性为目的的一种新的优化设计方法，其基本原理如下。

（1）以信噪比作为稳健性指标，信噪比最大的设计方案就是抗干扰性最强、稳健性最好的设计方案。

（2）以误差因素模拟三种干扰，特别是模拟内干扰、外干扰。

（3）设计分三个阶段进行，即系统设计—参数设计—容差设计，系统设计是基础，参数设计是核心。

（4）在参数设计阶段，先进行信噪比分析，通过优选稳定因素，使设计方案稳健性最好。再进行灵敏度分析，通过调整因素，来调整设计的系统偏差。

（5）以正交表为工具进行内设计、外设计，以此来大幅度地减少试验次数。

（6）在容差设计阶段，谋求质量与成本的最佳平衡，以此来合理确定参数的公差范围。

5.4.4.3 稳健设计基本流程

稳健设计质量主要是通过以下三个步骤形成的，即系统设计、参数设计和容差设计（图5-10）。实际应用时，可根据具体情况进行必要的裁减。通过稳健设计，我们不仅可以有效地改善产品的设计质量，减小噪声因素对质量的影响，而且可以更经济地达到理想的质量要求，即用三类元件设计制造出一类整机。

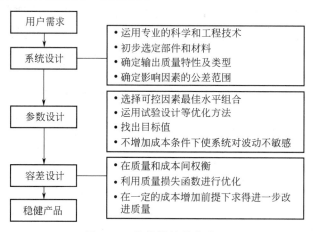

图 5-10 稳健设计基本流程

（1）系统设计就是功能设计，是稳健设计的第一步。它是专业技术人员利用专业知识与技术对产品的结构、性能、寿命、传动、材料等进行整个系统结构的设计，这阶段完成了产品的配置和功能属性，其主要目的是确定产品的主要性能参数、技术指标和外观形状等重要参数。系统设计是产品设计的基础，它很大程度上决定了产品的性能和成本。

目前，系统设计一般借助质量功能配置等方法，以"质量屋"为工具将来自顾客或市场的需求精确无误地转移到产品寿命循环中去，同时为了提高系统设计的质量，还采用譬如计算机辅助设计、面向装配和制造的设计、面向维修的设计、面向拆卸的设计以及虚拟制造等现代方法。

通常，产品设计可分为两种情形：计算型，产品质量特性与元件参数之间的函数关系已知，可用理论公式来计算质量特性值，并对计算结果进行统计分析；试验型，产品质量特性与元件参数之间的函数关系未知，只能通过试验才能得到质量特性值。

对于计算型的产品设计，在系统设计阶段要求得出输出质量特性与影响因素之间的函数关系，并能给出影响因素的变化范围；而对于试验型的产品设计，则无须确定明确的关系，只要求确定质量输出特性及其类别，并能给出影响因素的变化范围。

（2）参数设计就是应用参数组合与输出质量特性的非线性关系，通过对试验数据的定量统计分析，找出成本最低、稳定性最好的参数组合的过程。

这一阶段以产品性能优化为目标确定产品参数水平及配置，使工程设计对干扰源的敏感性最低。它可以利用公差范围较宽的廉价元件组装成高质量的产品，其实质是利用产品输出特征和元件参数水平之间的非线性效应。

通常一个产品由许多零部件组成，寻求这些零部件的参数组合并不是一件容易的事情，尤其是当输出特征和零部件之间无法建立数学模型时，田口博士建议采用正交试验法来完成这个任务。参数设计的基本手段如下。

① 正交表设计试验方案，正交表尽量采用田口博士所推荐的正交表。

② 用信噪比来衡量各试验方案的稳健性，信噪比最大的设计将是最佳方案。

③ 使用波动大的元器件或最宽的工艺条件进行参数设计，以使成本和稳健性同时得到改善。

（3）容差设计。容差就是设计中所规定的最大容许偏差。规定的容差越小，某尺寸产品的可制造性就越差，制造费用或成本也就越高。为此，在参数设计阶段，出于经济性的考虑，一般选择波动范围较宽的零部件尺寸。若经参数设计后产品能达到质量特性的要求，一般就不再进行容差设计，否则就必须调整各个参数的容差。

容差设计的基本思想就是对影响大的参数给予较小的公差值，对影响小的参数给予较大的公差值，从而保证在确保系统质量的前提下成本最小。容差设计是在参数设计得到的最优试验方案的基础上，通过非线性效应，调整可控因素的容差范围，通过正交试验设计（也可以不用），利用质量损失函数得出最佳的容差水平。容差设计的基本框架见图 5-11。

对于容差设计，一般可以按照以下步骤进行：

第一步：针对参数设计所确定的最佳参数水平组合，根据专业知识设想出可以选用的低质廉价的元器件。例如，可以选择较低等级的元器件进行试验设计和计算分析。

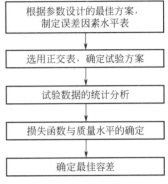

图 5-11 容差设计基本框架

第二步：为简化计算，通常选取与参数设计中相同的因素为误差因素，对任一误差因素，设其中心值为 m，波动的标准差为 σ。在最理想的情况下，取三个水平：$m-\sqrt{1.5}\sigma$，m，$m+\sqrt{1.5}\sigma$。

第三步：选取正交表，安排误差因素进行试验，测出误差值。

第四步：方差分析。为研究误差因素的影响，对测出的误差值进行方差分析。

第五步：容差设计。根据方差分析的结果对各因素选用合适的元器件。对影响不显著的因素，可选用低等级、低价格的元器件。对影响显著的因素，要综合考虑各等级产品的价格、各因素的贡献率大小、选用各等级元器件的质量损失等。

课后习题

1. 产品的设计过程主要包括哪些阶段？
2. 影响产品质量的因素有哪些？设计质量控制和制造质量控制可以对哪些质量影响因素进行有效、可行的控制？
3. 设计质量控制的原则有哪些？
4. 设计质量特性有哪几类？设计质量特性重要度常采用什么方法表示？
5. 什么是质量功能展开？

6. 顾客需求如何确定？对获得的顾客需求怎样整理？

7. 什么是 QFD 瀑布式分解模型？试列举几种类型的 QFD 瀑布式分解模型。

8. 顾客对自动咖啡机售卖的咖啡的要求是：热的、色正、味香、口感好、价格适中、量足。经分析，质量特性有咖啡温度、香料成分、香味浓度、咖啡成分、咖啡因含量、售价、体积。试根据自身的知识和理解，制作出质量屋。

9. 试述 QFD 质量控制方法是怎么样确定产品的技术竞争力的。

10. 简述正交表的格式和特征。

11. 有交互作用的正交试验和无交互作用的正交试验的表头选择之间有什么区别？

12. 简述正交试验设计的基本步骤。

13. 如何进行正交试验结果的方差分析？与极差分析法相比，方差分析法有什么优势？

14. 某产品输出特性为抗拉强度，希望越大越好。现用正交表 $L_9(3^4)$ 安排实验，每编号实验取两个样品，其抗拉强度的测试值见表 5-5。试确定最佳参数组合。

表 5-5 抗拉强度的测试值

实验编号	因素				输出 y	
	A	B	C	D	550	530
1	1	1	1	1	590	580
2	1	2	2	2	840	820
3	1	3	3	3	570	560
4	2	1	2	3	570	560
5	2	2	3	1	570	560
6	2	3	1	2	560	600
7	3	1	3	2	810	860
8	3	2	1	3	710	670
9	3	3	2	1	620	600

15. 田口方法有哪些基本的观念和主要策略？

16. 田口稳健设计方法中的三次设计是指哪三次设计阶段？

17. 为什么说参数设计是三次设计的核心？简述参数设计的基本原理和实施流程。

18. 田口方法中的质量损失函数的含义是什么？试比较质量特性的三种评价指标的不同点。

第 6 章 质量检验

本章介绍了质量检验的基本知识及质量检验的主要管理制度，抽样检验的基本理论，计数标准型和计数调整型抽样检验的理论及抽样程序。

6.1 质量检验概述

6.1.1 质量检验的内涵

国际标准 ISO 9000:2015《质量管理体系 基础和术语》对检验的定义是："对符合规定要求的确定。"

从以上的定义可以看出，质量检验实质上是一个观察、测量和分析判定的过程，并根据判定结果实施处理。这里的处理是指单个或一批被检物品的合格放行以及对不合格品作出返工、报废或拒收的结论。

对产品而言，质量检验是指根据产品技术标准或检验规程对原材料、半成品、成品进行观察、测量或试验，并把所得到的质量特性值和规定值相比较，判定出各个物品或成批产品合格与不合格，以及决定接收还是拒收该产品或零件的技术性检查活动。

对过程来说，质量检验是根据检测结果判断工序的质量状况，尽早发现工序异常现象并予以消除。质量检验数据作为重要的质量记录，也是判断质量管理体系运行是否正常的重要依据。

6.1.2 质量检验的职能及工作程序

6.1.2.1 检验的职能

检验的质量职能就是在正确鉴别的基础上，通过判定把握住产品质量关，通过质量信息的报告和反馈，采取纠正和预防措施，从而达到防止质量问题重复发生的目的。

（1）鉴别职能。质量检验实质上是进行质量鉴别的过程。依据产品或服务的规定（如标准、产品图样、工艺规程、合同、技术协议等），采用相应的测量、检查方法，对产品或服务的质量特性进行度量，并将结果与规定的要求进行比较，对被检查对象合格与否作出判定。只有经过鉴别，才能判断产品质量是否合格。鉴别职能是质量检验各项职能的基础。

（2）把关职能。在生产的各个环节，通过质量检验挑选并剔除不合格产品，并对不合格产品做标记，单独放在一个地方，防止在作出适当处理前被误用。对鉴别发现的不合格品，实现严格把关，做到不合格的材料不投产、不合格的毛坯不加工、不合格的零件不装配、不合格的产品不出厂。通过产品质量形成全过程的检验，层层把住"关口"，从而保证产品的符合性质量。把关职能是质量检验最重要、最基本的职能。

（3）预防职能。通过首件检验和巡回检验，预防批量产品质量问题的发生。通过进货检验、中间检验和完工检验，及早发现并排除原材料、外购件、外协件和半成品中的不合格品，防止不合格品流入下道工序，掌握质量动态，及时发现质量问题，预防和减少不合格品的发生，防止发生大批产品报废的现象。

（4）报告职能。把检验过程中获得的数据和异常情况，如产品合格率、损失金额等，经汇总、整理和分析后及时向有关部门和领导报告企业的产品质量状况和质量管理水平，为质量控制、质量改进、质量考核及质量决策提供可靠的依据。

（5）监督职能。监督职能是新形势下对质量检验工作提出的新要求，主要包括：参与企业对产品质量实施的经济责任制考核，为考核提供数据和建议；对不合格产品的原材料、半成品、成品和包装实施跟踪监督；对产品包装的标志以及出、入库等情况进行监督管理；对不合格品的返工处理及产品降级后更改产品包装等级标志进行监督；配合工艺部门对生产过程中违反工艺纪律的现象进行监督等。

6.1.2.2 工作程序

（1）准备。熟悉规定要求，选择检验方法，制定检验规范。

（2）测量或试验。按已确定的检验方法和方案，对产品或服务质量特性进行定量或定性的观察、测量、试验，得到需要的量值和结果。

（3）记录。对测量的条件、得到的量值和试验过程中的技术状态予以记录。

（4）比较和判定。将测量或试验得到的结果与规定要求进行比较，确定其是否符合规定要求，从而判定检验的产品或服务是否合格。

（5）处理。对合格品放行，对不合格品作出返工、返修或报废的处理。对批量产品，决定接收还是不接收，对不接收的批量产品，还要进一步作出全检、筛选或报废的处理。

6.1.3 质量检验的分类及特点

6.1.3.1 按生产过程划分

（1）进货检验。进货检验是对采购的原材料、辅料、外购件、外协件及配套件等入厂时的检验。它是一种对外购货物的质量验证活动，是保证生产正常进行和确保产品质量的重要环节。为了保证外购产品的质量，进厂时的验收应由专职检验人员按照规定的检验内容、检验方法及检验数量进行严格的检验。

（2）过程检验。过程检验也称工序检验，是对原材料投产后陆续形成成品之前的每道工序上的在制品所做的符合性检验。目的是防止出现不合格品并防止其流入后续工序。过程检验不仅要检验在制品是否达到规定的质量要求，还要检定影响产品质量的主要工序因素，以决定生产过程是否处于正常的受控状态。过程检验不是单纯的把关，不是单纯地剔除不合格品，而是要通过检验，获取信息，进行质量控制和质量改进。

（3）完工检验。完工检验又称最后检验，是对某一车间加工活动结束后的半成品或装配车间装配完成后的成品进行的检验。对于半成品来说，完工检验是一种综合性的核对活动，应按产品图样等有关规定认真核对。成品检验是对完工后的产品进行全面的检验与试验。它是产品出厂前的最后一道质量防线和关口，其目的是防止不合格品进入流通领域，对顾客和社会造成损害。

6.1.3.2 按检验的数量划分

（1）全数检验。全数检验简称全检，又称100%检验，即对所考虑的产品集合内每个单位产品被选定的特性都进行的检验。全检的优点是比较可靠，同时能提供比较完整的检验数据，获得较全面的质量信息；缺点或局限性是检验工作量大，检验周期长，检验成本高，漏检和错检难以避免，不能适用于有损检验或检验费用昂贵的检验项目。

全数检验常应用于下面几种情况：

① 精度要求较高的产品或零部件。

② 对后续工序影响较大的质量项目。

③ 质量不够稳定的工序。

④ 需要对不接收的检验批进行100%全检及筛选的场合。

（2）抽样检验。抽样检验是从所考虑的产品集合中抽取若干单位产品进行的检验。抽样检验根据数理统计的原理预先制订抽样方案，按一定的统计方法从待检的一批产品（或一个生产过程）中随机抽取一部分产品进行逐件试验测定，通过这部分产品质量的状况来推断整批（总体）产品的质量是否合格的检验方式。

抽样检验的优点是明显节约了检验工作量和检验费用，缩短了检验周期，减少了检验人员和设备。特别是进行有损检验时，只能采取抽样检验的方式。抽样检验的缺点主要表现在两方面：一方面，在接收的整批产品中，会混杂一些不合格品，反之，不被接收的整批产品中会有合格品；另一方面，存在一定的错判风险，例如，将接收批错判为不接收批，或把不接收批错判为接收批。虽然运用数理统计原理精心设计抽样方案可以减少和控制错判风险，但不可能绝对避免。

抽样检验一般适用于下面几种情况：

① 有损检验，如产品的寿命或可靠性试验，零件的强度测定等。

② 批量大、检查项目多、价值较低、质量要求不高的产品检验。

③ 被检对象是连续体，如油类、溶剂、钢水、钢带等。

④ 检验费用较高和检验时间比较长的产品或工序。

⑤ 生产过程中工序控制的检验。

6.1.3.3 按质量特性值划分

（1）计数检验。计数检验适用于质量特性值为计数值的场合。

（2）计量检验。计量检验适用于质量特性值为计量值的场合。

6.1.3.4 按检验的方法划分

（1）理化检验。理化检验是应用物理或化学的方法，依靠某种测量工具或仪器设备对产品进行的检验。理化检验通常能测得检验项目的具体数值，精度高，人为误差小。

（2）感官检验。感官检验是依靠人的感觉器官对质量特性或特征作出评价和判断。通常是依靠人的视觉、听觉、触觉和嗅觉等感觉器官，对产品的形状、颜色、气味、伤痕、污损、锈蚀和老化程度等进行检验和评价。感官检验的判定不易用数值来表达，在进行比较判断时，常受人自身状态的限制，检验的结果依赖于检验人员的经验，波动性较大。

6.1.3.5 按检验后检验对象的完整性划分

（1）有损检验。有损检验是产品被检验后本身就不复存在或不能再使用了。如寿命试验、强度试验等往往是有损检验。破坏性试验只能采用抽样检验方式。

（2）无损检验。无损检验是检验对象被检验后仍然完整无缺，不影响其使用性能。随着检验技术的发展，无损检验技术的研究不断深入，应用不断增多，有损检验日益减少，无损检验的使用范围不断扩大。

6.1.3.6 按检验的地点划分

（1）固定检验。固定检验就是集中检验，是指在生产单位设立固定的检验站（点），各工作地点的待检产品送到检验站（点）集中检验。

(2)流动检验。流动检验就是由检验人员直接去工作地点检验,监视质量状况,做好检验记录,发现问题及时报告有关部门。

6.1.3.7 按检验的目的划分

(1)验收检验。验收检验是确定成批或其他一定数量的产品是否可接收的检验。验收检验的目的是把关,通过检验判断产品是否符合质量标准要求,对符合要求的予以接收,不符合要求的不接收或另作处理。验收检验广泛存在于生产全过程中,如原材料、外购件、外协件及配套件的进货检验,半成品的入库检验,成品的出厂检验等,都属于验收检验。

(2)监控检验。监控检验也称过程检验,是指在过程的适当阶段对过程参数或相应产品特性进行的检验。生产过程中的巡回抽检、定时抽检等方式,属于监控检验。其检验的结果作为监控和反映生产过程状态的信号,以决定是继续生产,还是需要对生产过程采取纠正措施。

监控检验的目的是控制生产过程的状态,通过检验判定生产过程是否处于稳定状态,以预防生产中不合格品的大量出现。

(3)监督检验。监督检验是用户、受托的第三方机构或具有监督职能的管理部门对被检对象实施的检验活动。狭义的监督检验是指产品质量监督管理部门或其授权的质检机构的检验,是一种宏观的质量监测手段。它可以督促产品的生产者或经销者履行自己在产(商)品质量方面应负的责任,保护消费者利益。

6.1.3.8 按检验实施主体划分

(1)第一方检验。第一方检验也称生产方检验,是生产企业自身进行的检验。目的是控制和保证所生产产品的质量。如在生产过程的各个环节、各道工序进行的检验。

(2)第二方检验。第二方检验又称买方检验或验收检验,是买方为了保证所购买的产品符合要求进行的检验。目的是保护自身的经济利益。例如,经销商对采购产品的检验等。这种检验根据合同和标准进行,以决定是否验收、进货。

(3)第三方检验。第三方检验是由置于买卖利益之外的独立的第三方(如专职监督检验机构),以公正、公平、权威的非当事人身份,根据有关法律、标准、合同等双方认可的依据进行的商品符合性检验、认可活动。第三方检验活动相对比较集中于工业活动,尤其是工业制造业。

6.1.4 质量检验的依据

在制订检验计划、实施检验和对检验结果进行评定时,都必须有一定客观依据。常用的检验依据有:国家的质量法律和法规、各种技术标准、质量承诺、产品图样、工艺文件和技术协议等。

(1)国家质量法律和法规。长期以来,党和政府非常重视质量立法工作,逐步形成了以《产品质量法》为基础,辅之以其他配套法规、特殊产品专门立法、标准与计量立法、产品质量监督管理立法等质量立法体系。与此同时,有关部门还颁布了有关质量工作的法规、规章和决定等。在质量检验工作中,要认真学习,贯彻法律、法规和规章的有关规定,做到不折不扣地执行。另外,企业也要善于利用法律、法规和规章作为武器维护自己的合法权益。

(2)技术标准。技术标准分为基础标准、产品标准、方法标准、安全和环境保护标准四大类。在选用标准时,应优先选择国家标准,其次是行业标准,最后才是地方标准和企业标准。在选用国际标准时,应结合我国国情,可以采用等同采用、等效采用或参照采用等方式。

(3)质量承诺。质量承诺是生产者或销售者对产品或服务质量作出的书面保证或承诺,它可以作为质量检验的依据。

(4)产品图样。产品图样是企业组织生产和加工制造的最基本的技术文件,图样中标注的尺寸、公差、表面粗糙度、材质、数量、加工技术要求、装配技术要求和检验技术要求等都是质量检验的重要依据。

（5）工艺文件。工艺文件是指导生产工人操作和用于生产、检验和管理的主要依据之一。工艺文件对工序质量控制至关重要，工艺文件中的质量检验卡是过程质量检验的重要文件。

（6）技术协议。随着制造过程的专业化，企业在生产制造过程中，外购件往往占很大的比重。为了保证外购件的质量，应签订合同和技术协议书。技术协议书中必须明确质量指标、交货方式和地点、包装方式、数量、验收标准、附件数量等内容，这些都是进货验收时的重要依据。

6.2 质量检验的主要制度

在长期的生产经营活动中，企业积累总结了一些行之有效的质量检验管理原则和制度，下面介绍几种常用的质量检验制度。

6.2.1 三检制

三检制是指"自检""互检"和"专检"三者相结合进行的一种检验制度。

"自检"是指生产者对自己生产的产品，按图样、工艺或合同中规定的技术标准自行检验，并作出是否合格的判断活动。

"互检"是指生产者之间对所生产出来的产品相互之间进行检验的活动。互检主要有以下几种情况：下道工序对上道工序产品的检验；同一工作地，下一个轮班生产者对上一个轮班生产者制造产品的检验；班组长或质量员对本班组工人制造产品的抽检等。

"专检"是指由专业检验人员进行的检验。

三检制以专业检验为主导。这是由于在现代生产中，检验已成为专门的工种和技术，专业检验人员熟悉产品技术要求，工艺知识和经验丰富，检验技能熟练，所用检测仪器也比较精密，检验结果通常更可靠，检验效率相对较高。自检的特点是检验工作基本上和生产加工过程同步进行。通过自检，操作者可以真正及时了解自己加工产品的质量以及工序所处的质量状态，当出现问题时，可及时解决。互检是对自检的补充和监督，有利于进一步保证质量，避免上道工序或上一个轮班者的不合格品流到下道工序或下一个轮班生产者，有利于分清责任，有利于工人之间协调关系和交流技术。三检制可以发挥专业检验人员和生产者两方面的积极性，防止因疏忽大意而造成批量废品，保证产品质量。

6.2.2 追溯制

可追溯性是指追溯所考虑对象的历史、应用情况或所处位置的能力。对产品或服务而言，可追溯性可涉及：原材料和零部件的来源；产品的加工历史；产品或服务交付后的分布及所处位置。为了实现可追溯性，在生产或服务过程中，每完成一道工序或一项工作，都要记录其检验结果及存在问题，记录操作者及检验者的姓名、时间、地点和情况分析，在适当的产品部位或服务过程做出相应的质量状况标志。这些记录与带标志的产品同步流转，产品完工或服务结束后要将记录保存。产品或服务的标志和记录以及在各种文件上的留名都是可追溯性的依据，在必要时，都能查清责任者的姓名、时间和地点。产品出厂时还同时附有跟踪卡，随产品一起流通，以便用户把产品在使用时所出现的问题及时反馈给生产厂商。追溯制是产品质量责任制的具体体现。

6.2.3 检验状态的标识及管理

6.2.3.1 质量检验状态概述

产品或零部件是否已经得到检验，检验的结论如何，对检验结果如何处理，这些称为检验状态。对检验状态进行标识和管理，是质量检验工作的一项重要内容。

质量检验状态一般可以有四种：待检品、待判定品、合格品和不合格品。应对处于这四种检验状态的产品采取隔离和标识措施。

6.2.3.2 隔离区及标识

根据检验的四种状态，一般应划出四个区域，分别存放不同检验状态的物品。待检品放在具有"待检"标识的待检区；对于已经进行过检验，等待判定结论的物品应存放在具有"待判定品区"的临时性区域；对于判定为合格的物品，应填写合格证并做上合格性标识后放在"合格品区"等待登账入库；对于不合格品，应做出不合格标识，并存放在"不合格品区"等待处理。

检验状态的标识可采用标记、标签、印章、合格证等方式。在存放和搬运的过程中，要特别注意保护标识，使标识总是与物品在一起。标识中一般应明确以下内容：物品名称、型号规格、生产日期、入库日期和数量、检验人员姓名及编号、检验时间、检验结论等。

6.2.3.3 不合格品管理

不合格品管理是质量检验以至整个质量管理中的重要组成部分。从原材料、外购配套件、外协件进货，零部件加工到成品交付的各个环节，存在不合格品是可能的，重要的是生产者应建立并实施不合格品的控制程序，实现不合格的原材料、外购配套件、外协件不接收、不投产，不合格的在制品不转序，不合格的零部件不装配，不合格的产品不交付的目的，以确保防止误用或安装不合格的产品。

加强不合格品管理，一方面，能降低生产成本，减少浪费，提高企业的经济效益；另一方面，对保证产品质量，生产用户满意的产品，实现较好的社会效益也起着重要作用。因此，不合格品管理不仅是质量管理体系的一个重要组成部分，而且也是现场生产管理的一项重要内容。

（1）不合格品的管理。不合格品管理包括：规定对不合格品的判定和处置的职责和权限；当发现不合格品时，应根据不合格的管理程序及时进行标识、记录、评价、隔离和处置；通报与不合格品有关的职能部门，必要时也应通知顾客。

在不合格管理中，应坚持"三不放过"原则，即不查清不合格原因不放过，不查清责任者不放过，不落实改进措施不放过。

（2）不合格品的判定。质量有两种判定方法：符合性判定和适用性判定。符合性判定是指判定产品是否符合技术标准，作出合格或不合格的结论。这种判定由检验员或检验部门承担。

适用性判定是指判定产品是否还具有某种使用价值，对不合格品做出返工、返修、让步、降级改作他用、拒收、报废的处置的过程。所谓适用性，是指适合顾客要求。一个不完全符合质量标准的产品对某些顾客来说，其性能和质量可能可以满足顾客的使用要求。所以不合格品不一定等于废品，它可以经过返修再用，或者直接回用。不合格品的适用性判定是一项技术性很强的工作，一般不要求检验员对不合格品承担处置的责任和拥有权限。

（3）不合格品的处置。按不合格程度和类型，对不合格品可做如下处置：

① 返工。是指为使不合格产品或服务符合要求而对其采取的措施。一些产品因质量不符合要求而重新加工或改作，经过返工可以完全消除不合格，并使质量特性完全符合要求。例如，机轴直径偏大，可以通过机械加工使其直径符合公差范围成为合格产品。

② 返修。是指为使不合格产品或服务满足预期用途而对其采取的措施。返修产品采取补救措施后，仍不能完全符合质量要求，但基本上能满足预期使用要求。返修与返工的区别在于，返修不能完全消除不合格品，而只能减轻不合格品的程度，使不合格品尚能达到基本满足使用要求而被接收的目的。

③ 降级。是指为使不合格产品或服务符合不同于原有的要求而对其等级的变更。可以根据实际质量水平降低不合格品的产品质量等级或作为处理品降价出售。

④ 报废。是指为避免不合格产品或服务原有的预期用途而对其采取的措施。如回收、销毁等。不合格品经确认无法返工和让步接收，或虽可返工但返工费用过高、不经济的均按废品处理。对于有不合格服务的情况，可以通过终止服务来避免其使用。

⑤ 让步。是指对使用或放行不符合规定要求的产品或服务的许可。让步是指产品虽不合格，但其不符合要求的项目和指标对产品的性能、寿命、安全性、可靠性、互换性及正常使用均无实质性的影响，也不会引起顾客提出申诉、索赔而被准予放行。也就是不合格品不返工或返修，直接交给顾客。

6.2.4 质量检验计划

质量检验计划是对检验涉及的活动、过程、程序和资源作出的规范化的书面（文件）规定，用以指导检验正确、有序、协调地进行。检验计划是对整个检验和试验工作进行的系统策划和总体安排，一般以文字或图表形式明确规定检验站的设置、资源（人员、设备、仪器、量具和检具等）的配备、检验和试验方式、检验方法和检验工作量，是检验人员工作的依据，是企业质量计划的一个重要组成部分。

质量检验计划的基本内容包括：

6.2.4.1 检验流程图

检验流程图用图形、符号表示了检验计划中的特定产品的检验活动流程（过程、路线）、检验站点设置、检验方式、方法及其相互关系。一般以作业（工艺）流程图为基础进行设计。检验流程图是检验人员进行检验活动的依据。

6.2.4.2 产品质量特性不合格严重性分级

ISO 9000 对不合格的定义为："未满足要求"。产品对照产品图样、工艺文件、技术标准进行检验和试验，有一个或多个质量特性不符合（未满足）规定要求，即为不合格。

不合格严重性分级，是将产品质量可能出现的不合格，按其对产品产生影响的不同进行分级。产品一般有多个质量特性，它们在质量和经济效果上的重要性可能各不相同。不合格是质量特性偏离规定要求的表现，而这种偏离因其质量特性的重要程度不同和偏离规定的程度不同，对产品产生影响也不同。对不合格进行分级的目的在于明确检验重点，选好验收抽样方案，分级管理不合格，综合评价产品质量和提高质量检验的有效性。

关于质量特性不合格严重性分级，世界各国有不同做法，一般将其分为三级或四级。我国国家标准将不合格的严重性分成 A、B、C 三级；而美国贝尔系统则将不合格的严重性分为 A(非常严重)、B(严重)、C(中等严重)、D(不严重) 四级。

A 类不合格：单位产品的极其重要的特性值不符合规定标准，对产品功能产生致命损害或预料会对使用、维护和保管这种产品的人带来危险或不安全的不合格。例如，汽车方向盘失灵、继电器线圈断线。

B 类不合格：单位产品的重要特性值不符合规定标准，能造成故障或大大降低产品预定性能和实际使用性能的不合格。例如，汽车行李箱的锁不能打开、继电器接触不良等。

C 类不合格：单位产品的一般特性值不符合规定标准，不妨碍或轻微影响产品的有效使用或操作的不合格。例如，汽车底盘上的锈蚀、木器家具涂层的轻微划痕。

6.2.4.3 检验站的设置

检验站是根据生产作业分布（工艺布置）及检验流程设计确定的作业过程中的最小的检验实体。

检验站的设置有多种方式，可以按产品类别设置、按工艺流程顺序设置、按生产作业组织设置、按检验技术性质和特点设置。

（1）按产品类别设置。同类产品在同一检验站检验，不同类别产品分别设置不同的检验站。其优点是检验人员对产品的构成、性能易于掌握和熟悉，有利于提高检验的效率和质量，便于交流经验和安排工作。这种设置适合于产品的工艺流程简单、每种产品的批量很大的情况。

（2）按工艺流程顺序设置。在工艺流程的不同环节设置检验站。例如，进货检验站，负责对外购原材料、辅助材料、产品组成部分及其他物料等的进厂检验和试验；过程检验站，负责对生产过程中在制品的检验；完工检验站，负责对产品在某一作业过程、环节（如某生产线或作业组织）全部工序完成以后的检验。

（3）按生产作业组织设置。例如，一车间检验站、二车间检验站、三车间检验站、热处理车间检验站、铸锻车间检验站、装配车间检验站、大件工段检验站、小件工段检验站、精磨检验站等。

（4）按检验技术的性质和特点设置。针对不同检测技术和不同的测试设备而设置专门、专项的检验站。例如，为耐高压试验、无损探伤检测、专项电气设备检测等项目而设置的检验站。

检验站的设置要重点考虑设在质量控制的关键部位和控制点；要能满足生产作业过程的需要；要有适宜的工作环境；要考虑节约检验成本，有利于提高工作效率。

6.2.4.4 检验指导书

检验指导书是具体规定检验操作要求的技术文件，又称检验规程或检验卡片。它是检验计划的一个重要部分，用以指导检验人员规范、正确地实施产品和过程的检查、测量和试验。

由于在产品形成过程中，具体作业的特点、性质不同，因此检验指导书的形式、内容也不相同。一般对重要产品的组成部分和关键作业过程的检验活动应编制检验指导书。

检验指导书的内容一般包括：检验对象、质量特性值及其技术要求、检验方法、检测手段和检验判定等。

6.3 抽样检验的基本理论

6.3.1 抽样检验的相关名词术语

6.3.1.1 单位产品

单位产品是指能被单独描述和考虑的一个事物，它是为实施抽样检验的需要而划分的单位体。有的单位产品可以按自然形态划分，是可分离的货物，如一台机床、一台电视机、一个电阻等分别可看成一个单位产品；而有的产品不能自然划分，其量具有连续的特性，产品的状态可以是液体、气体、颗粒、固体、线状或板材，如钢水、布匹、大米等，可根据不同要求，人为规定一个单位量，如一炉钢水、1米布、1公斤大米等。

6.3.1.2 检验批

检验批简称批，是提交进行检验的一批产品，也是作为检验对象而汇集起来的一批产品。

构成检验批的所有单位产品，在质量方面不应有本质差别，只能有随机波动。所以，一个检验批应当由同一种类、同一规格型号、同一质量等级，且工艺条件和生产时间基本相同的单位产品所组成。批的形式有稳定批和流动批两种：前者是将检验批中所有单位产品同时提交检验；后者是指将检验批中各单位产品一个个从检验点通过。

6.3.1.3 批量

批量是指检验批中包含的单位产品数量，常用 N 表示。

有关批量大小和识别批的方式，应由供方与使用方协商确定。通常，体积小、质量稳定的产品，批量宜大些，但也不宜过大，过大的批量难以获得有代表性的样本，而且该批一旦被拒收，会造成较大的经济损失。

6.3.1.4 不合格品与合格品

具有一个或一个以上不合格的产品称为不合格品；没有任何不合格的单位产品为合格品。根据不合格的分类，不合格品可分为以下三种：

（1）A类不合格品。包含一个或一个以上A类不合格（也可能同时包含B类和C类不合格）的单位产品称为A类不合格品。

（2）B类不合格品。包含一个或一个以上B类不合格（也可能同时包含C类不合格，但不包含A类不合格）的单位产品称为B类不合格品。

（3）C类不合格品。包含一个或一个以上C类不合格（但不包含A类和B类不合格）的单位产品称为C类不合格品。

6.3.1.5 批质量的表示方法

批质量的表示方法就是对一批产品质量状况的描述。由于质量特性值的属性不同，衡量批质量的方法也不相同。以下为计数值和计量值批质量水平表示方法。

（1）计数值批质量水平表示方法。

① 批不合格品率 p：批中不合格品数 D 除以批量 N。其计算公式为：
$$p = D/N \times 100\% \approx d/n \times 100\%$$

式中，D 为总体或批中不合格品数；d 为样本中的不合格品数；N 为总体量或批量；n 为样本量。

② 批不合格品百分数：批中不合格品数 D 除以批量 N，再乘以 100。其计算公式为：
$$100p = D/N \times 100 \approx d/n \times 100$$

式中，p 为批不合格品率；D 为总体或批中不合格品数；d 为样本中的不合格品数；N 为总体量或批量；n 为样本量。

以上两种表示方法用于计件抽样检验。

③ 批每百单位产品不合格数：批中不合格数 D 除以批量 N，再乘以 100。其计算公式为：
$$\text{批每百单位产品不合格数} = D/N \times 100 \approx d/n \times 100$$

式中，D 为总体或批中不合格数；d 为样本中的不合格数；N 为总体量或批量；n 为样本量。

这种表示方法用于计点抽样检验。

（2）计量值批质量水平表示方法。用批平均值 μ、批标准差 σ 和批产品不合格品率 p 表示。

$$\mu = \frac{\sum_{i=1}^{N} X_i}{N}$$

$$\sigma = \sqrt{\frac{\sum_{i=1}^{N}(X_i - \mu)^2}{N}}$$

$$p = \frac{D}{N} \times 100\%$$

式中，X_i 为批中单位产品质量特性值，N 为批量，D 为质量特性超出公差范围的产品件数。

6.3.1.6 抽样方案

抽样方案是在抽样检验时，合理确定的样本容量和有关接收准则的一组规则。抽样方案中有两个最基本的参数：样本容量 n 和合格判定数（即判定标准）A_c。如果一批产品的合格性判定标准用不合格品百分数 p_0 来表示，如果全检样本中的不合格品数 np_0 大于 A_c，则可判定该批产品不合格。

6.3.2 随机抽样方法

由于抽样检验的理论依据是数理统计原理，为了使抽取的样本具有代表性，就必须采用正确的抽样方法。随机抽样法就是使待检批中每个单位产品都具有同等被抽到机会的一种方法。根据抽样的过程不同，可以将随机抽样法分成简单随机抽样法、分层随机抽样法和系统随机抽样法。

6.3.2.1 简单随机抽样法

在抽样时，不带任何主观性，使待检批中每个单位产品均能够以相等的概率被抽到，这种抽样方法称为简单随机抽样法。为了确保抽样的随机性，以下四种产生随机数的方法均可使用。

（1）随机数表法。这是一种利用随机数表产生随机数的方法，该方法以前应用比较普遍，但正在逐渐被计算机程序法所取代。

（2）计算机程序法。这种方法是利用电子计算机程序，按一定的规律产生随机数，称为伪随机数。有些计算器也有产生随机数的功能，使用的是 Ran 键。也可按 GB/T 10111—2008《随机数的产生及其在产品质量抽样检验中的应用程序》确定随机数。

（3）掷骰子法。利用掷骰子的方法获得随机数也是一种常用的方法。常用的骰子有正六面体和正二十面体两种。正六面体骰子每个面刻有 1~6 个数字中的一个，掷一次可得到的随机数为 1~6；正二十面体骰子有 20 个三角形面，每个面刻有 0~9 数字中的一个，这 10 个数字各出现两次。用一个骰子掷两次可得到两位随机数；如果一次掷两个骰子也可得到两位随机数（但两个骰子的颜色不同，在掷前应预先规定哪一个是个位数）。由于正六面体骰子只能产生 1~6 的随机数，与产品的十进制编号不对应，所以在使用时应配合以修正表。采用正二十面体骰子就没有这个问题。正二十面体骰子的详细用法可参考 GB/T 10111—2008《随机数的产生及其在产品质量抽样检验中的应用程序》。

（4）扑克牌法。取一副新扑克牌，取出两张"王牌"和 12 张"J""Q""K"牌。在余下的 40 张牌中，规定"A"为 1，"10"为 0；在彻底洗牌后，从 40 张牌中每次任意抽取一张，就可产生 0~9 的一位随机数（抽出的牌在再抽时应放回并重新洗牌）。如果要产生两位随机数，则可将按一位随机数法抽取的随机数按顺序两两组合即可。

6.3.2.2 分层随机抽样法

为了保证样本对批量有较好的代表性，可以首先将待检产品按不同的生产班组、设备等进行分层（利用分层法），以便使同一层内的产品质量均匀一致。然后在各层内分别按简单随机抽样法抽取一定数量的单位产品，合在一起构成一个样本。这种方法称为分层随机抽样法。如果按各层在整批中所占的比例，分别在各层内抽取单位产品，则称为分层按比例随机抽样。

6.3.2.3 系统随机抽样法

给待检验批中的每个单位产品分别依次编上 $1\sim N$ 的号码。设需要抽取的样本容量为 n，可以用 N/n 的整数部分（设为 k）作为抽样间隔，然后采用简单随机抽样法在 1 至抽样间隔数 h 之间确定一个随机数作为样本中第一个被抽到的产品号码。以后就可按抽样间隔数依次抽得 n 个样品。如果抽得的样品数为 $n+1$ 个，可任意去掉一个。

在实际工作中，为了得到有代表性的随机抽样结果，应尽量避免下面的错误：

（1）对检验批产品中不方便抽取的部分（埋在最下层、最里层、太高处）总不去抽，怕麻烦。

（2）对检验批的质量是否均匀等情况不了解，就采用分层抽样方法。

（3）只从产品的货架、箱子或容器的同一位置抽取样品。

（4）采取有意抽样法，专抽看上去质量好或差的产品。

6.3.3 抽样检验的分类

6.3.3.1 按检验的目的分类

按检验的目的分类，抽样检验可分为验收抽样检验和监督抽样检验。

验收抽样检验是指用抽样检验判定是否接收的检验。是由使用方（或使用方与生产方共同）采取的一种微观质量控制手段。主要目的是检验供方（或生产方）提交的批质量水平是否处于或优于相互认可的质量水平。所用的抽样标准有：GB/T 13262、GB/T 2828.1、GB/T 6378.1 等标准。

监督抽样检验是由独立的检验机构进行的决定监督总体是否可通过的抽样检验。它是一种宏观质量监测手段，是第三方检验。目的是保证产品质量和保护消费者利益。所用的抽样标准有：GB/T 2828.4、GB/T 2828.11、GB/T 6378.4、GB/T 16306 等。

6.3.3.2 按单位产品的质量特性分类

按单位产品的质量特性分类，抽样检验可分为计数抽样检验和计量抽样检验。

（1）计数抽样检验。它是指根据观测到的样本中的各单位产品是否具有一个或多个规定的质量特性，从统计上判定批或过程可接受性的抽样检验。常用不合格品数或不合格数判定批是否接收。

（2）计量抽样检验。它是指根据来自批的样本中的各单位产品的规定质量特性测量值，从统计上判定批或过程可接受性的抽样检验。常用样本均值或样本标准差判定批是否接收。

6.3.3.3 按抽取样本的次数分类

按抽取样本的次数分类，抽样检验可分为一次抽样检验、二次抽样检验、多次抽样检验与序贯抽样检验。

一次抽样检验是最简单的抽样检验，只需从检验批中抽取一个样本，就可以作出该批产品是否接收的判定。二次抽样检验是至多抽取两个样本的多次检验。多次抽样检验是在每检验一个样本后，基于确定的判断准则，作出接收该批，或不接收该批，或需从检验批中抽取另一个样本判定的抽样检验。也就是从批量 N 中需要抽取一个、两个直至规定的最大样本次数之后，才能作出接收或不接收判定的检验。序贯抽样检验是指在检验每一单位产品后，根据累计的样本信息及确定的规则，作出接收该批、不接收该批或需接着检验该批中另一单位产品的抽样检验的判定。序贯抽样所检验的单位产品的总数预先并不固定，常商定一个最大样本量。在检验最后一个样本产品后，必须作出接收或不接收批的判定。

6.3.3.4 按抽样方案是否调整分类

按抽样方案是否调整分类，抽样检验可分为调整型抽样检验和非调整型抽样检验。

调整型抽样检验是根据一系列批质量水平的变化情况，按照转移规则，调整抽样方案。调整型抽样检验适用于连续系列批。调整型抽样标准有 GB/T 2828.1、GB/T 8051、GB/T 6378.1、GB/T 16307。

非调整型抽样检验不需利用产品质量的历史资料，使用中也没有调整规则。常用的非调整型抽样检验有以下几种：

（1）标准型抽样检验。标准型抽样检验只需判定批本身的质量是否合格，并作出保护供需双方利益的有关规定。它适用于孤立批产品的检验。GB/T 13262、GB/T 8054 属于标准型抽样标准。

（2）挑选型抽样检验。挑选型抽样检验是指需要预先规定检验方法的抽样检验。对合格批进行接收；对不合格批要逐个产品进行挑选，检出的不合格品要更换（或修复）成合格产品后再进行二次提交。GB/T 13546 属于挑选型抽样标准。

（3）连续型抽样检验。连续型抽样检验是相对于稳定批而言的一种抽样检验。产品在流水线上连续生产，不能预先构成批，检验是对连续通过的产品进行的。GB/T 8052 属于连续型抽样标准。

6.3.4 抽样检验标准体系

我国目前有二十几项抽样检验国家标准，涉及生产方、使用方验收抽样检验，产品质量监督抽样检验，商品质量监督抽样检验等，构成了一个比较完整的抽样标准体系。常用抽样检验国家标准目录如表 6-1 所示。

表 6-1 常用抽样检验国家标准目录

项 目	抽样检验类型	标准编号	标准名称
抽样基础	抽样导则	GB/T 13393—2008	验收抽样检验导则
		GB/T 2828.10—2010	计数抽样检验程序 第 10 部分：GB/T 2828 计数抽样检验系列标准导则
	抽样方法	GB/T 10111—2008	随机数的产生及其在产品质量抽样检验中的应用程序
计数抽样方案	标准型抽样检验	GB/T 13262—2008	不合格品百分数的计数标准型一次抽样检验程序及抽样表
		GB/T 13264—2008	不合格品百分数的小批计数抽样检验程序及抽样表
	调整型抽样检验	GB/T 2828.1—2012	计数抽样检验程序 第 1 部分：按接收质量限（AQL）检索的逐批检验抽样计划
	挑选型抽样检验	GB/T 13546—1992	挑选型计数抽样检查程序及抽样表
	孤立批抽样检验	GB/T 2828.2—2008	计数抽样检验程序 第 2 部分：按极限质量 LQ 检索的孤立批检验抽样方案
	跳批抽样检验	GB/T 2828.3—2008	计数抽样检验程序 第 3 部分：跳批抽样程序
	序贯抽样检验	GB/T 2828.5—2011	计数抽样检验程序 第 5 部分：按接收质量限（AQL）检索的逐批序贯抽样检验系统
		GB/T 8051—2008	计数序贯抽样检验方案
	连续型抽样检验	GB/T 8052—2002	单水平和多水平计数连续抽样检验程序及表
	周期型抽样检验	GB/T 2829—2002	周期检验计数抽样程序及表（适用于对过程稳定性的检验）

续表

项　目	抽样检验类型	标准编号	标准名称
计量抽样方案	标准型抽样检验	GB/T 8054—2008	计量标准型一次抽样检验程序及表
	调整型抽样检验	GB/T 6378.1—2008	计量抽样检验程序 第1部分：按接收质量限（AQL）检索的对单一质量特性和单个 AQL 的逐批检验的一次抽样方案
	序贯抽样检验	GB/T 16307—1996	计量截尾序贯抽样检验程序及抽样表（适用于标准差已知的情形）
监督抽样方案	计数监督抽样	GB/T 2828.4—2008	计数抽样检验程序 第4部分：声称质量水平的评定程序
		GB/T 2828.11—2008	计数抽样检验程序 第11部分：小总体声称质量水平的评定程序
	计量监督抽样	GB/T 6378.4—2008	计量抽样检验程序 第4部分：对均值的声称质量水平的评定程序
	监督复查抽样	GB/T 16306—2008	声称质量水平复检与复验的评定程序
	商品质量监督抽样	GB/T 28863—2012	商品质量监督抽样检验程序具有先验质量信息的情形
散料抽样方案	散料抽样检验	GB/T 13732—2009	粒度均匀散料抽样检验通则
		GB/T 22555—2010	散料验收抽样检验程序和抽样方案

6.3.5 批质量的抽样判断过程

在提交检验的一批产品中，批不合格品率 p 是反映一批产品质量水平的最重要的指标之一。该指标适应面广（既适用于计量抽样检验，又适用于计数抽样检查），因此常用它作为判断批质量水平优劣的指标或标准。$p=0$ 是理想状态，但很难做到，从经济上讲，往往也没有必要。在抽样检验时，首先要确定一个可接收的批质量水平，即确定该批产品不合格品率的界限值 p_t。若抽检后产品批不合格品率 $p \leqslant p_t$，则对该批产品予以接收；若 $p > p_t$，则对该批产品予以拒收。由于利用抽样方法不可能准确地得到一批产品的不合格品率 p 值，除非进行全数检验，因此不能以此来对检验批的接收与否进行判断。

在实际中，需要制订并实施一个有科学依据的抽样检验方案来完成对批质量的判断。在计数型抽样方案中，在保证样本量 n 对批量 N 有代表性的前提下，可以用样本中包含的不合格（品）数 d 来推断整批质量，并与标准要求进行比较来判断批的接收与否。因此对一次抽样，检验批的验收归结为三个参数：样本量 n、接收数 Ac 和拒收数 Re。这样就形成了抽样方案（n，Ac，Re）。由于一次抽样的 $Re = Ac + 1$，一次抽样方案可记为（n，Ac）。

接收数 Ac 是计数抽样方案中接收该批所允许的样本中的不合格或不合格品数的最大数目，也称为合格判定数。拒收数 Re 是不接收该批所要求的样本中的不合格或不合格品数的最小数目，也称为不合格判定数。

6.3.5.1 计数一次抽样检验的判断程序

根据规定的抽检方案，从批量 N 中随机抽取含量为 n 的样本，检测样本中的全部产品，记下其中的不合格品数（或不合格数）d。如果 $d \leqslant Ac$，则接收该批产品；如果 $d \geqslant Re$，则不接收该批产品。一次抽样检验的判断程序如图 6-1 所示。

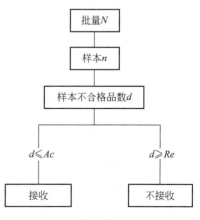

图 6-1　一次抽样检验的判断程序

6.3.5.2 计数二次抽样检验的判断程序

计数二次抽样方案的一般表达式为：

$$\begin{pmatrix} n_1, Ac_1, Re_1 \\ n_2, Ac_2, Re_2 \end{pmatrix}$$

二次抽样检验的判断程序如图6-2所示。从批量 N 中随机抽取样本量为 n_1 的第一个样本，检测样本中的全部产品，记下其中的不合格品数（或不合格数）d_1。若 d_1 小于或等于第一接收数 Ac_1，则判定接收该批产品；若 d_1 大于或等于第一拒收数 Re_1，则判定不接收该批产品。若在第一个样本中发现的不合格品数 d_1 介于 Ac_1 和 Re_1 之间，则继续抽取容量为 n_2 的第二个样本进行检验，得到该样本的不合格品数（或不合格数）d_2，将两次的不合格品数 d_1、d_2 相加。若 d_1+d_2 小于或等于第二接收数 Ac_2，则接收该批产品；若 d_1+d_2 大于或等于第二拒收数 Re_2，则不接收该批产品。

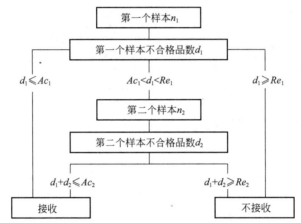

图6-2 二次抽样检验的判断程序

6.3.5.3 多次抽样检验的判定程序

多次抽样检验的判定程序基本上是二次抽样检验程序的延续。GB/T 2828.1规定抽样方案的最高样本数为五个，也就是五次抽样检验。究竟采用几次抽检为好，需要根据产品检验的具体情况而定。

上述三种抽样检验所体现的抽样方案各有其优点和缺点。以根据第一个样本估计检验批的平均质量而论，一次抽检最好，二次抽检次之，多次抽检最差；以每检验批可抽取的平均单位产品数而论，一次抽检最多，二次抽检次之，多次抽检最少；以所需要的检验费用而论，一次抽检最高，二次抽检次之，多次抽检最少；以对供应商的心理影响而论，一次抽检最差，二次抽检次之，多次抽检最好。最后需要指出，选择哪一种抽检方式，仅影响抽检方案的处理和运用，而不涉及检验结果的可靠性。

6.3.6 接收概率及操作特性（OC）曲线

6.3.6.1 接收概率

对确定的抽样方案，如用它来对某个检验批做抽样检验，则该检验批被判为接收是一个随机事件。这一随机事件的发生概率即为抽样方案对检验批的接收概率。

接收概率与批不合格品率 p 有着密切关系，产品质量好，批不合格品率 p 小，接收概率高；反之，接收概率小。接收概率是批质量水平 p 的函数，表示为 $L(p)$。这个函数称为抽样方案（n，Ac）的操作特性函数，记为OC函数。

具体计算方法有下列三种：超几何分布计算法、二项分布计算法、泊松分布计算法。

(1) 超几何分布计算法。计算公式为：

$$L(p) = \sum_{d=0}^{Ac} \frac{C_{N_p}^d C_{N-N_p}^{n-d}}{C_N^n}$$

式中，C_N^n 为从批量 N 个中随机抽取 n 个单位产品的组合数；$C_{N_p}^d$ 为从批含有的不合格品数 N_p 中抽取 d 个不合格品的全部组合数；$C_{N-N_p}^{n-d}$ 为从批含有的合格品数 $N-N_p$ 中抽取 $n-d$ 个合格品的全部组合数。

例 6-1 计算 $N=1000$，抽样方案 (30, 3)，不合格品率 $p=5\%$ 的批的接收概率。

解：

$$L(5\%) = \sum_{d=0}^{3} \frac{C_{50}^d C_{1000-50}^{30-d}}{C_{1000}^{30}} = \frac{C_{50}^0 C_{1000-50}^{30}}{C_{1000}^{30}} + \frac{C_{50}^1 C_{1000-50}^{29}}{C_{1000}^{30}} + \frac{C_{50}^2 C_{1000}^{28}}{C_{1000}^{30}} + \frac{C_{50}^3 C_{1000}^{27}}{C_{1000}^{30}}$$
$$= 0.210 + 0.342 + 0.263 + 0.128 = 0.943$$

计算结果表明，当采用抽样方案 (30, 3) 进行验收时，每 100 批具有这种质量的产品中约有 94 批会被接收，6 批不接收。

(2) 二项分布计算法。计算公式为：

$$L(p) = \sum_{d=0}^{Ac} C_n^d p^d (1-p)^{n-d}$$

研究表明，当 $n/N \leq 0.1$（即样本容量相对总体较小）时，可以用二项分布来近似超几何分布；当 N 较大时，二项分布的计算要比超几何分布的计算方便得多。

(3) 泊松分布计算法。计算公式为：

$$L(p) = \sum_{d=0}^{Ac} \frac{(np)^d}{d!} e^{-np}$$

当 $n/N \leq 0.1$ 且 $p \leq 0.1$ 时，可以用泊松分布来近似超几何分布；当 n 较大时（如 $n \geq 100$），p 较小（如 $p \leq 0.1$），同时 $np \leq 4$ 时，可以用泊松分布来近似二项分布。这种近似引起的误差并不影响实际使用，但泊松分布的计算比另两种分布的计算容易得多。

6.3.6.2 操作特性曲线——OC 曲线

接收概率 $L(p)$ 随批质量水平 p 变化的曲线，称为操作特性曲线或 OC 曲线。

有一个抽样方案，就一定能绘出一条与之相对应的 OC 曲线，即 OC 曲线与抽样方案是一一对应的关系。每条 OC 曲线反映了它所对应的抽样方案的特性。它定量地告诉人们批质量状况和被接收可能性大小之间的关系，也就是当采用某个抽样方案时，具有不合格品率为 p 的某批产品被判为接收的可能性有多大；或者要使检验批以某种概率接收，它应有的批不合格品率 p 是多少。同时，可以通过比较不同抽样方案的 OC 曲线，确定各个抽样方案对产品质量的辨别能力，以便从中选择合适的抽检方案。

例 6-2 已知 $N=1000$，采用抽样方案 (30, 3)，用超几何分布计算 $p=5\%$，10%，15%，20% 时样本中出现不合格品数 d 的概率及 $L(p)$，计算结果如表 6-2 所示。

表 6-2 用抽样方案 (30, 3) 检验 $N=1000$、p 取不同值时的结果

d	p/%				
	0	5	10	15	20
0	1	0.21	0.040	0.007	0.001
1	0	0.342	0.139	0.039	0.009

d	$p/\%$				
	0	5	10	15	20
2	0	0.263	0.229	0.102	0.032
3	0	0.128	0.240	0.171	0.077
$L(p)$	1	0.943	0.648	0.319	0.119

以 p 为横坐标，$L(p)$ 为纵坐标，将表 6-2 的数据描绘在平面上，得到如图 6-3 所示曲线。这条曲线称为抽样方案（30，3）的操作特性曲线。

6.3.6.3 OC 曲线分析

（1）理想的 OC 曲线。如果规定，当批的不合格品率 p 不超过 p_t 时，该批产品可接收，那么理想的抽样方案应当满足：当 $p \leqslant p_t$ 时，接收概率 $L(p)=1$；当 $p > p_t$ 时，接收概率 $L(p)=0$。对应的理想 OC 曲线如图 6-4 所示。

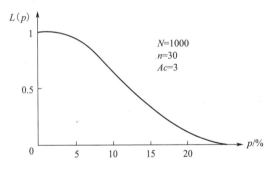

图 6-3 抽样方案（30，3）的 OC 曲线

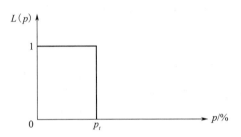

图 6-4 理想的 OC 曲线

然而，由于抽样检验中存在两类错误，所以这样的理想方案实际上是不存在的。即使采用全数检验，也难免出现错检和漏检，很难得到理想的抽样方案。

（2）不理想的 OC 曲线。比如对于批量 $N=10$ 的一批产品，采用抽样方案（1，0）来验收，该抽样方案的 OC 曲线为一条直线，如图 6-5 所示。当批的不合格品率 p 达到 50% 时，接收概率仍有 0.5，对于不合格品率如此之高、质量如此之差的产品，抽检两批中仍会有一批被接收，可以看出，这个方案对检验批质量的判断能力是很差的。因此，这是一条很不理想的 OC 曲线。

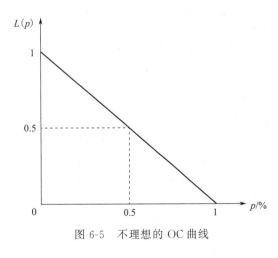

图 6-5 不理想的 OC 曲线

（3）实际的 OC 曲线。理想的 OC 曲线实际上是不存在的，而不理想的 OC 曲线判断能力又很差，所以就需要设法找到一种既能为实际所用，又能有较大把握判断批质量的抽样方案及其对应的 OC 曲线。比较理想的抽样方案 OC 曲线如图 6-6 所示。规定 p_0 和 p_1 两点的位置，它们分别表示希望判为接收的批质量水平和希望判为不接收的批质量水平。由此 OC 曲线可分为三个区：

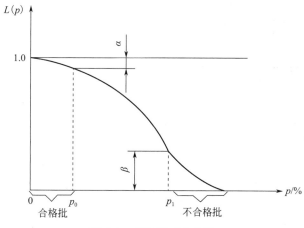

图 6-6 实际的 OC 曲线

① 接收区。检验批"几乎能肯定"(高概率)被判为接收的批质量水平范围。
② 不接收区。检验批"几乎能肯定"(高概率)被判为不接收的批质量水平范围。
③ 中性区。检验批被判为接收或被判为不接收的批质量水平范围。

显然我们希望缩小中性区的范围,通常增大样本含量便可达到这一要求。

对 OC 曲线的评价,实质上是对与之对应的抽样方案的评价。因此,一个好的抽样方案应达到的要求是:当检验批质量较好时,如 $p \leqslant p_0$ 时,能以高概率判定接收该批产品;当检验批质量水平变坏时,接收概率迅速减少;当检验批质量水平超过某个规定界限时,如 $p \geqslant p_1$ 时,能以高概率判定不接收该批产品。

6.3.6.4 抽样检验中的两类错误和两类风险

抽样检验是通过样本来判断总体,难免会产生判断错误。在抽样检验中存在两类判断错误:第一类错误是将接收批判断为不接收批,对生产方不利;第二类错误是将不接收批判为接收批,对使用方不利。

如图 6-6 所示,规定 p_0 是合格质量水平,当检验批的实际质量水平 $p \leqslant p_0$ 时,说明批质量是合格的,应100%接收该批产品。但由于抽检误差,在 $p = p_0$ 时,检验批的接收概率是 $1-\alpha$,不接收的概率为 α。α 是出现第一类错误的概率,因为这种错判对生产方不利,α 称为生产方风险。所谓生产方风险,是指对于给定的抽样方案,当批质量水平刚好为合格质量水平时,判定批不接收的概率。它反映了把接收批错判为不接收批的可能性大小。与生产方风险 α 相对应的质量水平 p_0 称为生产方风险质量水平。

当批实际质量水平 $p \geqslant p_1$ 时,说明批质量不合格,应100%不接收该批产品。但实际上在 $p = p_1$ 时,检验批可能会以 β 的概率被接收。β 是第二类错误的概率,因为这种错误对使用方不利,出现这类错误的概率值 β 称为使用方风险。所谓使用方风险,是指对于给定的抽样方案,当批质量水平刚好为某一指定的不合格品百分数时,判定批接收的概率。它反映了把不接收批错判为接收批的可能性大小。与规定的使用方风险 β 相对应的质量水平 p_1 称为使用方风险质量。

α 和 β 的计算公式分别为

$$\alpha = 1 - L(p_0)$$
$$\beta = L(p_1)$$

显然,对生产方而言,α 越小越好;对使用方而言,β 越小越好。在选择抽样方案时,应由生产方和使用方共同协商,使这两种风险都控制在合理范围内,以保护双方的利益。

6.4 计数标准型抽样检验

6.4.1 计数标准型抽样检验的原理

所谓标准型抽样检验，就是同时规定对生产方的质量要求和对使用方的质量保护要求的抽样检验过程。标准型抽样检验方案是指同时适合于生产方风险质量、使用方风险质量、生产方风险和使用方风险的抽样检验方案。

典型的标准型抽样方案是这样确定的：事先确定两个质量水平 p_0 与 p_1，$p_0 < p_1$。希望不合格品率为 p_1 的批尽可能不被接收，设其接收概率 $L(p_1) = \beta$；希望不合格品率为 p_0 的批尽可能高概率被接收，设其不接收概率 $1 - L(p_0) = \alpha$。一般规定 $\alpha = 0.05$，$\beta = 0.10$。这样，这种抽样检验方案的 OC 曲线应通过 A、B 两点，如图 6-7 所示。

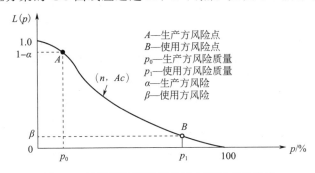

图 6-7 计数标准型抽样检验方案的 OC 曲线

A 点称为生产方风险点，是 OC 曲线上对应于规定的生产方风险质量 p_0 和生产方风险 α 的点；B 点称为使用方风险点，是 OC 曲线上对应于规定的使用方风险质量 p_1 和使用方风险 β 的点。

对检验批进行抽样检验时，如果一个抽样方案把 A、B 两点控制住了，就等于既保护了生产方的经济利益，又保证了使用方对产品批的质量要求。

6.4.2 计数标准型抽样标准

标准型抽样方案适用于孤立批，适用于使用方对每批产品的质量要求较严格，或者对供方所提供的产品质量历史无所了解时。除可以应用于最终产品、零部件和原材料外，还可以应用于操作、在制品、库存品、维修操作、数据或记录、管理程序。

我国发布的计数标准型抽样检验国家标准有：当批量 $N > 250$ 时，采用 GB/T 13262—2008《不合格品百分数的计数标准型一次抽样检查程序及抽样表》；当 $N < 250$ 时，采用 GB/T 13264—2008《不合格品百分数的小批计数抽样检验程序及抽样表》。

本节介绍的是国家标准 GB/T 13262—2008《不合格品百分数的计数标准型一次抽样检查程序及抽样表》的内容。要求孤立批的批量 N 大于 250 个单位产品且批量 N 与样本量 n 之比大于 10。当批量 N 小于 250 或批量与样本量之比不大于 10 时，由本标准检验的方案是近似的，建议选择 GB/T 13264 确定的抽样方案。

6.4.3 计数标准型抽样方案的实施

6.4.3.1 规定单位产品的质量特性

在技术标准和合同中，应对单位产品需抽样检验的质量特性以及接收与否的判定准则作出规定。

6.4.3.2 规定质量特性不合格的分类与不合格品的分类

根据单位产品质量特性重要程度或质量特性不符合的严重程度将不合格（缺陷）分为 A 类、B 类及 C 类三种。单位产品的极重要的质量特性不符合要求，或单位产品的质量特性极严重不符合要求，称为 A 类不合格；单位产品的重要质量特性不符合要求，或单位产品的质量特性严重不符合要求，称为 B 类不合格；单位产品的一般质量特性不符合要求，或单位产品的质量特性轻微不符合要求，称为 C 类不合格。根据产品的实际情况，也可分为少于三种或多于三种类别的不合格。

按照质量特性不合格的分类，分别划分不合格品的类别。不合格品通常按不合格的严重程度分类，例如：

A 类不合格品，包含一个或一个以上 A 类不合格，同时还可能包含 B 类不合格和 C 类不合格的产品。

B 类不合格品，包含一个或一个以上 B 类不合格，同时还可能包含 C 类不合格，但不包含 A 类不合格的产品。

C 类不合格品，仅有 C 类不合格品。

6.4.3.3 生产方风险质量与使用方风险质量的规定

对批量生产的产品，在产品技术标准中规定对产品的批质量要求（合格质量水平）。

确定生产方风险质量 p_0 和使用方风险质量 p_1，应根据产品技术标准中对检验批质量的要求，综合考虑对双方的保护、抽检的经济性等因素，由生产方和使用方协商确定。一般来说，生产方风险质量应等于合格质量水平。

此外，在确定 p_0 和 p_1 值时，也要注意 p_1/p_0 值的大小。p_1/p_0 过小，增加抽查个数，使检验费用增加，而 p_1/p_0 过大，则又会增大使用方风险。通常当 α 为 0.05，β 为 0.10 时，p_1/p_0 值应取 4～10 为宜。

6.4.3.4 检查批的组成

单位产品经简单汇集组成检验批。组成批的基本原则是：同一批内的产品应由同一种类、同一规格型号，且工艺条件和生产时间基本相同的单位产品组成。批的组成、批量大小以及标识批的方式等，应由生产方与使用方协商确定。通常，体积小、质量稳定的产品，批量可以适当大些，但是过大的批量很难得到有代表性的样本，且一旦被拒收，会造成较大的经济损失。这也是生产方需要考虑的一点。

6.4.3.5 抽样方案的检索

GB/T 13262 如附表 6-1 所示。在抽样表中给出了用 p_0、p_1 检索的一次抽样方案。p_0 的值从 0.095%～10.5% 共 42 档；p_1 的值从 0.75%～34% 共 34 档，在 p_0、p_1 相交栏给出了抽样方案。

抽样方案检索的具体步骤如下：

(1) 在附表 6-1 中找到规定的 p_0 和 p_1 所在行和列。
(2) p_0 行与 p_1 列相交栏即为抽样方案，栏中左侧数值为样本量 n，右侧数值为接收数 Ac。
(3) 若求出的样本量 n 值大于批量，应进行全数检查。

例 6-3 规定 $p_0=0.370\%$，$p_1=1.70\%$，检索计数标准型一次抽样方案。

解：从附表 6-1 中找出含有 p_0 为 0.370% 的 0.356%～0.400% 一行，含有 p_1 为 1.70% 的 1.61%～1.80% 一列，在行列相交栏中查到 (490, 4)，即抽样方案为样本量 n 为 490，接收数 Ac 为 4。

6.4.3.6 样本的抽取

样本应从整批中随机抽取,可在检验批构成之后或在检验批的构成过程中进行。通常采用的取样方法是随机抽样法。随机抽样包含有简单随机抽样、分层随机抽样、整群随机抽样和系统随机抽样等方法。

6.4.3.7 样本的检验

根据技术标准或合同等有关文件规定的试验、测量或其他方法,对抽取的样本中的每一个单位产品逐个进行检验,判断是否合格,并统计出样本中的不合格品总数 d。

6.4.3.8 判定准则

根据样本检验结果,若样本中发现的不合格品数 d 小于或者等于接收数 Ac,则接收该批;若样本中发现的不合格品数 d 大于接收数 Ac,则不接收该批(认为该批不合格)。

6.4.3.9 检验批的处置

对判为接收的批,使用方应整批接收,并剔除样本中的不合格品,同时允许使用方在协商的基础上向生产方提出某些附加条件。如果批已被接收,使用方有权不接收发现的任何不合格品,而不管该产品是否构成样本的一部分。

若对抽样检验的结果有异议可进行复检,在复检时可以进行全检,通过全检可得到批的实际质量水平。当批的实际质量水平劣于合格质量水平时,该批是不合格批;当批的实际质量水平优于合格质量水平时,该批是合格批。

6.5 计数调整型抽样检验

6.5.1 计数调整型抽样检验概述

计数调整型抽样检验是指根据一系列批质量的变化情况,按一套规则随时调整检验的严格程度的抽样检验过程。计数调整型抽样方案不是一个单一的抽样方案,而是由一组严格度不同的抽样方案和一套转移规则组成的抽样体系。当产品质量正常时,采用正常检验;当产品质量下降或生产不稳定时,转移到加严检验;如果质量一直比较好,可转移到放宽检验。

计数调整型抽样检验方案的选择完全依赖于产品的实际质量,检验的宽严程度就反映了产品质量的优劣。一旦发现批质量变坏时,将正常检验调整转移到加严检验,目的是通过批不被接收使生产方在经济上和心理上产生压力,促使其将过程平均质量水平值保持在规定的接收质量限以下,同时给使用方接收劣质批的概率提供一个上限,保护了使用方的利益。若质量一贯保持较高的水平,采用放宽检验可以减少检验费用,对生产方是有利的。

具有代表性的计数调整型抽样检验标准是美国军工标准 MIL-STD-105D(1963 年)。它起源于 1945 年由哥伦比亚大学统计小组为美国海军制定的抽样检验表。1973 年,国际标准化组织(ISO)在该标准第 4 版的基础上制定了计数调整型抽样检验国际标准,1974 年正式颁布实施,标准号为 ISO 2859:1974。1989 年,国际标准化组织将其修订为 ISO 2859-1:1989。1999 年,又对其作了重大修订,将该标准作为一个通称为《计数抽样检验程序》的系列标准的第 1 部分,即《按接收质量限(AQL)检索的逐批抽样计划》,代号为 ISO 2859-1:1999。如今,该标准已成为全世界工商业界进行计数调整型抽检时所依据的最重要的检验标准。

我国参照 ISO 2859:1974,于 1987 年制定出《逐批检查计数抽样程序及抽样表》,标准号为 GB/T 2828—1987,并于 1988 年 5 月 1 日实施。2003 年等同采用 ISO 2859-1:1999,

发布了 GB/T 2828.1—2003《计数抽样检验程序　第 1 部分：按接收质量限（AQL）检索的逐批检验抽样计划》，2012 年又对其作了修订，代号为 GB/T 2828.1—2012。

计数调整型抽样检验适用于：最终产品；零部件和原材料；操作；在制品；库存品；维修操作；数据或记录；管理程序。

计数调整型抽样检验主要是为适用连续系列批的检验而设计的，但是当满足一定要求时，也可用于孤立批的检验。

6.5.2　接收质量限及其作用

接收质量限（AQL）是指当一个连续系列批被提交验收抽样时，可容忍的最差过程平均质量水平。

AQL 是整个抽样系统的基础，是制订抽样方案的重要参数。抽样表是按 AQL 设计的。在 GB/T 2828.1 中，接收质量限（AQL）用于检索抽样方案。

抽样系统的设计原则是：当生产方提交了等于或优于 AQL 的产品批时，抽样方案应保证绝大多数的产品批被接收，以保护生产方利益；当生产方提交的产品批质量水平低于 AQL 时，将正常检验转换为加严检验，这样，生产方就要被迫改进质量，从而保护使用方的利益。在抽样系统中规定了从正常检验转为加严检验的内容和规则，这是基于 AQL 的整个抽样系统的核心。

在调整型抽样表中，接收质量限（AQL）值自 0.010~1000 有 26 个档值（见附表 6-2），应用时需从中选择。对于表中的 AQL 值，自 0.010~10 的 16 个档值对不合格品百分数或每百单位产品不合格数均适用，而自 15~1000 的 10 个档值仅适用于每百单位产品不合格数表示的质量水平。当以不合格品百分数表示质量水平时，档值加上"%"才表示 AQL 值。如档值"0.10"实际表示 AQL＝0.10%。当以每百单位产品不合格数表示时，档值表示每100 个单位产品所有的不合格总数，如档值"250"实际表示每 100 个单位产品有 250 个不合格，或平均每个单位产品中有 2.5 个不合格。

6.5.3　计数调整型抽样检验程序

计数调整型抽样标准 GB/T 2828.1 由三部分组成：正文、主表和辅助图表。正文给出了标准所用到的名词术语和实施检验的规则；主表部分包括样本量字码表和正常、加严和放宽检验的一次、二次和五次抽样表；辅助图表给出了方案的 OC 曲线、平均样本量 ASN 曲线和数值。

根据 GB/T 2828.1 的规定，计数调整型抽样检验的使用程序如下。

6.5.3.1　确定质量标准

明确规定质量特性合格与不合格（缺陷）的标准。根据产品特点和实际需要，将产品分为 A、B、C 类不合格或不合格品。

6.5.3.2　确定接收质量限

通常，AQL 值的确定要综合考虑下面几个方面的因素。

(1) 使用方的质量要求。当使用方提出了必须保证的质量水平时，可将该质量水平作为确定 AQL 值的主要依据。但 AQL 值并不是可以任意选取的，在计数调整型抽样方案中，AQL（%）只能采用 0.010，0.015，…，1000，共 26 档。

(2) 生产方的过程平均。根据生产方近期提交的初检批的样本检验结果，对过程平均上限加以估计，与此值相等或稍大的标称值如能被使用方接受，则可作为 AQL 值。此种方法多用于单一品种大批量生产且质量信息充分的场合。

(3) 产品不合格的类别。对于不同的不合格类别的产品，分别规定不同的 AQL 值。越是重要的检验项目，验收后的不合格品造成的损失越大，越应制定严格的 AQL 值。一般对 A 类规定的 AQL 值要小于对 B 类规定的 AQL 值，对 C 类规定的 AQL 值要大于对 B 类规定的 AQL 值。此种方法多用于多品种、小批量生产及产品质量信息不多的场合。

(4) 检验项目的多少。当同一类的检验项目有多个时，AQL 的取值应比只有一个检验项目时适当大一些。

(5) 双方共同确定。为使使用方要求的质量与生产方的生产能力协调，双方可协商确定 AQL 值，这样可减少双方由 AQL 引起的纠纷。

6.5.3.3 检验水平

检验水平是抽样方案的一个事先选定的特性，反映批量 N 与样本含量 n 之间的关系。当批量 N 确定时，只要明确检验水平，就可以检索到样本量字码和样本量 n。在 GB/T 2828.1 中，规定了七种检验水平，分为两类：一般检验水平和特殊检验水平。三个一般检验水平Ⅰ、Ⅱ、Ⅲ。无特殊要求时均采用一般检验水平Ⅱ。四个特殊检验水平 S-1、S-2、S-3、S-4。特殊检验水平又称小样本检验水平，可用于必须使用相对小的样本量并且允许有较大抽样风险的情形。

不同的检验水平，当批量一定时，要求的样本含量不一样。一般检验水平的样本含量比率约为 0.4∶1∶1.6。可见，检验水平Ⅰ比检验水平Ⅱ判断能力低，而检验水平Ⅲ比检验水平Ⅱ判断能力高。

在同一检验水平时，批量增大，样本含量也会相应增大，但不是成比例地增大，即批量越大，样本含量占的比例越小。建立这种关系的好处是，大批量时能得到较大的样本，因而易于保证获得一个有代表性的随机样本，减少错判的风险，不使样本含量随批量增大而成比例地增大，有利于抽样的经济性。

检验水平还同抽样方案对生产方和使用方提供的质量保护程度有关。由图 6-8 可知，当检验水平变化时，对 α 的影响不大，但对 β 的影响比较大。由此看出，不同的检验水平，对生产方提供的质量保护接近一致，但对使用方提供的保护则有明显不同。随着检验水平由低（如Ⅰ）到高（如Ⅲ），OC 曲线变陡，使用方风险明显减少，即对使用方提供了更好的质量保护。这时，抽样方案区分优质批和劣质批的能力得到加强。

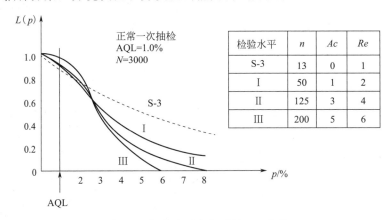

图 6-8 检验水平变化时的 OC 曲线

选择检验水平的原则是：

(1) 产品的复杂程度与价格。构造简单且价格低的产品，选择较低的检验水平；反之，选择高检验水平。检验费用高的产品宜选用低检验水平。

（2）是否为有损检验。进行有损检验时，选择低检验水平或特殊检验水平。

（3）保护使用方的利益。如果想让大于 AQL 的劣质批尽量不合格，则宜选用高检验水平。

（4）生产的稳定性。稳定连续性生产宜选用低检验水平；不稳定或新产品生产宜选用高检验水平。

（5）各批之间质量的差异程度。批间质量差异小而且检验总是合格的产品批，选用低检验水平；反之，选用高检验水平。

（6）批内产品质量波动的大小。批内产品质量波动比标准的波动幅度小的，选用低检验水平；反之，选用高检验水平。

6.5.3.4　检索样本量字码表

GB/T 2828.1 给出了样本量字码表（见表 6-3）。当已知批量 N 且确定检验水平时，便可以从该表中查出相应的字码：A，B，C…这些字码与各种检验方案表中的样本量 n 呈对应关系。采用样本量字码表是为了简化抽样表的设计和方便抽样方案的检索，这也是调整型抽样方案表的构成特点。

表 6-3　样本量字码表

批量 N	特殊检验水平				一般检验水平		
	S-1	S-2	S-3	S-4	Ⅰ	Ⅱ	Ⅲ
2～8	A	A	A	A	A	A	B
9～15	A	A	A	A	A	B	C
16～25	A	A	B	B	B	C	D
26～50	A	B	B	C	C	D	E
51～90	B	B	C	C	C	E	F
91～150	B	B	C	D	D	F	G
151～280	B	C	D	E	E	G	H
281～500	B	C	D	E	F	H	J
501～1200	C	C	E	F	G	J	K
1201～3200	C	D	E	G	H	K	L
3201～10000	C	D	F	G	J	L	M
10001～35000	C	D	F	H	K	M	N
35001～150000	D	E	G	J	L	N	P
150001～500000	D	E	G	J	M	P	Q
500001 及其以上	D	E	H	K	N	Q	R

例如，已知批量 $N=1000$，检验水平为Ⅱ，由表 6-3 查得样本量字码为"J"。当然，要想知道与 J 对应的样本量具体值，还需要确定检验方式和检验宽严程度。

6.5.3.5　规定检验的严格程度

检验的严格程度是指检验批接受检验的宽严程度。在 GB/T 2828.1 中规定了三种严格程度不同的检验：正常检验、加严检验和放宽检验。

(1) 正常检验。正常检验是指当过程平均优于 AQL 时，所使用的一种能保证批以高概率被接收的抽样方案的检验。正常检验可以较好地保护生产方的利益。

(2) 加严检验。加严检验是指使用比相应的正常检验抽样方案接收准则更为严厉的接收准则的一种抽样方案的检验。当连续批的检验结果表明过程平均可能劣于 AQL 值时，应进行加严检验，以更好地保护使用方的利益。与正常检验相比，加严检验方案原则上不变动样本含量，但是接收数减小。加严检验是带有强制性的。

(3) 放宽检验。放宽检验是指使用样本量比相应的正常检验抽样方案的样本量小，接收准则和正常检验抽样方案的接收准则相差不大的一种抽样方案的检验。当连续批的检验数据表明过程平均明显优于接收质量限时，可进行放宽检验。放宽检验的样本量一般为正常检验样本量的 40%，可以节省检验成本。放宽检验是非强制性的。

在检验开始时，一般采用正常检验；对加严检验和放宽检验，要根据已经检验的信息和转移规则选择使用。

从一种检验状态向另一种检验状态转变的规则称为转移规则。GB/T 2828.1 的转移规则如下：

(1) 从正常检验到加严检验。当正在采用正常检验时，只要初次检验中连续 5 批或少于 5 批中有 2 批不被接收，则转移到加严检验。

(2) 从加严检验到正常检验。当正在采用加严检验时，如果初次检验中接连 5 批被接收，应恢复正常检验。

(3) 从正常检验到放宽检验。当正在采用正常检验时，如果下列各条件均满足，应转移到放宽检验。

① 当前的转移得分至少是 30 分。
② 生产稳定。
③ 负责部门同意使用放宽检验。

其中，转移得分的计算一般是在正常检验开始时进行的。在正常检验开始时，转移得分设定为 0，而在检验完每个批以后应更新转移得分。1 一次抽样方案的转移得分的计算方法如下：

① 当接收数等于或大于 2 时，如果当 AQL 加严一级后该批被接收，则给转移得分加 3 分；否则将转移得分重新设定为 0。

② 当接收数为 0 或 1 时，如果该批接收，则给转移得分加 2 分；否则，将转移得分重新设定为 0。

例 6-4 对批量 $N=1000$ 的某产品，采用 $AQL=1.0\%$，检验水平为 Ⅱ 的一次正常检验，查得一次正常抽样方案为 (80, 2)，AQL 加严一级，即 $AQL=0.65\%$，此时一次正常抽样方案为 (80, 1)，连续 15 批的检验，记录每批中不合格品数依次为：

$$1,2,1,1,2,1,1,1,0,1,1,0,1,0,1$$

分析：正常检验方案的接收数为 2，加严检验的接收数为 1，只有检验批中的不合格品数小于或等于 1 时，该批产品转移得分为 3 分，否则为 0。从正常检验开始，转移得分设定为 0，第 1 批接收，转移得分为 3 分；第 2 批的不合格品数为 2，判接收，但转移得分为 0，并且转移得分重新设定为 0；第 3 批判接收，转移得分为 3 分；第 4 批接收，转移得分为 6 分；第 5 批转移得分 0 分，重新设定为 0 分；第 6~15 批的 10 批产品全部被接收，每批的转移得分依次为：

$$3,0,3,6,0,3,6,9,12,15,18,21,24,27,30$$

(4) 从放宽检验到正常检验。当正在进行放宽检验时，如果初次检验出现下列任何一种情况，就必须恢复正常检验。

① 1批不被接收。
② 生产不稳定，生产过程中断后恢复生产。
③ 有恢复正常检验的其他正当理由。

（5）暂停检验。在初次加严检验一系列连续批中，不被接收批累计达到 5 批时，应暂时停止检验。只有在采取了改进产品质量的措施，且负责部门认为此措施有效时，才能恢复检验。恢复检验应从加严检验开始。

计数调整型抽样方案的转移规则如图 6-9 所示。

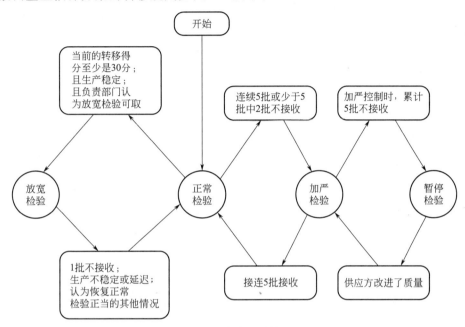

图 6-9　转移规则简图

6.5.3.6　选取抽样方案类型

GB/T 2828.1 中分别给出了一次、二次和五次，三种类型的抽样方案。对于同一个 AQL 值和同一个样本量字码，可以采用其中任何一种类型的抽样方案，其 OC 曲线基本上是一致的，也就是它们对检验批质量的鉴别能力是一样的。具体采用哪种抽检方案类型，可以根据实际情况由供需双方协商确定。

6.5.3.7　组成检验批

检验批可以是投产批、运输批、销售批，但每个批应该由同型号、同等级、同类型、同尺寸、同成分，并且生产条件和生产时间基本相同的产品组成。

6.5.3.8　检索抽检方案

抽检方案的检索首先根据批量 N 和检验水平从样本字码表中检索出相应的样本量字码，再根据样本量字码和接收质量限（AQL），从抽样方案表（见附表 6-2～附表 6-4）检索抽样方案。对于一个规定的 AQL 和一个给定的批量，应使用 AQL 和样本量字码的同一组合从正常、加严和放宽检验表检索抽样方案。

例 6-5　某公司采用 GB 2828.1 对购进的零件进行检验，规定 AQL＝1.5%，检验水平为 Ⅱ，求 $N=2000$ 时的正常检验一次抽样方案。

解： 从样本量字码表中（见表 6-3），在 $N=2000$ 和检验水平 Ⅱ 的交汇处找到字码 K。

由 GB/T 2828.1 的一次正常抽样表（见附表 6-2）中 K 所在行向右在样本大小栏内读出

附表 6-1 不合格品百分数的计数标准型

$p_0/\%$ \ $p_1/\%$	0.75	0.85	0.95	1.05	1.20	1.30	1.50	1.70	1.90	2.10	2.40	2.60	3.00	3.40	3.80	4.20	4.80
0.095	750,2	425,1	395,1	370,1	345,1	315,1	280,1	250,1	225,1	210,1	185,1	160,1	68,0	64,0	58,0	54,0	49,0
0.105	730,2	665,2	380,1	355,1	330,1	310,1	275,1	250,1	225,1	200,1	185,1	160,1	150,1	60,0	56,0	52,0	48,0
0.120	700,2	650,2	595,2	340,1	320,1	295,1	275,1	245,1	220,1	200,1	180,1	160,1	150,1	130,1	54,0	50,0	46,0
0.130	930,3	625,2	580,2	535,2	305,1	285,1	260,1	240,1	220,1	200,1	180,1	160,1	150,1	130,1	115,1	48,0	45,0
0.150	900,3	820,3	545,2	520,2	475,2	270,1	250,1	230,1	215,1	195,1	175,1	160,1	140,1	130,1	115,1	100,1	43,0
0.170	1105,4	795,3	740,3	495,2	470,2	430,2	240,1	220,1	205,1	190,1	175,1	160,1	140,1	125,1	115,1	100,1	92,1
0.190	1295,5	980,4	710,3	665,3	440,2	415,2	370,2	210,1	200,1	185,1	170,1	155,1	140,1	125,1	115,1	100,1	92,1
0.210	1445,6	1135,5	875,4	635,3	595,3	395,2	365,2	330,2	190,1	175,1	165,1	155,1	140,1	125,1	115,1	100,1	92,1
0.240	1620,7	1305,6	1015,5	785,4	570,3	525,3	350,2	325,2	300,2	170,1	160,1	145,1	135,1	125,1	115,1	100,1	90,1
0.260	1750,8	1435,7	1165,6	910,5	705,4	510,3	465,3	310,2	290,2	265,2	150,1	140,1	130,1	120,1	110,1	100,1	90,1
0.300	2055,10	1545,8	1275,7	1025,6	810,5	625,4	450,3	410,3	275,2	260,2	240,2	135,1	125,1	115,1	110,1	98,1	88,1
0.340		1820,10	1385,8	1145,7	920,6	725,5	555,4	400,3	365,3	250,2	230,2	210,2	120,1	110,1	105,1	96,1	86,1
0.380			1630,10	1235,8	1025,7	820,6	640,5	490,4	355,3	330,3	220,2	205,2	190,2	110,1	100,1	92,1	86,1
0.420				1450,10	1100,8	910,7	725,6	565,5	440,4	315,3	295,3	195,2	180,2	165,2	95,1	88,1	82,1
0.480					1300,10	985,8	810,7	545,5	505,5	390,4	285,3	260,3	175,2	165,2	150,2	84,1	80,1
0.530						1165,10	875,8	715,7	495,5	454,5	350,4	255,3	230,3	155,2	145,2	135,2	76,1
0.600							1035,10	770,8	640,7	435,5	405,5	310,4	225,3	205,3	140,2	125,2	115,2
0.670								910,10	690,8	570,7	390,5	360,5	275,4	200,3	185,3	125,2	115,2
0.750									815,10	620,8	510,7	350,5	320,5	250,4	180,3	165,3	110,2
0.850										725,10	550,8	455,7	310,5	285,5	220,4	160,3	145,3
0.950											650,10	490,8	405,7	275,5	255,5	195,4	140,3
1.05												580,10	435,8	360,7	245,5	225,5	175,4
1.20													715,13	515,10	390,8	280,6	220,5	165,4
1.30													635,13	465,10	350,8	250,6	195,5
1.50													825,18	565,13	410,10	310,8	220,6
1.70														745,18	505,13	360,10	275,8
1.90															660,18	445,13	325,10
2.10																585,18	400,13
2.40																	520,18
2.60																	
3.00																	
3.40																	
3.80																	
4.20																	
4.80																	
5.30																	
6.00																	
6.70																	
7.50																	
8.50																	
9.50																	
10.50																	
$p_0/\%$ \ $p_1/\%$	0.71~0.80	0.81~0.90	0.91~1.00	1.01~1.12	1.13~1.25	1.26~1.40	1.41~1.60	1.61~1.80	1.81~2.00	2.01~2.24	2.25~2.50	2.51~2.80	2.81~3.15	3.16~3.55	3.56~4.00	4.01~4.50	4.51~5.00

一次抽样检验程序及抽样表

5.30	6.00	6.70	7.50	8.50	9.50	10.5	12.0	13.0	15.0	17.0	19.0	21.0	24.0	26.0	30.0	34.0	$p_1/\%$ / $p_0/\%$
45,0	41,0	37,0	33,0	30,0	27,0	24,0	22,0	19,0	17,0	15,0	13,0	11,0	10,0	9,0	8,0	7,0	0.091~0.100
44,0	40,0	37,0	33,0	29,0	27,0	24,0	21,0	19,0	17,0	15,0	13,0	11,0	10,0	9,0	7,0	7,0	0.101~0.112
43,0	39,0	36,0	33,0	29,0	26,0	24,0	21,0	19,0	17,0	15,0	13,0	11,0	10,0	9,0	7,0	7,0	0.113~0.125
41,0	38,0	35,0	32,0	29,0	26,0	23,0	21,0	19,0	17,0	15,0	13,0	11,0	10,0	9,0	7,0	6,0	0.126~0.140
40,0	37,0	33,0	31,0	28,0	26,0	23,0	21,0	19,0	16,0	15,0	13,0	11,0	10,0	9,0	7,0	6,0	0.141~0.160
38,0	35,0	33,0	30,0	27,0	25,0	23,0	21,0	18,0	16,0	15,0	13,0	11,0	10,0	9,0	7,0	6,0	0.161~0.180
82,1	34,0	31,0	29,0	26,0	24,0	22,0	21,0	18,0	16,0	14,0	13,0	11,0	10,0	9,0	7,0	6,0	0.181~0.200
82,1	72,1	30,0	28,0	25,0	23,0	22,0	20,0	18,0	16,0	14,0	13,0	11,0	10,0	9,0	7,0	6,0	0.201~0.224
82,1	72,1	64,1	27,0	25,0	23,0	21,0	19,0	18,0	16,0	14,0	12,0	11,0	10,0	9,0	7,0	6,0	0.225~0.250
80,1	72,1	64,1	56,1	24,0	22,0	20,0	19,0	17,0	16,0	14,0	12,0	11,0	10,0	9,0	7,0	6,0	0.251~0.280
80,1	70,1	64,1	56,1	50,1	21,0	19,0	18,0	17,0	15,0	14,0	12,0	11,0	10,0	9,0	7,0	6,0	0.281~0.315
80,1	70,1	62,1	56,1	50,1	45,1	19,0	17,0	16,0	15,0	13,0	12,0	11,0	10,0	9,0	7,0	6,0	0.316~0.355
78,1	70,1	62,1	56,1	50,1	45,1	40,1	17,0	15,0	14,0	13,0	12,0	11,0	10,0	9,0	7,0	6,0	0.356~0.400
76,1	68,1	62,1	56,1	49,1	45,1	40,1	35,1	15,0	14,0	12,0	11,0	10,0	9,0	8,0	7,0	6,0	0.401~0.450
74,1	68,1	62,1	56,1	49,1	44,1	40,1	35,1	31,1	13,0	12,0	11,0	10,0	9,0	8,0	7,0	6,0	0.451~0.500
70,1	64,1	60,1	54,1	49,1	44,1	39,1	35,1	31,1	28,1	11,0	11,0	10,0	9,0	8,0	7,0	6,0	0.501~0.560
68,1	62,1	58,1	54,1	48,1	44,1	39,1	35,1	31,1	27,1	24,1	10,0	9,0	9,0	8,0	7,0	6,0	0.561~0.630
105,2	59,1	56,1	52,1	47,1	43,1	39,1	35,1	31,1	27,1	24,1	21,1	9,0	8,0	8,0	7,0	6,0	0.631~0.710
105,2	94,2	54,1	49,1	46,1	42,1	38,1	35,1	31,1	27,1	24,1	21,1	19,1	8,0	7,0	7,0	6,0	0.711~0.800
100,2	90,2	84,2	47,1	44,1	40,1	38,1	34,1	31,1	27,1	24,1	21,1	19,1	17,1	7,0	7,0	6,0	0.801~0.900
130,3	86,2	82,2	74,2	42,1	39,1	36,1	34,1	30,1	27,1	24,1	21,1	19,1	17,1	15,1	6,0	6,0	0.901~1.00
125,3	115,3	78,2	72,2	64,2	37,1	35,1	32,1	30,1	27,1	23,1	21,1	19,1	17,1	15,1	6,0	6,0	1.01~1.12
155,4	115,3	105,3	70,2	64,2	58,2	33,1	31,1	29,1	26,1	23,1	21,1	18,1	17,1	15,1	6,0	6,0	1.13~1.25
150,4	135,4	100,3	66,2	62,2	58,2	52,2	30,1	28,1	25,1	23,1	21,1	18,1	16,1	15,1	13,1	5,0	1.26~1.40
175,5	130,4	120,4	90,3	58,2	54,2	50,2	47,1	26,1	24,1	22,1	20,1	18,1	16,1	14,1	13,1	5,0	1.41~1.60
195,6	155,5	115,4	110,4	78,3	52,2	49,2	45,2	41,2	23,1	21,1	20,1	18,1	16,1	14,1	13,1	11,1	1.61~1.80
245,8	175,6	140,5	105,4	95,4	73,0	47,2	44,2	41,2	36,2	21,1	19,1	18,1	16,1	14,1	13,1	11,1	1.81~2.00
290,10	220,8	155,6	125,5	95,4	86,4	62,3	42,2	39,2	36,2	32,2	18,1	17,1	16,1	14,1	13,1	11,1	2.01~2.24
360,13	260,10	195,8	140,6	110,5	84,4	76,4	56,3	37,2	34,2	31,2	28,2	16,1	15,1	14,1	12,1	11,1	2.25~2.50
470,18	320,13	230,10	175,8	125,6	100,5	74,4	54,3	50,3	33,2	30,2	28,2	25,2	15,1	13,1	12,1	11,1	2.51~2.80
	415,18	280,13	205,10	155,8	110,6	86,5	66,4	48,3	44,3	29,2	27,2	25,2	22,2	13,1	12,1	11,1	2.81~3.15
		350,17	250,13	180,10	140,8	100,6	78,5	60,4	42,3	39,3	26,2	24,2	22,2	20,2	11,1	10,1	3.16~3.55
			310,17	225,13	165,10	125,8	90,6	70,5	52,4	37,3	35,3	23,2	21,2	20,2	17,2	10,1	3.56~4.00
				275,17	200,13	145,10	110,8	78,6	62,5	46,4	33,3	31,3	20,2	19,2	17,2	10,1	4.01~4.50
					245,17	180,13	130,10	100,8	70,6	54,5	41,4	30,3	28,3	18,2	17,2	15,2	4.51~5.00
						220,17	160,13	115,10	86,8	62,6	48,5	37,4	27,3	25,3	16,2	15,2	5.01~5.60
							195,17	140,13	100,10	68,7	54,6	43,5	33,4	23,3	22,3	14,2	5.61~6.30
								175,17	120,12	82,9	60,7	48,6	38,5	29,4	21,3	14,2	6.31~7.10
									150,16	105,12	74,9	54,7	44,6	34,5	26,4	18,3	7.11~8.00
										130,16	90,12	66,9	48,7	39,6	30,5	23,4	8.01~9.00
											115,16	82,12	58,9	43,7	34,6	27,5	9.01~10.0
												105,16	74,12	52,9	38,7	26,5	10.1~11.2
5.01~5.60	5.61~6.30	6.31~7.10	7.11~8.00	8.01~9.00	9.01~10.0	10.1~11.2	11.3~12.5	12.6~14.0	14.1~16.0	16.1~18.0	18.1~20.0	20.1~22.4	22.5~25.0	25.1~28.0	28.1~31.5	31.6~35.5	$p_0/\%$ / $p_1/\%$

$n=125$；由 K 所在行与 AQL＝1.5％所在列相交处读出（5，6），检索出的一次正常抽样方案为：

正常检验一次抽样方案：$n=125$，$Ac=5$，$Re=6$。

由同一样本量字码 K 和 AQL，可以检索出（见附表 6-3 和附表 6-4）一次加严抽样检验和一次放宽检验的抽样方案。

加严检验一次抽样方案：$n=125$，$Ac=3$，$Re=4$。

放宽检验一次抽样方案：$n=50$，$Ac=3$，$Re=4$。

例 6-6 设 $N=500$，AQL＝250％不合格，规定采用检验水平Ⅱ，给出一次正常、加严和放宽抽样方案。

解：由批量 $N=500$，检验水平Ⅱ，查得样本量字码为 H。

由一次正常抽样表查得 $n=50$，在 $n=50$，AQL＝250％处无适用方案，可以使用箭头上面的第一个抽样方案，查得判定组数为（44，45）。根据同行原则，应使用样本量字码 E，$n=13$。

同理，查得一次抽样方案为：

正常检验一次抽样方案：$n=13$，$Ac=44$，$Re=45$。

加严检验一次抽样方案：$n=13$，$Ac=41$，$Re=42$。

放宽检验一次抽样方案：$n=5$，$Ac=21$，$Re=22$。

6.5.3.9 抽取样本

一般应按简单随机抽样从检验批中抽取样本。当检验批由若干层组成时，就以分层抽样方法抽取样本。抽取样本的时间，可以在检验批的形成过程中，也可以在检验批组成以后。

6.5.3.10 检验样本

根据产品技术标准或合同中对单位产品规定的检验项目，逐个对样本中的单位产品进行检验，并累计不合格品数或不合格数（当不合格分类时应分别累计）。

6.5.3.11 判断批的接收性

GB/T 2828.1 中包括一次、二次及五次抽样方案。对于一次抽样方案，若样本中的不合格品数 $d \leqslant Ac$，则判定接收该批产品；若 $d > Ac$，则判定不接收该批产品。对于二次抽样方案，若第一个样本中的不合格品数 $d_1 \leqslant Ac_1$，则判定接收该批产品；若 $d_1 \geqslant Re_1$，则判定不接收该批产品。若 $Ac_1 \leqslant d \leqslant Re_1$，需要抽取第二个样本，累计 d_1 和 d_2，$d_1+d_2 \leqslant Ac_2$，判定接收该批产品；$d_1+d_2 \geqslant Re_2$，判定不接收该批产品。五次抽样方案类似于二次抽样方案，最多在检验第五个样本后作出是否接收的判断，即作出"接收"还是"不接收"的结论。

对于产品具有多个质量特性且分别需要检验的情形，只有当该批产品的所有抽样方案检验结果均为接收时，才能判断最终接收该批产品。

6.5.3.12 检验批的处理

对判为接收的批，使用方应整批接收。但使用方有权不接收样本中发现的任何不合格品，生产方必须对这些不合格品加以修理或用合格品替换。

对不接收的产品批可以降级、报废处理；也可以在对不合格批进行百分之百检验的基础上，将发现的不合格品剔除或修理好以后，再次提交检验。

对于再次提交检验的批，是使用正常检验还是加严检验，是检验所有类型的不合格还是仅仅检验成批不合格的个别类型的不合格，均由使用方决定。

附表6-2 正常检验一次抽样方案

样本量字码	样本量	接收质量限（AQL）																																																
		0.010		0.015		0.025		0.040		0.065		0.10		0.15		0.25		0.40		0.65		1.0		1.5		2.5		4.0		6.5		10		15		25		40		65		100		150		250		400		650		1000	
		Ac	Re	Ac	Re	Ac	Re	Ac	Re	Ac	Re	Ac	Re	Ac	Re	Ac	Re	Ac	Re	Ac	Re	Ac	Re	Ac	Re	Ac	Re	Ac	Re	Ac	Re	Ac	Re	Ac	Re	Ac	Re	Ac	Re	Ac	Re	Ac	Re	Ac	Re	Ac	Re	Ac	Re
A	2																															↓			0	1							1	2	2	3	3	4	5	6	7	8	10	11	14	15	21	22	30	31	44	45
B	3																													↓				0	1			↑				2	3	3	4	5	6	7	8	10	11	14	15	21	22	30	31	44	45		
C	5																											↓				0	1			↑				1	2	2	3	3	4	5	6	7	8	10	11	14	15	21	22	30	31	44	45				
D	8																									↓				0	1			↑				1	2	2	3	3	4	5	6	7	8	10	11	14	15	21	22	30	31	44	45						
E	13																							↓				0	1			↑				1	2	2	3	3	4	5	6	7	8	10	11	14	15	21	22	30	31	44	45								
F	20																					↓				0	1			↑				1	2	2	3	3	4	5	6	7	8	10	11	14	15	21	22												
G	32																			↓				0	1			↑				1	2	2	3	3	4	5	6	7	8	10	11	14	15	21	22			↑											
H	50																	↓				0	1			↑				1	2	2	3	3	4	5	6	7	8	10	11	14	15	21	22			↑													
J	80															↓				0	1			↑				1	2	2	3	3	4	5	6	7	8	10	11	14	15	21	22			↑															
K	125													↓				0	1			↑				1	2	2	3	3	4	5	6	7	8	10	11	14	15	21	22			↑																	
L	200											↓				0	1			↑				1	2	2	3	3	4	5	6	7	8	10	11	14	15	21	22			↑																			
M	315									↓				0	1			↑				1	2	2	3	3	4	5	6	7	8	10	11	14	15	21	22			↑																					
N	500							↓				0	1			↑				1	2	2	3	3	4	5	6	7	8	10	11	14	15	21	22			↑																							
P	800					↓				0	1			↑				1	2	2	3	3	4	5	6	7	8	10	11	14	15	21	22			↑																									
Q	1250			↓				0	1			↑				1	2	2	3	3	4	5	6	7	8	10	11	14	15	21	22			↑																											
R	2000				0	1			↑				1	2	2	3	3	4	5	6	7	8	10	11	14	15	21	22			↑																														

注：
⇩—使用箭头下面的第一个抽样方案，当样本量大于或等于批量时，执行100%的检验。
⇧—使用箭头上面的第一个抽样方案。
Ac—接收数。
Re—拒收数。

附表6-3 加严检验一次抽样方案

样本量字码	样本量	接收质量限（AQL） 0.010 Ac Re	0.015 Ac Re	0.025 Ac Re	0.040 Ac Re	0.065 Ac Re	0.10 Ac Re	0.15 Ac Re	0.25 Ac Re	0.40 Ac Re	0.65 Ac Re	1.0 Ac Re	1.5 Ac Re	2.5 Ac Re	4.0 Ac Re	6.5 Ac Re	10 Ac Re	15 Ac Re	25 Ac Re	40 Ac Re	65 Ac Re	100 Ac Re	150 Ac Re	250 Ac Re	400 Ac Re	650 Ac Re	1000 Ac Re
A	2	→	→	→	→	→	→	→	→	→	→	→	→	→	→	→	0 1	↓	↓	1 2	2 3	3 4	5 6	8 9	12 16	18 19	27 28
B	3	→	→	→	→	→	→	→	→	→	→	→	→	→	→	0 1	↓	↓	1 2	2 3	3 4	5 6	8 9	12 13	18 19	27 28	41 42
C	5	→	→	→	→	→	→	→	→	→	→	→	→	→	0 1	↓	↓	1 2	2 3	3 4	5 6	8 9	12 13	18 19	27 28	41 42	←
D	8	→	→	→	→	→	→	→	→	→	→	→	→	0 1	↓	↓	1 2	2 3	3 4	5 6	8 9	12 13	18 19	27 28	41 42	←	←
E	13	→	→	→	→	→	→	→	→	→	→	→	0 1	↓	↓	1 2	2 3	3 4	5 6	8 9	12 13	18 19	27 28	41 42	←	←	←
F	20	→	→	→	→	→	→	→	→	→	→	0 1	↓	↓	1 2	2 3	3 4	5 6	8 9	12 13	18 19	←	←	←	←	←	←
G	32	→	→	→	→	→	→	→	→	→	0 1	↓	↓	1 2	2 3	3 4	5 6	8 9	12 13	18 19	←	←	←	←	←	←	←
H	50	→	→	→	→	→	→	→	→	0 1	↓	↓	1 2	2 3	3 4	5 6	8 9	12 13	18 19	←	←	←	←	←	←	←	←
J	80	→	→	→	→	→	→	→	0 1	↓	↓	1 2	2 3	3 4	5 6	8 9	12 13	18 19	←	←	←	←	←	←	←	←	←
K	125	→	→	→	→	→	→	0 1	↓	↓	1 2	2 3	3 4	5 6	8 9	12 13	18 19	←	←	←	←	←	←	←	←	←	←
L	200	→	→	→	→	→	0 1	↓	↓	1 2	2 3	3 4	5 6	8 9	12 13	18 19	←	←	←	←	←	←	←	←	←	←	←
M	315	→	→	→	→	0 1	↓	↓	1 2	2 3	3 4	5 6	8 9	12 13	18 19	←	←	←	←	←	←	←	←	←	←	←	←
N	500	→	→	→	0 1	↓	↓	1 2	2 3	3 4	5 6	8 9	12 13	18 19	←	←	←	←	←	←	←	←	←	←	←	←	←
P	800	→	→	0 1	↓	↓	1 2	2 3	3 4	5 6	8 9	12 13	18 19	←	←	←	←	←	←	←	←	←	←	←	←	←	←
Q	1250	→	0 1	↓	↓	1 2	2 3	3 4	5 6	8 9	12 13	18 19	←	←	←	←	←	←	←	←	←	←	←	←	←	←	←
R	2000	0 1	↑																								
S	3150	1 2																									

注：
⇩——使用箭头下面的第一个抽样方案，当样本量大于或等于批量时，执行100%的检验。
⇧——使用箭头上面的第一个抽样方案。
Ac——接收数。
Re——拒收数。

附表6-4 放宽检验一次抽样方案

样本量字码	样本量	接收质量限（AQL）																									
		0.010	0.015	0.025	0.040	0.065	0.10	0.15	0.25	0.40	0.65	1.0	1.5	2.5	4.0	6.5	10	15	25	40	65	100	150	250	400	650	1000
		Ac Re	Ac Re	Ac Re	Ac Re	Ac Re	Ac Re	Ac Re	Ac Re	Ac Re	Ac Re	Ac Re	Ac Re	Ac Re	Ac Re	Ac Re	Ac Re	Ac Re	Ac Re	Ac Re	Ac Re	Ac Re	Ac Re	Ac Re	Ac Re	Ac Re	Ac Re
A	2																				3 4	5 6	7 8	10 11	14 15	21 22	30 31
B	2																			2 3	3 4	5 6	7 8	10 11	14 15	21 22	30 31
C	2																		1 2	2 3	5 6	6 7	8 9	10 11	14 15	21 22	
D	3																	1 2	2 3	3 4	6 7	8 9	10 11	14 15	21 22		
E	5																1 2	2 3	3 4	5 6	8 9	10 11	14 15	21 22			
F	8															1 2	2 3	3 4	5 6	6 7	10 11						
G	13														1 2	2 3	3 4	5 6	6 7	8 9							
H	20													1 2	2 3	3 4	5 6	6 7	8 9	10 11							
J	32												1 2	2 3	3 4	5 6	6 7	8 9	10 11								
K	50											1 2	2 3	3 4	5 6	6 7	8 9	10 11									
L	80										1 2	2 3	3 4	5 6	6 7	8 9	10 11										
M	125									1 2	2 3	3 4	5 6	6 7	8 9	10 11											
N	200								1 2	2 3	3 4	5 6	6 7	8 9	10 11												
P	315							1 2	2 3	3 4	5 6	6 7	8 9	10 11													
Q	500						1 2	2 3	3 4	5 6	6 7																
R	800					1 2	2 3	3 4	5 6																		

注：⇩—使用箭头下面的第一个抽样方案，当样本量大于或等于批量时，执行100%的检验。
⇧—使用箭头上面的第一个抽样方案。
Ac—接收数。
Re—拒收数。

课后习题

1. 试论述一次、二次和多次抽样方案的基本程序。
2. 什么是操作特性曲线？抽样检验的两类风险是什么？
3. 试分析 $Ac=0$ 的抽样方案是否合理。为什么？
4. 什么是合格质量水平？如何确定 AQL？
5. 计数标准型抽样方案的特点是什么？
6. 计数调整型抽样方案的特点是什么？
7. 假设一批产品的不合格品率为 10%，现从这批产品中随机抽取 40 个样本，试分别求出现 0 个、1 个、2 个、3 个不合格品的概率。
8. 已知抽样检验方案 $(N, n, Ac)=(100, 5, 1)$，计算 $p=5\%$ 时的接收概率 $L(p)$。
9. 根据二项分布概率公式，分别对抽样检验方案 $n_1=90$，$n_2=30$，$n_3=9$，$Ac=0$，计算 $p=5\%$ 时的接收概率 $L(p)$。
10. 已知抽样检验方案的 $n=20$，$Ac=2$，试画出 $N=60, 100, 200, 400, 800, \infty$ 时的 OC 曲线。
11. 当抽样方案为 $N=1500$，$n=100$，$Ac=1$ 时，试画出此方案的 OC 曲线。
12. 在检验一种零件能否入库时，规定交验批不合格品率 $p_0 \leqslant 2\%$ 为合格批，而 $p_1 > 4\%$ 时为不合格批。设 $\alpha=0.05$，$\beta=0.10$，求标准型一次抽样方案。
13. 在计数标准型抽样检验中，规定 $p_0=0.32\%$，$p_1=1.9\%$，求抽样方案。
14. 在某产品的验收检验中，规定 AQL=1.5%，批量 $N=2000$，检验水平为 Ⅱ。如果采用一次抽样检验，求调整型正常检验、加严检验和放宽检验三个抽样方案。
15. 某厂生产电源插座，已知 $N=5000$，AQL=2.5%，检查水平为 Ⅱ，试确定一次正常、加严和放宽方案。现若三种方案查得样本中的不合格品数分别为 11，8，6，试判断所检验批是否合格。

第 7 章 过程质量控制

本章介绍了统计过程控制的基本知识、控制图及其应用和过程质量控制案例分析，最后介绍了评价过程的过程能力指数。

7.1 统计过程控制概述

7.1.1 基本概念

SPC（statistical process control）称为统计过程控制，是利用统计技术对过程中的各个阶段进行监控，从而达到保证产品质量的目的。SPC 是美国贝尔实验室休哈特博士在 20 世纪 30 年代所创立的理论，它能科学地区分出生产过程中产品质量的正常波动与异常波动，从而对生产过程的异常波动及时告警，以便采取措施，消除异常，恢复过程的稳定。

SPC 不是用来解决个别工序采用什么控制图的问题，而是强调从整个过程、整个体系出发来解决问题。SPC 的重点就在于过程，通过统计分析判断过程的异常，及时告警，但是不能告知此异常是什么因素引起的，还要进一步作出全检、筛选或报废的处理。

7.1.2 SPC 起源与发展

工业革命以后，英、美等国开始着手研究用统计方法代替事后检验的质量控制方法。1924 年，休哈特博士提出将 3σ 原理运用于生产过程当中，并发表了著名的"控制图法"，对过程变量进行控制，为统计质量管理奠定了理论和方法基础。

第二次世界大战后戴明博士将 SPC 的概念引入日本，为日本产品质量的提升提供了强有力的工具。20 世纪 80 年代起，SPC 在西方工业国家复兴，被列为高科技之一。美国从 20 世纪 80 年代起开始在汽车工业和钢铁工业大力推行 SPC，如福特汽车公司、通用汽车公司、克莱斯勒汽车公司、伯利恒钢铁公司、内陆钢铁公司等，均取得较好效果。

7.1.3 SPC 原理

7.1.3.1 质量的统计观点

产品质量的统计观点是现代质量管理的基本观点之一，它包括下述两个内容：

（1）产品质量始终在变动之中。在生产中，影响产品量的因素（又称变异源）有：原材料、机器设备、操作人员、操作方法、检测和环境，即人、机、料、法、测、环，简称 5M1E。这些影响质量的因素在生产过程中不可能保持不变，因而产品总质量也是在变动的。

（2）产品质量变动的统计规律是可以掌握的。对于产品质量某一瞬间的变化虽然不能精确地预测，但其变动的统计规律是可以掌握的，这就是产品质量的统计分布。计量质量特性多为正态分布，计数质量特性为二项分布或泊松分布等。

7.1.3.2 质量影响因素的分类

（1）偶然因素。偶然因素又称一般性因素，是固有的。偶然因素具有4个特点：影响微小，始终存在，逐件不同，难以除去。如机床开动时的轻微振动、原材料的微小差异、操作的微小差别等。

（2）异常因素。异常因素又称特殊性因素，是外加的。异常因素也有4个特点：影响较大，有时存在，一系列产品受到同一方向的影响，不难除去。如固定螺母松动造成机床的较大振动、刀具的严重磨损、违反规程的错误操作等，在生产过程中异常因素是关注的对象。

值得提出的是，随着人们质量意识的提高和科技水平的提高，一些原来的偶然因素会被当成异常因素来对待。

7.1.3.3 质量波动性的分类

（1）偶然波动。偶然因素引起产品质量的偶然波动，又称随机波动。一个只表现出偶然波动的过程所产生的值一般都处于中心值两侧（见表7-1中的A类）。这样的过程称为处于统计控制状态的过程。偶然波动是由许多原因引起的，而每一个原因只起很小的作用。由于排除一个单一的原因只会对最终结果起到很小的影响，因此从经济角度考虑，减少偶然波动是非常困难的。

（2）异常波动。异常因素引起产品质量的异常波动，又称系统波动。异常波动能引起系统性的失效或缺陷。异常波动可能会引起一种趋势（见表7-1中的B、C类）。

表7-1 波动的形式

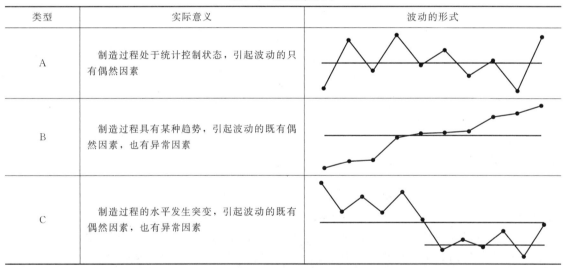

类型	实际意义	波动的形式
A	制造过程处于统计控制状态，引起波动的只有偶然因素	
B	制造过程具有某种趋势，引起波动的既有偶然因素，也有异常因素	
C	制造过程的水平发生突变，引起波动的既有偶然因素，也有异常因素	

（3）偶然波动与异常波动的比较分析。当一个过程只有偶然波动时会产生最好的结果。在有异常波动发生的情况下，想要减少过程的波动，第一步就是要消除异常波动。偶然波动与异常波动的比较见表7-2。

表7-2 偶然波动与异常波动的比较

偶然波动	异常波动
含有许多独立的原因	含有一个或少数几个独立的原因
任何一个原因都只能引起很小的波动	任何一个原因都会引起大的波动

续表

偶然波动	异常波动
偶然波动不能经济地从过程中消除	异常波动通常能够经济地从过程中消除
当只有偶然波动时，过程以最好的方式在运行	如果有异常波动存在，过程的允许状态不是最佳的

随着科技的进步，有些偶然因素的影响可以设法减少，甚至基本消除。但从偶然因素的整体来看是不可能完全消除的，因此，偶然因素引起产品质量的偶然波动也是不可避免的。必须承认这一客观事实，产品质量的偶然波动是影响微小的，同时又是不可避免的。一般情况下不必特别处理。

异常因素则不然，它对于产品质量影响较大，可造成产品质量过大的异常波动，以致产品质量不合格，同时它也不难消除。因此，在生产过程中异常因素是注意的对象。只要发现产品质量有异常波动，就应尽快找出，采取措施加以消除，并纳入标准，保证不再出现。

7.1.3.4 SPC 的作用

由一般性原因产生的非正常波动通常占生产过程产出变异的 80%～95%。要减少这种固有的一般性变异，只能通过产品重新设计或采用更好的技术和培训等措施。因此，SPC 可以帮助我们区分正常波动和异常波动，及时发现异常征兆，消除异常因素，减少异常波动，提高过程能力。而现实中由于没有很好地使用 SPC 技术，常常混淆二者，这也是质量改进的误区。SPC 的两个重要内容是过程能力分析和控制图分析。

7.2 控制图

在生产过程中，异常因素是注意的对象，一旦发现产品质量有异常波动，就应尽快找出其异常因素，加以排除，并采取措施使之不再出现。在实际生产中，产品质量的偶然波动与异常波动总是交织在一起的。控制图就是区分这两类产品质量波动，亦即区分偶然因素与异常因素的重要科学方法。

7.2.1 控制图简介

7.2.1.1 控制图基本概念

控制图（control chart）又称为管理图，它是用来区分是由异常因素引起的异常波动，还是由过程固有因素引起的正常波动的一种有效的工具。它利用数理统计的基本原理，通过收集有效数据建立控制图的控制界限。

7.2.1.2 控制图起源与发展

世界上第一张控制图是美国人休哈特在 1924 年提出的不合格品率 p 控制图。休哈特指出："在一切制造过程中所呈现的波动有两种，第一种是过程内部引起的波动，称为正常波动；第二种是可查明原因的间断波动，称为异常波动。"自控制图问世以来，它把产品质量控制从事后检验改变为事前预防，为保证产品质量、降低生产成本、提高生产率开辟了广阔的前景，因此它在世界各国得到了广泛的应用。我国已经制定了有关控制图的国家标准，称为"常规控制图"。

7.2.1.3 控制图作用

控制图的主要作用如下：

（1）控制图可以用来判断工序过程的稳定性，进行质量诊断，即工序过程是否处于统计控制状态。

(2) 使用控制图可以在质量控制过程中体现预防为主的原则，防患于未然，在生产中防止不必要的过程调整。通过控制图可以确定什么时候需要对工序过程加以调整，能够保证工序过程始终处于控制状态。

(3) 通过比较改进前后的控制图，可以确认某过程的质量改进效果。

(4) 控制图可以向管理人员提供过程的质量信息，为作出正确的管理决策提供依据。

7.2.1.4 控制图结构

控制图是对过程质量特性值进行测定、记录、评估和检查过程是否处于控制状态的一种统计方法设计图。图上有中心线（central line，CL）、上控制限（upper control limit，UCL）、下控制限（lower control limit，LCL），并有按时间顺序抽取的样本统计量数值的描点序列，见图 7-1。UCL、CL 与 LCL 统称为控制限（control limit）。

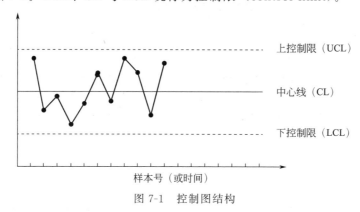

图 7-1 控制图结构

7.2.1.5 控制图分类

按照用途，控制图可分为分析用控制图和控制用控制图两类。分析用控制图用在控制图的设计阶段，主要用以确定合理的控制界限，用于分析、判断过程是否处于稳态；控制用控制图用于预测生产过程的状态，使用时只需把采集到的样本数据或统计量图上打点即可。

若按统计量分，控制图一般可分为计量控制图和计数控制图（表 7-3）。

常用的计量控制图类型有：①均值与极差控制图，即 $\overline{X}$-R 图；②均值与标准偏差控制图，即 $\overline{X}$-S 图；③中位数与极差控制图，即 Me-R 图；④单值与移动极差控制图，即 X-Rs 图。

常用的计件控制图类型有：①不合格品率控制图，即 p 图；②不合格品数控制图，即 p_n 图。常用的计点控制图类型有：①缺陷数控制图，即 c 图；②单位产品缺陷数控制图，即 u 图。

表 7-3 控制图分类

种类	名称	控制图符号	特点	适用场合
计量控制图	均值与极差（或标准差）控制图	$\overline{X}$-R 或 $\overline{X}$-S	最常用，判断工序是否正常的效果好，但计算工作量大	适用于产品批量较大的工序
	中位数与极差控制图	Me-R	计算简便，但效果较差	适用于产品批量较大的工序
	单值与移动极差控制图	X-Rs	简便，并能及时判断工序是否处于稳定状态。缺点是不易发现工序分布中心的变化	因各种原因（时间、费用等）每次只能得到一个数据，或希望尽快发现并消除异常因素

续表

种类	名称	控制图符号	特点	适用场合
计数控制图	不合格品数控制图	p_n	较常用，计算简便，操作人员易于理解	样本容量相等
	不合格品率控制图	p	计算量大，控制线凹凸不平	样本容量不等
	缺陷数控制图	c	较常用，计算简单，操作人员易于理解	样本容量相等
	单位产品缺陷数控制图	u	计算量大，控制线凹凸不平	样本容量不等

7.2.2 控制图基本原理

7.2.2.1 控制图3σ原理

正态分布有一个结论对质量管理很有用，即无论均值 μ 和标准差 σ 取何值，产品质量特性值落在 $\mu \pm 3\sigma$ 之间的概率为 99.73%，落在 $\mu \pm 3\sigma$ 之外的概率为 0.27%，而超过一侧，即大于 $\mu - 3\sigma$ 或小于 $\mu + 3\sigma$ 的概率为 0.135% ≈ 1‰。正态分布图如图7-2所示。

休哈特博士受到这种正态概率分布的启示，发明了控制图。休哈特控制图的演变过程见图7-3。首先把图7-2按顺时针方向转90°成为图7-3(a)，由于数值上小下大，不合常规，故再把图7-3(a)上下颠倒（绕 μ 轴旋转180°）而成为图7-3(b)，这样就得到一张控制图。

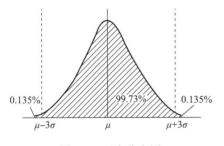

图7-2 正态分布图

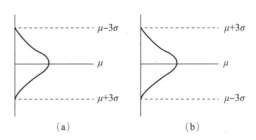

图7-3 控制图演变过程

设当生产不存在异常原因时，如图7-2所示，X 落在两条虚线外的概率只有 0.27%，即1000个样品（数据）中，平均有3个数据超出分布范围，是小概率事件，有997个落在 $(\mu - 3\sigma) \sim (\mu + 3\sigma)$ 之中。如果从处于统计控制状态的生产中任意抽取一个样品 Z，可以认为 Z 一定在分布范围 $(\mu - 3\sigma) \sim (\mu + 3\sigma)$ 之中，而出现在分布范围之外是不可能的（小概率事件可以认为不可能发生），这就是3σ原理，或称千分之三法则。

按3σ原理，在一次试验中，如果样品出现在分布范围 $(\mu - 3\sigma) \sim (\mu + 3\sigma)$ 的外面，则认为生产处于非控制状态。习惯上，把 $\mu - 3\sigma$ 定为下控制限，$\mu + 3\sigma$ 定为上控制限，μ 定为中心线，这样得到的控制图称为3σ原理的控制图，也称为休哈特控制图。

7.2.2.2 控制图潜在的两类错误

依据概率统计原理，利用控制图对生产过程进行监控也是有风险的。因为可能会犯以下两类错误：

（1）虚发警报（false alarm）的错误。虚发警报的错误也称第Ⅰ类错误（error of the first type）。在生产正常的情况下，纯粹出于偶然而点子出界的概率虽然很小，但不是绝对不可能发生的。因此，在生产正常、点子出界的场合，根据点子出界而判断生产异常就犯了虚发警报的错误，发生这种错误的概率记为 α，参见图7-4。虚发警报的错误将引起寻找并不存在的异常因素而导致的损失，这种损失在质量成本分析时被称为生产者损失。

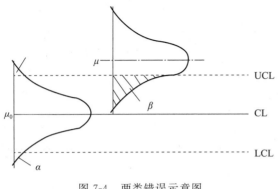

图 7-4 两类错误示意图

(2) 漏发警报（alarm missing）的错误。漏发警报的错误也称第Ⅱ类错误（error of the second type）。在生产异常的情况下，产品质量的分布偏离了典型分布，但总还有一部分产品的质量特性值是在上、下控制限之内的。如果抽到这样的产品进行检测并在控制图中描点，由于点未出界而判断生产正常就犯了漏发警报的错误，发生这种错误的概率记为 β，参见图 7-4。漏发警报将引起未及时发现的废、次品增加而产生的损失，这种损失通常被称为消费者损失。

7.2.3 控制图的分析

7.2.3.1 控制图判断准则

常规控制图的设计思想是先确定第Ⅰ类错误的概率 α，然后再根据第Ⅱ类错误的概率 β 的大小来考虑是否采取必要的措施，通常 α 取为 1%、5%、10%。为了增加使用者的信心，当初休哈特将 α 取得特别小，小到 0.27%～0.3%。这样，对于"点出界就判异"这条判异准则来说，α 越小，β 就越大。为了减少第Ⅱ类错误，对于控制图中的界内点增添了第二类判异准则，即"界内点排列不随机就判异"。于是判断异常的准则就有两大类：一是点子出界就判断异常；二是界内点排列不随机就判断异常。其中，第二类准则是防止 β 太大。

稳态即受控状态是生产过程追求的目标，那么如何用控制图判断过程是否处于稳态？为此，需要制定判断稳态的准则。

(1) 判稳准则。在点子随机排列的情况下，符合下列各点之一就认为过程处于稳态。

准则 1：连续 25 个点子都在控制线内。

准则 2：连续 35 个点子至多一个点子落在控制线外。

准则 3：连续 100 个点子至多两个点子落在控制线外。

判稳准则所依赖的原理是小概率原理，即概率很小的事件在一次观测中几乎是不可能发生的。

(2) 判异准则。SPC 基准是稳态，即过程处于统计控制状态。若过程显著偏离稳态就成为异常。判异准则有两类：①点出界（休哈特亲自提出来的）；②界内点子排列不随机。

这里先认识控制图的区域划分，如图 7-5 所示。

准则 1：有一个点子落在 A 区以外，即上、下控制限之外（图 7-6）。此准则由休哈特在 1931 年提出，在许多应用中，它甚至是唯一的判异准则。准则 1 可对均值 μ 的变

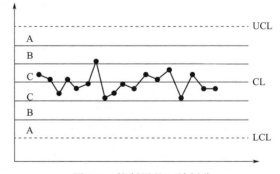

图 7-5 控制图的区域划分

化或标准差 σ 的变化给出信号。对 $\overline{X}\text{-}R$ 控制图而言，若 R 图保持为稳态，则可除去 σ 变化的可能。准则 1 还可对过程中的单个因素失控做出反应，如计算错误、测量误差、原材料不合格、设备故障等。若过程正常，则准则 1 判异，犯第Ⅰ类错误的概率或称显著性水平为

0.0027，即约 3‰。

准则 2：连续 9 点落在中心线同一侧（图 7-7）。在控制图中心线一侧连续出现的点称为链，包含的点子数目称为链长，因此本准则判异是因为链长大于等于 9。若过程正常，则出现 9 点数链的概率为 0.0038。现在小概率事件发生，表明生产过程不正常，出现准则 2 现象主要是由于分布均值 μ 减小。

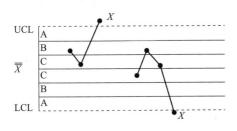
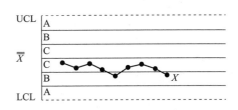

图 7-6 准则 1：1 个点落在 A 区以外　　图 7-7 准则 2：连续 9 点落在中心线同一侧

准则 3：连续 6 点递增或递减（图 7-8）。产生连续 6 点递增或递减趋势的原因可能是工具逐渐磨损、维修水平逐渐降低、操作人员技能逐渐提高等，从而使得参数 μ 随着时间而变化。因此，该准则是针对过程平均值走势设计的，因为若过程正常，6 点链趋势的概率为 0.0027。

准则 4：连续 14 点中相邻点上下交替（图 7-9）。出现本准则的现象可能是由于轮流使用两台设备或由两位操作人员轮流进行操作而引起的系统效应。在采用多台秤加快称重速度的场合也有类似的情况。实际上，这是一个数据分层不够的问题。

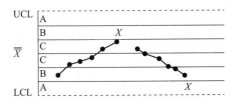
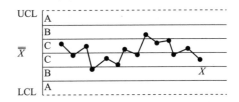

图 7-8 准则 3：连续 6 点递增或递减　　图 7-9 准则 4：连续 14 点中相邻点上下交替

准则 5：连续 3 点中有 2 点落在中心线同一侧的 B 区以外（图 7-10）。过程均值的变化通常可由本准则判定。

准则 6：连续 5 点中有 4 点落在中心线同一侧的 C 区以外（图 7-11）。本准则对于过程平均值的偏移也是较灵敏的。出现本准则的现象是由于参数 μ 发生了变化。若过程正常，则在控制图的 5 点中有 4 点落在 A＋B 区的概率为 0.0021。

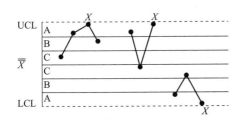
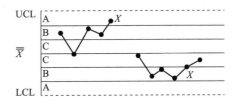

图 7-10 准则 5：连续 3 点中有 2 点落在中心线　　图 7-11 准则 6：连续 5 点中有 4 点落在
　　　　同一侧的 B 区以外　　　　　　　　　　　　　　中心线同一侧的 C 区以外

准则 7：连续 15 点落在中心线两侧的 C 区内（图 7-12）。出现本准则的现象是标准差 σ 变小，应该是好事情。但先要排除两种可能性：①是否应用了假数据，弄虚作假；②是否数据分层不够。因为 15 点链的概率是 0.00326。

准则 8：连续 8 点落在中心线两侧，且无一在 C 区内（图 7-13）。造成本准则现象的主要原因是数据分层不够，出现了双峰。由于连续 8 点和 6 点的概率分别为 0.0002 和 0.0019，相差无几。故有人建议将准则 8 改成"连续 6 点在中心线两侧，但无一在 C 区中"。

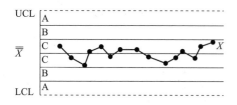

图 7-12 准则 7：连续 15 点落在中心线两侧的 C 区内

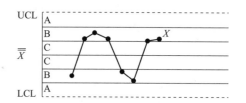

图 7-13 准则 8：连续 8 点落在中心线两侧且无一在 C 区内

7.2.3.2 控制图的制作步骤

步骤一：选择需控制的产品质量特征值。通常所控制的产品质量特征为关键质量特征，若关键质量特征不可测量，采用其他代用质量特征进行控制时，一定要确认代用质量特征与关键质量特征密切相关测量系统精度应能达到要求。

步骤二：确定抽样方案。

（1）确定样本容量 n。表 7-4 是八类控制图的样本容量和样本数。

表 7-4　八类控制图的样本容量和样本数

控制图名称	样本容量 n	样本数 k
均值-极差控制图	一般 3~6	一般 $k=20\sim25$
均值-标准差控制图	大于 9	
中位数-极差控制图	常取 3 或 5	
单值-极差控制图	1	$k=20\sim30$
不合格品率、不合格品数控制图	$1/p\sim5/p$	一般 $k=20\sim25$
单位产品缺陷数、缺陷数控制图	尽可能使样本中缺陷数 $c=1\sim5$	

（2）确定抽样方式。一般采用定期法和即时法，定期法是每到一定的时间进行采样，如每天 11 时、每月 5 日等；即时法是在连续生产过程中不考虑时间，随机抽取样本的方法。一般在采样时采用即时法。

（3）确定抽样间隔期。两个样本之间间隔多长时间为好，主要考虑以下因素：工序稳定性、抽样时间及成本因素、过程能力指数、工序调整周期等。

步骤三：收集数据。若初始建立控制图，要抽取 100 个以上的数据，若样本容量 $n=5$，则至少要抽 20 组样本。收集数据必须是最新的，能确切反映当前的工序水平；抽样时必须记录数据采集日期、时间、采集人等信息；样本均值分布抽样必须是随机的。

步骤四：确定中心线和控制线。这里以 $\overline{X}$-R 控制图为例。

均值图：

$$CL_{\overline{X}}=\overline{\overline{X}} \quad UCL_{\overline{X}}=\overline{\overline{X}}+3\frac{\sigma}{\sqrt{n}}\overline{R}\approx\overline{\overline{X}}+A_2\overline{R} \quad LCL_{\overline{X}}=\overline{\overline{X}}-3\frac{\sigma}{\sqrt{n}}\overline{R}\approx\overline{\overline{X}}-A_2\overline{R}$$

极差图：

$$CL_R=\overline{R} \quad UCL_R=\overline{R}+3\sigma_R\approx D_4\overline{R} \quad LCL_R=\overline{R}-3\sigma_R\approx D_3\overline{R}$$

式中，D_4、D_3、A_2 为常数，随样本容量的不同而不同，见表 7-5。

表 7-5 计量控制图计算控制线的系数表

子组中观测值个数 n	控制限系数										中心线系数			
	A	A_2	A_3	B_3	B_4	B_5	B_6	D_1	D_2	D_3	D_4	C_4	$1/C_4$	d_2	$1/d_2$
2	2.121	1.880	2.659	0.000	3.267	0.000	2.606	0.000	3.686	0.000	3.267	0.7979	1.2533	1.128	0.8865
3	1.732	1.023	1.954	0.000	2.568	0.000	2.276	0.000	4.358	0.000	2.574	0.8862	1.1284	1.693	0.5907
4	1.500	0.729	1.628	0.000	2.266	0.000	2.088	0.000	4.698	0.000	2.282	0.9213	1.0854	2.059	0.4857
5	1.342	0.577	1.427	0.000	2.089	0.000	1.964	0.000	4.918	0.000	2.114	0.9400	1.0638	2.326	0.4299
6	1.225	0.483	1.287	0.030	1.970	0.029	1.874	0.000	5.078	0.000	2.004	0.9515	1.0510	2.534	0.3946
7	1.134	0.419	1.182	0.118	1.882	0.113	1.806	0.204	5.204	0.076	1.924	0.9594	1.0423	2.704	0.3698
8	1.061	0.373	1.099	0.185	1.815	0.179	1.751	0.388	5.306	0.136	1.864	0.9650	1.0363	2.847	0.3512
9	1.000	0.337	1.032	0.239	1.761	0.232	1.707	0.547	5.393	0.184	1.816	0.9693	1.0317	2.970	0.3367
10	0.949	0.308	0.975	0.284	1.716	0.276	1.669	0.687	5.469	0.223	1.777	0.9727	1.0281	3.078	0.3249
11	0.905	0.285	0.927	0.321	1.679	0.313	1.637	0.811	5.535	0.256	1.744	0.9754	1.0252	3.173	0.3152
12	0.866	0.266	0.886	0.354	1.646	0.346	1.610	0.922	5.594	0.283	1.717	0.9776	1.0229	3.258	0.3069
13	0.832	0.249	0.850	0.382	1.618	0.374	1.585	1.025	5.647	0.307	1.693	0.9794	1.0210	3.336	0.2998
14	0.802	0.235	0.817	0.406	1.594	0.399	1.563	1.118	5.696	0.328	1.672	0.9810	1.0194	3.407	0.2935
15	0.775	0.223	0.789	0.428	1.572	0.421	1.544	1.203	5.741	0.347	1.653	0.9823	1.0180	3.472	0.2880
16	0.750	0.212	0.763	0.448	1.552	0.440	1.526	1.282	5.782	0.363	1.637	0.9835	1.0168	3.532	0.2831
17	0.728	0.203	0.739	0.466	1.534	0.458	1.511	1.356	5.820	0.378	1.622	0.9845	1.0157	3.588	0.2787
18	0.707	0.194	0.718	0.482	1.518	0.475	1.496	1.424	5.856	0.391	1.608	0.9854	1.0148	3.640	0.2747
19	0.688	0.187	0.698	0.497	1.503	0.490	1.483	1.487	5.891	0.403	1.597	0.9862	1.0140	3.689	0.2711
20	0.671	0.180	0.680	0.510	1.490	0.504	1.470	1.549	5.921	0.415	1.585	0.9869	1.0133	3.735	0.2677
21	0.655	0.173	0.663	0.523	1.477	0.516	1.459	1.605	5.951	0.425	1.575	0.9876	1.0126	3.778	0.2647
22	0.640	0.167	0.647	0.534	1.466	0.528	1.448	1.659	5.979	0.434	1.566	0.9882	1.0119	3.819	0.2618
23	0.626	0.162	0.633	0.545	1.455	0.539	1.438	1.710	6.006	0.443	1.557	0.9887	1.0114	3.858	0.2592
24	0.612	0.157	0.619	0.555	1.445	0.549	1.429	1.759	6.031	0.451	1.548	0.9892	1.0109	3.895	0.2567
25	0.600	0.153	0.606	0.565	1.435	0.559	1.420	1.806	6.056	0.459	1.541	0.9896	1.0105	3.931	0.2544

步骤五：绘制控制限。在给定的 $\overline{X}$-R 控制图上，根据所计算出的 $\overline{X}$ 图和 R 图的控制限，选定垂直轴上最小区间单位所表示的数据量，并在垂直轴上标明数据。

步骤六：描点，并且在必要时重新计算控制限。若初始建立控制图，需将样本的 $\overline{X}$ 和 R 描在控制图上，以验证工序是否处于统计受控状态。如果描点后发现有的点超出控制限，这表明工序可能处于失控状态，首先应分析是否存在系统性原因，若找到了系统性原因，应将该数据点删除，然后重新计算控制限。

7.2.4 控制图制作举例

7.2.4.1 计量型控制图制作与应用举例

（1）均值-极差控制图。对于计量值数据而言，其是最常用、最基本的控制图。它用于控制对象为长度、重量、强度、纯度、时间和生产量等计量值的场合。均值图用于显示样本间的波动，观察和分析数据分布的均值的变化，即过程势的集中趋势（稳定趋势）；极差图用于显示样本内的波动，即过程的离散程度。两者联合运用可以用来观察分布的变化。

例 7-1 一种新产品经试运作一周后，初期过程控制能力足够，量产时每天收集一组数据，每组 $n=5$，共收集 20 组，产品规格为 (50 ± 5)mm，试制作并分析控制图。

解：

① 收集数据，测定数据。数据的均值与极差见表 7-6 中的检查值；计算各组样本统计量，包括样本平均值、极差、总平均值，列入表 7-6。

表 7-6 测定数据及其均值与极差

样本号	检查值					平均值	极差	备注
	x_1	x_2	x_3	x_4	x_5	$\overline{x}$	R	
1	50.6	50.4	49.8	50.9	50.3	50.40	1.1	
2	50.2	51.0	48.2	50.5	50.5	50.08	2.8	
3	50.0	49.4	50.8	49.2	49.9	49.86	1.6	
4	51.8	50.3	50.0	49.3	49.5	50.18	2.5	
5	49.8	49.0	48.8	47.5	49.6	48.94	2.3	
6	51.1	49.5	50.6	49.1	49.5	49.96	2.0	
7	49.4	50.0	50.2	51.0	49.4	50.00	1.6	
8	51.1	48.2	49.2	48.8	50.5	49.56	2.9	
9	50.1	51.3	49.5	50.4	50.1	50.28	1.8	
10	49.0	50.8	51.7	51.8	51.5	50.96	2.8	
11	51.4	52.4	49.1	49.8	45.2	49.58	7.2	新供应商
12	46.4	49.5	53.6	51.6	52.0	50.62	7.2	新供应商
13	51.3	48.5	50.1	49.4	54.3	50.72	5.8	新供应商
14	50.4	50.7	46.1	50.4	50.8	49.68	4.7	新供应商
15	53.9	48.1	50.4	52.0	45.5	49.98	8.4	新供应商
16	51.5	49.9	51.2	51.1	49.8	50.70	1.7	
17	49.3	50.2	49.5	49.7	51.2	49.98	1.9	
18	51.0	48.5	51.6	50.3	50.1	50.30	3.1	
19	51.1	49.4	50.7	50.4	50.2	50.36	1.7	
20	49.2	50.1	50.9	49.2	52.2	50.32	3.0	

② 计算控制界限。

均值控制限：

$$CL = \overline{\overline{X}} = 50.12$$
$$UCL = \overline{\overline{X}} + A_2\overline{R} = 52.034$$
$$LCL = \overline{\overline{X}} - A_2\overline{R} = 48.206$$

极差控制限：

$$CL = \overline{R} = 3.3$$
$$UCL = D_4\overline{R} = 2.11 \times 3.3 = 6.963$$
$$LCL = D_3\overline{R} = 0$$

③ 绘制控制图（分析用控制图）。如图 7-14、图 7-15 所示。

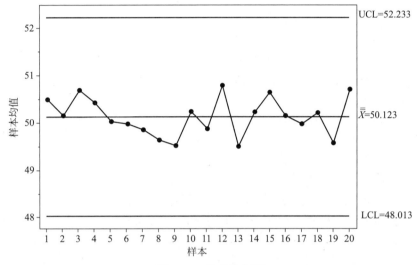

图 7-14　均值控制图

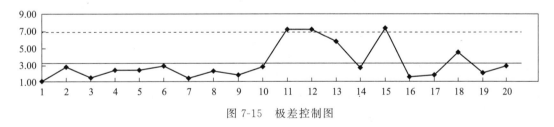

图 7-15　极差控制图

④ 剔除异常点。图 7-15 的极差控制图中，11～15 数据点有显著的异常，经调查发现，某一零件是由新供应商提供的物料，工程部发出通知，不再使用该零件，直到供应商改善为止。将此 5 点删除继续收集 5 天的数据，重新画控制图。

⑤ 重新计算控制界限。

⑥ 作为日常控制用（控制用控制图）。

（2）均值-标准差控制图。与 $\overline{X}$-R 控制图相似，只是用标准差图（S 图）代替极差图（R 图）而已。极差计算简便，故 R 图得到广泛应用，但当样本量 $n > 10$ 时，应用极差估计总体标准差 σ 的效率减低，这时需要应用 S 图来代替 R 图。X-S 控制图作法步骤同前。

① 收集数据（25 组以上）。

② 计算各组的平均值 $\overline{X}$ 和标准差 S：

$$S = \sqrt{\frac{\sum X_i^2 - n\overline{X}^2}{n-1}} \quad \text{或者} \quad S = \sqrt{\frac{\sum(X_i - \overline{X})^2}{n-1}}$$

③ 计算总平均值 $\overline{\overline{X}}$ 和标准差的平均值 $\overline{S}$。
④ 计算控制界限。
均值控制图：

$$CL = \overline{\overline{X}}$$
$$UCL = \overline{\overline{X}} + A_3 \overline{S}$$
$$LCL = \overline{\overline{X}} - A_3 \overline{S}$$

标准差控制图：

$$CL = \overline{S}$$
$$UCL = B_4 \overline{S}$$
$$LCL = B_3 \overline{S}$$

式中，$\overline{S}$ 为各子组样本标准差的均值，B_3、B_4 和 A_3 为随样本容量变化的常数，见表 7-5。

⑤ 绘制控制图（分析用控制图）。
⑥ 剔除异常点。
⑦ 重新计算控制界限。
⑧ 作为日常控制用（控制用控制图）。

(3) $Me\text{-}R$（中位数-极差控制图）。$Me\text{-}R$ 图与 $\overline{X}\text{-}R$ 图相似，只不过用 Me（中位数）图代替 $\overline{X}$ 图，所谓中位数即指在一组按大小顺序排列的数列中居中的数。例如，在数列 2、3、7、13、18 中，中位数为 7。又如，在数列 2、3、7、9、13、18 中，共有偶数个数据，这时中位数规定为中间两个数的均值，在本例即为 $(7+9)/2=8$。由于中位数的计算比均值简单，所以多用于现场需要把测定数据直接记入控制图进行控制的场合，一般规定为奇数个数据。m 个样本的平均样本中位数为：

$$\overline{Me} = \frac{1}{m}\sum_{i=1}^{n} Me_i$$

其控制界限为：

$$UCL_{Me} = \overline{Me} + 3m_3 R d_2 = \overline{Me} + m_3 A_2 \overline{R}$$
$$CL_{Me} = \overline{Me}$$
$$LCL_{Me} = \overline{Me} - 3m_3 R d_2 = \overline{Me} - m_3 A_2 \overline{R}$$

式中，m_3 和 A_2 为随样本容量变化的常数，见表 7-5。

(4) $X\text{-}Rs$（单值-移动极差）控制图。在某些情况下，不需多个测量值或样本是均匀的（如浓度），或者因为费用或时间的关系，过程只是一个测量值（如破坏性试验），且用自动化检查，对产品进行全检时需要用 $X\text{-}Rs$（单值-移动极差）控制图。这种控制图精度较差，但计算量小。

移动极差是指一个测定值 x_i 与紧邻的测定值 x_{i+1} 之差的绝对值，记为 R，设 k 为测定值的个数，k 个测定值有 $k-1$ 个移动极差，每个移动极差值相当于样本大小 $n=2$ 时的极差值。计算总平均数与移动极差平均数，再求解计算两个控制界限。

X 控制图：

$$CL = \overline{X}$$

$$UCL = \overline{X} + 3\frac{\overline{Rs}}{d_2} = \overline{X} + 2.66\overline{Rs}$$

$$LCL = \overline{X} - 3\frac{\overline{Rs}}{d_2} = \overline{X} - 2.66\overline{Rs}$$

Rs 控制图：

$$CL = \overline{Rs}$$

$$UCL = D_4 \overline{Rs} = 3.267\overline{Rs}$$

$$LCL = D_3 \overline{Rs} = 0$$

式中，相当于 $n=2$ 时的极差控制图，$n=2$ 时，$\frac{1}{d_2} = 0.8865$，$D_4 = 3.267$，$D_3 = 0$。

（5）绘制控制图（分析用控制图）。
（6）剔除异常点。
（7）重新计算控制界限。
（8）作为日常控制用（控制用控制图）。

例 7-2 某制药厂某种药品碱的单耗 25 组数据见表 7-7，利用单值-移动极差图分析其过程。

解：①计算各极差与统计量，填入表 7-7。

表 7-7 某种药品碱的单耗数据

子样号	X	Rs	子样号	X	Rs	统计参数		
1	3.76		14	3.81	0.15		X 图	Rs 图
2	3.49	0.27	15	3.97	0.16	CL	3.649	0.087
3	3.75	0.26	16	3.64	0.33	UCL	3.88	0.284
4	3.66	0.09	17	3.67	0.03	LCL	3.418	0
5	3.62	0.04	18	3.6	0.07			
6	3.64	0.02	19	3.61	0.01	平均值	3.649	0.087
7	3.59	0.05	20	3.61	0	系数 $n=2$	E_2	D_4
8	3.58	0.01	21	3.6	0.01	查表	2.66	3.267
9	3.67	0.09	22	3.68	0.08			
10	3.63	0.04	23	3.66	0.02			
11	3.67	0.04	24	3.62	0.04			
12	3.63	0.04	25	3.61	0.21			
13	3.66	0.03	合计	91.23	2.09			

②利用公式计算控制界限，填入表 7-7。
③制作单值-移动极差控制图，如图 7-16、图 7-17 所示。

从移动极差图上可以看出，第 2、3、15、16 点出现了异常，过程失控，应查明原因并采取措施保证它不再出现。然后重复上述步骤，直到过程稳定后作为控制用控制图在日常管理中使用。

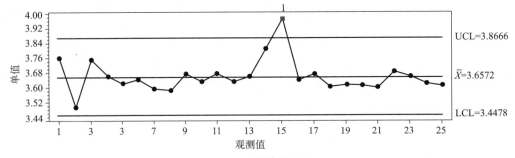

图 7-16 单值控制图

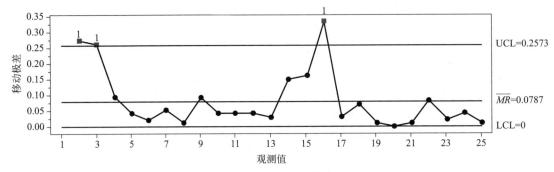

图 7-17 移动极差控制图

7.2.4.2 计数型控制图制作与应用举例

(1) p（不合格品率）控制图。p 图用于控制对象为不合格品率或合格品率等计数值质量指标的场合。使用 p 图时应选择重要的检查项目作为判断不合格品的依据。常见的不合格率有不合格品率、废品率、交货延迟率、缺勤率，以及邮电、铁道部门的各种差错率等。

p（不合格品率）控制图作图步骤如下。

① 收集数据。要求样本中大体含 1～5 个不合格品，即 $pn=1\sim 5$；估计不合格品率为 p；一般取 10～25 个样本。

② 计算样本不合格品率 pn 及平均不合格品率。

$$\overline{p}=\frac{n_1p_1+n_2p_2+\cdots+n_kp_k}{n_1+n_2+\cdots+n_k}$$

式中，np 表示每个样本内的不合格项目数。

③ 计算中心线和控制界限。其公式为：

$$CL=\overline{p}$$

$$LCL=\overline{p}-3\sqrt{\frac{1}{n_i}\overline{p}(1-\overline{p})}$$

$$UCL=\overline{p}+3\sqrt{\frac{1}{n_i}\overline{p}(1-\overline{p})}$$

从公式中可以看出，如果样本容量 n_i 不同，应分别计算各样本的控制线，所以不合格品率控制图的控制界限不是一条直线，而是一条阶梯状的曲线，为了避免控制界限复杂化，一般采用修匀方法，用平均样本容量 $\overline{n}$ 代替 n_i 来计算控制限。但修匀必须满足下列条件：所有的 n_i 在样本平均值的 0.75～1.25 倍之间。

对于 p 图而言，数据采集过程可以主观控制，一般没有特殊要求和特殊意图，没有必要采取样板容量不相同的方案，否则在控制图上会出现不同的控制线线条，计算也麻烦。

④ 绘制控制图（分析用控制图）。
⑤ 剔除异常点。
⑥ 重新计算控制界限。
⑦ 作为日常控制用（控制用控制图）。

例 7-3 某产品检查 25 个样本，每个样本的生产总数及不合格品数如表 7-8 所示，画出 p 图加以分析。

表 7-8 某产品的检测数据

样本号	当班生产总数	不合格品数	样本号	当班生产总数	不合格品数
1	2861	70	14	2349	32
2	2809	79	15	2168	84
3	2349	32	16	2685	36
4	4438	27	17	3456	38
5	5330	95	18	2548	31
6	4103	38	19	2458	30
7	2011	31	20	2147	29
8	2720	64	21	2241	22
9	2670	73	22	1895	12
10	2764	52	23	3012	35
11	2997	61	24	2521	27
12	2286	25	25	1986	18
13	2809	79			

① 计算各样本不合格品率 p_i 及平均不合格品率。

$p_1 = 70/2861 = 0.026$，$p_2 = 79/2809 = 0.028$ 以此类推，$\bar{p} = 0.161$。

② 计算控制界限。由于本例中平均样本含量 $n = 2784.5$，满足：

$$n_{\max} = 2784.5 < 2\bar{n}, \quad n_{\min} = 1895 > \frac{1}{2}\bar{n}$$

因此，可以采用修匀法来计算控制界限：

$\mathrm{CL} = \bar{p} = 0.0161$

$\mathrm{UCL} = \bar{p} + 3\sqrt{\frac{1}{n}\bar{p}(1-\bar{p})} = 0.0161 + 0.3774/\sqrt{n} = 0.0161 + 0.3774/\sqrt{2784.5} = 0.0233$

$\mathrm{LCL} = \bar{p} - 3\sqrt{\frac{1}{n}\bar{p}(1-\bar{p})} = 0.0161 - 0.3774/\sqrt{n} = 0.0161 - 0.3774/\sqrt{2784.5} = 0.0089$

③ 作控制图，如图 7-18 所示。

从图 7-18 上可以看出，由于一些样本的点子出界，所以过程失控，应查明原因并采取措施保证它不再出现。然后重复上述步骤，直到过程稳定为止，稳定后可以作为控制用控制图在日常管理中使用。

（2）pn（不合格品数）控制图。用于控制对象为不合格品数的场合，设 n 为样本量，p 为不合格品率，则 pn 为不合格品个数。

由于当样本量 n 变化时，pn 控制图的控制线全都呈凹凸状，比较麻烦，所以只在样本量相同的情况下，才应用此图。

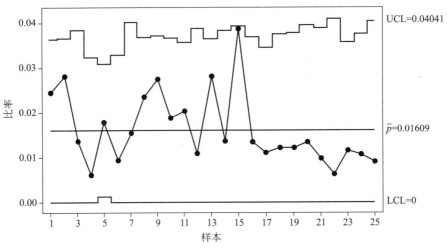

图 7-18 不合格品率控制图

计算控制界限:

$$CL = \overline{p}n$$
$$UCL = \overline{p}n + 3\sqrt{\overline{p}n(1-\overline{p})}$$
$$LCL = \overline{p}n - 3\sqrt{\overline{p}n(1-\overline{p})}$$

式中,$\overline{p}n$ 为平均不合格品数,p 为不合格品率。

不合格品数控制图作图步骤同上,下面举例说明用法。

例 7-4 某厂某产品不合格品数统计资料中以 100 为样本大小,试画出不合格品数控制图加以分析。

解: ① 根据表 7-9,计算控制界限:

$$\overline{p} = \frac{\sum pn_i}{\sum n_i} = \frac{68}{2500} = 0.0272$$

$$\overline{p}n = \overline{p} \times n = 0.0272 \times 100 = 2.72$$

$$CL = \overline{p}n = 2.72$$

$$UCL = \overline{p}n + 3\sqrt{\overline{p}n(1-\overline{p})} = 2.72 + 3\sqrt{2.72(1-0.027)} = 7.62$$

$$LCL = \overline{p}n - 3\sqrt{\overline{p}n(1-\overline{p})} = 2.72 - 3\sqrt{2.72(1-0.027)} < 0$$

表 7-9 某产品不合格品数数据

组 号	抽检数目 n	不合格品数 pn	组 号	抽检数目 n	不合格品数 pn
1	100	2	9	100	6
2	100	2	10	100	2
3	100	4	11	100	1
4	100	0	12	100	4
5	100	0	13	100	3
6	100	3	14	100	0
7	100	4	15	100	1
8	100	5	16	100	1

续表

组 号	抽检数目 n	不合格品数 pn	组 号	抽检数目 n	不合格品数 pn
17	100	6	22	100	7
18	100	2	23	100	2
19	100	1	24	100	0
20	100	3	25	100	3
21	100	3	总计	2500	68

② 作控制图，如图 7-19 所示。

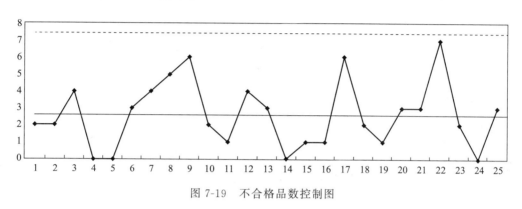

图 7-19 不合格品数控制图

过程处于受控状态，可以作为控制用控制图日常管理。

7.2.4.3 计点型控制图制作与应用举例

（1）c（缺陷数）控制图。用于控制一定的单位中所出现的缺陷数目，如布匹上的疵点数、铸件上的砂眼数、机器设备的缺陷数或故障次数、传票的误记数、每页印刷错误数、办公室的差错次数，等等。

若初始建立控制图，至少要抽取 25 个样本，样本含量固定，样本中的平均缺陷数 $c \geqslant 5$，若有的点超出上控制限则首先查明原因，一旦发现系统原因，剔除该样本重新计算控制限。缺陷数控制图作图步骤同前。

设平均缺陷数为 $\bar{c}$，计算控制界限：

$$CL = \bar{c}$$
$$UCL = \bar{c} + 3\sqrt{\bar{c}}$$
$$LCL = \bar{c} - 3\sqrt{\bar{c}}$$

下面举例说明具体应用过程。

例 7-5 某产品为了解激光焊接短路品质状况，连续抽样检查 25 批产品，其数据记录如表 7-10，试制作 c 图并加以分析。

表 7-10 短路数测定数据

子组	批量	短路数	子组	批量	短路数
1	200	1	4	200	2
2	200	2	5	200	3
3	200	4	6	200	2

续表

子组	批量	短路数	子组	批量	短路数
7	200	1	17	200	2
8	200	2	18	200	3
9	200	1	19	200	1
10	200	2	20	200	0
11	200	2	21	200	1
12	200	2	22	200	0
13	200	3	23	200	2
14	200	0	24	200	4
15	200	1	25	200	5
16	200	2			

解：①计算平均缺陷数：

$$\bar{c} = \frac{48}{25} = 1.92$$

②求控制界限：

$$UCL = \bar{c} + 3\sqrt{\bar{c}} = 1.92 + 4.16 = 6.07$$

$$LCL = \bar{c} - 3\sqrt{\bar{c}} < 0$$

③画控制图，如图 7-20 所示。

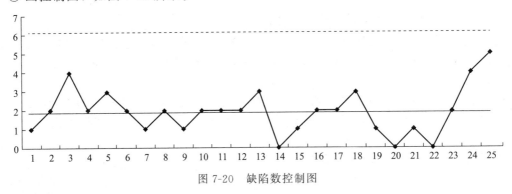

图 7-20 缺陷数控制图

过程处于受控状态，可以作为控制用控制图在日常管理中使用。

(2) u（单位产品缺陷数）控制图。控制的对象是单位产品的缺陷数，通过测定样本上单位数量（如面积、容积、长度、时间等）上缺陷数进行控制的场合。

设 n 为样本大小，c 为缺陷数，则单位产品缺陷数为 c/n。若初始建立控制图，至少要抽取 25 个样本，每个样本含有一个以上的单位产品（通常是 1 个），样本量可以不同，每个样本所发现的缺陷个数 $c \geqslant 5$，若有的点超出上控制限，则首先查明原因，一旦发现系统原因，则剔除该样本，重新计算控制限。与 c 图具有相同的原理，不同的是 u 图的取样大小可以浮动，只要能计算出每单位上的缺陷数即可，单位缺陷数控制图作图步骤同前。

其控制界限由下列公式组求得：

$$CL = \bar{u} = \frac{\sum c}{\sum n_i}$$

$$UCL = \bar{u} + 3\sqrt{\bar{u}/n_i}$$

$$\text{LCL} = \bar{u} - 3\sqrt{\bar{u}/n_i}$$

因为样本的单位数 n_i 不同,所以类似 p 控制图,u 控制图也存在上下限呈阶梯状的问题,因此也可以用 $\bar{n}$ 来近似 n_j 确定上下控制界限,即所有的 n_j 在样本量平均值的 0.75~1.25 倍之间,可使得上下控制界限成为一条水平线。下面为单位产品缺陷数控制图实例。

例 7-6 某产品要测定 3~4 月份"未注满"铸造缺陷的情况,记录数值如表 7-11,试绘制 u 图,并加以分析。

表 7-11 某产品不合格品测定数据

子组编号	批量	缺陷数	子组编号	批量	缺陷数
1	679	6	14	526	2
2	648	5	15	542	8
3	355	2	16	498	4
4	356	3	17	895	6
5	958	8	18	578	4
6	525	6	19	455	3
7	687	7	20	368	4
8	658	5	21	698	6
9	956	8	22	586	5
10	645	6	23	558	6
11	486	5	24	875	7
12	966	5	25	987	9
13	898	7	均值	655.3	=0.0084

解: ① 计算平均样本量。
② 计算控制界限。
$\bar{n} = 655.3$,满足 $n_{\max} < 2$
且 $n_{\min} > \frac{1}{2}\bar{n}$,因此用 $\bar{n}$ 来代替 n_i

$$\text{CL} = \bar{u} = \frac{\sum c}{\sum n} = 0.0084$$

$$\text{UCL} = \bar{u} + 3\sqrt{\bar{u}/\bar{n}} = 0.0084 + 0.0107 = 0.0191$$

$$\text{LCL} = \bar{u} - 3\sqrt{\bar{u}/\bar{n}} = 0.0084 - 0.0107 < 0 \text{ 不考虑}$$

③ 作控制图,如图 7-21 所示。

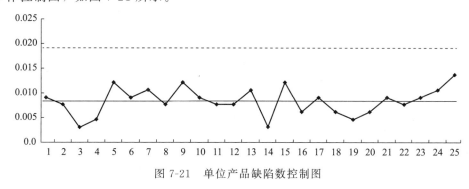

图 7-21 单位产品缺陷数控制图

该过程处于受控状态，可以作为控制用控制图在日常管理中使用。

7.2.5 关于控制图应用的说明

（1）控制图用于何处。原则上，凡需要对质量进行控制管理的地方都可以应用控制图。但这里还要求所控制的过程必须具有重复性，即具有统计规律。对于只有一次性或少数几次的过程难以应用控制图。

（2）如何选择控制对象。在使用控制图时应选择能代表过程能力的主要质量指标作为控制对象。例如，假定某产品在强度方面有问题，就应该选择强度作为控制对象。在电动机装配车间，如果对电动机轴的尺寸要求很高，就需要把电动机轴直径作为控制的对象。

（3）如何选择控制图。首先根据所控制质量指标的数据性质来进行选择，如数据为连续数据，应选择 $\overline{X}\text{-}R$ 和 $\overline{X}\text{-}S$ 控制图；如数据为计件值，应选择 p 或 pn 控制图；若数据为计点值，应选择 c 或 u 图控制。最后，还需要考虑其他要求，如抽取样品、取得数据的难易程度和是否经济等。

（4）如何分析控制图。如果在控制图中点子未出界，同时点子的排列也是随机的，则认为生产过程处于稳定状态或受控状态。如果控制图点子出界或界内点子排列非随机，就认为生产过程失控。对于应用控制图的方法还不够熟悉的人员来说，即使在控制图点子出界的场合，也应该从以下几个方面进行检查：样品的取法是否随机，数字的读取是否正确，计算有无错误，描点有无差错。然后再来调查生产过程方面的原因，经验证明这点十分重要。

（5）如果点子出界或违反其他准则，则应立即追查原因并采取措施防止它再次出现。

（6）对于过程而言，控制图起着"告警铃"的作用。制图点子出界就好比"告警铃"响，告诉现在是应该进行查找原因、采取措施、防止再犯的时刻了。但一般来说，控制图不能告诉这种告警究竟是由什么异常因素造成的。要找出造成异常的原因，需根据生产和管理方面的技术与经验来解决。

（7）控制图的重新制定。控制图是根据稳定状态下的条件（人员、设备、原材料、工艺方法、环境）来制订的。如果上述条件变化，如操作人员更换或通过学习操作水平显著提高，设备更新，采用新型原材料或其他原材料，改变工艺参数或采用新工艺，环境改变等，这时，控制图也必须重新制定。由于控制图是科学管理生产过程的重要依据，所以经过一定时期的使用后应重新抽取数据，进行检验。

（8）控制图的保管问题。控制图的计算以及日常的记录都应作为技术资料妥善保管。对于点子出界或界内点子排列非随机以及当时处理的情况都应予以记录，因为这些都是以后出现异常时查找原因的重要参考资料。有了长期保存的记录，便能对该过程的质量水平有清楚地了解，对以后的产品设计和制定规章十分有用。

7.3 过程能力概述

现代质量管理关注过程，强调过程能力，因为只有过程稳定才能持续地提供合格的产品或服务。在习惯思维中，过程能力是一个抽象的概念，只可意会，无法衡量。其实，这是错误的，在质量管理百年的发展中，人们已经对过程能力有了明确的定义，并有了具体的计算方法。

7.3.1 过程能力定义

7.3.1.1 过程能力

过程能力（process capability，PC），又称工序能力或工艺能力。它是指过程处于受控或稳定状态下的实际加工能力。这是过程固有的一致性的能力,也是衡量过程加工内在一致性的标准。通俗地说,它是过程能稳定地生产合格产品的能力,即满足产品质量要求的能力。过程处于稳定生产状态应该具备以下几个方面的条件:

(1) 原材料或上一过程的半成品按照标准要求供应;
(2) 过程按照作业标准实施,并应在影响过程质量各主要因素无异常的条件下进行;
(3) 过程完成后,产品检测按照标准要求进行。

7.3.1.2 影响过程能力的因素

(1) 操作者方面:如操作者的技术水平、熟练程度、质量意识、责任心、管理程度等。
(2) 设备方面:如设备精度的稳定性,性能的可靠性,定位装置和传动装置的准确性,设备的冷却、润滑情况等。
(3) 材料方面:如材料的成分,配套元器件的质量等。
(4) 工艺方面:如工艺流程的安排,过程之间的衔接,工艺方法、工艺装备、工艺参数、过程加工的指导文件、工艺卡、操作规范、作业指导书等。
(5) 测量方面:如测量仪器的精度、稳定性、测量者的读数习惯、测量方法等都会对结论的形成产生一定的影响。
(6) 环境方面:如生产现场的温度、湿度、噪声干扰、振动、照明、室内净化、现场污染程度等。

过程能力是上述六个方面因素(即人、机、料、法、测、环,5M1E)的综合反映,但是在实际生产中,这些因素对不同行业、不同企业、不同过程,及其对质量的影响程度有着明显的差别,起主要作用的因素称为主导因素。如对化工企业来说,一般设备、装置、工艺是主导因素。又如机械加工的铸造过程的主导因素一般是工艺过程和操作人员的技术水平,手工操作较多的冷加工、热处理及装配调试中的操作人员更为重要等。这些因素对产品质量都起着主导作用,因而是主导因素。在生产过程中,随着企业的技术改造和管理的改善,以及产品质量要求的变化,主导因素也会随着变化。例如,当设备问题解决了,可能工艺管理或其他方面又成为主导因素;当工艺问题解决了,可能操作人员的操作水平、环境条件的要求又上升为主导因素。因此,进行过程能力分析时,要抓住影响过程能力的主导因素,采取措施,提高过程质量,保证产品质量达到要求。

7.3.1.3 过程能力的测定

过程能力的测定一般是在成批生产状态下进行的,过程满足产品质量要求的能力主要表现在以下两个方面:①产品质量是否稳定;②产品精度是否足够。因此,当确认过程能力可以满足精度要求的条件下,它是以该过程产品质量特性值的变异或波动来表示的。产品质量的变异可以用频数分布表、直方图、分布的定量值以及分布曲线来描述。

在稳定生产状态下,影响过程能力的因素综合作用的结果近似服从正态分布。根据 3σ 原理,在分布范围 $\mu\pm3\sigma$ 内,包含了 99.73% 的数据,接近于 1。因此,以 $\pm3\sigma$(即 6σ)为标准来衡量过程是否具有足够的精确度和良好的经济特性。

一般情况下,过程能力与产品质量的实际波动成反比,即过程能力越高,质量波动越小,过程质量越容易得到保证。因此,常用质量特性值波动的统计学规律来描述过程能力。过程能力一般采用标准差的 6 倍来量度,其计算公式为:

$$B=6\sigma\approx 6S=6R/d_2$$

式中,B 为过程能力(质量特性值的分布范围);σ 为总体标准差;S 为样本标准差;R 为极差;d_2 为与样本容量 n 有关的系数。

B 值小,相当于 σ 小,说明过程的产品质量特性值的波动小,加工精度高,即过程能力强；反之，则过程能力弱。

过程能力 $B=6\sigma$ 有两个前提条件：第一，质量特性值必须服从正态分布；第二，控制的结果是产品的合格品率能够达到 99.73%。因此，上述过程能力的概念只适用于一般的工序。对于粗加工或精密加工等特殊工序，则不一定适用，如果机械地套用 $B=6\sigma$ 衡量过程能力，可能会产生较大的偏差。

提高过程能力的重要途径之一就是尽量减小 σ，使质量特性值的离散程度变小，在实践中就是提高加工精度和产品质量的一致性。

7.3.1.4 分析过程能力的意义

(1) 过程能力的测定和分析是保证产品质量的基础工作。只有掌握了过程能力，才能控制制造过程的符合性质量。如果过程能力不能满足产品设计的要求，那么质量就无从谈起，所以说对过程能力的调查、测试分析是现场质量管理的基础工作，是保证产品质量的基础。

(2) 过程能力的测试分析是提高过程能力的有效手段。因为过程能力是由各种因素造成的，所以通过过程能力的测试分析，可以找到影响过程能力的主导因素，从而通过改进工艺，改进设备，提高操作水平，改善环境条件，制定有效的工艺方法和操作规程，严格工艺纪律等来提高过程能力。

(3) 过程能力的测试分析为质量改进找到方向。因为过程能力是过程加工的实际质量状态，是产品质量保证的客观依据。通过过程能力的测试分析，为设计人员和工艺人员提供关键的过程能力数据，为产品设计提供参考。同时通过过程能力分析，找到影响过程能力的主要问题，为提高加工能力和改进产品质量找到努力的方向。

7.3.2 过程能力分类

过程能力未必能够始终保持稳定，根据对过程控制的好坏，可以有某种程度的稳定性，但不是绝对的。例如，设备各个部分的自然磨损、化学作用的劣化、刀具的磨耗或转轴部分的温度上升等因素都会引起过程能力的变化。

为此，西方电气公司（Western Electric Co.）早在 1956 年就提出短期过程能力与长期过程能力的概念。所谓短期过程能力，是指在任一时刻，过程处于稳态的过程能力；长期过程能力则考虑了工具磨耗的影响、各批材料之间的变化以及其他类似的可预期微小波动。换言之，短期过程能力表示组内变异，而长期过程能力则表示组内变异与组间变异之和。

7.3.2.1 短期过程能力

短期过程能力是指仅由偶然因素所引起的这部分变异所形成的过程能力，它实际上反映了短期变异（short-term variation），此变异可由控制图的有关参数估计。

$$\hat{\sigma}_{\text{ST}} = \frac{\overline{R}}{d_2} \quad \text{或} \quad \frac{\overline{S}}{c_4}$$

式中 ST——短期（short-term）；

d_2，c_4——分别表示极差控制图中心线系数和标准差控制图中心线系数。

注意，$\hat{\sigma}_{\text{ST}}$ 必须在稳态下求得。短期过程能力用于新产品试作阶段、初期生产阶段、工程变更或设备变更时以及初始过程能力研究。

7.3.2.2 长期过程能力

长期过程能力是指由偶然因素和异常因素之和所引起的总变异，它实际上反映了过程的长期变异。此变异可用 S 估计，S 即利用控制图或研究过程的所有读数的样本标准差，也即：

$$\hat{\sigma}_{\mathrm{LT}} = S = \sqrt{\frac{1}{n-1}\sum_{i=1}^{n}(X_i - \overline{X})^2}$$

式中 LT——长期（long-term）。

注意，以实际情况下的计算为准，而不要求在稳态下计算。长期过程能力多用于量产阶段的过程能力研究。

7.3.3 过程能力指数计算

7.3.3.1 过程能力指数的概念

过程能力指数表示过程能力满足产品技术标准的程度。产品技术标准是指加工过程中产品必须达到的质量要求，通常用标准、公差（容差）等来衡量，一般用符号 T 表示。质量标准（T）与过程能力（B）的比值，称为过程能力指数，记为 C_P。过程能力指数 C_P 值，是衡量过程能力满足产品技术要求程度的指标。过程能力指数越大，说明过程能力越能满足技术要求，甚至有一定的储备能力。

7.3.3.2 计量值过程能力指数的计算

（1）分布中心与公差中心重合的情况。如图 7-22 所示，当分布中心与公差中心重合时，可直接利用 C_P 值的定义进行计算。由于总体标准差 σ 一般很难找到，通常用样本的标准差 S 代替。因此，C_P 的计算式为

$$C_P = \frac{T}{6\hat{\sigma}} = \frac{T_U - T_L}{6\hat{\sigma}} \approx \frac{T_U - T_L}{6S}$$

式中，T_U 为质量标准上限；T_L 为质量标准下限，即 $T = T_U - T_L$。

例 7-7 某螺栓外径的设计要求为 (10 ± 0.025)mm，现从生产现场随机抽取样本，测得 $\overline{X}=10$mm，$S=0.005$mm，试求过程能力指数。

解： $M = \frac{T_U + T_L}{2} = \frac{10.025 + 9.975}{2} = 40\text{mm} = \overline{X}$

所以分布中心 μ 和公差中心 M 重合，则：

$$C_P = \frac{T_U - T_L}{6\sigma} \approx \frac{T_U - T_L}{6S} = \frac{10.025 - 9.975}{6\times0.005} = 1.67$$

（2）分布中心与公差中心不重合的情况。如图 7-23 所示，当质量特性分布中心 μ 和标准中心 M 不重合时，虽然分布标准差 σ 未变，C_P 也没变，但出现了过程能力不足的现象。令 $\varepsilon = |M-\mu|$，这里，ε 为分布中心对标准中心 M 的绝对偏移量。把 ε 对 $\frac{T}{2}$ 的比值称为相对偏移量或偏移系数，记作 K，则过程力指数 C_P 变为 C_{PK}，计算式为：

$$K = \frac{|M - \overline{X}|}{T/2} = \frac{2\varepsilon}{T}$$

$$C_{PK} = \frac{T}{6S}\left(1 - \frac{2\varepsilon}{T}\right) = C_P(1-K)$$

式中 K——修正值；
    M——公差范围中心值
    ε——分布中心与公差中心的绝对偏移量。

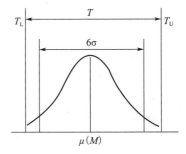

图 7-22 分布中心与公差中心重合

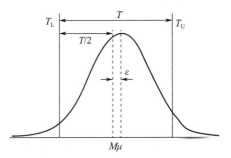

图 7-23 分布中心与公差中心不重合

由上述公式可知：

当 $K=0$ 时，μ 恰好位于公差中心，$C_{PK}=C_P$，这是理想状态。

当 $0<K<1$，μ 位于公差界限之内，且不与公差中心重合，$C_{PK}<C_P$，这属于一般情况。

当 $K\geqslant 1$，μ 位于公差界限之外，此时，加工过程中的不合格品率等于或大于 50%。由于不合格品率已不能满足加工产品的质量要求，故通常规定此时的 C_{PK} 值为 0。

显而易见，K 值在 $0\sim 1$ 之间，K 值越小越好，$K=0$ 是理想状态。

例 7-8 某工序加工的零件尺寸要求为 $\phi(20\pm 0.023)$mm，现经随机抽样，测得样本平均值为 19.997mm，标准偏差 $S=0.007$，求 C_P 和 C_{PK}，并比较之。

解：
$$M=\frac{T_U+T_L}{2}=\frac{20.023+19.977}{2}=20\text{mm}$$

$$\varepsilon=|M-\overline{X}|=|20-19.997|=0.003\text{mm}$$

$$K=\frac{2\varepsilon}{T}=\frac{2\times 0.003}{0.046}=0.13$$

$$C_P=\frac{T}{6S}=\frac{0.046}{6\times 0.007}=1.095$$

$$C_{PK}=C_P(1-K)=1.095\times(1-0.13)=0.95$$

（3）单侧公差情况下 C_P 值的计算。在只给定单侧公差标准的情况下，特性值的分布中心与标准的距离就决定了过程能力的大小。为了经济的利用过程能力，并把不合格品率控制在 0.3% 左右，按 3σ 分布原理，在单侧标准的情况就可用 3σ 作为计算 C_P 值的基础。

① 只规定上限标准时。在某些情况下，只给定单向公差 T_U，要求产品质量特性值小于等于 T_U，且越小越好，如产品中某些杂质成分、产品表面清洁度、汽车行驶的油耗、产品的不合格品率等。只规定上限标准的情况如图 7-24 所示。

过程能力指数为：

$$C_{PU}=\frac{T_U-\overline{X}}{3\hat{\sigma}}\approx\frac{T_U-\overline{X}}{3S}$$

过程能力指数为注意：当 $\mu\geqslant T_U$ 时，则认为 $C_P=0$，这时可能出现的不合格率高达 $50\%\sim 100\%$。

例 7-9 某食品在制造中要求单位体积含某种原料不能高于 0.01mg，现在根据随机抽样的数据检测，得 $\overline{X}=0.0051$mg，$S=0.0011$mg，试求过程能力指数。

解：
$$C_{PU}\frac{T_U-\overline{X}}{3\sigma}\approx\frac{T_U-\overline{X}}{3S}=\frac{0.01-0.0051}{3\times 0.0051}=1.48$$

② 只规定下限标准时。在有些情况下，给定单向公差 T_L，要求产品质量特性值大于等于 T_L，且越大越好，如金属材料的强度、化工产品的产出率、产品的合格品率等。只规定下限标准的情况如图 7-25 所示。

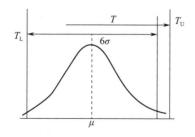

图 7-24 只规定上限标准

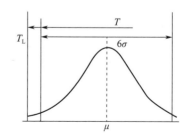

图 7-25 只规定下限标准

过程能力指数为：

$$C_{\mathrm{PL}} = \frac{\overline{X} - T_{\mathrm{L}}}{3\hat{\sigma}} \approx \frac{\overline{X} - T_{\mathrm{L}}}{3S}$$

注意：当 $\mu \leqslant T_{\mathrm{L}}$ 时，则认 $C_{\mathrm{P}} = 0$，这时可能出现的不合格率同样为 50%～100%。

例 7-10 某厂生产的节能灯管寿命要求不能低于 2500h，现在随机抽取 100 根灯管进行检测，得 $\overline{X} = 2750\mathrm{h}$，$S = 75\mathrm{h}$，试求过程能力指数。

解：

$$C_{\mathrm{PL}} = \frac{\overline{X} - T_{\mathrm{L}}}{3\sigma} \approx \frac{\overline{X} - T_{\mathrm{L}}}{3S} = \frac{2750 - 2500}{3 \times 75} = 1.11$$

7.3.3.3 计件值过程能力指数的计算

计件值指标过程能力指数的计算，相当于计量值指标的过程能力指数计算的单侧公差情况。

（1）当以不合格数 np 作为检验产品质量指标，并以 $(np)_{\mathrm{U}}$ 作为标准要求时，则样本：

$$\overline{p} = \frac{(np)_1 + (np)_2 + \cdots + (np)_n}{kn} = \frac{\sum_{i=1}^{k}(np)_i}{kn}$$

不合格品数的平均值为由二项分布可得计件值过程能力指数计算公式：

$$\mu = n\overline{p}$$

$$\sigma = \sqrt{n\overline{p}(1-\overline{p})}$$

$$C_{\mathrm{P}} = \frac{(np)_{\mathrm{U}} - n\overline{p}}{\sqrt{n\overline{p}(1-\overline{p})}}$$

7.3.3.4 计点值过程能力指数的计算

计点值指标过程能力指数的计算，相当于计量值指标的过程能力指数计算的单侧公差情况。

取样本 k 个，每个样本大小为 n，其中缺陷数分别为 $C_1, C_2, \cdots, C_k$，则样本疵点数的平均值为

$$\overline{C} = \frac{1}{k}(C_1 + C_2 + \cdots + C_k) = \frac{1}{k}\sum_{i=1}^{k} C_i$$

由泊松分布可得：

$$\mu = \overline{C}$$

$$\sigma = \sqrt{\overline{C}}$$

$$C_{\mathrm{P}} = \frac{C_{\mathrm{U}} - \overline{c}}{3\sqrt{\overline{c}}}$$

例 7-11 抽取大小为 $n = 50$ 的样本 20 个，其中疵点数分别为：1，2，0，3，2，4，1，0，3，1，2，2，1，6，3，3，5，1，3，2，当允许样本疵点数 $C_{\mathrm{U}} = 6$ 时，求过程能力指数。

解：

$$\overline{C} = \frac{1}{k}\sum_{i=1}^{k} C_i = 2.25$$

$$C_{\mathrm{P}} = \frac{C_{\mathrm{U}} - \overline{c}}{3\sqrt{\overline{c}}} = \frac{6 - 2.25}{3\sqrt{2.25}} = 0.833$$

7.3.3.5 C_{P} 与 C_{PK} 的比较与说明

无偏移情况的 C_{P} 表示过程加工的一致性，C_{P} 越大，则质量特性值的分布越"苗条"，

第 7 章 过程质量控制

质量能力越强；而有偏移情况的 C_{PK} 表示过程中心 μ 与规范中心 M 的偏移情况；C_{PK} 越大，则二者偏离越小，也即过程中心对规范中心"瞄得越准"，这是过程的"质量能力"与"管理能力"二者综合的结果。故 C_P 与 C_{PK} 二者的着重点不同，需要同时加以考虑。

C_P 与 C_{PK} 对于决策者的参考价值如下：

（1）通过 C_P 与 C_{PK} 可以了解各个供应商的质量水平，也可以通过其对本企业各个生产单位的质量进行比较。

（2）若销售人员了解本企业过程的 C_P 与 C_{PK}，当发现客户所要求的规范比较宽松，则产品的合格品率一定会大幅度提高，利润也会更多，即使降价求售也能够有所盈余，这时就可以考虑最优的销售策略。

（3）若生产人员能够掌握本企业过程的 C_P 与 C_{PK}，就可以预计产品的合格品率，从而调整发料与交货期，以便用最经济的成本去满足客户的需求。

7.3.3.6 通过 C_P 与 C_{PK} 值计算不合格品率 p

当质量特性的分布呈正态分布时，一定的过程能力指数对应一定的不合格品率。例如，当 $C_P=1$ 时，即 $B=6\sigma$ 时，质量特性标准的上下限与 $\pm 3\sigma$ 重合。

由正态分布的概率函数可知，此时的不合格品率为 0.27%。由于计算复杂，工程上多采用查表法。根据 C_P 和 k 数值表求不合格品率 p，见表 7-12 C_P-k-p 数值表。

表 7-12 C_P-k-p

C_P \ k	0.00	0.04	0.08	0.12	0.16	0.20	0.24	0.28	0.32	0.36	0.40	0.44	0.48	0.52
0.50	13.36	13.43	13.64	13.99	14.48	15.10	15.86	16.75	17.77	18.92	20.19	21.58	23.09	24.71
0.60	7.19	7.26	7.48	7.85	8.37	9.03	9.85	10.81	11.92	13.18	14.59	16.81	17.85	19.69
0.70	3.57	3.64	3.83	4.36	4.63	5.24	5.99	6.89	7.94	9.16	10.55	12.10	13.84	15.74
0.80	1.64	1.69	1.89	2.09	2.46	2.94	3.55	4.31	5.21	6.28	7.53	8.89	10.62	12.48
0.90	0.69	0.73	0.83	1.00	1.25	1.60	2.05	2.62	3.34	4.21	5.27	6.53	8.02	9.75
1.0	0.27	0.29	0.35	0.45	0.61	0.84	1.14	1.55	2.07	2.75	3.59	4.65	5.94	7.49
1.1	0.10	0.11	0.14	0.20	0.29	0.42	0.61	0.88	1.24	1.74	2.39	3.23	4.31	5.66
1.2	0.03	0.04	0.05	0.08	0.13	0.20	0.31	0.48	0.72	1.06	1.54	2.19	3.06	4.20
1.3	0.01	0.01	0.02	0.03	0.05	0.09	0.15	0.25	0.40	0.63	0.96	1.45	2.13	3.06
1.4	0.00	0.00	0.01	0.01	0.02	0.04	0.07	0.13	0.22	0.36	0.59	0.93	1.45	2.10
1.5			0.00	0.00	0.01	0.02	0.03	0.06	0.11	0.20	0.35	0.59	0.96	1.54
1.6					0.00	0.01	0.01	0.03	0.06	0.11	0.20	0.36	0.63	1.07
1.7						0.00	0.01	0.01	0.03	0.06	0.11	0.22	0.40	0.72
1.8							0.00	0.01	0.01	0.03	0.06	0.13	0.25	0.48
1.9								0.00	0.01	0.01	0.03	0.07	0.15	0.31
2.0									0.00	0.01	0.02	0.04	0.09	0.20
2.1										0.00	0.01	0.02	0.05	0.18
2.2											0.00	0.01	0.03	0.08

7.3.4 过程能力指数分析

7.3.4.1 过程能力判定

当过程能力指数求出后，就可以对过程能力是否充分作出分析和判定。即判断 C_P 值在多少时，才能满足设计要求。这里先讨论 $k=0$ 的情况。

（1）如果质量标准界限是 $\pm 3\sigma$（即 6σ），$C_P=1$，可能出现的不合格品率为 0.27%。这种过程能力处于临界状态；

（2）如果标准界限范围是 $\pm 4\sigma$（即 8σ），$C_P=1.33$。这时的过程能力不仅能满足设计质量要求，而且有一定的富裕能力；

（3）如果标准界限范围是 $\pm 5\sigma$（即 10σ），$C_P=1.67$。这时过程能力有更多的富裕，即过程能力非常充分；

（4）当过程能力指数 $C_P<1$ 时，认为过程能力不足，应采取措施提高过程能力。

根据以上分析，过程能力指数 C_P 值的判断标准见表 7-13。

表 7-13 过程能力指数判断标准

过程能力指数	$C_P>1.67$	$1.33<C_P<1.67$	$1.00<C_P<1.33$	$0.67<C_P<1.00$	$C_P<0.67$
等级	特级	一级	二级	三级	四级
图例					
评价	过程能力过高	过程能力充足	过程能力尚可	过程能力不充分	过程能力太低

7.3.4.2 提高过程能力的途径

在实际的过程能力调查中，过程能力分布中心与标准中心完全重合（$k=0$）的情况是很少的，大多数情况下都存在一定量的偏差。所以进行过程能力分析时，计算的过程能力指数一般都是修正的过程能力指数 C_{PK}，即 $C_{PK}=\dfrac{T}{6S}\left(1-\dfrac{2\varepsilon}{T}\right)$。式中有 3 个影响过程能力指数的变量，即质量标准 T、偏移量 ε 和过程质量特性分布的标准差 σ。因此提高过程能力指数有 3 个途径，即减小偏移量、降低标准差或者修订标准范围。

（1）调整过程加工的分布中心，减小偏移量。当过程存在偏移量时，表明工艺系统存在异常因素（这一点通过控制图便能发现），比如，对刀有偏差，需要及时识别这种异常因素，消除之。

（2）降低分散程度。过程能力是由人、机、料、法、测、环 6 个随机因素所决定的，是过程固有的分布宽度，当技术标准固定时，过程能力对过程能力指数的影响是十分显著的。一般来说，可以通过以下一些措施降低分散程度：①修订操作规程，优化工艺参数，补充增添中间过程，推广应用新工艺、新技术。②改造更新与产品质量标准要求相适应的设备，对设备进行周期性检查，按计划进行维护，从而保证设备的精度。③提高工具、工艺装备的精度，对大型的工艺装备进行周期性检查，加强维护保养，以保证工装的精度。④按产品质量要求和设备精度要求来保证环境条件。⑤加强人员培训，提高操作者的技术水平和质量意识。⑥加强现场质量控制，设置关键、重点过程的过程管理点，开展 QC 小组活动，使过程处于受控状态。

（3）修订标准范围。当确信若降低标准要求或放宽公差范围不致影响产品质量和用户满意度时，就可以修订不切实际的现有公差要求（相当于修改设计）。这样既可以提高过程能力指数，又可以提高劳动生产率。

课后习题

1. 过程能力指数和不合格品率有什么关系？两者各有什么用途？
2. 控制图的原理是什么？试用简洁的语言加以描述。
3. 根据正态分布曲线的性质分别说明发生第一类错误和第二类错误的原因。
4. 质量控制图分为几种类型？分别说明各种质量控制图的适用对象。
5. 控制图的判断准则有哪些？确定其为判断准则的依据是什么？
6. 讨论分析用控制图与控制用控制图二者之间的联系与区别。
7. 查阅相关的文献，了解特殊控制图（如小批量控制图、小波动控制图等）的研究现状。
8. 简述过程能力指数 C_P 和 C_{PK} 之间的区别与联系。
9. 某零件尺寸要求为 $30^{+0.3}_{-0.1}$ mm，取样实际测定后求得 $\overline{X}=30.05$ mm，标准差 $S=0.016$ mm，求过程能力指数及不合格品率。
10. 某部件的清洁度是越小越好的质量特性。顾客对此向其供应商提出规范上限要求：清洁度不能超过 96mg。在生产线经抽样取得：$\overline{X}=48$ mg，$\sigma=12$ mg，试求其过程能力指数。
11. 螺纹钢板的切割过程已达到受控状态，经收集数据并计算获得如下统计量：$\overline{X}=212.5$，$R=1.2$，$n=5$，其工艺规格线为 210^{0}_{-3} mm，试求其过程能力指数 C_{PK}。
12. 某饮料的一种营养成分含量要求不得低于 2.5g/100mL。现随机抽取样本，测得其平均含量为 2.63g/100mL，标准差为 0.047g/100mL。试计算其过程能力和不合格品率。
13. 某过程加工一个零件，其公差上限为 1.50cm，下限为 1.10cm，目标值为 1.30cm。

现抽取 9 个样本，每个样本含量为 3，其具体的数据如表 7-14 所示。试估算该过程的 C_P、C_{PK}。

表 7-14　某零件的测量结果　　　　　　　　　　　　　单位：cm

样　本	X_1	X_2	X_3
1	1.20	1.26	1.24
2	1.21	1.39	1.26
3	1.32	1.41	1.28
4	1.25	1.40	1.39
5	1.26	1.38	1.40
6	1.29	1.36	1.43
7	1.40	1.28	1.36
8	1.36	1.32	1.25
9	1.25	1.21	1.34

14. 某产品为收集关键缺陷点进而找出品质改善方向，在生产过程中对电池缺陷进行逐一检查，生产批量不定，可使用哪种控制图？说明原因。
15. 某产品为控制压片厚度性能，在生产过程中每隔 10min 随机抽取 5 件进行尺寸量测。可使用哪种控制图？说明原因。
16. 某厂要求对汽车发动机活塞环制造过程建立 $\overline{X}$-R 图进行控制，现每小时从过程中抽取 5 个样品，已抽得 25 组样本的均值 $\overline{X}$ 和极差 R，算得 $\sum_{i=1}^{25} \overline{x}_i = 74.001 \text{mm}$ 与 $\sum_{i=1}^{25} R_i = 0.581 \text{mm}$，试计算 $\overline{X}$-R 图的控制线（已知 $D_3=0$，$D_4=2.114$，$A_2=0.577$）。

17. 某厂生产一种零件，规定每天抽 100 件作为一个样本。现通过抽样检验方法共收集 25 组数据，查得各组的不合格品数分别为：3，4，0，4，3，3，2，2，2，5，4，1，1，2，0，3，0，6，0，4，4，1，0，6，4。试绘制 pn 图对其质量进行控制。

18. 在飞机生产过程的最后检验中发现有漏掉铆钉的现象，其数目如表 7-15 所示。试绘制 c 控制图。

表 7-15 漏掉的铆钉数目

飞机号	漏掉的铆钉数目	飞机号	漏掉的铆钉数目	飞机号	漏掉的铆钉数目
201	8	210	12	219	11
202	16	211	23	220	9
203	14	212	16	221	10
204	19	213	9	222	22
205	11	214	25	223	7
206	15	215	15	224	28
207	8	216	9	225	9
208	11	217	9		
209	21	218	14		

19. 某织物的面积及其疵点数如表 7-16 所示，试画出 u 控制图并分析过程是否处于稳定状态。

表 7-16 某织物的面积及其疵点数

样本号	面积	疵点数	样本号	面积	疵点数
1	1.0	4	14	1.3	5
2	1.0	5	15	1.3	2
3	1.0	3	16	1.3	4
4	1.0	3	17	1.3	2
5	1.0	4	18	1.2	6
6	1.0	3	19	1.2	4
7	1.0	3	20	1.2	3
8	1.3	2	21	1.2	0
9	1.3	5	22	1.7	8
10	1.3	3	23	1.7	3
11	1.3	2	24	1.7	8
12	1.3	4	25	1.7	5
13	1.3	1			

20. 某化工厂为在乙醇生产工序中控制甲醇含量而收集的甲醇含量数据如表 7-17 所示。试作甲醇含量的 X-Rs 图。

表 7-17　甲醇含量数据表

样本号	1	2	3	4	5	6	7	8	9	10	11	12	13
X	1.09	1.13	1.29	1.13	1.23	1.43	1.27	1.63	1.34	1.10	0.98	1.37	1.18
样本号	14	15	16	17	18	19	20	21	22	23	24	25	26
X	1.58	1.31	1.70	1.45	1.19	1.33	1.18	1.40	1.68	1.58	0.90	1.70	0.95

21. 某零件的尺寸为 $\phi(30\pm0.8)\mathrm{mm}$，随机抽取 25 个数据如表 7-18 所示，试绘制 Me-R 图分析该过程是否稳定。

表 7-18　某零件尺寸的数据表　　　　　　　　　　单位：mm

样本号	1	2	3	4	5	6	7	8	9	10	11	12	13
观测值	30.1	29.9	30.0	29.7	30.0	30.1	29.8	30.1	29.9	30.1	30.2	29.4	30.3
样本号	14	15	16	17	18	19	20	21	22	23	24	25	—
观测值	29.9	29.8	30.0	30.0	29.9	30.5	29.8	30.1	30.6	29.9	30.2	29.8	—

第 8 章 质量改进

本章首先给出了质量改进的定义,分析了质量改进的重要性,描述了质量改进的目标和原则,以及质量改进的基本过程和实施步骤;其次,陈述了质量改进的组织与推进,简要介绍了质量改进的工具和质量改进项目的评价与评审。

8.1 质量改进的概念及内涵

企业提供的产品、服务质量的好坏,决定了顾客的满意程度,要提高顾客的满意程度,就必须不断地进行质量改进。通过改进过程中各环节的工作,一方面,出现问题,能立即采取纠正措施;另一方面,通过寻找改进的机会,也可阻止问题的出现。同时,持续的质量改进是质量管理工程的基本特点,也是 ISO 9000 族标准中提出的质量管理基本原则之一。

8.1.1 质量改进的概念

质量改进(quality improvement)是通过改进过程来实现的。美国质量管理学家朱兰在欧洲质量管理组织第 30 届年会上发表《总体质量规划》论文中指出:质量改进是使效果达到前所未有的水平的突破过程。ISO 9000:2015 标准将质量改进定义为:"质量管理的一部分,致力于增强满足质量要求的能力"。

由此可见,质量改进的含义应包括以下内容:

(1) 质量改进的对象是广义质量。它包括产品(或服务)质量以及与它有关的工作质量,也就是通常所说的产品质量和工作质量两个方面。前者如电视机厂生产的电视机实物的质量、饭店的服务质量等;后者如企业中供应部门的工作质量、车间计划调度部门的工作质量等。因此质量改进的对象是全面质量管理中所叙述的"广义质量"概念。

(2) 质量改进的效果在于"突破"。朱兰认为:质量改进的最终效果是按照比原计划目标高得多的质量水平进行工作。如此工作必然得到比原来目标高得多的产品质量。质量改进与质量控制效果不一样,但两者是紧密相关的,质量控制是质量改进的前提,质量改进是质量控制的发展方向,控制意味着维持其质量水平,改进的效果则是突破或提高。可见,质量控制是面对"今天"的要求,而质量改进是为了"明天"的需要。

(3) 质量改进是一个变革的过程。质量改进是一个变革的过程,该过程也必然遵循 PDCA 循环的规律。由于时代的发展是永无止境的,为立足于时代,质量改进也必然是"永无止境"的。质量专家们认为:永不满足则兴,裹足不前则衰。

此外,还要深刻理解"变革"的含义,变革就是要改变现状。改变现状就必然会遇到强大的阻力。这个阻力来自技术和文化两个方面。因此,了解并消除这些阻力,是质量改进的先决条件。

8.1.2 质量改进的必要性和重要性

8.1.2.1 质量改进的必要性

(1) 在我们使用的现有技术中，需要改进的地方很多；
(2) 优秀的工程技术人员也需不断学习新知识，增加对过程中一系列因果关系的了解；
(3) 技术再先进，方法不当、程序不对也无法实现预期目的。

8.1.2.2 质量改进的重要性

(1) 质量改进具有很高的投资收益率；
(2) 可以促进新产品开发，改进产品性能，延长产品的寿命周期；
(3) 通过对产品设计和生产工艺的改进，更加合理、有效地使用资金和技术力量，充分挖掘企业的潜力；
(4) 提高产品的制造质量，减少不合格品的产生，实现增产增效的目的；
(5) 通过提高产品的适用性，从而提高企业产品的市场竞争力；
(6) 有利于发挥企业各部门的质量职能，提高工作质量，为产品质量提供强有力的保证。

8.1.3 质量改进的原则

为突破原有质量水平，实现新的质量水平目标，企业在研究与实施质量改进时，应充分考虑和遵循下列基本原则。

(1) 顾客满意原则。一个组织输出的产品、服务或其他的质量，决定于顾客的满意程度以及相应过程的效果和效率。顾客不仅存在于组织的外部（如最终消费者、使用者、受益者或采购方），也存在于组织的内部（如股东、经营者、员工）。因此，进行质量改进必须以内外部顾客的满意程度及追求更高的效果和效率为目标。

(2) 系统改善原则。产品固有质量水平或符合性质量水平方面存在的系统性问题或缺陷，都涉及众多的因素，其质量突破的难度是很大的，它涉及对质量改进必要性、迫切性的认识，关键因素的寻找与确认，人们知识与技能的发挥，改进的组织、策划与实施过程等。所以进行质量改进时，必须从企业实际需要与可能出发，实事求是地进行系统性的分析和研究，考虑系统性的改善措施，才能取得成功。

(3) 突出重点原则。质量改进是一种以追求比过去更高的过程效果和效率为目标的持续活动，要突破产品固有质量水平或符合性质量水平所存在的问题或缺陷，必须从众多的影响因素中抓住"关键的少数"，集中力量打"歼灭战"，求得彻底的改善，才能取得总体改进的效果。

(4) 水平适宜原则。进行产品质量改进，必须从客观实际需要出发，确定适宜的质量水平，防止产生质量"过剩"。对产品固有质量水平的突破，一定要从用户对产品质量的实际需求及质量标准、法规规定的约束条件出发，不能为上水平而上水平，增加不必要的功能或追求过剩的高质量。

(5) 持续改进原则。质量改进主要是解决生产过程中出现的深层次问题，它的改进对象是正在执行的质量标准。持续的质量改进，将会不断地提高产品质量和服务质量，不断减少质量损失，降低质量成本，增强组织竞争能力，获得更高的顾客满意程度与过程的效果和效率，从而为本组织和顾客提供更多的收益，同时还为组织的发展创造机遇。

(6) 预防性改进原则。质量改进的重点在于预防问题的再发生，而不仅仅是事后的检查和补救。单纯的事后检查和补救，只可能使已产生的质量损失有所减少，但不能完全消除质量损失，更不能杜绝今后类似的质量损失的再发生。这种补救性质的改进，如返修、返工或调整，既不能保证在原有的质量水平上的稳定，更不能保证在原有质量水平上的提高。质量改进的关键是要消除或减少使问题再发生的因素,即进行预防性的改进。

8.2 质量改进的步骤和内容

开展质量改进活动,不仅需要科学的程序和步骤,还需要适用的工具和技术作为支持,才能取得良好的效果,达到预期的改进目的。

8.2.1 质量改进的基本过程

PDCA 是 plan-do-check-action(策划-实施-检查-处理)四个单词首字母的组合。PDCA 循环就是按照这四个阶段顺序来进行质量管理工作的。PDCA 循环不仅是一种质量管理方法,也是一套科学的、合乎认识论的通用办事程序。PDCA 循环首先由美国质量管理专家戴明博士提出,因而也称戴明环,如图 8-1 所示。

8.2.1.1 PDCA 循环的内容

(1)策划阶段(plan)。以满足用户需求、取得最大经济效益为目的,制订质量目标和质量计划,选定要突破的质量问题点并围绕实现目标、计划所要解决的质量问题,制订相应的实施措施。质量计划在制订时必须以企业自身的实际情况为基础,运用各种质量分析工具对质量现状进行分析,找出质量突破点,再结合组织自身的情况作出切实可行的质量计划。

(2)实施阶段(do)。按照所制订的计划、目标和措施具体实施。实施阶段是质量的形成阶段,所以在这一阶段一定要依据质量计划、目标去进行。

(3)检查阶段(check)。根据计划和目标,检查计划的执行情况和实施效果,并及时总结计划执行过程中的经验和教训,可以采用排列图、直方图和控制图等数理统计分析工具。

(4)处理阶段(action)。总结成功的经验,形成标准化,以后就按标准进行。对于没有解决的问题,转入下一轮 PDCA 循环,为制订下轮改进计划提供资料。

8.2.1.2 PDCA 循环的特点

(1)四个阶段一个也不能少。

(2)大环套小环,小环保大环,相互促进。例如,在处理阶段(A 阶段)也会存在制订计划、实施计划、检查计划的实施进度和处理的小 PDCA 循环。大循环是靠内部各个小循环来保证的,小循环又是由大循环来带动的。

(3)不断转动,逐步提高。PDCA 循环每转动一次,质量就提高一步,这是一个如同爬楼般的螺旋上升的过程。每循环一次,解决一批问题,质量水平就会上升到一个新的高度,从而下一次的循环就有了更新的内容和目标。这样不断解决质量问题,企业的工作质量、产品质量和管理水平就会不断提高(图 8-2)。

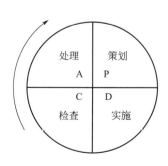

图 8-1 PDCA 循环

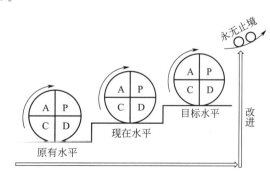

图 8-2 改进上升示意图

(4) A 阶段是关键。只有经过总结、处理的 A 阶段，才能将成功的经验和失败的教训纳入制度和标准，进一步指导实践。没有 A 阶段的作用，就不能提高成绩，也不能防止同类问题的再度发生，PDCA 循环也就失去了意义。因此，推动 PDCA 循环，不断提高质量水平，一定要抓好 A 阶段。

8.2.2 质量改进的步骤

质量改进的步骤本身就是一个 PDCA 循环，可分七个步骤完成，即①明确问题；②把握现状；③分析问题原因；④拟定对策并实施；⑤效果确认；⑥防止再发生和标准化；⑦总结。

8.2.2.1 明确问题

组织需要改进的问题很多，经常提到的不外乎质量、成本、交货期、安全、激励、环境六方面。选题时通常也围绕这六方面进行，如降低不合格品率、降低成本、保证交货期等。其活动内容为：

(1) 明确所要解决的问题为什么比其他问题重要。

(2) 问题的背景，到目前为止的情况。

(3) 将不尽如人意的结果用具体的语言表示出来，有什么损失，并具体说明希望改进到什么程度。

(4) 选定题目和目标值，如有必要，将子题目也确定下来。

(5) 正式选定任务担当者，若是小组就确定组长和组员。

(6) 对改进活动的费用做预算。

(7) 拟定改进活动的时间表。

8.2.2.2 把握现状

质量改进课题确定后，就要了解当前问题的现状。活动内容如下：

(1) 为抓住问题的特征，需要调查若干要点，如时间、地点、问题的种类、问题的特征等。可以从人、机、料、法、测、环等各个角度进行调查。

(2) 去现场收集数据中没有包含的信息。

8.2.2.3 分析问题原因

分析问题原因是一个设立假说、验证假说的过程。活动内容如下：

(1) 设立假说（选择可能的原因）。

① 为了搜集关于可能的原因的全部情报，应画出因果图（包括所有认为可能有关的因素）。

② 运用"把握现状"阶段掌握的情报，消除所有已明确认为无关联的因素，用剩下的因素重新绘制因果图。

③ 在因果图中标出可能性较大的主要原因。

(2) 验证假说（从已设定因素中找出主要原因）。

① 搜集新的数据或证据，制订计划来确认可能性较大的原因对问题有多大的影响。

② 综合全部调查到的情报，确定主要原因。

③ 如条件允许，可将问题再现一次。

需要注意的是，验证假说必须根据重新进行实验和调查所获得的数据有计划地进行。验证假说就是核实原因与结果之间是否存在关系，关系是否密切。通过大家讨论由多数意见决定的民主的方法并不见得科学，最后调查表明全员一致同意的意见结果往往是错误的。未进行数据解析就拟定对策的情况并不少见，估计有效的方案都试一下，如果结果不错就认为问题解决了。用结果推断原因是否正确，必然导致大量的试行错误。即便问题碰巧解决了，由于问题原因与纠正措施无法一一对应，大多数情况下无法发现主要原因。

8.2.2.4 拟定对策并实施

拟定对策并实施的活动内容包括：

（1）必须将现象的排除（应急措施）与原因的排除（根本的解决措施）区分开。

（2）采取对策后，尽量不要引起其他质量问题（副作用），如果产生了副作用，应考虑换一种对策或消除副作用。

（3）先准备好若干对策方案，调查各自的利弊，选择参加者都能接受的方案。

8.2.2.5 效果确认

对质量改进的效果要正确确认，错误的确认会让人误以为问题已得到解决，从而导致问题再次发生。反之，也可能导致对质量改进的成果视而不见，从而挫伤持续改进的积极性。活动内容如下：

（1）使用同一种图表将采取对策前后的质量特性值、成本、交货期等指标进行比较。

（2）如果改进的目的是降低不合格品率或降低成本，则要将特性值换算成金额，并与目标值进行比较。

（3）如果有其他效果，不管大小都要列举出来。

当采取对策后没有出现预期结果时，应确认是否严格按照计划实施对策。如果是，就意味着对策失败，重新回到"把握现状"阶段。没有达到预期效果时，应该考虑以下两种情况：是否按计划实施；是否计划有问题。

8.2.2.6 防止再发生和标准化

对质量改进有效的措施，要进行标准化，纳入质量文件，以防止同样的问题再次发生。活动内容如下：

（1）为改进工作，应再次确认 5W1H 的内容，即 what（什么），why（为什么），who（谁），where（哪里），when（何时），how（如何），并将其标准化。

（2）进行有关标准的准备及宣传。

（3）实施教育培训。

（4）建立保证严格遵守标准的质量责任制。

8.2.2.7 总结

对改进效果不显著的措施及改进实施过程中出现的问题，要予以总结，为开展新一轮的质量改进活动提供依据。活动内容如下：

（1）总结本次质量改进活动过程中，哪些问题得到顺利解决，哪些尚未解决。

（2）找出遗留问题。将本次 PDCA 循环没有解决的问题作为遗留问题转入下一次 PDCA 循环，同时为下一次循环的计划阶段提供资料和依据。

（3）考虑解决这些问题下一步该怎么做。

8.2.3 质量改进项目的选择

质量改进活动涉及质量管理的全过程，改进的对象既包括产品（或服务）的质量，也包括各部门的工作质量。改进项目的选择重点，应是长期性的缺陷。本节仅对产品质量改进的对象及其选择方法加以讨论。

8.2.3.1 质量改进项目的选择对象

产品质量改进是指改进产品自身的缺陷，或是改进与之密切相关事项的工作缺陷的过程。一般来说，应把影响企业质量方针目标实现的主要问题，作为质量改进的选择对象。同时还应对以下情况给予优先考虑：

（1）市场上质量竞争最敏感的项目。企业应了解用户对产品众多的质量项目中最关切的是哪一项，因为它往往会决定产品在市场竞争中的成败。例如：用户对于台灯的选择，主要考虑的是色彩和造型等因素，而对其耗电量往往考虑甚少，所以台灯质量改进项目主要是提高它的色彩和造型的艺术性。

（2）产品质量指标达不到规定"标准"的项目。所谓规定"标准"是指在产品销售过程中，合同或销售文件中所提出的标准。在国内市场，一般采用国标或部颁标准；在国际市场，一般采用国际标准，或者选用某一个先进工业国的标准。产品质量指标达不到这种标准，产品就难以在市场上立足。

（3）产品质量低于行业先进水平的项目。颁布的各项标准只是产品质量要求的一般水准，有竞争力的企业都执行内部控制的标准，内部标准的质量指标高于公开颁布标准的指标。因此选择改进项目应在立足于与先进企业产品质量对比的基础上，将本企业产品质量项目低于行业先进水平者，均应列入计划，订出改进措施，否则难以占领国内外市场。

（4）寿命处于成熟期至衰退期产品的关键项目。产品处于成熟期后，市场已处于饱和状态，需求量由停滞转向下滑，用户对老产品感到不足，并不断提出新的需求项目。在这一阶段必须对产品质量进行改进，以此推迟衰退期的到来，此类质量改进活动常与产品更新换代工作密切配合。

（5）其他。诸如质量成本高的项目、用户意见集中的项目、索赔与诉讼项目、影响产品信誉的项目等。

8.2.3.2 质量改进项目的选择方法

质量改进项目的选定应该根据项目本身的严重程度、缺陷的严重程度、企业的技术能力和经济能力等方面的资料，综合分析后来决定。下面介绍几种常见的选择方法。

（1）统计分析法。该方法首先运用数理统计方法对产品缺陷进行统计，得出清晰的数量报表；然后利用这些资料进行分析；最后根据分析的结果，选定改进项目。常用的方法有：缺陷的关联图分析和缺陷的矩阵分析等。该方法的特点是目光注视企业内部，积极搜寻改进目标。

（2）对比评分法。该方法是运用调查、对比、评价等手段将本企业产品质量与市场上主要畅销的同类产品的质量进行对比评分，从而找出本企业产品质量改进的重点。该方法的特点是，放眼四方，达到知己知彼的境地，从而制定出最有利的改进项目。

（3）技术分析法。该方法是首先收集科学技术情报，了解产品发展趋势，了解新技术在产品上应用的可能性，了解新工艺及其实用的效果等；然后通过科技情报的调查与分析；最后寻求质量改进的项目和途径。该种方法的特点是，运用"硬技术"，抢先一步使产品获得高科技水平，从而占领市场。

（4）质量改进经济分析法。该方法是首先运用质量经济学的观点，来选择改进项目并确定这些项目的改进顺序；然后运用"用户评价值"的概念，计算出成本效益率；最后以成本效率数值来选择质量改进项目。其中，"用户评价值"是指：当该项质量特性改进后，用户愿意支付的追加款额。成本效益率就是"用户评价值"与"质量改进支出"的比值，该值较大者优先进行质量改进，该值小于1者，无改进价值。该种方法的特点是，以企业收益值作为标准来进行质量改进项目选择。

8.2.4 质量改进的支持工具

实施有效的质量改进，从项目确定到诊断、评价直至结果评审的全过程中，正确地运用有关的支持工具和技术能提高质量改进的成效。PDCA循环法是质量改进的系统方法，质量管理的七种老工具和七种新工具是质量改进的具体方法。在质量改进中，应根据不同的数据资料类型，运用数字数据的工具和非数字资料的工具分析处理数据资料，为质量改进决策提供依据。表8-1为质量改进的常用工具。

表8-1 质量改进的常用工具

序号	方法	应用
1	调查表	系统地收集数据资料，以得到事实的清晰实况
适用于非数字资料的工具和技术		
2	分层图	将有关某一特定论题的大量观点、意见或想法进行组织归类
3	因果图	分析和表达因果图解关系；通过从症状到分析原因再到寻找答案的过程，促进问题的解决
4	网络图	系统化地控制和调整一个任务，达到以最少时间和消耗来完成整个系统的预期目标
5	树图	表示某个论题与其组成要素之间的关系
6	亲和图	把收集到的大量有关某一主题的各种信息，按其之间的相互亲和性加以归类、汇总
7	关联图	适用于整理各种因素交织在一起的复杂问题，找出关键问题与因素
8	过程决策程序图	预测可能出现的各种问题和结果，相应地提出多种应变计划，以达到预期目标
9	矩阵图	用矩阵的形式进行多维思考，从问题事项中，找出其行与列的相关性或相关程度大小
适用于数字资料的工具和技术		
10	控制图	评估过程的稳定性；决定何时某一过程需要调整，何时该过程需要继续保持下去；确认某一过程的改进
11	直方图	显示数据波动的形态；直观地传达过程行为的信息；决定在何处集中力量进行改进
12	排列图	按重要性顺序表示每一项目对整体作用的贡献；排列改进的机会
13	散布图	发现和确认两组相关数据之间的关系；确认两组相关数据之间预期的关系
14	矩阵数据分析法	把矩阵图中各因素之间的关系定量化，对大量数据进行预测、计算和整理分析

组织中的全体人员都应接受质量改进工具和技术方面的培训，以改进自己的工作过程。培训应根据各部门、各人员的工作实际有针对性地进行，掌握相应的工具和技术。组织的质量管理部门应会同有关部门进行分析指导，根据使用部门的实际情况确定一种或几种方法，用于对数据资料的分析和对工序进行监视控制，并对工具方法的应用进行评价，以便评判工具方法使用的有效性。

有条件的组织应充分运用计算机辅助管理手段来简化计算，加快图表处理，方便资料数据的保存和查阅，使质量改进的工具和技术应用更加有效。

8.3 质量改进的组织与推进

8.3.1 质量改进的组织形式

质量改进的组织形式分为正式和非正式，这主要取决于项目的规模。质量改进的组织分为两个层次：一是能为质量改进项目调动资源的管理层，一般称质量管理委员会；二是具体实施质量改进活动的实施层，一般称质量改进小组或质量改进团队。质量改进的责任部门是组织的质量管理委员会。

8.3.1.1 质量管理委员会

质量管理委员会的主要职责是推动、协调质量改进工作并使其制度化。质量管理委员会通常由高级管理层的成员组成，他们亲自担任质量管理委员会的领导或成员时，委员会的工作效率最高。

当组织规模较大时，除总公司设立质量管理委员会外，其下属分公司也可设有质量管理委员会。各委员会之间相互关联，上级委员会的成员担任下一级委员会的领导，使上下协调一致。

质量管理委员会的主要职责为：

（1）制定质量改进的方针、策略和目标，明确指导思想，支持和协调组织内各单位、部门的质量改进活动；

（2）组织跨部门质量改进的活动，确定其目标并配备所需资源以满足质量改进活动的需要；

（3）识别过程中内外顾客的需要和期望，并转化为具体的顾客要求，寻找过程质量改进的机会；

（4）组织质量管理小组（QC小组、质量改进团队）活动，实现质量改进目标；

（5）鼓励组织内每个成员开展与本职工作有关的质量改进活动，并协调这些活动的开展；

（6）评审和评估质量改进活动的进展情况，并予以公开认可，将工资及奖励制度与改进成绩挂钩。

8.3.1.2 质量管理小组（QC小组）

它不在公司的组织结构图中，是个临时性组织。它的主要职责有：识别并策划本单位的质量改进活动，并能持续开展；测量与跟踪质量损失减少的情况。质量管理小组的基本结构包括组长和成员。

8.3.2 质量改进团队的职责

8.3.2.1 组长职责

（1）与其他成员一起完成质量改进任务；

（2）保证会议准时开始、结束；

（3）做好会议日程、备忘录、报告等准备工作和公布；

（4）与质量委员会保持联系；

（5）编写质量改进成果报告。

8.3.2.2 质量改进团队成员的职责

（1）分析问题原因并提出纠正措施；

（2）对其他团队成员提出的原因和纠正措施提出建设性建议；

（3）防止质量问题发生，提出预防措施；

（4）将纠正和预防措施标准化；

（5）准时参加各种活动。

8.3.3 质量改进的障碍

质量改进按照严密的步骤实施，也取得了一些成果但多数情况并不顺利。因此在质量改进前，应先了解开展质量改进活动主要会碰到哪些障碍。

（1）对自身质量水平认识的局限性。有些组织的产品在国内已较为知名，自认为自己的产品质量已经不错，没有什么可改进的，即使有改进的地方，也认为投入产出比太小，没有必要；或现在产品已具国内领先水平，暂时没必要改进等。但实际情况是，它们与世界上质量管理先进组织相比，无论是实物水平还是质量管理水平都有很大差距。这种错误认识，往往成了质量改进的最大障碍。

（2）对失败没有正确的认识。对质量的改进同其他事物的进步一样，失败为成功奠定基础。

（3）错误认为"高质量意味着高成本"。质量的改进不仅靠增强检验和提高产品特性的改进，也可以靠减少长期的浪费，节省不必要工艺步骤等，成本通常会降低。事实上降低成本也是质量改进的主要内容，质量改进的根本目的是让顾客满意，让组织经营有效。

（4）管理者对权力下放的错误认识。在质量改进方面，部分组织的管理者对权力的下放不够适宜。有的组织管理者将自己的与质量管理相关的权力全部交给下属，以让自己有更多的时间来处理其他的工作；还有的组织管理者对下级或基层员工的能力不够信任，从而在质量改进的支持和资源保障方面缺乏力度，使质量改进活动难以正常进行。但成功地组织却并非如此，每一个管理者都负责改进的决策工作，亲自担负某项不能下放的职责，质量改进实施者负责其应承担的质量改进职责。

下述管理者的职责是不宜下放的。

① 参与质量委员会的工作。这是上层管理者最基本的参与方式。

② 批准质量方针和目标。越来越多的企业已经或正在制定质量方针和目标，这些方针和目标在公司公布前必须获得上层管理者的批准。

③ 提供资源。只有为质量改进提供必要的资源，包括人、工作条件、环境等，才能保证质量改进的顺利实施。

④ 予以表彰。表彰通常包括某些庆祝活动，这类活动为管理者表示其对质量改进的支持提供了重要的机会。

⑤ 修改工资及奖励制度。目前大部分公司的工资及奖励方法不包含质量改进内容，或奖励的力度和合理性方面存在问题，所以组织要修改这些制度。

（5）员工的顾虑。质量改进会使组织原有的状况发生变化，对组织文化产生深远影响。如增添新工种，岗位责任中增添新的内容，组织管理中将增添团队精神这一概念，质量重要性得到承认，部分其他工作的重要性相对降低，要求对改进的标准、规定进行培训等。

这些变化对员工而言，有时使得他们的工作和地位受到威胁，员工对这类变化大部分是有顾虑的，但质量改进是保持竞争力的关键，组织的进步是维持组织生存的必要保证。因此，组织在改进的同时，要兼顾员工的顾虑，积极沟通，使他们理解改进的必要性。

8.3.4 质量改进的实施策略

目前世界各国均重视质量改进的实施策略，方法各不相同。美国麻省理工学院 Robert Hayes 教授将其归纳为两种类型，一种称为"递增型"策略，即持续型质量改进；另一种称为"跳跃型"策略，即突破型质量改进。它们的区别在于：质量改进阶段的划分以及改进的目标效益值的确定，这两个方面有所不同。质量改进模型如图 8-3 所示。

8.3.4.1 持续型质量改进

持续改进是指增强满足要求的能力的循环活动，也就是循序渐进的质量改进，它是以产品、体系或过程为对象，以提高过程的效率和有效性为目标的活动，还应包括对产品的固有特性的改进，以适应持续满足顾客和其他相关方的质量要求。

改进过程一般包括以下活动：

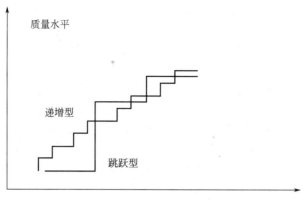

图 8-3　质量改进模型

（1）分析和评价现状，识别改进范围；
（2）设定改进目标；
（3）寻找可能的解决办法以实现这些目标；
（4）评价解决办法并做选择；
（5）实施选定的解决办法；
（6）测量、验证、分析和评价实施的结果，以确定这些目标已经满足；
（7）将更改纳入文件。

持续型质量改进的特点是：改进步伐小，改进频繁。这种策略认为，最重要的是每天每月都要改进各方面的工作，即使改进的步子很微小，但可以保证无止境地改进。持续型质量改进的优点是，将质量改进列入日常的工作计划中去，保证改进工作不间断地进行。由于改进的目标不高，课题不受限制，所以具有广泛的群众基础。它的缺点是：缺乏计划性，力量分散，所以不适用重大的质量改进项目。

8.3.4.2　突破型质量改进

突破型质量改进的特点是：两次质量改进的时间间隔较长，改进的目标值较高，而且每次改进均须投入较大的力量。这种策略认为，当客观要求需要进行质量改进时，公司或企业的领导者就要作出重要的决定，集中最佳的人力、物力和时间来从事这一工作。该策略的优点是能够迈出相当大的步子，成效较大，但不具有"经常性"的特征，难以养成在日常工作中"不断改进"的观念。

（1）突破性项目。对现有过程进行修改和改进，或实施新过程，一般是指对组织具有战略性的长远意义的项目。

（2）突破性项目改进的6项活动：
① 确定改进项目的目标和框架；
② 对现有的过程进行分析并识别变更的机会；
③ 确定并策划过程改进；
④ 实施改进；
⑤ 对过程的改进进行验证和确认；
⑥ 对已完成的改进作出评价，包括吸取教训。

质量改进的项目是广泛的，改进的目标值的要求相差又是很悬殊的，所以很难对上述两种策略进行绝对的评价。企业要在全体人员中树立"不断改进"的思想，使质量改进具有持久的群众性，可采取递增型策略。而对于某些具有竞争性的重大质量项目，可采取跳跃型策略。

8.3.5 质量改进活动形式

质量改进活动是一项涉及全组织参与的系统工程。我国企业在开展全面质量管理中采取了多种形式的质量活动，归纳起来主要有以下几种活动形式。

8.3.5.1 质量小组活动

质量小组活动，即 QC 小组活动。它是群众性质量管理活动的主体，也是质量改进的一种组织形式。它具有容量大、形式多样、灵活、范围广、自主管理等优点。组建形式有以下几种。

（1）班组 QC 小组。班组 QC 小组是按劳动组织建立的、由本班组成员自愿结合形成的小组。其特点是把 QC 小组与班组建设紧密结合，坚持长年开展活动。其任务是以稳定和提高本班组的产品质量、减少质量损失为主，开展自主管理。其课题来自本岗位、本工种和本班组生产或工作中出现的质量问题。其活动大部分以班会的形式开始。

（2）部门 QC 小组。部门 QC 小组是由本部门职工按工作性质、生产特点组织的小组。其目的是稳定和提高本部门的产品质量和服务质量，实现本部门的质量方针和目标。其组织形式有多种，如"现场型"小组、"攻关型"小组、"管理型"小组、"服务型"小组等。其活动大部分以部门会议的形式开始。

（3）大型课题 QC 小组。大型课题 QC 小组是为完成涉及跨部门或全厂范围的较大型攻关课题而组织的小组。由跨部门、跨班组的有关人员参加，活动形式多以定期攻关例会来组织活动。

8.3.5.2 合理化建议

早在 20 世纪 50 年代我国就围绕提高产品质量和提高生产效率，广泛开展了合理化建议和技术革新活动。这是一种更为广泛的群众性质量管理活动，这在提高企业技术素质、提高产品质量、降低消耗等方面起到了一定的作用。管理者应加强归口部门对合理化建议的领导和指导，并使之与 QC 小组活动结合起来，建立相应的奖励制度，保持群众质量改进的热情持续不减。特别要强调从自己的工作和工作过程中寻找机会，不断改进和革新，完善工作过程，最终达到过程效率和效果。

8.3.5.3 科技攻关活动

近年随着改革开放的日趋活跃，科技攻关活动通常由企业技术研发中心归口负责，组织开展厂内外科技课题咨询、招标、承包和科技攻关活动。

课后习题

1. 简述"改进"的含义。
2. 何谓"连续改进"？查阅资料并进行讨论。
3. 什么是戴明环？选择一些与你有关的活动，用戴明环为改进这个活动设计一个计划。
4. 简述你对 PDCA 循环的理解。质量目标管理与 PDCA 循环有什么联系？
5. 质量管理小组活动会带来哪些积极作用？
6. 试简述质量管理小组的活动程序及推行质量管理小组活动应注意的问题。

第9章 质量成本与质量经济性

本章主要内容包括质量成本的概念与构成、质量成本的核算与分析、质量经济性概述与分析、劣质成本。

9.1 质量成本概念及构成

现代质量观念是"满足顾客的需求和期望"，即质量要求（包括设计在内的质量特性和其价值总和的要求）满足顾客（包括其他相关方）的明确或通常隐含的需求和期望。提高顾客满意度的最佳途径是提高质量同时降低价格（或成本）；其次是在不降低质量要求的情况下，大幅度降低价格，或者是以低成本提供质量佳的产品和服务；或者是不降低价格，而创造出具有特色的与众不同的质量。持续改进质量、提高经济效益是企业追求成功的关键。

质量成本的概念是20世纪50年代由美国质量管理专家朱兰、费根堡姆等人首先提出的，随后在美国的IBM、通用等大公司相继推行并收到一定效果。我国是20世纪80年代引进质量成本的概念，并在企业中推行质量成本管理。

实际上，企业开展质量成本管理，是希望从经济上评价质量管理的有效性，进而正确处理质量和成本之间的关系，寻求提高质量、降低成本的有效途径。因此，研究质量成本的目的并不是为了计算产品成本，而是为了分析并寻找改进质量的途径，达到降低成本的目的。

9.1.1 质量成本基本概念

质量成本又称质量费用，根据 GB/T 19000—2016/ISO 9000:2015《质量管理体系基础和术语》，质量成本的定义是：将产品质量保持在规定的质量水平上所需的相关费用，它是企业生产总成本的一个组成部分。而 ISO/CD-8402-1 委员会草案中将质量成本定义为总成本的一部分，它包括确保满意质量所发生的费用以及未达到满意质量的有形与无形损失。上述两个定义在表述上不同，但本质上基本相同。总的来说，质量成本就是指企业为了保证和提高产品质量而支出的一切费用，以及因未达到产品质量标准，不能满足用户和消费者需要而产生的一切损失。

9.1.2 质量成本构成

根据国标标准化组织的规定，质量成本是由两部分构成，即内部质量成本（运行质量成本或工作质量成本）和外部质量保证成本。

可见，质量成本是企业为达到和确保质量水平以及因质量未达到规定水平而付出的代价，质量成本概念既和优良质量有关，也和不良质量有关。质量成本由四部分构成，包括预防成本、鉴定成本、内部故障成本、外部故障成本。

(1) 预防成本：是指为预防缺陷和故障发生而支付的费用。

包括以下具体项目：质量策划费用、新产品评审费用、过程能力控制及改进费用、质量管理体系管理费用、供应商评价费用、顾客调查费用以及质量管理人员费用以及其他预防性费用。

(2) 鉴定成本：为评定产品的质量是否达到规定的要求而进行的测量、试验、检验以及数据分析等鉴定活动所耗费的费用。

包括以下具体项目：外购外协件的试验和检验费、计量仪器和仪表的校准维护费、检验和试验费、质量审核费以及其他鉴定费用。

(3) 内部故障成本：又称内部损失成本，是指产品出厂之前由于质量不符合要求而造成的损失，以及为处理故障所发生的费用。

包括以下具体项目：报废损失、返工返修损失、降级使用损失、停工损失、质量事故分析处理费以及其他内部故障（损失）费用。

(4) 外部故障成本：又称外部损失成本，是指产品交付使用后因不能满足质量要求而造成的各种损失。

包括以下具体项目：顾客投诉处理费、退货损失、赔偿损失、产品售后服务费，以及其他外部故障（损失）费用。

对于质量成本，有以下两个问题要进行说明和强调。

第一，在质量成本的构成中，预防和鉴定成本是为了确保质量而进行的投入，内外部故障成本是由于出现质量故障而造成的损失。显然，随着预防和鉴定成本的增加，内外部故障成本将减少。

第二，质量成本并不包括组织中与质量有关的全部费用，而只是其中一部分费用。这部分费用是制造过程中与质量水平最直接、最密切的费用。例如，工人生产时的工资或材料费、车间或企业管理费等，并不计入质量成本中，因为这是系统运行所必须具备的条件。计算和控制质量成本，是为了用最经济的手段达到规定的质量目标。

9.1.3 质量成本的分类

质量成本项目种类甚多，为了进行合理的管理和有效的控制，对其进行科学的分类是十分必要的。质量成本的分类可有不同的标准，通常可按下列方法进行分类：

(1) 控制成本和故障成本（或损失成本）。质量成本按其作用可分为控制成本与故障成本（损失成本）。

① 控制成本是指预防成本加鉴定成本，是对产品质量进行控制、管理和监督所花的费用。这些费用具有投资的性质，以达到保证质量的目的，同时其投资的大小也是预先可以计划和控制的，故称控制成本，亦可称为投资性成本。

② 故障成本（或损失成本）亦称控制失效成本，是指内部故障成本与外部故障成本之和，这两部分成本都是由于控制不力而导致不合格品（或故障）的出现而发生的损失，故也常称为损失成本。

控制成本与故障成本是密切相关的，在一定范围内，增加控制成本可以减少故障成本，从而提高企业的经济效益。但是，如果不适当地增加控制成本，反而可能使质量总成本增加，从而降低企业经济效益。所以质量成本管理的一个重要任务就是要合理掌握控制成本的大小，即找到控制成本在质量总成本中的合适比例，使质量总成本达到最小值。

(2) 显见成本和隐含成本。质量成本按其存在的形式可分为显见成本与隐含成本。

① 显见成本是指实际发生的质量费用，是现行成本核算中需要计算的部分，质量成本

中大部分属于此类。

② 隐含成本不是实际发生和支出的，但又确实使企业效益减少的费用。这部分减少的收入不直接反映在成本核算中。如产品由于质量问题而发生的降级降价损失，由于质量原因而发生的停工损失等均属此类费用。

区分显见成本与隐含成本，对于开展质量成本管理非常重要，因为这两类成本的核算方法不同，显见成本是属于成本正式开支范围的费用，可以通过会计成本系统，根据原始记录、报表或有关凭证进行核算；而隐含成本不属于成本正式开支费用范围，不直接计入成本。但从质量角度，隐含成本同企业的销售收入和效益有着密切的关系，必须予以考虑。因此，它需要根据实际情况进行补充计算。具体地说，显见成本可以采用会计核算办法，而隐含成本一般采用统计核算方法进行。

（3）直接成本和间接成本。质量成本按其与产品的联系可分为直接成本与间接成本。

① 直接成本是指生产、销售某种产品而直接产生的费用，这类费用可直接计入该种产品成本中，如故障成本等。

② 间接成本是指生产、销售几种产品而共同发生的费用，这种费用需要采用某种适当的方法，分摊到各种产品中去。

因此，正确区分直接成本与间接成本，对于准确地计算产品质量成本有着重要的意义。一般来说，预防成本和部分鉴定成本多属于间接成本，而内部故障成本和外部故障成本多属于直接成本。

（4）阶段成本。质量成本按其形成过程可分为设计、采购、制造和销售等各个不同阶段的成本类型。这种质量成本分类有利于实行质量成本控制。在不同的形成阶段制订质量成本计划，落实质量成本目标，加强质量成本监督，以便最后达到整个过程质量成本优化的目标。

此外，质量成本还可按其发生地点或责任单位进行分类，以便明确单位（如车间、科室）和个人的质量责任，把质量成本计划目标和措施层层分解和落实，严格进行控制和核算。只有这样，才能使质量成本管理真正取得效果。

前面说明了有关质量成本的构成和费用的分类，这些都是质量成本核算的基础。为了有效地进行质量成本的核算，还必须严格划清如下五方面的费用界限。

① 质量成本中应计入和不应计入产品成本的费用界限。
② 各种产品质量成本之间的费用界限。
③ 不同时期（如各月份）之间的费用界限。
④ 成品与在制品之间的费用界限。
⑤ 质量成本中显见成本与隐含成本的费用界限。

9.1.4 质量成本的特点

质量成本属于企业生产总成本的范畴，但它又不同于其他的生产成本，例如材料成本、运输成本、设计成本、车间成本等的生产成本。概括起来质量成本具有以下特点：

（1）质量成本只是针对产品制造过程的符合性质量而言的。即在设计已经完成，标准和规范已经确定的条件下，才开始进入质量成本计算。因此，它不包括重新设计和改进设计及用于提高质量等级或质量水平而支付的费用。

（2）质量成本是那些与制造过程中出现不合格品密切相关的费用。例如，预防成本就是预防出现不合格品的费用。

（3）质量成本并不包括制造过程中与质量有关的全部费用，而只是其中的一部分。这部分费用是制造过程中同质量水平（合格品率或不合格品率）最直接、最密切的那一部分费用。

9.1.5 质量成本管理

9.1.5.1 质量成本管理的内容

(1) 质量成本的预测和计划。

① 质量成本的预测。为了编制质量成本计划,就必须首先对质量成本进行预测。质量成本的预测是指根据企业的历史资料、质量方针目标、国内外同行的质量成本水平以及产品的质量要求和用户的特殊要求等,通过分析各种质量要素与质量成本的变化关系,对计划期的质量成本所作出的推测和估计。

② 质量成本计划。质量成本计划是指在质量成本预测的基础上,针对质量与成本的依存关系,用货币形式确定生产符合性产品质量要求时,在质量上所需的费用计划。

③ 质量成本计划编制。质量成本计划的编制通常是由财务、会计部门直接进行;或者由车间(科室)分别编制,交由财务、会计部门会审和归总后,提交计划部门下达。编制成本计划的依据是:企业的历史资料、企业的方针目标,同时参考国内外同行的质量成本资料等。

(2) 质量成本分析和报告。

① 质量成本分析。质量成本分析的目的是,通过质量成本核算所提供的数据信息,对质量成本的形成、变动原因进行分析和评价,找出影响质量成本的关键因数和管理上的薄弱环节。

② 质量成本报告。质量成本报告是指根据质量成本分析的结果,向领导及有关部门汇报时所作的书面陈述,它可以作为制定质量方针目标、评价质量体系的有效性和进行质量改进的依据。它也是企业质量管理部门和财务、会计部门对质量成本管理活动或某一典型事件进行调查、分析和建议的总结性文件。

(3) 质量成本控制和考核

① 质量成本控制。质量成本控制是以质量成本计划所制定的目标要求为依据,采用各种手段,把影响质量总成本的各个成本项目控制在计划范围内的一种管理活动。可见,质量成本控制是完成质量成本计划、优化质量目标、加强质量管理的重要手段。

质量成本控制贯穿质量形成的全过程,一般有事前控制、事中控制、事后控制。质量成本控制的方法一般有以下几种:

a. 限额费用控制的方法;

b. 围绕生产过程重点提高合格率水平的方法;

c. 运用改进区、控制区、至善论区的划分方法进行质量改进、优化质量成本的方法;

d. 运用价值工程原理进行质量成本控制的方法。

② 质量成本考核。质量成本考核就是对质量成本责任单位和个人的质量成本指标完成情况进行考察和评价,以达到鼓励和鞭策全体成员不断提高质量成本管理绩效的目的。

建立科学完善的质量成本指标考核体系,是企业质量成本管理的基础。实践证明,企业建立质量成本指标考核体系应坚持以下原则:

a. 系统性原则。质量成本考核系统是质量管理中的一个子系统,而质量管理系统又是企业管理系统中的一个子系统。质量成本考核指标与其他经济指标是相互联系、相互制约的关系。分析子系统的状态,能促使企业不断降低质量成本。

b. 有效性原则。有效性是指所设立的指标体系要有可比性、实用性和简明性。

c. 科学性原则。企业质量成本考核对改进和提高产品质量、降低消耗、提高企业经济效益具有重要的实际意义,在实际中是企业开展以上工作的依据。因此,质量成本考核依据应符合实际,真实反映质量成本的实际水平。

为了对质量成本实行控制和考核，企业应建立质量成本责任制，即在将质量成本指标分解落实到各有关部门和个人时，应明确他们的责、权、利，形成统一领导、部门归口、分级管理的质量成本管理系统。

9.1.5.2　质量成本管理的意义

质量成本反映的是全面质量管理中的劳动耗费以及未达到质量目标而发生的一切损失之和。据有关资料表明，我国企业每年仅由于不合格品造成的损失就占到销售收入的10%以上，这还不包括质量成本的其他费用。质量成本的分析、控制对提高产品和服务质量，增加企业的经济效益具有极为重要的意义。概括起来，开展质量成本管理的主要意义有：

（1）有利于质量管理的深化。通过对质量成本的分析，以货币的形式可使高层领导意识到加强质量管理、降低质量成本的重要性，认识到不合理的质量成本会给企业带来巨大的损失，从而促进高层领导重视和积极推进质量改进活动。

（2）有利于强化质量责任。通过对质量成本的分析，企业可以客观地确定质量活动中的薄弱环节，促使相关部门加强质量责任制，解决质量管理中的主要问题。

（3）有利于提高企业的经济效益。通过对质量成本的管理，企业可以为顾客创造"物美价廉"的产品和服务，提高顾客的满意度，增大市场份额，进而提高企业的经济效益。

（4）为评价提供依据。质量成本分析所提供的数据可作为评价企业开展质量活动效果的依据，有助于发挥员工的主观能动性，提高员工的自豪感。

（5）有利于提高企业的管理水平。开展质量成本管理，可使经济工作人员深入了解质量，技术人员增加经济概念。经济与技术的相互结合，可极大地提升企业的管理水平。

9.2　质量成本核算与分析

质量成本分析是指综合运用质量成本核算资料和指标，结合有关质量信息，对质量成本形成的原因进行分析，目的是找出影响产品质量的主要缺陷和质量管理的薄弱环节，为降低质量成本、实现质量目标提供必要的信息，谋求在保证产品质量的前提下降低质量成本的途径。质量成本分析是质量成本管理中最重要而又富于创造性的管理环节。

9.2.1　质量成本核算概要

9.2.1.1　质量成本科目设置

质量成本不是传统意义上的成本，而是借鉴其概念并进行扩大和引申，或者说，质量成本不属于财务成本范畴，而是一种管理成本。财务成本是对已经发生或将要发生的劳动消耗进行考察和描述，而管理成本则将负收益作为一种成本来看待，以供分析和决策之用。正是由于质量成本含有的这部分成本需要进行估算，使得质量成本不能像生产成本和销售成本那样进行精确计算。

质量成本核算目前尚未正式纳入我国会计核算体系，因此质量成本项目的设置必须符合财务会计及成本的规范要求，不能破坏国家统一规定的会计制度和原则。也就是说，质量成本项目的设置必须便于质量成本还原到相应的会计科目中去，以保证与国家会计制度和原则的一致性。

质量成本项目一般设置为三级科目：

一级科目：质量成本。

二级科目：预防成本、鉴定成本、内部故障（损失）成本和外部故障（损失）成本。

三级科目：质量成本细目。企业依据实际情况及质量费用的用途、目的和性质有所不同。

从目前世界各国及国内各行业对质量成本项目的设置情况来看，对质量成本二级科目内容的设置都基本相同。而三级质量成本细目的归集和名称则略有差异。

同时，三级科目的设置，还要考虑便于核算和正确归集质量费用，使科目的设置和现行会计核算制度相适应，符合一定的成本开支范围，并和质量成本责任制相结合，做到针对性强、目的明确、便于实施。

9.2.1.2 质量成本核算的作用

质量成本核算通过货币形式综合反映企业质量管理活动的状况和成效，是企业质量成本管理的重要环节。质量成本核算有下列三方面的作用：

(1) 正确归集和分配质量成本，明确企业中质量成本责任的主要对象；
(2) 提供质量改进的依据，提高企业质量管理的经济性；
(3) 证实企业质量管理状况，满足顾客对证据的要求。

9.2.1.3 质量成本核算的方法

国内外企业进行质量成本核算主要采用会计核算法和统计核算法。

显见质量成本是指根据国家现行成本核算制度规定列入成本开支范围的质量费用，以及有专用基金开支的费用。这类成本可通过会计成本系统、依据原始凭证和报表采用会计核算方法进行核算。

隐含质量成本是指未列入国家现行成本核算制度规定的成本开支范围，也未列入专用基金，通常不是实际支出的费用，而是反映实际收益的减少，如产品降级、降价、停工损失等。这类质量成本需根据实际情况采用统计核算方法进行核算。

(1) 会计核算法是指：采用货币作为统一度量，采用设置账户、复式记账、填制凭证、登记账簿、成本计算和分析、编制会计报表等一系列专门方法，对质量管理全过程进行连续、系统、全面和综合的记录和反映；严格地以审核无误的凭证为依据，质量成本资料必须准确、完整，整个核算过程与现行成本核算相类似。

(2) 统计核算法是指：采用货币、实物量、工时等多种计量单位，运用一系列的统计指标和统计图表，运用统计调查的方法取得资料，并通过对统计数据进行分组、整理，获得所要求的各种信息，以揭示质量经济性的基本规律为目的，不注重质量成本数据的完整性及准确性（只需要相对准确即可）。

企业质量成本核算属管理会计范畴，应以会计核算为主、统计核算为辅的原则进行。相应的总分类台账和各明细账有：质量成本总分类台账、质量成本预防费用明细账、质量成本鉴定费用明细账、质量成本内部损失明细账、质量成本外部损失明细账。

9.2.1.4 质量成本数据的收集

在收集质量成本数据时，必须明确：

第一，质量成本只针对制造过程的符合性质量而言。因此，只有在设计已经完成、质量标准已经确定的条件下，才开始质量成本计算。对于重新设计或改进设计以及用于提高质量等级或水平而发生的费用，不能计入质量成本。

第二，质量成本是指在制造过程中与不合格品密切相关的费用，它并不包括与质量有关的全部费用。例如，生产工人的工资、材料消耗费、车间和企业管理费，多多少少与质量有关，但这些费用是正常生产所必须具备的前提条件，不应计入质量成本。

(1) 质量成本数据的记录。质量成本数据是质量成本各科目在报告期内发生的费用数额。正确记录质量成本数据是研究质量成本的第一步工作，在记录时既要防止重复，又要避免遗漏。例如，生产了废品，则记录废品损失，在废品损失中已包括了人工、材料、机时等损失，如果再记录这些损失会造成重复计算；又如，企业在接受了用户的质量改进意见后，对用户给以奖励,如把该费用计入公关费用,则发生了记录遗漏,因为该费用应计入预防费用。

无论是记录重复还是记录遗漏,都会造成对质量成本数据的错误判断,引起后续质量成本管理工作的决策错误。因此,企业在设置和定义质量成本科目以及设计质量成本原始凭证时,必须注意预防和避免这类错误。

(2)原始凭证。为了正确记录质量成本数据,准确核算和分析质量成本,有效支持质量改进和质量管理工作,企业必须重视记录质量成本数据的原始凭证。为便于归集质量成本数据,可将质量成本的发生分为两大类:①按计划、有目的的;②突发性,需要重点分析的。一般来讲,企业的预防成本和鉴定成本是按计划发生的,有明确目的的;而企业的质量损失,包括质量内部故障成本和外部故障成本,都是突发的,需要进一步分析原因,不仅要有解决质量问题的纠正措施,还要有避免质量问题出现的预防措施。因此,对于企业的预防成本和鉴定成本,企业可按常规的会计账目来提取相关的数据记录,而对于企业的内、外故障质量成本,则需专门设计原始凭证,从而使记录的质量成本数据,即内部故障成本和外部故障成本的数据可对应从会计账目中得到核实,并从原始凭证的数据和原因分析中找出问题和改进对策。

记录企业内、外故障成本数据的原始凭证主要有以下几种:计划外生产任务单、计划外物资领用单、废品通知单、停工损失报告单、产品降级降价处理报告单、计划外检验或试验通知单、退货或换货通知单、用户服务保修记录单、索赔和诉讼费用记录单。为了便于质量成本分析,所有的凭证设计有一些共同的内容,如时间、产品、规格、批号、费用、数量、责任者、发生原因、质量成本科目、审核部门等。

9.2.2 质量成本模型

9.2.2.1 质量成本特性曲线

质量成本中预防成本、鉴定成本、内部损失成本和外部损失成本四类费用的大小与产品合格质量水平之间存在一定的变化关系,反映这种变化关系的曲线称为质量成本特性曲线,基本形式如图 9-1 所示。

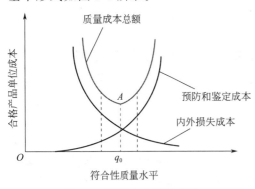

图 9-1 质量成本特性曲线

图 9-1 中的横坐标表示符合性质量水平,纵坐标表示合格产品单位成本。

中间的曲线就是四项质量成本构成之和的质量总成本曲线也叫作质量成本特性曲线。

质量总成本曲线所表现的变化趋势与质量成本构成关系是一致的。当不合格品率很高,处于曲线左端时,内外损失成本都很大,质量总成本当然也很大。

当逐步加大预防和鉴定成本时,不合格品率降低,内外损失成本与质量总成本都将随之降低。但是如果继续增加预防成本,达到接近百分之百的预防,则不合格品率趋于零。这时内外损失成本虽然可以接近于零,但这时的预防和鉴定成本会非常高,从而导致总成本急剧增加。

理论上讲,当要求不合格品率为零的时候,预防和鉴定成本将趋于无穷大。当然,这是不经济的。质量总成本曲线,从大变小,又从小变到大,中间出现一个最低点 A,即最低质量成本。

将质量水平选择在与最低质量成本相对应的区域内可以认为是最适宜的质量水平。

通常用 A 点附近的区间表示一个最经济的质量水平区间，只要能把质量水平控制在该区间内，就可以获得较为经济的质量水平。

9.2.2.2 质量成本优化

为了便于分析和探求质量总成本的最佳状态，将质量总成本的最低点 A 的一段图形局部放大，如图 9-2 所示，把 A 点附近的曲线划分为 Ⅰ、Ⅱ、Ⅲ 三个区域，它们分别对应着质量成本各项费用的不同比例。

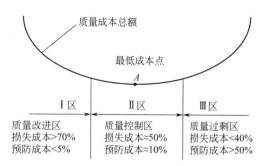

图 9-2 质量成本优化

Ⅰ 区是质量损失成本较大的区域，一般内外部损失成本占质量总成本的 70% 以上。而预防成本低于总额的 5%。这时损失成本是影响达到最佳质量成本的主要因素。因此这个区域的质量管理工作的重点应放在加强质量预防措施，加强质量检验，提高质量水平，降低内外部损失成本，因此这个区域称为质量改进区。

Ⅱ 区是质量成本处于最佳水平的区域。这时内外损失成本，约占总成本的 50%，而预防成本则约占总额的 10%。如果用户对这种质量水平表示满意，即认为已达到要求。这时进一步的质量改善不能给企业带来新的经济效益，此时质量管理的重点应是维持或控制现有质量水平。这个区域称为质量适宜区。

Ⅲ 区是鉴定成本较大的区域。鉴定成本成为影响质量总成本的主要因素。这时质量管理的重点在于分析现有的质量标准，降低质量标准中过严的部分，减少检验程序和提高检验工作效率，使质量总成本趋于最低点 A。这个区域称为质量过剩区。

9.2.3 质量成本分析的指标体系

研究质量成本结构能够帮助人们分析整个质量管理体系的结构效率，规划合理的质量成本体系。

9.2.3.1 基数比例指标

下列两项指标是总体性指标，通过对它们的核算，可以使利益相关方清楚地看到质量管理给企业带来的资金耗费和经济效益，以及因质量管理不善造成的质量损失，从而增强员工的质量意识，提高企业经济效益。

$$总质量成本 = 预防成本 + 鉴定成本 + 内部损失成本 + 外部损失成本$$
$$损失成本 = 内部损失成本 + 外部损失成本$$

9.2.3.2 结构比例指标

在计算质量成本的结构比时，可采用下列公式。

$$预防成本率 = \frac{预防成本}{质量总成本} \times 100\%$$

$$鉴定成本率 = \frac{鉴定成本}{质量总成本} \times 100\%$$

$$损失成本率 = \frac{损失成本}{质量总成本} \times 100\%$$

损失成本率又可以进一步具体化，按内部损失成本率和外部损失成本率分别计算。

内部损失成本率 = 内部损失成本/质量总成本 × 100%
外部损失成本率 = 外部损失成本/质量总成本 × 100%

9.2.3.3 相关比例指标

相关比例指标通常从一个侧面反映了企业为保证和提高质量投入了多少资金及对质量管理的重视程度，也说明了企业核算和质量管理的成本及开发质量成本的重要性。常用的相关指标有：

$$产值质量成本率 = \frac{质量总成本}{企业总产值} \times 100\%$$

$$销售质量成本率 = \frac{质量总成本}{销售总收入} \times 100\%$$

$$销售利润质量成本率 = \frac{质量总成本}{总销售利润} \times 100\%$$

$$质量成本率 = \frac{质量总成本}{总产品成本} \times 100\%$$

表述企业质量成本的指标很多，每一类指标都是从某个侧面反映企业管理的运行情况。一般而言，质量成本中资金的投入，不会对质量收入的增加产生立竿见影的效果，有时甚至需要长期、持续地投入，才能发挥作用，取得效果。

9.2.4 质量成本分析的内容和方法

企业应通过对质量成本的形成、原因的分析和评价，找出影响质量成本的关键因素和管理中的薄弱环节，寻求最佳质量成本构成。质量成本分析的主要内容包括质量成本总额分析、质量成本趋势分析、质量成本比较基数分析、质量成本构成比分析等。

9.2.4.1 质量成本总额分析

所谓质量成本总额分析，就是根据某一时期内的质量成本总额，将其与前期数据进行对比，从而发现质量成本管理中存在的问题，并找出原因。在对质量成本总额进行对比时，要同时考虑质量改进的状况。

9.2.4.2 质量成本趋势分析

在较长一段时间内，将质量成本及其指标的实际数据绘制在坐标轴上，可以观察质量成本的变动情况，系统地进行分析比较。趋势分析既可用于报警，也可用于研究质量成本不佳的原因。图 9-3 为某公司总质量成本趋势图，从图中可以看出，总质量成本呈现下降趋势。

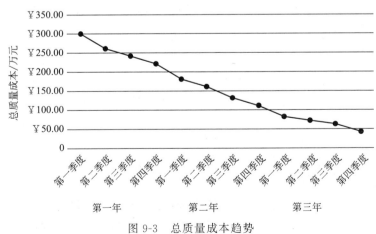

图 9-3 总质量成本趋势

9.2.4.3 质量成本比较基数分析

质量成本比较基数分析是指将质量成本与既定的比较基数（如销售额、产值、利润等）进行比较，以掌握质量的经济特性。常用的指标有：

$$百元销售额损失成本 = \frac{内部损失成本 + 外部损失成本}{总销售收入/100}$$

$$百元销售额质量成本 = \frac{总质量成本}{总销售收入/100}$$

$$百元产值损失成本 = \frac{内部损失成本 + 外部损失成本}{总产值/100}$$

$$百元产值质量成本 = \frac{总质量成本}{总产值/100}$$

$$百元利润损失成本 = \frac{内部损失成本 + 外部损失成本}{总利润/100}$$

$$百元利润质量成本 = \frac{总质量成本}{总利润/100}$$

9.2.4.4 质量成本构成比分析

质量成本构成比分析是指通过确定预防成本、鉴定成本、内部损失成本和外部损失成本之间适宜的比例关系，找出提高质量、降低成本的途径和方法。在一定条件下，若产品不检验或少检验，则鉴定成本下降，内部损失成本下降，但外部损失成本会极大地增加，这样总质量成本就会上升；反之，若严格加强检验，则外部损失成本会减少，但鉴定成本和内部损失成本会上升。若增加预防成本，则其他三项质量成本均会下降，总质量成本在一般情况下也会下降。因此，研究这四种质量成本的比例关系，就可以找出提高质量、降低成本的潜力所在。实践经验表明，上述四种质量成本占总质量成本的比例通常为：内部损失成本 25%～40%；外部损失成本 20%～40%；鉴定成本 10%～50%；预防成本 0.5%～10%。

9.2.5 质量成本的预测、控制与报告

9.2.5.1 质量成本的预测

质量成本预测是指根据历史资料和有关信息，分析研究影响质量成本的因素与质量成本的依存关系，结合质量成本目标，利用大量的观测数据和一定的预测方法，对未来质量成本变动趋势所做的定量描述和逻辑判断。质量成本预测的目的是：①为提高企业的产品质量和挖掘、降低质量成本的潜力指明方向，为企业编制质量成本计划提供可靠依据；②指明企业内部各单位努力降低产品质量成本的方向和途径，为编制增产节约计划和拟定产品质量改进措施计划提供可靠的依据。

在编制质量成本计划之前，要对未来的质量成本进行预测。质量成本预测的工作程序可分为以下三个步骤：①调查和收集信息资料及有关数据；②对收集的信息资料进行整理分析；③提出质量成本改进计划和措施，为编制质量成本计划打好基础。

企业的质量成本预测都是根据质量成本明细项目逐项进行的，不同性质的项目，可以根据企业的实际状况而选择不同的预测方法。通常，质量成本预测有以下三种方法：①经验判断法，即企业中与质量管理相关的工程技术、财务、计划等部门经验丰富的人员，根据掌握的信息资料，对预测期内质量成本有关项目进行预测。②计算分析法，即根据质量成本的历史资料对未来时期各有关因素变化，采用数学分析的方法，对质量成本进行分析和预测。③根据质量成本的历史资料，预测其占产值、销售收入、利润等的比例来预测质量成本。这

三种方法各有特点,企业在进行质量成本预测时,可有机地结合运用。

9.2.5.2 质量成本控制

质量成本控制是指通过各种措施和手段,为实现质量成本目标而进行的一系列管理活动。质量成本控制包含两方面的含义:一方面,是对质量成本目标及其完成过程的控制;另一方面,是着眼于未来的改进和降低质量成本。

质量成本控制的一般程序可分为事前控制、事中控制和事后处理三个步骤。所谓事前控制,就是事先确定质量成本项目控制标准,根据质量成本计划的目标,层层分解展开到单位、组和个人,进行限额费用的控制。所谓事中控制,是指在生产经营全过程,包括开发、设计、采购、制造、检验、销售服务等阶段分别进行控制,它是质量成本控制的重点。对于日常发生的各种费用,按照事先确定的标准进行监督控制,力求做到所有直接费用不突破定额,各项间接费用不超过预算。所谓事后处理,是指查明实际质量成本偏离目标质量成本的原因,提出切实可行的纠正措施,以便进一步改进,最终达到降低质量成本的目的。

9.2.5.3 质量成本报告

质量成本报告是质量成本管理的基期的对比分析、质量成本构成比例变化的分析、质量成本与相关经济指标的效益对比分析、典型事例及重点问题的分析与解决措施、效益判断的评价和建议等。

质量成本报告的类型,按时间可分为定期(月、季、年)报告和不定期报告(典型事例和重点问题);按报送对象可分为向领导的报告和向有关部门的报告;按形式可以分为报表式报告、陈述式报告和图表式报告。多数情况下,质量成本报告是由财务部门负责出具的兼而有之的综合性报告。

9.3 质量经济性概述

9.3.1 质量经济性的基本概念

质量经济性主要是通过对产品质量与投入、产出之间关系的分析,对质量管理进行经济性分析和经济效益评价,以实现在满足顾客需求的同时为企业创造最佳的经济效益,即从经济性角度出发,应用成本收益分析方法,对不同的质量水平和不同的质量管理改进措施进行分析和评价,从中挑选出既满足顾客需求又花费较低成本的质量管理方案。可见,改善质量经济性就是力求做到经济的改善和提高质量,即将产品质量保持在满足质量要求的水平上,而不是片面地追求不切实际、偏离顾客要求的所谓"高质量水平"。按照质量经济性研究的观点,任何过高或过低的质量水平都是不经济的,都会导致成本增加,经济效益下降。

9.3.2 质量经济效益的构成

质量经济效益可以保证和提高产品质量,它是质量活动总收益与质量活动总支出之比,即:

$$质量经济效益 = \frac{质量活动总收益}{质量活动总支出}$$

提高产品质量所获得的经济效益表现在各个方面,既有生产过程中的收益,也有使用过程中的收益;既有消耗降低获得的收益,也有销售价格提高获得的收益;既有减少不良品损失获得的收益,也有销售量增加获得的收益;既有减少退货、索赔、质量异议获得的收益,也有质量投资效益提高获得的收益,等等,这些收益都是质量经济效益的有机构成部分。如果对上述各种各样的收益进行适当的概括和归类,基本上可以分为三个方面,即产品质量分别给生产者、消费者和社会带来不同的效益。按照质量经济效益的定义,产品质量给生产者带来的收益就是企业质量经济效益,产品质量给消费者和社会带来的收益就是社会质量经济效益。以下为质量经济效益的构成成分。

9.3.2.1 企业质量经济效益

企业质量经济效益主要包括以下内容:

(1) 提高产品质量,使产品市场扩大、产品销售量增加为企业带来的经济效益。

(2) 提高产品质量,使废品、次品、返修品损失减少为企业带来的经济效益。

(3) 提高产品质量,使用户退货、索赔、调换、销价及质量异议的申诉、处理等损失减少为企业带来的经济效益。

(4) 提高产品质量,使优质品率上升,因优质、优价为企业带来的经济效益。

(5) 通过研究质量成本,使企业总成本或单位产品成本降低为企业带来的经济效益。

(6) 通过研究不合格品率的经济性为企业带来的经济效益。

(7) 通过研究返修的经济性为企业带来的经济效益。

(8) 通过研究生产速度的经济性为企业带来的经济效益。

(9) 通过研究质量投资的经济性为企业带来的经济效益。

(10) 通过研究产品质量设计的经济性为企业带来的经济效益。

(11) 通过研究过程能力指数的经济性为企业带来的经济效益。

(12) 提高产品质量为企业带来的各种间接的经济效益。

(13) 通过研究与产品质量经济性有关的其他问题为企业带来的经济效益。

上述各项经济效益之和,便是企业质量经济效益的主要部分。

9.3.2.2 社会质量经济效益

社会质量经济效益大体上包括以下内容:

(1) 产品使用价值的增加,比如产品使用寿命延长,产品性能、利用率、可靠性提高等,从而为用户、社会带来经济效益。

(2) 产品使用成本下降,如能源消耗、物化劳动和活劳动占用减少,维护费用和修理费用降低,故障率下降等,从而为用户、社会带来经济效益。

(3) 在相同质量情况下,产品价格比国外同类产品价格低廉,从而为用户、社会带来经济效益。

(4) 提供良好、方便的售后服务,从而为用户、社会带来经济效益。

(5) 提高产品质量为用户、社会带来的多重间接经济效益。

(6) 提高产品质量为用户、社会带来的其他经济效益。

上述各项经济效益之和构成社会质量经济效益的主要内容。

由质量经济效益的构成可以看出,质量经济效益贯穿整个经济活动,从产品设计、制造、销售,到使用、服务全过程,都能体现各自的质量经济效益,只不过有些是直接的,有些是间接的,有些是短期看得到的,有些则需要较长的时间才能体现,有些体现在个别企业中,有些则体现为整个社会的。研究质量经济效益,就是要研究通过质量管理,提高产品质量,如何确保为社会提供最大经济效益的同时力争为企业创造更大的经济效益。

9.4 质量经济性分析

企业开展质量经济性分析的目的就是要确定产品在设计、制造、销售和售后服务等各个环节、各道工序中的最具经济性的质量水平，然后分别按照这些质量水平来组织生产，从而保证企业在产品设计、制造、销售及售后服务全过程取得最好的经济效益。

9.4.1 质量经济性分析的内涵

产品的质量经济性，就是追求产品在整个生命周期内，给生产者、消费者（或用户）以及整个社会带来的总损失最小。质量经济性强调产品不仅要满足适用性要求，还应该讲究经济性，要研究产品质量同成本变化的关系。质量与费用的最佳选择受到许多内部和外部因素的影响，一方面要保证产品的质量好，使用户满意；另一方面要保证支付的费用尽可能低。这就是质量与经济的协调，是质量经济性的表现。

从经济学角度来分析，质量经济性可从利益和成本两个方面考虑。在利益方面，对顾客而言，必须考虑减少费用、改进适用性、提高满意度和忠诚度；对企业而言，必须考虑安全性、购置费、运行费、保养费、等待损失和修理费以及可能的处置费用。在成本方面，对顾客而言，必须考虑安全性、购置费、运行费、保养费、停机损失和修理费以及可能的处置费用；对企业而言，必须考虑识别顾客需要和设计中的缺陷，包括不满意的产品返工、返修、更换、重新加工、生产损失、担保和现场修理等发生的费用，以及承担产品责任和索赔风险等。

一般可以把质量经济性的概念分为两种：狭义的质量经济性和广义的质量经济性，前者是指质量在形成过程中所耗费的资源的价值量，主要是产品的设计成本和制造成本及应该分摊的期间费用；后者是指用户获得质量所支出的全部费用，包括质量在形成过程中资源耗费的价值量和在使用过程中耗费的价值量。我们可以用单位产品成本和分摊的期间费用之和，来反映企业某种产品的狭义的质量经济性，而用价值工程中的（单位产品）寿命周期成本，来反映广义的质量经济性。

质量经济性分析是从经济效益的角度出发，应用经济分析的方法，对不同的质量水平和不同的质量管理措施进行分析和评价，从中挑选出能使质量和经济效益达到最佳结合的质量管理方案。

9.4.2 质量经济性分析的程序

9.4.2.1 确定质量目标要求

这是产品实现策划的内容。产品实现策划首先是确定产品的质量目标。产品的质量目标至少包括和体现以下三个方面的内容：

（1）顾客的要求（明示的、隐含的、法律法规要求的、任何附加的）；
（2）具体的、有针对性的产品特性（可靠性、维修性、保障性、安全性、测试性、适应性）指标；
（3）与组织质量方针和质量目标相适应的指标。

例如，四川空分集团的质量方针是："一切为了用户，一切为了发展"。如果产品的指标仅仅是国内同行业最基本的水平，就不能体现"一切为了用户，一切为了发展"的方针的内涵。

9.4.2.2 收集质量成本数据

质量成本有四个大的科目：鉴定成本、预防成本、内部故障成本、外部故障成本。需要说明的是，质量成本的科目不是财务要求的科目，但可以成为财务科目的子科目，比如在营业成本中下设子科目。每个大科目下还可细分若干小科目、子科目。比如内部故障，可以下分报废、返工、返修，报废子科目下，又细分为原材料、设计、设备、工艺、人为因素等，总之,科目越细越好,越细越有用。事实上,一个企业的成本核算是否科学、是否准确,与其科目设置得够不够细致和密切相关。比如返工损失,管理粗犷的企业是不把返工损失列入成本的,只是在财务体系外想办法,比如放大工时或者是调整工时。

9.4.2.3 收集财务数据

财务数据是财务管理体系的数据,是《会计法》《统计法》约束下得到的比较准确的数据,如果是经过了审计批准,这样的数据更有意义。对质量经济性分析有用的财务数据有销售收入、总资产、净资产、成本、利润、应收款等。同时,应收款中,因质量问题造成的总量、比重数据都是分析时会用到的。

9.4.2.4 分析

(1) 质量成本分析。包括鉴定成本、预防成本、内部故障成本、外部故障成本各分类与总量的比值,以及近三年的增减关系。

(2) 质量损失分析。质量损失是指内外部损失的总和,当然,质量损失的存在也正是质量改进的意义或者说是质量改进的机会所在。所谓分析,就是需要评估质量损失占总成本的比例、趋势和影响。

(3) 质量投资分析。ISO 9000 族标准提出的质量经济性分析按要求包括质量投资分析,但据了解,国内还没有多少单位有效地开展质量投资分析。目前国外很多学者提出了基于质量净收益的质量投资效益评价。他们认为从财务学角度来看,成本并不是评价某项事物效益的唯一指标,只是重要指标之一。评价某项事物的效益,除了看其成本,同时还应看与其相关的收入,用收入减去成本得到的利润才是评价该事物经济性的主要指标。同样,质量成本也不能作为我们评价质量经济性的唯一指标。他们运用质量净收益法对质量的投资效益进行分析。根据财务学原理,质量收入是指给企业带来的与质量水平相关的收入,它是在一定时期内,通过实现产品销售而取得的质量改进成本耗费的补偿和增值,是质量得到保证或较原有水平提高后,企业和社会所得到的或将能得到的更多价值或使用价值。

9.4.3 质量经济性分析的内容

质量经济性分析的内容包括从产品设计、制造到销售和售后服务的全过程,对质量和质量管理进行全面系统的经济分析,具体包括以下几个方面。

9.4.3.1 产品设计过程的质量经济性分析

产品设计是整个产品质量形成的关键环节,设计过程的质量经济性分析,就是要做到使设计出来的产品既能满足规定的质量要求,又能使产品的寿命周期成本最小。它应该包括质量等级水平的经济性分析、产品质量的三次设计(系统设计、参数设计和容差设计)、质量改进的经济性分析、工序能力的经济性分析和可靠性的经济性分析。

9.4.3.2 产品制造过程的质量经济性分析

产品制造过程的质量经济性分析就是力求以最小的生产费用,生产出符合设计质量要求的产品。在生产过程中出现高于或低于设计要求的产品,都是不经济的。高于设计要求,就会增加设计成本;低于设计要求,会使产品的不合格品率上升,废次品、返修品多,损失大。所以要确定出适合设计水平的最佳制造水平,使生产出来的产品质量水平既能满足设计要求,又能使制造成本最低。其主要分析内容包括不合格品率的经济性分析、返修的经济性分析、质量检验的经济性分析以及工序诊断调节的经济性分析和生产速度的经济性分析等。

9.4.3.3 产品销售及售后服务的质量经济性分析

这里主要是研究产品质量与产品销售数量和售后服务费用之间的关系。其中主要包括产品质量与市场占有率和销售利润的综合分析、产品质量与产品销售及售后服务费用的关系、最佳保修期和最佳保修费用分析、交货期的经济性分析、广告费用与提高质量的对比分析等。

总之，质量成本分析涉及的面较广，以上所谈三个方面都涉及质量成本。所以质量成本分析是一个全面的综合性的质量经济性分析问题，它往往是作为一个专门的问题加以讨论研究。

9.4.4 质量经济性分析的关键

9.4.4.1 产品的质量经济性设计

为增强顾客满意度，必须提高产品的质量，而产品的质量首先取决于产品的设计。由于质量、成本和效益的80%是在设计阶段确定的，除非在设计阶段就充分考虑到产品的质量与成本的要求，否则仅仅在制造阶段抓质量与成本是难以奏效的。

设计过程的质量经济性管理，关键在于质量设计。质量设计是指在产品设计中，对一个产品提出质量要求，即确定其质量水平（或质量等级），这是产品设计中带有战略性或全局性的一环。无论是老产品的改进还是新产品的研制，都要经过质量设计这个过程。质量设计的首要任务是其适用性。产品适用性表现在不同的质量特性上，为此，必须了解顾客的要求，着重点在于系统地调查顾客对哪些质量特性感兴趣，要求满足的程度怎样。只有真正了解顾客的需要，摸清企业的条件，从实际出发，才能达到质量设计的适用性。如果设计不好，达不到顾客的要求，就谈不上经济效益。

为提高设计质量的经济性，企业应做好以下几个方面的工作。

一是市场需求预测质量设计的经济性要从产品的整个寿命周期考虑。由于产品的质量水平与市场需求有密切的关系，对产品在市场上的需求量及变化规律要有科学的预测，每一种产品从进入市场到最后退出市场，都有一个发展过程，可以分为试销、旺销、饱和及衰退四个阶段。一般根据市场的调查和以往的经验，确定前三个阶段的时间，以预测销售量。

二是考虑产品的技术经济指标，即对总体方案进行可行性分析，做到设计上先进、经济上合理、生产上可行，综合地考虑质量的社会经济效益。可以运用可靠性工程、价值工程、正交试验设计等先进技术，实现产品各组件质量特征参数指标的优化设计。

三是在质量经济性设计中注意质价匹配。质量和价格有时是矛盾的，要提高产品质量往往会增加质量成本，成本增加又会引起价格的提高。质量成本的不恰当增加，导致价格过高，将超过社会一般的购买力，则产品就会滞销；反之，产品质量低劣，价格即使降低，也没有市场，这里面有一个合理的质价关系，即产品的质价匹配关系。可见产品设计中质价匹配是一个相当重要的问题，不能盲目地追求先进性，而忽视经济性，否则，设计出来的产品只能成为样品、展品，而不能成为商品。

四是在产品的设计中对功能匹配应给予足够的重视。理想的功能匹配是指产品的使用寿命和零部件的使用寿命一样长，假定要设计一辆使用期为15年的汽车，从经济上看最好所有的零部件的使用期都为15年，而在实际的设计中要做到这一点并不容易，但这应是设计的要求和需要达到的目标。许多产品由于没有考虑到功能匹配问题，致使部分零部件的功能已经失效，而有的部分功能仍完好，这种功能不匹配的质量设计给顾客和社会造成很大的经济损失。企业效益一般取决于产品的价格与产品成本的差额，而成本和价格通常又取决于产品的功能质量水平。根据成本与价格同功能质量水平的变化关系，就可以找到利润最高时的质量水平，即最佳质量水平，而不是产品的最高质量水平。最佳质量水平的概念有助于企业规划产品的等级。如经济型产品或豪华型产品。

9.4.4.2 进货材料的质量保证与成本降低

欲在进货材料方面实施质量经济性管理，首先要了解采购成本的组成。购入材料的采购成本由买价、税金、运输费、装卸费、保险费、仓储费、检验费等几部分组成。为降低原材料的买价和税金，采购实行"三比"之后确定采购价格及供货单位，是行之有效的方法。所谓"三比"即同样产品比质量、同样质量比价格、同样价格比信誉。此外，还应建立价格公开制度，鼓励相关人员提供价格信息，对原材料的价格进行管理，采购执行最低价格。由于财务管理上直接将买价、税金计入材料的采购成本，而运输费、装卸费、保险费、仓储费等采购费用一般按材料的重量或买价等比例分摊计入各种材料的采购成本，使得采购人员只注重材料的买价，而忽视其他采购费用在采购成本中的比例，因此，在购入原材料时，应明确谈及运输费、装卸费等采购费用的所属，并尽量降低。

9.5 劣质成本

9.5.1 劣质成本的概念

劣质成本（cost of poor quality，COPQ）由国际质量科学院院士、美国质量协会前主席哈林顿（H. James Harrington）博士于1987年在其专著《劣质成本》中提出。他认为质量成本应改为劣质成本，以避免将质量成本误解为提高产品质量所需的高成本。质量成本是指由于质量不良而造成的成本损失，或者说是由于没有第一次就把事情做正确而额外付出的成本。哈林顿将劣质成本分为两大类：直接劣质成本和间接劣质成本。

（1）直接劣质成本包括：可控制的劣质成本、结果劣质成本损失和设备劣质成本。可控制的劣质成本是指管理层可以直接控制这种成本，以使顾客能接受这些产品和服务，它包括预防成本和检查成本；结果劣质成本损失是指由内部误差率组成，包括公司失误造成的所有成本；设备劣质成本是指在设备方面的投资以及在空间和设备需要方面的成本，这种成本必须单独处理，且不能上报为一次性损失，应该在生命周期内分期清偿。由于这三项可以直接被测量并反映到企业的成本结构中，因此被结合起来称为直接劣质成本。

（2）间接劣质成本包括：顾客引发的劣质成本、顾客不满意的劣质成本和名誉损失的劣质成本。顾客引发的劣质成本是指当产品不能满足顾客期望值时所产生的质量损失；顾客不满意的劣质成本是指当顾客对产品不满意时，对其他人的负面影响所造成的质量损失；而名誉损失的劣质成本则较顾客不满意的劣质成本带来的损失更为严重，且更加难以测量和预测。

直接劣质成本和间接劣质成本就像朱兰提出的"水面冰山"一样，露在外面的是人们核算的那些由于产品或服务不良而造成的损失，如返工、返修、报废、浪费、测试、顾客投诉和退货等，这些显见的成本只是"冰山"一角，即能够看到的部分，它往往只占销售额的3%～5%。而隐藏在"水面"下方的是巨大的隐含质量成本，这些成本包括未准时交付的订单、错误的发货所引起的额外费用，由于设计生产周期延长而增加的成本，库存积压、紧急订货而多付的费用，顾客赔偿备用金，以及交货期延误，新产品延迟上市，丧失销售机会，顾客流失，不良评价等，这些隐含的成本损失比露出的部分大得多，这种劣质成本占销售额的15%～20%。这些显见的或隐含的劣质成本已经远远超过销售利润。

通过对劣质成本的研究发现：劣质成本要远大于财务报表上显示的数字；不仅在产品的实现过程中会产生劣质成本，在支持产品生产的过程中也同样会产生；这些成本在大多数情况下是可以降低甚至消除的。因此，需要研究劣质成本的构成和识别方法。如果能准确识别劣质成本，尤其是隐含的劣质成本，则不仅可以降低产品成本，而且可以找出产生劣质成本的原因,进而提出相应的对策,提高质量,降低成本。

9.5.2 劣质成本的构成和分析

劣质成本按其构成可分为非增值损失成本和故障损失成本。非增值损失成本是指由现行过程中存在的非增值过程造成的损失,而故障损失成本是指由现行过程中的故障造成的损失。其构成如表9-1所示。

表9-1 劣质成本构成

	非增值损失成本	预防成本(非增值部分)
劣质成本		鉴定成本(非增值部分)
	故障损失成本	鉴定成本(分析故障原因)
		内部故障(损失)成本
		外部故障(损失)成本

其中,预防成本中的非增值部分是指所花费的预防成本中,没有达到预期目的的那部分成本;鉴定成本中的非增值部分是指为了预防而进行检验但未达到预防目的的那部分成本;而鉴定成本中的分析故障原因部分是指为了分析质量不良的原因而进行试验、检验和检查所发生的费用。

劣质成本是由于工作上的错误和缺陷所造成的,而这些工作遍及企业系统中的各个部门,渗透于不同过程中的各个环节,因此,分析劣质成本要从企业系统和过程两方面入手,通过适当的路径,由表及里,由此及彼,层层深入,使劣质成本信息得到充分利用,为质量改进提供坚实基础。通过劣质成本的识别、收集和分析,建立劣质成本报表,从而确定改进项目并选择改进过程,在优化所选改进过程的基础上确定改进机会。

传统的质量成本观认为,质量成本存在一个最佳点,质量水平不能过低也不宜过高。但是,质量管理大师克劳士比提出,质量水平越高越好。质量水平越高,总的质量成本不是增加而是降低。如图9-4所示。

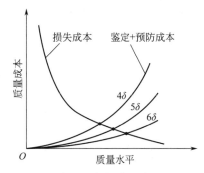

图9-4 质量成本与质量水平的关系

通过对劣质成本的进一步深入研究,发现:

(1)劣质成本要远大于财务报表上显示的数字;

(2)不仅在产品的实现过程中会产生劣质成本,在支持过程中同样会产生;

(3)这些成本大多是可以降低,甚至消除的。

如果能够准确识别劣质成本,尤其是那些隐含劣质成本,不仅可以降低产品成本,还能同时找出问题的原因所在,真正地消除产生劣质成本的因素。

劣质成本是由工作上的错误和缺陷造成的,而这些工作遍及组织系统中的各个部门,渗透于不同过程中的各个环节。因此,分析劣质成本要从组织系统和过程网络两方面入手,通过相应的路径,由表及里,由此及彼,层层深入。使劣质成本信息得到充分识别,为质量改进项目提供界定的依据。

课后习题

1. 什么是质量成本分析?为什么要进行质量成本分析?

2. 质量成本分析的内容和方法有哪些？
3. 质量成本由哪些部分组成？
4. 劣质质量成本有哪些部分构成？
5. 克劳士比说："质量是免费的。"在质量成本管理方面你如何理解这句话？
6. 什么是最适宜的质量成本？它与"零缺陷"等先进的质量管理观念是否有冲突？为什么？
7. 简述质量水平与质量成本的关系。
8. 质量成本特性曲线分为几个区域？各具有什么特点？采取什么措施才能使质量成本达到最佳水平？
9. 有些企业热衷于设置大量的售后服务和维修网点，试用质量经济理论分析其中的合理性。
10. 从经济的角度来看，产品的不合格品率是否越低越好？

第 10 章 供应商质量管理

本章首先简述了供应商质量管理的重要意义,阐述了企业与供应商关系典型模式的特征,对供应商的选择和供应商质量控制进行了详细论述,继而介绍供应商的契约控制和供应商动态管理。

10.1 基本概念

一个持续稳定的供应商对于企业来说越来越重要,它不仅会影响到企业的运营,而且最终会影响到企业的盈利能力,因此,供应链的构建中最重要的一个环节就是供应商,一个企业不可能在所有的领域都具有核心竞争力,因此必须利用外部的资源快速响应市场需求。企业为了保持和扩大市场份额,加强供应商的管理是必不可少的。第一步要做的工作,就是选择一个持续而稳定的供应商。

10.1.1 供应商的选择概述

在经济全球化不断深化的今天,企业越来越注重于发现和发挥自身的核心能力,对于非核心业务大多采用采购和外包的方式,由供应商提供核心业务以外的作业。以汽车制造业为例,近 20 年来世界汽车业巨头基本上剥离了其大部分次要零部件的生产。表 10-1 显示了一些汽车公司从 20 世纪 80 年代到 90 年代自产零部件的百分比变化情况。

表 10-1 汽车公司自产零部件的百分比一览表   单位:%

公司自产零部件	20 世纪 80 年代						20 世纪 90 年代					
	菲亚特	福特	大众	雷诺	标致	通用	菲亚特	福特	大众	雷诺	标致	通用
排气管	50	100	50	50	50	100	0	0	0	0	0	0
油泵	100	100	100	100	50	100	0	0	25	25	0	0
车座	100	100	100	100	100	100	50	50	25	0	0	0
制动	100	100	100	100	50	100	0	0	50	0	0	25
离合器	100	50	0	50	50	50	0	0	0	0	0	0
踏板总成	100	100	100	100	100	100	0	25	0	0	0	0
燃油箱	100	100	100	100	100	100	0	25	0	0	0	0
水泵	100	100	100	100	100	100	0	0	25	0	0	0

由此可见,供应商提供零部件的质量在很大程度上直接决定着企业产品的质量和成本,影响着顾客对企业的满意程度。供应商提供的产品和服务对企业的发展起着十分重要的作

用。因此，在互利共赢的原则下，加强对供应商的质量控制已经成为企业质量管理创新的重要途径。

10.1.2 企业与供应商关系的典型模式

在企业与供应商的关系中，存在两种典型的模式：①传统的竞争关系；②合作伙伴关系，或者称互利共赢（win-win）关系。当然，许多企业与供应商的关系模式处于这两种模式的中间状态。

10.1.2.1 传统的竞争关系

传统的竞争关系模式主要表现为价格驱动，主要有以下五大特征：
（1）制造商同时向多家供应商购货，通过供应商之间的竞争获得价格好处，同时有利于供应的连续性。
（2）制造商通过在供应商之间分配采购数量对供应商加以控制。
（3）制造商与供应商保持的是一种短期的合同关系，稳定性较差。
（4）制造商与供应商的信息交流少。
（5）制造商的选择范围大多限于投标评估。

10.1.2.2 合作伙伴关系

合作伙伴关系模式是一种互利共赢的关系，强调在合作的供应商和制造商之间共同分享信息，通过合作和协商协调相互的行为，达到互利共赢的目的。这种关系模式具有以下特征：
（1）制造商对供应商给予技术支持，帮助供应商降低成本、改进质量、缩短产品开发周期。
（2）供应商参与制造商新产品的早期开发。
（3）通过建立互信的关系提高效率，降低交易成本。
（4）长期稳定的紧密合作取代短期的合同。
（5）较多的信息交流与信息共享。
（6）共享因质量提升，成本下降带来的收益。

企业通过建立与供应商之间的互利共赢关系，对于企业与供应商双方可以带来许多利益点，如表10-2所示。

表10-2 互利共赢关系给企业、供应商以及双方带来的利益点

项目	企业	供应商	双方
利益点	1. 提高产品质量	1. 提高市场需求的稳定性	1. 增强质量优势
	2. 降低合同成本	2. 货款回笼及时可靠	2. 增进沟通
	3. 实现数量折扣	3. 准确把握顾客需求	3. 实现优势互补
	4. 获得及时可靠的交付	4. 获得合作伙伴的技术和管理支持	4. 共同降低运营成本，实现成本优势
	5. 降低库存费用	5. 提高零部件质量	5. 提高资产收益率
	6. 缩短产品开发周期	6. 降低生产成本	6. 降低双方交易成本
	7. 降低进货检验费用	7. 增强盈利能力	7. 增强抵御市场风险能力

10.2 供应商选择

选择合适的供应商是对供应商进行质量控制的最有效手段。如果供应商选择不当，无论后续的控制方法多么先进，控制手段多么严格，都只能起到事倍功半的效果。因此，企业要

对供应商进行质量控制，首先必须科学合理地选择供应商。

10.2.1 供应商战略的确定

企业在新产品的设计与开发、业务流程策划与再造等过程中，都需要考虑产品的哪些零部件需要自产，哪些需要由供应商提供，哪些供应商是企业的重要供应商，以及企业应该与供应商建立一种什么样的关系等问题。这些问题的解决过程就是企业供应商战略的确定过程。

10.2.1.1 企业自产与外购的选择

企业在产品开发设计过程当中，在确定产品的生产过程之前，需要对原材料和零部件产品的自产和外购进行选择，这既涉及企业核心能力与战略优势，又涉及企业业务流程及与供应商之间的业务流程再造，属战略层次问题，而这些问题的解决又是企业确立供应商战略过程。

确定零部件产品的自产或外购的选择必须综合考虑以下三个方面的影响因素。

(1) 经营环境。企业对零部件是自产还是外购的决策需要建立在对其经营环境的准确分析和把握的基础之上。企业所在行业的整体状况与发展态势、国家宏观经济形势、企业产品的社会需求现状及未来预测等因素，都会影响企业产品的产销量；而预期的企业产销量既是企业进行各项决策，如投资规模、设备配置等主要依据，也是企业零部件自产与外购决策的重要依据。另外，竞争对手的零部件自产与外购情况也是企业进行决策的重要参考依据。

(2) 企业自身实际情况。企业决定其所需零部件是自产还是外购，必须综合分析企业的实力、核心业务及发展战略。通常，涉及企业核心业务的部分应由企业自己来做，否则企业可能会失去竞争优势；对于不涉及企业核心业务或核心能力的零部件，在决定是自产还是向供应商采购之前，企业需要综合衡量外购的风险以及自产的优势，在与供应商签订合同前谨慎审视自身，评价需要和期望，才能够选择正确的供应商，从而取得互利共赢的效果。

(3) 市场供应情况。零部件的市场供应情况也是企业决定是自产还是外购的重要依据之一。企业与其供应商的关系实质是相互依存的关系，正如一家实力雄厚、规模巨大的企业会吸引很多供应商在其周围投资办厂一样，具有完善配套供应商的区域也常常会吸引大型企业甚至跨国公司前来投资办厂。某种零部件的市场供应能力、价格、质量和服务水平在很大程度上影响着企业的自产与外购决策。因此，企业应全面了解其产品中零部件的市场供应情况，注意从互联网、展览会、供应商来信等渠道收集供应商的企业介绍、产品样本、获奖证书、代理商授权书、营业执照、产品实物质量水平以及市场行情等方面的信息。然后，按照供应商提供的物资种类，可分别建立原材料、零部件、包装材料等不同类别的潜在供应商档案。同时，应建立潜在供应商一览表，并随时进行有效的维护。

10.2.1.2 供应商的重要性分类

由于产品组成中各种原材料或零部件的重要性不同，因而决定了企业与不同供应商的关系密切程度不同，企业对不同供应商的质量控制宽严程度不同。企业一般都有多个供应商，因此，需要对供应商进行分类管理。

企业可以按照供应商提供零部件对产品影响的重要程度，将其分为Ⅰ、Ⅱ、Ⅲ三类。
Ⅰ类供应商指其产品对企业产品质量有非常重要的影响，且仅有一家或少数供应商可供应；
Ⅱ类供应商指其产品对企业产品质量有比较重要影响，或合格供应商为数不多；
Ⅲ类供应商指其产品对企业产品质量一般影响，且市场上同类同级别的供应商较多。
企业常用零部件重要性和市场供应紧缺度两类因素来确定重要性类别。

10.2.1.3 与供应商的关系选择

如前所述，企业与供应商的关系存在两种典型的模式，即简单买卖的竞争关系和互利共赢的合作伙伴关系。当然，对于许多企业来说，其与供应商的关系往往处于这两种典型模式的中间状态。

企业必须明确自己与不同的供应商之间应建立一种什么样的关系。与供应商的关系选择可与供应商类别结合起来。

对于Ⅲ类供应商，通常可采用最简单的合作方式，即单纯的买卖关系，企业可直接采购其产品。

对于第Ⅰ类供应商，企业应与其建立互利共赢的合作伙伴关系，即不限于单纯采购订货，还包括以项目方式提供服务，合作开发产品或服务项目，乃至指导协助供应商进行质量改进等。

对于第Ⅱ类供应商，企业应综合考虑供应商所提供零部件的价值、数量及其供应商规模等因素进行适当关系定位。

另外，企业与供应商的关系定位，往往不是企业一厢情愿的，还需要考虑企业自身的规模和实力以及供应商的规模和实力。如果企业自身规模很小，所购原材料或零部件占供应商业务量的比例很小，就不存在紧密协作或整合双方业务流程的可能性。此时，不管该供应商提供的零部件对企业的产品质量来说多么重要，简单的买卖关系可能都是一种最佳的选择。

当企业明确了哪些零部件需要外购以后，需要根据外购件的重要程度对未来的供应商进行分类，并确定与各类供应商的关系原则。然后，在此原则指导下，进一步确定选择供应商的评价程序和内容。

10.2.2 供应商的基本情况调查

质量是产品的一项重要特性，既具有主观性的一面，又具有客观性的一面。质量的主观性要求企业针对目标顾客的需求期望来开发和制造产品，以满足目标顾客的要求。这就需要在设计和开发的策划阶段对产品的质量水平进行定位，这种定位决定了对采购原材料和零部件的质量要求，从而决定了对供应商进行选择和控制的基本准则。

供应商基本情况调查主要包括以下八个方面：

10.2.2.1 供应商选择的准备

供应商选择的准备是整个采购工作的起点，是在与供应商接触之前必须做好的工作。这也是经验丰富的采购人员通常采用的工作方法。仅就供应商的质量控制而言，策划阶段的主要工作有熟悉采购要求、研究拟采购产品的质量标准、制定供应商评价准则。随着设计和开发的进展，对供应商的要求也会发生变化，所以，这里制定的准则只能是初步的。

供应商评价准则最好由设计人员、采购人员和管理人员共同制定，同时满足技术和采购的要求。

在制定供应商评价准则时，要根据已有的技术文件制定，这些技术文件已经考虑了顾客的需求和期望。但是就采购本身来说，法律法规可能有其他要求。这时采购人员应进行识别，并且在制定供应商评价准则时满足有关法律法规的要求。

负责对供应商评价的人员在与供应商接触之前就应该先熟悉所采购产品的性能，并且比较全面地掌握采购产品的专业知识，这些专业知识有时可能是很广泛的，如机械、电子、化学、信息等。对不同的产品，其质量要求也是不同的，要注意区分外购原材料和零部件的质量特性，特别是关键质量特性。

10.2.2.2 确定供应商群体范围

一般来讲，每一个企业都有自己相对稳定的供应商群体，这是企业的重要资源之一。在产品的设计和开发过程中，寻求供应商的最佳方法就是优先考虑原来已有的供应商群体，在原有的供应商群体中寻找最适合新产品的设计和开发所需的供应商。大多数情况下，企业的新产品设计和开发与原来的产品有许多联系，有的零部件或物资是通用的，这样原有的供应商群体可以轻易地满足新产品的需求。有时企业开发的是全新产品，或者由于市场需求的增加和新产品的投产，原有的供应商群体可能不能满足企业的需要，这时采购人员就需要到社会供应商群体中寻找新的供应商，有时甚至需要到国际市场上寻求合格的供应商。

如果被调查对象是企业的原有供应商，现在要扩展新供货品种，则可查询企业对该供应商的评定资料和以往供货的业绩记录。具体评定内容应包括该供应商的质量供应能力、供货及时性、财务状况、相对于竞争对手的优势、处理质量问题的及时性，以及其他质量管理体系的相关信息。

如果被调查对象是准备合作的新供应商，企业没有关于该供应商的详细资料，则可以对供应商进行直接调查。企业可以根据产品和供应商的具体情况设计调查表。调查表的内容应包括企业规模、生产规模、主导产品、生产设备、检测人员和设备、过程能力指数、体系认证情况、主要原材料来源、相关经验、主要客户及其反馈信息、遵纪守法情况等。调查表应尽可能全面、具体，尽量用数据或量值进行表述，还应注意调查内容便于进行现场审核。同时需要注意，对任何一种新产品，应同时调查若干有意向的企业，并由其主要领导签字确认调查内容的真实性。当然，调查其他企业或企业内其他分公司对该供应商的评审资料也是一种常用的方法。这些资料会提供该供应商在同种或类似产品方面的各类信息，甚至可能包括该供应商的技术开发实力或在哪些方面具有合作优势。

企业可以在此基础上确定供应商群体范围，并形成文件。这种文件一般以"初选供应商名单"的形式提出，由采购部门拟订，经设计、质量、生产、销售、工艺等部门的人员评审后，报企业的有关领导审批。

随着我国企业逐渐融入国际经济大循环，企业在确定供应商群体范围时，应该注意运用全球采购的杠杆，以实现采购成本的降低和采购产品质量的提高。

10.2.2.3 供应商的基础信息

企业对供应商的管理，很大一部分是对供应商基础数据的管理，而供应商的基础数据可以分为两个方面：一方面是供应商的基础信息；另一方面是供应商的供货信息。

供应商的供货能力是企业采购时需要考虑的一个十分重要的因素，但是，供应商的供应能力是随时变化的。这就需要对供应商的供货能力进行管理，及时掌握其变化，为采购人员按照订单的优先级进行采购，提供必要的参考数据。

对供应商供应情况等数据进行长期积累及分析，利用分析的结果可以对供应商进行评价。同时，这也可以为企业组织生产提供基础数据，避免发生由于供应商的能力不足而对企业生产造成影响的情况。

由于信息技术的广泛应用，供应商信息的变动可以通过网络及时地反映给企业的相应部门。企业可以方便、及时地了解供应商的最新情况，调整供应商供货的内容信息，使所有供应商的质量管理变得在线、可控，避免因不能及时获得供应商信息的改变而对企业采购造成影响的情况出现。

10.2.2.4 生产设备与检测设备

供应商生产设备的整体水平、关键设备的先进程度、已使用年限等是确保其产品质量的硬条件，往往是无法在短期内大幅度改善的，因而设备能力是过程能力中的关键因素，因此，了解供应商的设备状况，有助于掌握供应商的质量保证能力和质量改进的潜力。一般来说，设备陈旧落后的供应商，无论其如何控制产品质量，要达到企业规定的质量要求都是非常困难的。

供应商的检测设备是其赖以测量、分析和改进的基础条件。如果供应商不具备必要的检测手段,就无法提供真实准确的质量数据,那么供应商的质量控制就如同空中楼阁。所以,在初选供应商时,了解供应商检测设备的配备情况和先进程度同样是十分必要的。

10.2.2.5 过程能力指数

供应商是否进行过程能力指数和过程性能指数的计算分析,可以在一定程度上反映其是否在生产过程中进行了预防控制。过程能力指数和过程性能指数的变化可以反映供应商的质量保证能力和质量改进潜力的大小,并且在很大程度上反映供应商的实力和管理水平。因此,调查供应商的过程能力指数和过程性能指数是选择供应商的重要依据之一。

10.2.2.6 主要原材料来源

在有的行业中,如钢铁、石化行业,原材料的质量对产品质量的影响很大。如果企业采购的产品,其质量在较大程度上依赖于原材料的质量,那么企业在选择供应商时,往往就比较关心供应商的主要原材料来源,需要对供应商使用的主要原材料进行调查。

10.2.2.7 主要顾客及其反馈信息

从产品质量、服务质量、交付情况等方面对供应商的调查,企业不能只凭供应商的一面之词。可以首先了解供应商的主要客户有哪些,这些客户的实力、在行业中的地位可以在一定程度上反映供应商的能力。然后,选择其重点客户进行调查,从侧面了解供应商的情况。

10.2.2.8 遵纪守法情况

一个值得信赖的供应商首先应该是遵纪守法的模范,良好的守法记录对于优秀的供应商来说是一个最基本的要求。因此,企业在选择供应商时,应把供应商的遵纪守法情况作为筛选的前提条件。

根据调查对象不同,调查内容侧重点不同:

(1) 如果被调查对象是企业的老供应商,现在要扩展新供货品种,则可查询企业对该供应商的评定资料和以往供货的业绩记录。具体评定内容应包括该供应商的质量供应能力、供货及时性、财务状况、相对于竞争对手的优势、对质量问题处理的及时性,以及其他质量管理体系的相关信息。

(2) 如果被调查对象是准备合作的新供应商,企业没有关于该供应商的详细资料,可以对供应商进行直接调查。企业可根据产品和供应商的具体情况设计调查表。调查表的内容应包括企业规模、生产规模、主导产品、生产设备、检测人员和设备、过程能力指数、体系认证情况、主要原材料来源、相关经验、主要顾客及其反馈信息、遵纪守法情况等。调查表应尽可能的全面、具体,尽量用数据或量值进行表述,同时应注意调查内容便于进行现场审核。

10.2.3 供应商审核

供应商审核是企业在供应商管理方面进行持续改进的重要步骤,通过供应商审核,企业可以持续监督供应商提供合格产品和服务的能力。对审核中出现的问题,企业可以及时向供应商提出改进的建议,从而降低企业经营风险,防止质量事故的发生。

审核时,企业可选派有经验的审核员或者委托有资格的第三方审核机构到供应商处进行现场审核和调查。在审核过程中,企业应有自己的审核标准,要把握关键要素和过程。对于已经通过认证体系的供应商,应关注其反映持续改进的管理评审、内审、纠正措施、检验与试验等较易发现问题的过程。对于未通过体系认证的企业,应从控制的有效性入手,关注其采购、设备、人员、检验等重要过程。

10.2.3.1 审核的对象和内容

通过供应商审核,企业可以了解供应商有哪些优点和缺点,并将审核结果作为供应商选择的依据。审核时,企业可选派有经验的审核员或委托有资格的第三方审核机构到供应商处进行现场审核和调查。审核过程中还应对被审核方的财务状态、顾客满意度、过程能力、员工素质、服务水平等进行调查。

10.2.3.2 供应商审核的时机

供应商的审核会耗费很多企业的人力和物力,所以审核必须有针对性。一般来说,对新入选的供应商,企业在对供应商做了初步筛选的基础上,对提供重要零部件、大批量供货或有可能成为主要供应商的供应商进行审核;对现有的供应商,主要是对批量提供产品的供应商或质量有问题的供应商进行重新评价审核。

对于待选供应商进行审核的时机,一般是在批量供货之前,将审核合格的供应商正式列入合格供应商名单。对于提供重要产品的Ⅰ类供应商,企业可能会将供应商审核提前到产品试制阶段。有些产品特别重要或者投资额特别巨大,企业为了减少风险,甚至在产品设计和开发的初期就可能需要对供应商进行审核。

10.2.3.3 供应商审核的分类及其相互关系

供应商审核一般分为产品审核、过程审核和质量管理体系审核三类。

(1) 产品审核。产品审核主要是确认供应商的产品质量,必要时还可以要求供应商改进产品质量以符合企业的要求。产品审核的主要内容包括产品的功能审核、产品的外观审核和产品的包装审核等。

(2) 过程审核。过程审核视企业产品的实际情况而定,不是每一种采购产品都需要进行过程审核。一般来说,只有当供应商提供的产品对生产工艺有很强的依赖性时,才有必要进行过程审核。有时候,供应商邀请企业对供应商的过程能力进行"会诊",也可以看作是一种过程审核。

(3) 质量管理体系审核。质量管理体系审核是针对供应商整个质量管理体系进行的审核,这其中包括对过程和产品的审核。一般选择 ISO 9001:2015 标准作为审核的准则,有时也可以根据供应商或产品的不同情况选择其他标准。例如,医药行业可以选择 ISO 13485:2016 标准,汽车行业可以选择 IATF 16949:2016 标准等。

一般来说,对供应商审核的顺序应该是,首先进行产品审核,然后进行过程审核,最后进行质量管理体系审核。只有在产品审核合格的基础上才能继续进行其他审核,而当产品不符合要求时,没有必要进行过程审核和质量管理体系审核。对于不同的产品、不同的供应商,并不是三种审核都是必需的,有时只需进行一两种审核就可以对供应商提供合格产品的能力作出结论,这种情况下就没必要进行其他审核。

10.2.4 供应商的评价与选择

为了确保供应商的选择质量,企业应依据一定的原则,按照规定的程序,通过合理的方法来评价和选择供应商。

10.2.4.1 评价与选择供应商的基本原则

(1) 全面兼顾与突出重点原则。评价与选择供应商的指标体系必须全面反映供应商目前的综合水平,避免只顾一点而不计其他的做法,如比价采购;但对于重点指标,要给予重点考虑。

(2) 科学性原则。评价与选择供应商的指标体系的大小必须适宜,也就是指标体系的设置应有一定的科学性。如果指标体系过大，指标层次过多，指标过细，势必将评价者的注意力吸引到细小的问题上，而且容易把评价工作烦琐化；而指标体系过小，指标层次过少，指标过粗，又不能充分反映供应商的水平。

（3）可操作性原则。评价与选择供应商的指标体系应具有足够的灵活性和可操作性，使评价与选择工作易于进行。

10.2.4.2 供应商的选定程序

任何一个运作规范的企业在选择供应商的过程中都会遵循一定的程序。图 10-1 为某企业的供应商选择、审核与认可流程图。尽管不同的企业选择供应商的程序会存在一定的差异，但有几个基本步骤是许多企业共有的，可以将其归纳如下：

（1）建立供应商选定工作小组。由质量管理部门牵头，产品开发、生产、供应、服务等部门派人参加，企业主管质量的领导担任组长，统筹评估与选择工作。

（2）选定工作小组确定供应商候选名单，并对候选供应商提交的材料逐个进行审核。

（3）对候选供应商所供应的原材料或零部件进行检验。应符合企业的质量要求和法定标准。

（4）由选定小组派人到供应商现场考察。现场考察小组必须有质管部门人员参加。现场考察和取样检查结束后，应有综合分析意见的书面报告。必要时应进行供应商审核。

（5）选定工作小组对评价结果进行分析。选定供应商，将之纳入供应商管理系统。

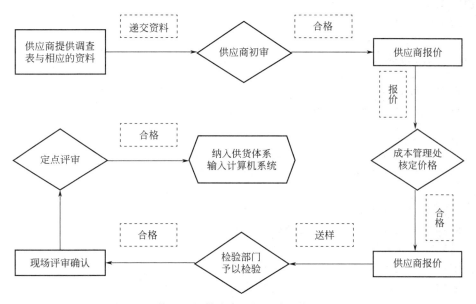

图 10-1　某企业的供应商选择、审核与认可流程图

10.2.4.3 供应商的选择方法

选择供应商的方法较多，一般要根据可选供应商的数量、对供应商的了解程度以及企业所购原材料或零部件的重要程度和时间紧迫程度来确定。

目前较常用的方法有主观判断法、招标法、协商选择法、采购成本比较法、质量和价格综合选优法以及质量能力评级法。

（1）主观判断法。主观判断法是根据征询和调查所得的资料并结合人的分析判断，对供应商进行分析、评价的一种方法。这种方法主要是倾听和采纳有经验的采购人员的意见，或者直接由采购人员凭经验作出判断。它常用于选择企业非主要原材料或零部件的供应商。

（2）招标法。当采购数量大、供应商竞争激烈时，可采用招标法来选择适当的供应商。

它是由企业提出招标条件，投标供应商进行竞标，然后由企业决标，与提出最有利条件的供应商签订合同或协议。招标法可以是公开招标，也可以是邀请招标。公开招标对投标者的资格不予限制；邀请招标则由企业预先选择几家供应商。采用招标法，企业能在更广泛的范围内选择合适的供应商。但招标法手续较繁杂，时间长，不能适应紧急订购的需要；有时企业对投标者了解不够，双方未能充分协商，可能会出现货不对路或不能按时到货等情况。

（3）协商选择法。在供应商较多、企业难以抉择时，也可以采用协商选择的方法，即由企业先选出几个较好的供应商，同他们分别进行协商，再确定适当的供应商。与招标法相比，协商选择法由于供需双方能充分协商，在产品质量、交货日期和售后服务等方面较有保证。当采购时间紧迫、投标单位少、竞争程度低、采购的零部件规格和技术条件复杂时，协商选择法比招标法更为合适。

（4）采购成本比较法。对质量和交货期都能满足要求的供应商，则需要通过计算采购成本来进行比较分析。采购成本一般包括售价、采购费用、运输费用等各项支出。采购成本比较法是通过计算分析，针对各个不同供应商的采购成本，选择采购成本较低供应商的一种方法。

（5）基于质量和价格的选优法。我国许多企业要求供应商的报价是到厂价格，由供应商负责送货，因而有的企业在质量都能满足要求的情况下，采用比价采购的方式来选择供应商。然而，即使不同的供应商提供的产品都是合格品，但由于其质量分布不同，给企业带来的质量损失就不相同，甚至相差很大，所以，忽略质量差异是不恰当的。这就要求企业应当综合考虑质量损失和价格来优选供应商。

10.2.5 供应商数量的确定

一般来说，对于同一种外购产品企业可以保持 2~3 个供应商，以保证供应的稳定性和可靠性。对于经营稳健、供应能力强、信誉好、关系密切的供应商可以只保留一家，这对供需双方都是很有利的。

选择单一供应商的必要条件：

（1）当前只有一家供应商能够按企业要求提供该种零部件，企业别无选择。
（2）某供应商提供的产品质量和价值具有绝对优势，其他供应商无法与之竞争。
（3）订单太小，没有必要再分。
（4）同单一供应商合作可以获得额外价格折扣。
（5）需要与供应商结成伙伴关系并重新整合双方的业务流程。
（6）供应商对成为单一供应源十分积极，并愿意与企业全方位合作。
（7）采购零部件的生产需要高昂的先期投入，如开模费等。
（8）企业与某供应商已经进入了长期的合作，而且双方都重视对方并对以前的合作非常满意。
（9）企业采用先进制造方式，如准时制生产、自动补充库存、与供应商采用电子数据交换（EDI）的信息交流方式等，都会考虑单一供应源的可行性。

10.3 供应商质量控制

传统意义上，对供应商的质量控制仅仅意味着供应商提供的产品满足企业的技术要求。根据现代质量管理理论，企业为了持续改进总体业绩，已经将质量管理的范畴扩展到供应链的起点，供应商质量控制的含义已经扩展到供应商所有与产品质量有关的活动。在某种意义上，对供应商的质量控制可能会严重影响甚至决定企业的生存和未来的发展。

10.3.1 供应商质量

供应商质量是指在特性的绩效范围内，符合或超过现有和未来客户期望或需求的能力。这个定义主要有以下三方面内容：

(1) 供应商每次都能满足或超出买方的要求。如果供应商在产品质量或者即时配送方面的绩效反复变化，则说明其不是高质量供应商。

(2) 供应商不仅能够满足或者超出现有的需求标准，也有能力满足未来需求。供应商必须能做到随时改善。能满足现有标准却达不到未来标准的供应商不是高质量供应商。

(3) 供应商质量不仅是指产品的实体特性，好的供应商应该能在以下方面满足买方的期望。

① 产品或服务的配送。这涉及产品或服务的实体配送和所需信息的传递。不管供应商服务能在多大程度上满足顾客要求，配送延误都将表明供应商没有绩效。

② 产品或服务的一致性。这反映了实体产品或服务满足买方实际期望或需求的能力。

③ 售后服务。售后服务（如维修和修理）对很多商品都很重要，尤其是对资本设备或耐用品。

④ 技术特点。供应商保持先进技术的能力（如开发技术流程的能力），是采购部门需要注意的另一个重要领域。如果买方的最终产品要保持竞争力，那么供应商开发先进技术和将技术运用到产品服务中就很重要。

⑤ 成本管理。改善质量和降低成本间有直接关系。供应商改进流程后，可以削减非附加值成本，从而降低价格，与采购企业共同分享盈余部分。

10.3.2 ISO 9000体系中供应商质量控制要求

10.3.2.1 ISO 9001:2015标准中对供应商质量控制的要求

(1) 对供应商及采购产品控制的类型和程度应取决于采购的产品对随后的产品实现或最终产品的影响。

(2) 企业应根据供应商提高产品的能力评价和选择供应商。

(3) 企业应建立选择、评价和重新评价供应商的准则。

(4) 企业应保持评价结果及评价所引起的任何必要措施的记录。

(5) 企业向供应商发出的采购信息应能准确表述对产品的要求，并确保采购要求的充分性与适宜性。

(6) 企业应通过检验或其他必要的活动，确保采购的产品合乎要求。

(7) 如果企业或顾客需在供应商所在处验证产品时，企业应在采购信息中作出规定。

10.3.2.2 ISO 9004:2000标准中对供应商质量控制的要求

(1) 对最高管理者的要求。企业的最高管理者应当确保对评价和控制采购产品的有效和高效的采购过程作出规定，并予以实施，从而确保采购的产品能满足企业以及相关方的需求和要求。

(2) 对企业的要求。

① 企业应当考虑在与供应商沟通时使用电子媒体，以便使沟通要求最佳化。

② 企业应当与供应商共同制定对供应商过程的要求和产品规范，以利用供应商的知识使企业获益。

③ 企业应当吸收供应商参加与其产品相关的采购过程，以提高企业采购过程的有效性和效率。这也有助于企业对库存量的控制和获取。

④ 企业应当规定有关采购产品的验证、沟通和对不合格产品作出反应等方面的记录的

需求，以便证实其符合规范的要求。

⑤ 企业应当建立有效和高效的过程，以识别采购材料的可能来源，开发现有的供应商或合作者，以及评价他们提供所需产品的能力，从而确保整个采购过程的有效性和效率。

（3）对管理者的要求。为了确保有效和高效地实现企业的业绩，管理者应当确保在确定采购时考虑以下活动：

① 及时、有效和准确地识别需求和采购产品规范；
② 评价采购产品的成本，考虑采购产品的性能、价格和交付情况；
③ 企业对采购产品进行验证的需求和准则；
④ 独特的供应商过程；
⑤ 考虑合同的管理，包括供应商和合作者的协议；
⑥ 对不合格采购产品进行更换的保证；
⑦ 物流要求；
⑧ 产品标识和可追溯性；
⑨ 产品的防护；
⑩ 文件，包括记录；
⑪ 对采购产品偏离要求的控制；
⑫ 进入供应商的现场；
⑬ 产品的交付、安装或应用的历史；
⑭ 供应商的开发；
⑮ 识别并减轻与采购产品有关的风险。

10.3.3 产品寿命周期中供应商质量控制要求

采购企业在与供应商的合作过程中，需要通过对供应商的质量控制来确保供应商所提供的商品质量，同时实现与供应商的共同改进。

10.3.3.1 产品设计和开发阶段对供应商的质量控制

为确保该阶段试验的效果和以后批量生产的需要，重要的是对供应商进行初步控制。需要注意的是：该阶段对供应商的要求与批量生产阶段对供应商的要求是不同的。

（1）设计和开发阶段更加强调及时供货，以保证设计和使之经常变动的需要。
（2）批量生产阶段更加强调价格的适当，以使企业保持强有力的竞争能力。

10.3.3.2 设计和开发策划阶段对供应商的质量控制

在产品的设计和开发策划阶段，对供应商的质量控制是在对供应商进行初步选择的基础上进行的。在进行供应商选择之前，企业已经具有比较完整的供应商选择、评价和重新评价的准则，除非设计的产品非常简单而且数量很少，否则这些准则应该形成文件，并且这些文件应该与设计和开发的其他文件相一致，在企业和技术接口的各个方面得到良好配合。对供应商资源进行策划、优选和沟通。主要强调及时供货，以保证设计和试验经常变动的需要。

目前，越来越多的企业让供应商及早参与产品设计和开发，以充分利用供应商的技术优势和专门经验，真正实现与供应商互利共赢的合作。一般有以下两种做法：

（1）邀请供应商参与产品的早期设计和开发，鼓励供应商提出降低成本、改善性能、提高产品质量和可靠性，改善可加工性的意见。从价值链起点开始控制质量，对最终质量有利。

（2）对供应商进行培训，明确设计和开发的目标质量，与供应商共同探讨质量控制过程，达成一致的产品质量控制、质量检验、最终放行的标准。

这种做法之下拥有其显而易见的优势。企业与供应商一同进行产品的设计开发，有利于供应商明确顾客要求,并直接转化为供应商生产过程的特性要求和工艺要求,保证其设计质量。

当然,邀请供应商参与新产品早期的设计开发会涉及企业技术秘密等问题,技术秘密外泄可能使竞争对手抢得先机,一定要注意保护企业的技术和商业秘密,应防止泄密事件发生,供需双方结成战略联盟是高效有益的办法。

10.3.3.3　试制阶段对供应商的质量控制

设计和开发策划阶段、试制阶段、批量生产阶段对供应商的控制是不同的。设计和开发策划阶段主要是对供应商资源的策划、优选和沟通,而试制阶段则要求供应商提供样件或样品(以下简称样件),这就产生了对外购件进行质量检验、不合格品控制等过程。这一阶段与批量生产阶段也不相同,其特点是批量小,没有库存或库存很少,要求供货及时,价格要求比较宽松。而批量生产阶段的特点是批量大,产品质量稳定甚至免检,价格比较低,可以有一定的库存以便周转。

根据试制阶段的特点,应注意通过以下方面加强对供应商的质量控制:

(1) 与供应商共享技术和资源。企业首先与选定的供应商签订试制合同。应包括对质量要求、技术标准要求、质量管理体系要求以及产品接受准则、保密等内容。帮助供应商尽快掌握专有技术,配备资源,形成生产能力,满足试制的要求。

(2) 对供应商提供的样件进行质量检验。对供应商提供的样件一般需要进行全数检验,流程性材料、有损检验等情况除外。

(3) 对供应商的质量保证能力进行初步评价。评价的内容一般包括质量、价格、供货期、信誉等,参加人员包括:生产、设计、工艺、质管、检验、计划人员等,必要时请顾客参加。

(4) 产品质量问题的解决。解决的方法一般为改进、妥协、更换供应商。

通过试制阶段对供应商的质量控制,可以综合评价供应商的质量保证能力,评价合格的供应商列入合格供应商名单,作为试制阶段和批量生产时的主要备选供应商。对于在此阶段出现的质量问题,可以及时采取措施加以解决,为批量生产的产品供应做好准备。

10.3.3.4　批量生产阶段对供应商的质量控制

这一阶段的特点是大批量连续供货、产品质量稳定、要求价格适当、有一定库存以便周转。企业在批量生产阶段对供应商的质量控制主要包括监控供应商的质量保证能力、质量检验管理、库存质量控制等活动。

(1) 对供应商质量保证能力的监控。包括监控供应商的过程能力指数和过程性能指数、监控供应商测量体系、审核供应商的质量管理体系、推动供应商质量改进等。监控的目的有两个:一是防止供应商质量保证能力出现下降;二是与供应商共同发现改进的机会。

这一阶段对供应商的评价应尽量采用定量分析的方法。常用的分析方法有过程能力分析、测量体系分析、质量管理体系评价、水平对比法等。

(2) 质量检验的管理。对供应商的质量控制来说,质量检验的管理主要是对进货检验的管理、对供应商的检验工作进行适当的评价和控制以及对来自供应商不合格品的处置和质量问题的解决等,但重点仍然是企业的进货检验。

10.4　供应商契约

10.4.1　供应商契约的内容

供应商与企业之间的契约,一般包括企业的需求及技术要求、基本供货合同、质量保证协议及技术协议等类型。契约的内容应涵盖从产品开发、试制、检验、包装、运送到不合格品处理、售后服务的全过程。所以,契约可包含多个层次,如供货合同、质量保证协议、技术协议、售后服务协议等。以家电制造商为例,由于家电零配件种类较多,涉及的专业又十分复杂,而家电制造商又注重规模经济,所以,除核心技术外,大部分零部件的生产都是由供应商来完成的。供应商的水平高低、产品的质量好坏直接影响主机的产品质量,影响企业的品牌形象。由于供应商数量较多、地域分布广、涉及的专业类别复杂,对供应商的直接质量控制比较复杂,企业无法花费大量的人力、物力进行全面监控。契约化控制是目前对供应商进行控制最有效的方法之一。

企业通过明确对产品的需求及技术参数的设计,明确供应商的质量控制职责、企业的监控手段以及违约责任,加上适时的沟通,使所需零部件的质量得到保证。

企业与供应商之间的契约主要分为以下几类。

10.4.1.1 产品技术信息

一般包括两个方面:一方面是企业提供给供应商的技术文件(技术设计图纸、产品技术标准、企业标准、样品、技术规范);另一方面是国家法律法规要求和强制性标准。对国家强制性标准要求的项目应仔细核对企业提供的技术参数与国标的差异,因为企标往往严于国标。一旦出现产品符合国标而不符合企标要求,结果只能是产品被判为不合格,因为只有符合顾客要求的产品才是合格的产品。

10.4.1.2 质量协议

质量协议是企业与供应商达成的质量管理的契约,规定了双方在产品质量上的权利和义务。企业是供应商的顾客,契约内容围绕企业展开。

质量协议内容无固定模式,根据供需双方实际状况和产品性质、加工复杂程度而定。总体上包括:质量管理、质量管理监督、验收检验程序、不合格品的处理程序、过程控制、质量保证和责任区分、质量指标约定及违约责任、争议的处理等。

10.4.1.3 基本供货协议

基本供货协议规定双方的物资流通计划,以及供应商对供货计划的实施、违约责任及经济索赔标准、物资运输、交付程序等约定。

10.4.1.4 技术协议

技术协议是企业与供应商就产品特殊技术要求、检测方式、检测流程等方面达成的技术契约。它通常是指供需双方针对检测进行的约定。

10.4.2 契约的有效性要求

契约的订立应有利于供应商应了解企业的生产程序和生产能力,明确供应商所提供产品的数量、质量、服务、交付方式和交货期的要求,使供应商明了企业对外包产品的期望,明确供需双方的责任和义务。

此外,还应注意以下几点:

10.4.2.1 契约内容与标准、法规和企业制度的统一性

契约可引用或借鉴既定的法律、法规或规章制度、标准等。如可规定进厂检验抽样标准执行 GB 2828 抽样标准;电器产品安全性能必须符合 GB 4706 等。如发现有与相关法律、法规、标准、制度不一致之处,发现方应及时提出修改。如在执行过程中发现不一致,发现方应及时通知不知情方,并按符合法律、法规、标准、制度的方式执行。

10.4.2.2 契约的可操作性

起草与签署契约时,必须考虑产品形成过程中的实际情况,考虑契约执行的可操作性。有些协议在制定时可能需要考虑的因素较多,规定需较为详细,但如果过于烦琐,缺乏可操作性,反而起不到应有的作用。

例如,某公司需从供应商采购大量的加工轴承用的钢材。由于轴承对材料要求较严,加工精度较高,公司为保证质量,在协议中要求供方对每一批材料进行化学成分分析和物理性能试验。

供应商如果引进整套试验设备,势必耗费大量的成本,同时要配备相应的技术人员。如果不增加资源配置,那么每次都要送社会检验机构检验,支付昂贵的试验费用。

类似这种契约,如果供应商仔细审验的话,就会考虑进行利润-成本-风险分析,在价格上提高要求。这种协议履行起来就有较大难度,同时也容易引起一些不必要的纠纷,不利于供应链的稳固和质量优势的形成。

10.4.2.3 契约的激励性

契约中应明确供需双方的权利和责任,同时也应规定必要的奖惩性条款,一方面约束供应商的质量行为,另一方面鼓励供应商不断提高产品质量。

对供应商的奖惩包括两种类型。其一是因质量责任的划分而产生的奖惩;其二是根据业绩考核而产生的奖惩。在实际的操作中,适当的奖励可能会产生意想不到的管理效果。

10.4.2.4 契约的内容应公正、公平

契约应是经过双方充分协商达成的共识,不应只是一方对另一方的要求,内容要经过双方认可和确认。

10.5 供应商的业绩评定

10.5.1 供应商选择评价与供应商业绩评定

供应商选择评价和供应商业绩评定的区别在于:供应商选择评价的目的在于选择合适的合作伙伴,评价时企业对供应商掌握的第一手材料较少,缺乏可评价的产品供货记录,因而评价的重点在于考察供应商的规模实力、质量管理体系、设备先进程度、供应商的顾客反馈、原材料来源、样品的质量水平,通过对这些因素的评价来推断供应商未来满足企业需要的能力。

供应商业绩评定的目的在于对供应商满足企业要求的结果进行评定,及时肯定优秀供应商,鞭策合格供应商,淘汰不合格供应商。

10.5.2 供应商业绩评定的主要指标

供应商业绩的评定指标主要有供应商提供产品的质量,服务的质量,满足企业订货的情况,及时交付产品的情况等(图10-2)。

(1) 供应商提供产品的质量。供应商的产品及服务质量是评定供应商业绩的最重要指标。产品质量指标主要考察四个方面:产品实物质量水平、检验质量、投入使用质量和产品寿命(图10-3)。

① 产品实物质量水平,通过产品的主要性能指标来体现。

② 检验质量,主要通过批次合格率(每百批产品中经检验合格的总批数)、零部件的让

步接收情况、质量问题重复出现情况来体现。

③ 投入使用质量,通过零部件投入使用合格率(每百个零部件投入生产后总的合格数)体现。

④ 产品寿命,通过"三包"期内,每百单位零部件在整机使用中未出现故障的零部件总数来体现。

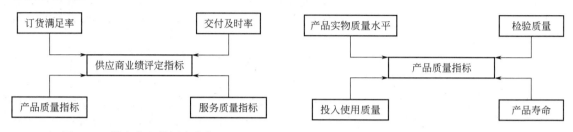

图 10-2　供应商业绩评定指标　　　　　图 10-3　产品质量指标

(2) 服务的质量。供应商的服务质量包括售前服务质量、售中服务质量和售后服务质量。

① 售前服务质量。它主要是指供应商的业务人员与企业相关部门的交流和沟通,探讨所提供零部件的技术参数及加工过程,介绍供应商的基本情况、技术实力、主要设备及过程控制,需要开发模具时,共同选择模具开发商,商定模具开发费用,为实现零部件的加工制作做好准备。

② 售中服务质量。它是指供应商应确保及时、保质保量地交付货物,及时了解产品的质量状况,出现质量问题积极协助企业进行分析,并提出改进措施,了解提供给企业零部件的使用状况,必要时可以开展联合设计。

③ 售后服务质量。它是指当产品出现质量问题时,供应商的反应速度、处理态度和问题解决的结果,以及为用户提供产品维修、保养和技术支持,开展用户满意度调查,及时了解产品市场质量信息反馈,并根据用户的信息反馈,积极展开持续改进。

10.5.3　供应商业绩的评定方法

10.5.3.1　不合格评分法

根据供应商提供不合格品对企业产成品的影响程度定期进行不合格分级评定。例如:某公司规定致命不合格的分值为 5 分,严重不合格的分值为 3 分,轻微不合格的分值为 1 分。定期对供应商的不合格总分进行统计,据此对供应商进行等级评定,并将评定结果及时通知供应商。这种方法操作简单,节省人力,但评价指标偏少,无法反映供应商的综合业绩水平,因而适合提供简单、量大、价值低的零部件的供应商的业绩评定。

10.5.3.2　综合评分法

质量管理部门不仅要收集每个供应商的月度投入使用合格率,而且应定期通过供应部门和销售部门,对供应商的质量稳定性、售后服务水平和供货及时性、供货量保证能力等方面进行综合评价。例如,某公司采用满分为 100 的评价体系,各分项满分分别规定为:产品实物质量水平 15 分,年度平均投入使用合格率 15 分,全年批次合格率 15 分,服务 15 分,订货满足率 15 分,供货及时率 15 分,顾客反馈质量 10 分。经过充分收集资料,并调查分析后,给出每一供应商综合评价,根据得分的高低评出优劣等级。这种方法可以比较全面、准确地反映供应商的综合实力。但由于这种方法耗时费力,所以只适合进行较长周期的评定,如半年评定或年终评定。

10.5.3.3 模糊综合评价法

模糊综合评价法是运用模糊集合理论对供应商业绩进行综合评价的一种方法。这种方法将供应商的客观表现与评价者的主观判断结合起来，是一种定量与定性相结合的有效方法，特别适合供应商的质量数据不全、定量和定性指标都需要评价的场合。模糊综合评价法同样适用于供应商的选择评价。

10.6 供应商的动态管理

企业根据供应商的业绩评定结果，定期对所有供应商进行分级评定，并依此对供应商进行动态管理，以达到奖优汰劣、推动供应商不断提高产品质量和服务质量的目的。

10.6.1 供应商动态分级

企业根据对供应商的业绩评价，可以将所有供应商划分为A、B、C、D四级。

10.6.1.1 A级供应商

A级供应商是优秀供应商。企业首先应肯定其优异的供货业绩，并对供应商表示感谢。其次，应根据这些优秀供应商的重要性类别来选择管理对策。有条件的企业可以考虑将自己的供应商管理系统与供应商的顾客关系管理系统对接起来，实现数据共享，使供应商与企业共同直接关注最终顾客，双方共担风险，共享利益。

10.6.1.2 B级供应商

B级供应商是良好供应商，良好供应商可以较好地满足企业的要求。B级供应商尽管稍逊于A级供应商，但同样是值得企业珍惜的重要资源。企业应本着互利共赢的原则，加强与B级供应商的沟通，及时支付供应商的货款。

10.6.1.3 C级供应商

C级供应商是合格供应商，能够满足合同约定的当前运作要求。它提供的产品或服务其他供应商也能轻易提供，因此合格供应商不具备额外竞争能力。

对于所有的C级供应商，企业应向其提出警示，促使其由合格供应商发展到良好供应商。当然，这需要供需双方共同付出努力。

10.6.1.4 D级供应商

D级供应商是不合格供应商，不能满足企业的基本采购要求。正常情况下，企业应选择终止与不合格供应商的合作，并代之以更好的供应商。

供应商的业绩评定和分级可根据企业的计划安排定期进行，可以每月进行一次，还可以每季度进行一次，还可以每半年或每年进行一次，或结合产品的特点和供应商的质量波动情况来决定。因而，任何一家供应商的业绩级别都不是一成不变的。对于在两次评定间隔内供货质量急剧恶化，或出现重大质量事故的供应商，企业可根据需要随时淘汰。

10.6.2 供应商的动态管理

针对供应商的不同业绩表现分级采取有针对性的管理措施，是企业不断优化供应商队伍、强化供应链质量优势的有效手段。

对各类供应商的管理，企业可以结合企业的供应商定点个数来区别对待：

（1）对于定点个数为1的情况，A类供应商的订单分配为100%，继续与之维持紧密的合作关系；B类供应商的订单分配为100%，但需开发该外购件的新供应商；如果此供应商为C、D类，应尽快更换供应商。

（2）对于供应商定点个数为2的情况，订单分配与管理对策如表10-3所示。

表10-3 供应商定点个数为2时的管理对策示例表

供应商类别组合	订单分配	管理对策
A、B	60%：40%	继续维持与这两家供应商的关系
A、C	80%：20%	促进C类供应商提高质量
A、A	55%：45%	根据两家供应商的排名分配订单
B、B	55%：45%	根据两家供应商的排名分配订单，同时督促供应商提高质量
B、C	70%：30%	在督促供应商提高质量的同时，寻求更好的供应商
C、C	55%：45%	根据两家供应商的排名暂时分配订单，同时尽快寻求优秀供应商

（3）对于定点个数为3的情况，三类供应商的组合情形较多，订单分配与管理对策参见表10-4。

表10-4 供应商定点个数为3时的管理对策示例表

供应商类别组合	订单分配	管理对策
A、B、C	55%：30%：15%	维持与这三家供应商的关系，促进C类供应商的提高
A、A、A	40%：33%：27%	对这三家供应商进行比较排名，按名次分配订单
A、A、B	45%：40%：15%	对两家A类供应商进行排名，按名次分配订单
A、A、C	48%：42%：10%	对两家A类供应商进行排名，按名次分配订单，促进C类供应商的提高
A、B、B	50%：25%：25%	维持与这三家供应商的关系
A、C、C	70%：15%：15%	促进C类供应商的提高，同时考察新的供应商
B、B、B	40%：33%：27%	对这三家供应商进行比较排名，按名次分配订单，在促进供应商提高的同时，寻求更好的供应商
B、B、C	40%：40%：20%	采取有力措施促进供应商的提高，寻求优秀的供应商
B、C、C	50%：25%：25%	尽快选定优秀供应商
C、C、C	40%：33%：27%	对这三家供应商进行比较排名，按名次分配订单。说明该产品的供应商缺乏竞争力，企业应检讨供应商的管理工作，并尽快更换供应商

无论定点的供应商个数多少，D类供应商都应被及时淘汰。

这种分级评定与管理将供货订单与供应商业绩、外购件分级结合起来，使订单的分配比较科学合理，并通过订单的分配来引导供应商提高产品质量。

对供应商的质量控制需要遵循互利共赢的原则，来选择优秀供应商，通过契约来确立和维持互利共赢的关系，通过质量验证来保证契约的落实，通过合理的责任分担来保护双方的利益，通过业绩评定和动态管理增强与优秀供应商的互利共赢关系。

课后习题

1. 企业与供应商之间典型的关系模式有哪几种？各有什么特征？
2. 企业在决定某零部件是自产还是外购时，应考虑哪些因素？
3. 什么情况下企业可以选择单一供应源？

4. 企业在选择供应商时，应考虑哪些因素？
5. 供应商选择的步骤是什么？为什么要对企业进行评级？
6. 什么是供应商质量？如何对供应商质量体系进行评估？
7. 评价供应商业绩最重要的指标是什么？包括哪些方面？
8. 产品周期中各个阶段对供应商质量控制的要求分别是什么？
9. 如何进行供应商的开发？
10. 企业与供应商之间的契约主要包括哪些？
11. 供应商业绩评定的常用方法有哪些？
12. 企业应如何对供应商进行动态管理？

第11章 顾客满意度管理

顾客满意既是企业质量管理的出发点,也是企业质量管理的归宿。企业质量管理体系的各个过程始终处于"顾客需求"和"顾客满意"之间,顾客满意是检验企业的质量管理体系是否有效的根本依据。本章介绍了顾客及顾客需求的基本概念、顾客满意度的评价体系以及顾客满意度的测评。

11.1 顾客及顾客需求

如今的顾客,在他们所购买的产品和服务上,面临着越来越多的选择。他们是在对质量、服务和价值期望的基础上作出决策的,企业应当了解决定顾客价值和满意的因素。

要实现顾客满意,首先必须识别顾客以及顾客的需求,也就是说,要首先弄清楚谁是企业的顾客,顾客的需求是什么。

11.1.1 顾客及顾客识别

所谓顾客是能够或实际接受为其提供的产品或服务的个人或组织,比如消费者、最终使用者、受益者或采购方、委托人等,都可以是顾客。顾客与组织密切相关,所谓组织是为实现目标,由职责、权限和相互关系构成自身功能的一个人或一组人,比如制造商、零售商、批发商、服务信息提供者等都可以是组织。

对企业来说,有时顾客较单一,此时顾客比较容易识别,但有时接收企业产品的组织和个人需要通过中间环节,比如中间商或供应商,这种情况下,中间商、供应商和最终使用者都成了组织的顾客。顾客的识别及其需求的识别就比单一顾客的情况复杂得多。

在质量管理体系策划、实施和改进的适当阶段,管理者代表或高层管理者可以组织跨职能的质量管理小组,利用头脑风暴法来回答"谁是外部顾客"这一问题。这种方法往往非常有效。为什么要强调跨职能呢?因为对顾客的识别,不同职能部门可能有各自不同的看法,综合各职能部门的意见,可以使对顾客和顾客需求的识别更加全面、客观。在采用头脑风暴法时,不要预先设置框架,让参加会议的人员畅所欲言,可以迅速列出明显的顾客,接着还会出现一些补充顾客,有些顾客以前可能并没有引起大家的注意。

有时候,顾客是多种角色组成的群体。例如,一家把产品销售给医院的企业,其产品将影响到以下人员:①签订采购合同的采购经理;②规定质量保证程序的质量管理人员;③各专业部门(如 X 射线科、妇产科、内科等)的领导;④医生;⑤护士;⑥各行政科室的领导等。除以上人员之外,甚至还可以延伸到病人、病人家属、保险公司人员等。这些受到影响的组织或个人都是这家企业的顾客。

除了那些具有特定顾客的企业(如军工企业),许多企业随着规模的不断扩大,顾客的数量也在不断增加。如果企业已经拥有了一个数量比较大的顾客群，那么应该认识到，每个顾客对企业业绩的影响不是完全相同的。作为负责顾客满意度管理的工作人员，对顾客的重要性也不应该看作是相同的。因此，有必要对顾客进行分类，使管理人员能够按照顾客的重要性和影响程度来安排优先次序和分配资源。

按照关键的少数和次要的多数分类方法，可以将顾客分为两类。应用排列图分析可以看出，在任何一个顾客群体中，往往是相对较少的人发挥着相当大的作用。这种现象被广泛地称为帕累托分析（排列图分析）。例如，精明的市场经理发现，约80%的销售额来自20%的顾客。这少数的顾客通常被称为关键顾客。图11-1显示了这一关系。

一旦明确了关键顾客，就要制订措施，管理好与关键顾客的关系。但应当注意的是，一般情况下，企业自己确定的关于谁是关键顾客、谁是一般顾客的文件或信息，如果不是确有必要，最好不要公开，防止引起不良后果。

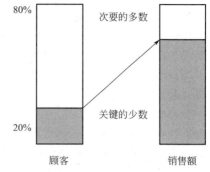

图11-1 顾客分类示意图

关键顾客和一般顾客在一定的条件下会互相转化，有时候在某些方面、某时间段是次要的多数顾客，在其他方面、其他时间段成了关键的少数顾客。对这种关系及其转化，组织应及时识别。

11.1.2 顾客需求的识别及分类

11.1.2.1 顾客需求的识别

对顾客需求的识别最简单的设想是，顾客对自己的需求完全了解。有的企业设计一个问卷式调查表对顾客进行调查，认为这样就可以直接从顾客那里获得需要的信息，有的甚至认为这样的第一手资料是绝对真实的。其实，事情并不是如此简单。在某些情况下，顾客可能是最不了解自己需求的人。作为企业的经营者，如果不能及时、正确地识别顾客需求，就很难为自己的产品或服务定位，其结果可能是灾难性的。例如，在笔记本电脑问世以前，几乎没有顾客能够表达自己对这种产品的需求。谁会异想天开地认为能带着电脑旅行呢？然而，随着该产品的上市，许多顾客发现自己真的需要它。

顾客需求是不断变化的，任何人都不可能列出一张最终的顾客需求清单；顾客需求是多种多样的，为了研究这些需求，可以将顾客需求进行分类。对顾客需求的分类有各种各样的方式，企业可以尝试多种分类方式，这样可以加深对顾客需求的理解。

在此，将顾客需求分为以下类别：表述的需求、真正的需求、感觉的需求和文化的需求。

（1）表述的需求与真正的需求。顾客通常是从自己的视角、用自己的语言来表述自己的需求的。例如，顾客购买商品，可能会就自己希望购买的商品表述自己的需求。然而，他们真正的需求其实是产品能够提供的服务，如表11-1所示。

表 11-1 顾客需求

顾客希望购买（表述的需求）	顾客真正的需求
食物	充饥、有营养、好的味道
汽车	运输
电视	娱乐
房屋	居住空间

如果不能很好地掌握表述的需求与真正的需求之间的差异，有时候会造成错觉，把表面的东西作为真正的东西，作出错误的决策。

（2）感觉的需求。顾客很自然地在其感觉的基础上陈述自己的需求，其中有一些感觉是与产品有关的，而其他感觉似乎与产品毫无关系。从对这类情形的考察中可以看到，就"产品"一词的含义来说，顾客与组织的感觉存在差异。

假设两个人都需要就餐，一个人去了高级酒店，另一个人去了路边摊点。最后两个人都吃饱了，结果呈现了实际上相同的外在效果，不同之处在于他们所支付的价格，以及对"产品"所包含内容的感觉。

服务业中的这些感觉也会出现在制造业与商业上，同样也有很多例子。

例如，工厂将月饼通过输送带运到包装部门，在输送带的末端有两组包装人员：一组用普通纸袋包装，以供平价商场销售；另一组用豪华盒子包装，以供豪华商场销售。仅仅因为包装不同，等质等量的月饼可能会有几倍的价格差异，原因就是顾客感觉的需求不同。难怪有人说，超过100元一斤的月饼，吃的人不买，买的人不吃（大部分用来当作礼物），图的就是一种感觉。

人们往往认为，这种感觉的需求有时候不合理，甚至是疯狂的，但是它的确是一种顾客需求。有需求就有商机，在遵纪守法经营的前提下，企业可以发现并满足顾客的这些需求。

（3）文化的需求。有时候顾客的需求超出了产品或服务质量特性的范围，还包括自尊、受到尊重、成就感等，以及其他更广泛意义上的属于所谓文化模式的一些因素。很多企业确定顾客需求失败就在于不能理解这种文化模式的性质，甚至不了解它的存在。

顾客文化的需求既表现在外部顾客，也表现在内部顾客。企业在内部顾客关系管理上，对这种文化的需求应该更加注意。

11.1.2.2 对于顾客需求的分类

1984年，日本的狩野纪昭博士提出了顾客需求管理的卡诺模型。卡诺模型把顾客需求分为三类，即基本型需求、期望型需求和惊喜型需求，如图11-2所示。

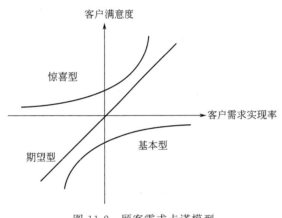

图11-2 顾客需求卡诺模型

（1）基本型需求是指产品或服务能够满足顾客的基本要求，是顾客达到基本满意的那些特征，过度满足这类需求未必使顾客很满意，但一旦不能满足此类需求，顾客会极其不满意。比如我们常用的空调，如果能够正常运行制冷或制热，顾客不会为此而感到满意，但是，一旦空调出现问题，无法正常制冷或制热，那么，顾客对该品牌空调的满意水平会明显下降，随之而来的就是顾客投诉及抱怨。

（2）期望型需求是指顾客的满意状况与需求的满足程度成比例关系的需求，此类需求得到满足或表现良好的话，客户满意度会显著增加。企业提供的产品和服务水平超出顾客期望越多，顾客的满意状况就越好，当然此类需求得不到满足的话，顾客的不满也会显著增加。比如提高轮胎货车顶的使用寿命，将会使顾客的满意度增加。因此，此类需求能够更好地体现竞争能力，对于这类需求企业的做法应该是注重提高质量，力争超越对手。

（3）惊喜型需求，也称为魅力型需求，是指不会被顾客过分期望的需求。但魅力型需求一旦得到满足，顾客表现出的满意状况则也是非常高的。对于魅力型需求，随着满足顾客期望程度的增加，顾客满意也急剧上升；反之，即使在期望不满足时，顾客也不会因而表现出明显的不满意。这要求企业提供给顾客一些完全出乎意料的产品属性或服务行为，使顾客产生惊喜。顾客对一些产品/服务没有表达出明确的需求，当这些产品/服务提供给顾客时，顾客就会表现出非常满意，从而提高顾客的忠诚度。

11.1.3　以顾客为关注焦点的质量管理

明确了顾客是谁，识别了顾客需求，在企业质量管理体系的策划、实施和改进中就应该全面管理好与顾客的关系。这些管理是多方面的，按照 PDCA 循环的顺序，企业可以考虑采取以下活动进行顾客满意度管理。

11.1.3.1　全面了解顾客的需求和期望

GB/T 19001—2016 标准"8.2　产品和服务的要求"就是关于这一方面的要求。这是企业管理最基本的要求，从街头商贩到跨国公司，在做生意以前首先都应该了解、确定顾客的需求。

顾客的需求和期望主要表现在对产品和服务的特性方面。企业管理者要及时运用技术规范或其他形式的企业语言表达顾客的需求，并在企业内进行有效沟通，以保证顾客的需求得到实现和满足。

例如，一家化工厂在与顾客签订合同时，顾客提出某种化工产品中硫酸的残留含量应低于 0.8%，并提出了验收方法，这就是顾客的需求。但是，销售人员误认为是硫酸残留含量应高于 0.8%，结果造成大批产品不合格，不仅给企业造成了损失，也得罪了一个老顾客，结果这个顾客断绝了与该企业的业务联系。

11.1.3.2　确保企业的各项目标能够体现顾客的需求和期望

企业在策划和实施质量目标时，应以顾客满意为出发点，充分考虑顾客的需求和期望。这要求管理者从顾客的角度去识别和定义质量，而不是习惯上从企业自身的角度、从专家的角度或者从技术的角度去识别和定义质量。

例如，对于一个长途汽车站来说，没有候车厅是不行的。一家企业在制定自己的发展目标时，为了把汽车站做大做强，投资建设了规模庞大的旅客候车厅。但由于候车厅的占地面积太大，占据了本应该是客车停放的位置，而没有客车进站，再豪华的候车厅也是没有用处的。这个例子说明，企业如果不能很好地体现顾客的需求和期望，那么既做不大也做不强。

在确定企业的目标时，不仅要考虑外部顾客的需求，还要考虑内部顾客的需求。根据内部顾客的需求制定目标，这在各部门制定自己的质量目标时尤其重要。

把顾客的需求与企业的目标紧密联系起来，进行定量和定性的描述，有助于顾客意识的形成，有助于实施顾客满意度的监视和测量，有助于在整个企业中形成一种关注顾客需求的文化氛围。

11.1.3.3　确保顾客的需求和期望在整个企业中得到沟通

企业的管理者和全体员工都要能够了解顾客需求的内容、细节和变化，并采取措施来满足顾客的需求。企业的全部活动均应以满足顾客的需求为目标，因此，必须将顾客的需求在企业内部进行有效的沟通，以确保企业内的全体成员都能够理解顾客的需求和期望，并且知道如何为实现这些需求和期望而运作。

在关注外部顾客对产品或服务的总体要求的前提下，沟通的具体内容应当根据企业的不同部门和不同岗位而有所不同，有的侧重于外部顾客的需求，有的则侧重于内部顾客的需求。

当然，由于员工在企业中所处位置和所负责任的不同，对顾客需求的了解范围是不一样的，不要机械地认为全体员工都应该丝毫不差地了解顾客的需求，如处于加工或检验岗位的员工可能只需要了解技术规范就可以了，因为技术规范就是顾客需求的集中体现。

11.1.3.4　有计划地、系统地测量顾客满意度，并针对测量结果采取改进措施

计划地、系统地测量顾客满意度，是一种经常性的、有目的的活动，而不是一种突击性

的临时行动。因此，应对这种测量在企业的质量管理过程中进行策划和实施，不能够也不应该把这种测量仅仅委托给企业之外的专家去完成。

测量和数据分析的方法应该是立足于对质量管理体系的保持和改进的有效性。当前有关顾客满意度的测量方法很多，顾客满意度的指标也很多，然而，许多方法是专门咨询机构使用的非常复杂的专业方法，对企业的顾客满意管理不一定有特别的价值。所以，企业在进行顾客满意度测量和分析时，一定要坚持有效性原则，不必追求复杂的方法。

测量的目的在于改进，如果没有针对性地改进，无论企业使用多么先进的顾客满意度体系和现代化的分析手段，任何顾客满意度测量都只是空谈。这就像人们看病一样，做任何检查的目的都在于医治，如果不医治，做任何检查都是无用的。

顾客满意度的测量、分析和改进也可以包括内部顾客。例如，山东东阿阿胶集团公司在建立和实施质量管理体系时制定了"员工满意控制程序"，对内部员工满意度的信息收集、分析和利用明确了职责，规定了程序。实践证明，这种做法对企业追求卓越是有好处的。

11.1.3.5 处理好与顾客的关系，力求顾客满意

企业与顾客的关系是通过企业为顾客提供产品或服务为纽带而产生的，良好的顾客关系有助于保持顾客的忠诚，提升顾客满意度。

11.1.3.6 对关注顾客的榜样进行鼓励和表彰

如果企业已经具有了以顾客为关注焦点的意识，在条件成熟时不妨进行一次为顾客着想的革命，再次强调任何工作都要从顾客的角度去考虑，哪怕是最微小过程的最细微之处，也就是说，要站在顾客（当然包括内部顾客）的立场去感觉它、认识它。要让为顾客着想的员工成为企业各个部门的榜样，对关注顾客有突出贡献的员工给予相应的表彰。

如果一个企业还没有建立以顾客为关注焦点的企业文化，则应该按照本节介绍的前五个步骤逐步建立这种文化，真正在企业的各个岗位、各种职能上都树立顾客至上的质量文化观念，因为关注顾客就是关注企业本身。

11.2 顾客满意度及测量方法

国内外关于企业质量管理的理论实践已经证明顾客是企业生存和发展的基础，没有顾客的满意就没有企业的生存空间，也就没有企业的未来，顾客满意及其管理是企业质量管理工作的核心。

11.2.1 顾客满意的概念

11.2.1.1 顾客满意的概念

根据 GB/T 19000—2016 标准的定义，顾客满意就是顾客对其期望已被满足程度的感受。著名的营销大师菲利普·科特勒认为，满意是指一个人通过对一种产品的可感知的效果，与他的期望值比较后形成的愉悦或失望的感觉状态。可见，满意与否与人们的主观心理感受有关。

相应地，顾客满意就是指顾客通过对一个产品或服务的可感知的效果与他的期望比较后形成的感觉状态，因此，顾客满意可定义为顾客对其要求已被满足的程度的感受。可见，顾客满意水平应是顾客的可感知效果与他的期望值之间差异的函数。

根据这一定义可知，顾客对质量的感受会有以下三种情况，如图 11-3 所示。

第一，当感知低于期望的时候，顾客会感到不满意，甚至产生投诉、抱怨，此时企业应采取积极的措施妥善解决，虚心听取顾客的意见和建议，使顾客由不满意转化为满意。

第二,当感知接近期望的时候,顾客会感到满意,此时依然要积极与顾客进行沟通,进一步了解顾客想法,争取超越他们的期望。

第三,当感知远远超过期望,顾客就会对组织产生忠诚感。

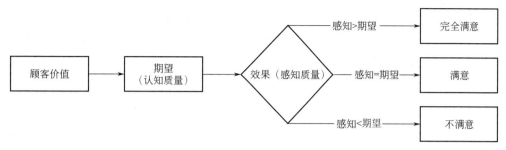

图 11-3　顾客满意

11.2.1.2　顾客满意的特征

(1) 主观性。顾客的满意程度是建立在其对产品和服务的体验上,虽然感受的对象是客观的,但结论是主观的,顾客满意的程度不仅与顾客的知识、经验、收入、生活习惯、价值观念等自身条件有关,还与外部的环境,比如媒体传闻等有关。

(2) 层次性。处于不同层次需求的人对产品或服务的评价标准不同,不同地区、不同阶层的人或一个人在不同条件下对同一产品或服务的评价也不尽相同。

(3) 相对性。顾客对产品的技术、成本等指标通常不熟悉,他们习惯于把购买的产品和同类产品或者是以前的消费经验进行比较,由此得到的满意或不满意有相对性。

(4) 阶段性。任何产品都有寿命周期。顾客对产品的满意程度来自对过程的使用体验,是在过去多次购买、使用以及提供的服务中逐渐形成的。

11.2.1.3　顾客满意的内涵

顾客满意包括产品满意、服务满意和社会满意三个层次。

(1) 产品满意是指企业产品带给顾客的满足状态,包括产品的内在质量、价格、设计、包装、时效等方面的满意。产品的质量满意是构成顾客满意的基础因素。

(2) 服务满意是指产品售前、售中、售后以及产品生命周期的不同阶段采取的服务措施令顾客满意。这主要是在服务过程的每一个环节上都能设身处地地为顾客着想,做到有利于顾客,方便顾客。

(3) 社会满意是指顾客在对企业产品和服务的消费过程中所体验到的对社会利益的维护,主要指顾客整体社会满意,它要求企业的经营活动要有利于社会文明进步。

顾客满意理论的产生是企业管理观念变迁的必然,从产值中心论到销售中心论,利润中心论,市场中心论,顾客中心论,然后进入顾客满意中心论阶段。顾客满意工作是主动的,具有前瞻性,而售后服务工作是相对被动的,具有滞后性,此外,二者在工作观念、过程、境界上都有很大差别。

11.2.2　顾客满意管理

ISO 9000:2015 标准中提出的质量管理原则的首要原则就是"以顾客为关注焦点",强调组织应理解顾客当前和未来的需求,满足顾客要求并争取超越顾客期望。国内外的大量实践证明:组织只有理解和掌握了顾客的需求和期望,才能有的放矢地不断改进和完善自己的产品或服务,才能真正实现顾客满意,并最终为自己的生存和发展赢得更大的空间。

11.2.2.1 顾客满意经营系统的要素构成

顾客满意经营系统的要素构成包括服务质量管理体系要素构成和服务质量保证体系要素构成。其中前者是从管理者推动角度看,后者是从受益者推动角度看。

(1) 服务质量管理体系要素构成。服务质量管理体系的要素一般由关键要素、公共要素和运作要素三个部分组成。关键要素是管理职责、人员和物质资源以及文件化的质量体系结构,并且只有当它们相互配合协调时,才能保证顾客满意。这就是说,在建立服务质量体系时,首先要管理者制定质量方针,确定质量目标,规定质量职责和权限,做好管理评审,即对质量体系进行正式的、定期的和独立的评审,以便确定质量体系在实施质量方针和实现质量目标中是否持续稳定和有效。公共要素是指对所有服务组织都适用的质量体系要素,包括质量体系的经济性、不合格服务的纠正措施、安全控制和统计方法。运作要素一般包括市场开发、服务设计、服务提供和服务业绩的分析与改进。

(2) 服务质量保证体系要素构成。一个组织的质量保证体系是建立在其质量管理体系基础上的,顾客要求的质量保证体系仅仅是质量管理体系中的有关部分。因此,尽管服务质量管理体系与质量保证体系的要素名称与排序有所不同,但两者之间都存在着相互对应的内在联系。

11.2.2.2 顾客满意经营的目标、方法和步骤

任何一个服务组织,要不断提高其产品质量、过程质量、组织质量和员工质量,都应该从本组织实际情况出发,精心策划与建立一个实用有效的质量体系,并使其有效运行。国内外服务业实施 ISO 9000 族标准的实践经验告诉我们,服务组织质量体系的建立和运行一般应遵循"八步法"或"十六字经"。

(1) 总结。任何一个服务组织,在质量管理上都有一定的经验和教训,因此,首先要总结开展质量活动或推行全面质量管理的经验教训,把感性的经验或教训总结提炼成理性的标准、规范或制度。

(2) 学习。服务组织应组织员工,尤其是管理人员认真学习国际服务质量管理标准及相关的 ISO 9000 族标准,并能联系本组织实际情况。此外,还可学习同类服务组织全面质量管理工作先进经验。

(3) 对照。把本组织的质量工作现状与国际服务、质量管理标准的要求进行逐项对照,以肯定成绩,找出差距,明确今后努力的方向。

(4) 策划。是对服务组织的质量体系进行设计,它包括:产品定位;服务质量体系要素的选定;服务质量活动过程网络的确定;服务质量体系文件的设计;服务环境设计;编制服务大纲等。

(5) 调配。调配质量体系建立所需的各类资源。首先是调配人力资源,依据质量体系要求选聘合适的各级各类管理人员,同时对所有员工进行培训,使其适应质量体系的要求;其次是调配物质资源,包括安装必要的服务设施,配备必要的服务器具等。

(6) 充实。充实质量管理及企业管理的各项基础工作。

(7) 完善。完善质量体系文件,使服务质量体系文件化。

(8) 运行。质量体系文件实施的过程就是质量体系运行的过程,为了不断推进质量体系的有效运行,每个服务组织应采取下列措施。

① 开展质量培训和教育,建设质量文化。

② 认真执行以"质量否决权"为核心的质量考核制度,并与经济责任制密切挂钩,以激励员工不断改进服务质量。

③ 核算质量成本,不断提高服务效率与效益。

④ 积极开展质量控制(QC)小组活动,改进质量问题,提高员工队伍素质,等等。

实践证明，只要遵循上述过程，服务组织的质量体系就能顺利建立起来并有效运行，实现服务质量标准化、服务提供程序化、服务行为规范化。

11.2.2.3 提高顾客满意度的途径

服务质量的特性导致必须考虑采用与制造业不同的方式来控制和提高质量。可以考虑的一些方法是建立和实施面向顾客的服务承诺、顾客服务和服务补救。

（1）服务承诺。所谓服务承诺，是企业向顾客公开表述的要达到的服务质量。首先，服务承诺一方面可以起到树立企业形象、提高企业知名度的作用，另一方面可以成为顾客选择企业的依据之一，但更重要的，它可以成为顾客和公众监督企业的依据，使企业得到持续改善的压力。其次，建立有意义的服务承诺过程，实际上是深入了解顾客要求、不断提高顾客满意度的过程，这样可以使企业的服务质量标准真正体现顾客的要求，使企业找到努力的方向。再次，根据服务承诺，企业能够确定反映顾客需求的、详细的质量标准，再依据质量标准对服务过程中的质量管理系统进行设计和控制。最后，服务承诺还可以产生积极的反馈，有可能使顾客有动力、有依据对服务质量问题提出申诉，从而使企业明确了解所提供服务的质量和顾客所希望的质量之间的差距。

有效的服务承诺应具备哪些特征呢？一项好的服务承诺应无条件、容易理解与沟通、有意义、简便易行和容易调用。一项服务承诺应该既简洁又准确，复杂、令人困惑而且有大量附带条件的服务保证，即使制作精美，也不会起作用。容易引起误解的服务承诺，会引发有误差的顾客期望。好的服务承诺，只有包含了顾客认为重要的内容，而且有一个合理的总结算，它才是有意义的。

（2）顾客服务。顾客服务是指除牵涉销售和新产品提供之外的所有能促进组织与顾客间关系的交流和互动。它包括核心和延伸产品的提供方式，但不包括核心产品自身。以一项发型设计服务为例，理发本身不属于顾客服务，但顾客在理发前后或过程中所得到的待遇却属于顾客服务。假如顾客提出一些特别的处理要求，那也构成顾客服务的内容。在服务完成之后，假若顾客的惠顾得到感谢和赞扬，这些行径也应归入顾客服务。对制造品而言，除实际销售表现之外的所有与顾客的互动，都应看作顾客服务。

（3）服务补救。所谓服务补救，是指组织为重新赢得因服务失败而已经失去的顾客好感而做的努力。一些服务组织不管发生什么，都不做任何服务补救的尝试与努力。还有一些组织仅投入一半的力量来做这项工作。很少有组织为此制定全面的政策，并竭尽全力地为顾客补偿。开展一项重新赢得顾客信任的工作计划，往往不被组织所认识或者是组织缺乏动力。企业可能认为，既然有无穷无尽的顾客流等待它们去挖掘，又何必为不满意的顾客而费心。以上这些做法是错误的。失去一位顾客代价是高昂的，一方面，试想一下，是不是必须寻找一位新顾客来取代旧顾客，而经常寻找新顾客的成本很高。各种各样的估计表明，补充一位流失顾客位置的成本比保留一位忠实顾客的成本要高 $3\sim 5$ 倍，这与服务的性质有关。得到新的顾客，需要大量的广告和销售费用。从另一个方面来讲，忠实的顾客可以产生可观的销售额，他们比第一次来享受服务的顾客花钱多，且经常花高价。他们需要较低的交易成本和沟通成本，不需要信誉调查或其他初始成本。忠实顾客对服务享用相当熟悉，不需要太多帮助。另外，他们还经常用他们的正向口头宣传来为组织带来新顾客。相反，那些转向竞争对手的顾客会劝阻其他顾客来光顾本企业。

有研究表明，顾客流失率降低 5%，组织利润就会翻一番。因此，积极努力去挽回因为对一次服务体验不满而流失的顾客是有意义的。服务所包含的一系列环节和大量因素都会对顾客的服务体验产生影响，并最终影响到顾客满意。顾客与服务组织接触的每一个点，都会影响到顾客对服务质量的整体感觉。顾客与组织接触的每一个具体的点就是关键点。顾客用关键点来评价组织的服务提供。因此对于关键点需要制订服务补救计划，该计划一般包括5个步骤：道歉、紧急复原、移情、象征性赎罪和跟踪。

① 道歉。服务补救开始于向顾客道歉。当组织感觉到顾客的不满时，应有人向顾客道歉。道歉在一定意义上意味着承认失败，一些组织不愿意这样做。可是服务组织必须认识到自己有时确实无能为力。因为服务是易变的，存在失败的风险是服务组织的固有特征。承认失败，认识到向顾客道歉的必要性，真诚地向顾客道歉，能让顾客深切地感知到他们对组织的价值，并为重新赢得顾客好感的后续工作铺平道路。

② 紧急复原。这是道歉的自然延伸，也是有不满感受的顾客所期望的。顾客希望知道，组织将做哪些事情以消除引起不满的根源。

③ 移情。当紧急复原的工作完成后，就要对顾客表现一点移情，即对顾客表示理解和同情，能设身处地地为顾客着想，这也是成功的服务补救所必需的。服务组织应对愤怒的顾客表示理解，理解因服务未满足顾客需求而对顾客造成的影响。

④ 象征性赎罪。移情之后的下一步工作是用有形方式对顾客进行补偿，比如送个礼物表示象征性赎罪。也可以用赠券的形式发放礼物，如一份免费点心赠券、一张将来机票赠券、一个高质量客房住宿赠券等。象征性赎罪的目的不是向顾客提供服务替代品，而是告诉顾客，组织愿意对顾客的失望负责，愿意为服务失败承担一定的损失。

⑤ 跟踪。组织必须检验其挽回顾客好感的努力是否成功，跟踪是组织获得了一次对补救计划自我评价的机会，以识别哪些环节需要改进。

当然，并非每一次顾客不满都需要上述全部的五个步骤。有时，顾客仅仅是对服务的某一个具体环节有点儿失望，这时只要采取前两个步骤就可能达到服务补救的目的，一个道歉和一项紧急复原行动就应该足够了。而当顾客被组织的服务失败所激怒，则需要采取服务补救的全部五个步骤。

11.2.3 顾客满意度测评方法

随着对顾客满意研究的深入，研究也逐渐从定性研究走向量化处理，相应地就产生了顾客满意度的概念。

所谓顾客满意度是指顾客对其明示的、通常隐含的或必须履行的需求或期望已被满足的程度的感受。满意度是顾客满足情况的反馈。它是对产品或服务性能，以及产品或服务本身的评价；给出了（或者正在给出）一个与消费的满足感有关的快乐水平，包括低于或者超过满足感的水平，是一种心理体验。

顾客满意度是对顾客满意程度的定量化描述，许多国家和企业都运用顾客满意度指数方法，对顾客满意进行测评，这种方法能帮助部门和其他组织为顾客满意工作业绩打分，便于顾客满意效果用满意度指数来衡量。因此，满意度指数既可以作为一种企业自我诊断手段，也可以将企业的顾客满意效果同竞争对手进行比较。

实际上，对顾客满意的测量和监测方法是多种多样的。顾客满意度指数测评只是评价顾客满意方法中的一种，并不意味着每个企业都必须采用该方法来进行测评。顾客满意度指数通常是基于一定的满意度模型对调查数据进行统计分析，进而得到顾客满意程度的综合量值。比较典型的顾客满意度指数模型有瑞典顾客满意度指数模型、美国顾客满意度指数模型、欧洲顾客满意度指数模型和中国顾客满意度指数模型，接下来我们将分别予以介绍。

11.2.3.1 瑞典顾客满意度指数模型

瑞典是世界上最早开始在国家层面上测量顾客满意度指数的国家。1989年，瑞典推出了第一个国家满意度指数模型。瑞典采用的测量模型是后来各个国家和地区测量模型的基础。模型共有五个结构变量,分别是顾客期望、感知价值、顾客满意度、顾客抱怨和顾客忠诚。如图 11-4 所示。

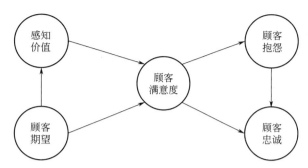

图 11-4 瑞典顾客满意度指数模型

其中,顾客期望是指顾客在购买产品或服务之前对质量的预期。感知价值是指顾客购买产品或服务后,结合价格的综合感受。顾客满意度是指顾客对产品或服务的综合满意程度。顾客抱怨是用于测评顾客不满意的程度。顾客忠诚是指顾客愿意再次购买的可能性。

以上变量均为潜变量,潜变量无法直接测量,需要由观测变量间接测量。

11.2.3.2 美国顾客满意度指数模型

1990 年,美国国民经济研究协会(NERA)委托美国质量协会(ASQ)和国家质量研究中心(NQKC)等机构,在研究瑞典顾客满意度指数模型的基础上,开始了关于美国顾客满意度指数(ACSI)的调查研究。1994 年,美国顾客满意度指数模型被正式提出,这个模型包含六个潜在变量,如图 11-5 所示。

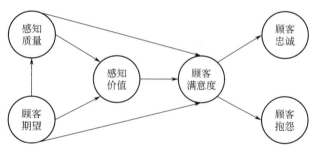

图 11-5 美国顾客满意度指数模型

其中,顾客期望感知质量和感知价值是顾客满意度的前提变量,顾客抱怨和顾客忠诚是顾客满意度的结果变量。相对于瑞典的顾客满意度模型,美国的顾客满意度模型增加了感知质量这一变量。感知质量,是指顾客在购买产品或服务后对质量的实际感受,它对感知价值和顾客满意度产生影响。

11.2.3.3 欧洲顾客满意度指数模型

1999 年,欧洲质量组织和欧洲质量管理基金会提出了欧洲顾客满意度模型。与美国的顾客满意度模型相比,欧洲的顾客满意度模型去掉了顾客抱怨这一变量增加了企业形象这一变量。因为顾客抱怨的处理,对顾客满意度和顾客忠诚的影响较小。企业形象,是指顾客对企业的印象,这一印象会对顾客的期望值、满意度及忠诚度产生较大影响,如图 11-6 所示。

11.2.3.4 中国顾客满意度指数模型

2002 年,我国在参照瑞典、美国、欧洲等顾客满意度指数的基础上,并结合中国的国情,经过研发,推出了具有中国特色的顾客满意度指数模型。如图 11-7 所示,其中,品牌形象对顾客满意度起着重要作用，是一个新增变量。

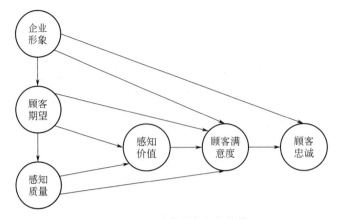

图 11-6　欧洲顾客满意度指数模型

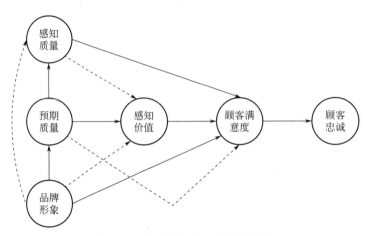

图 11-7　中国顾客满意度指数模型

通过测量顾客对产品或服务的满意程度以及决定满意程度的相关变量和行为趋向，利用结构方程模型进行分析得到顾客对某一特定产品的满意程度。

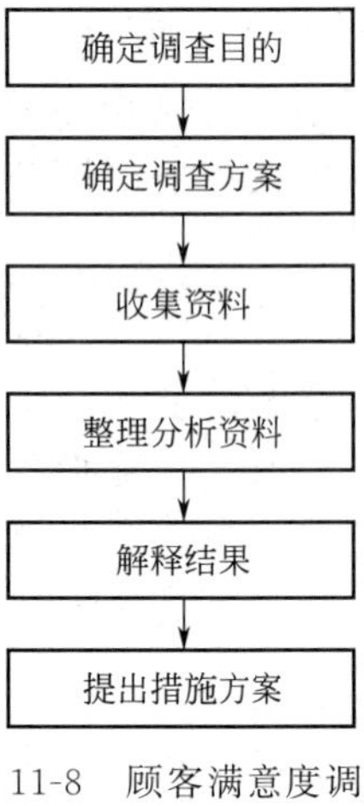

11.2.4　顾客满意度测评过程

顾客满意度调查的形式多种多样，但就其一般过程而言，它们的基本程序都是相同的，图 11-8 表明了顾客满意度调查的基本步骤。

11.2.4.1　确定调查目的

顾客满意度调查对组织来说往往是一件大事，既要花费时间，又要支付成本。特别是重大项目的顾客满意度调查，可能花费更大，并且调查目的可能不止一个。但如果在一次调查中目的过多，调查得到的效果就可能差一些。一般来说，调查的目的越单纯，调查项目就越简洁，因而调查的效果就会好一些，调查结果与实际情况的误差也就小一些。不要幻想通过一次调查就什么结果都能得到，什么问题都能解决。确定调查目的，应是做好顾客满意度调查的第一步。

图 11-8　顾客满意度调查基本步骤

11.2.4.2 确定调查方案

调查方案就是调查的具体实施计划,包括对资源的要求、数据收集和分析的方法等。调查的组织者应根据调查目的来确定调查方案,这实际上就是一个质量策划的过程。策划得好,调查所获得的效果就好;策划不完整,就很容易导致调查失败或支付更多的费用。调查方案一般应形成文件,纳入相应的顾客满意度管理的质量计划之中或作为其附件。通常情况下,调查方案应由参与调查的人员共同拟订。如果参与调查的人员没能参与调查方案的拟订,则应在调查之前对调查方案进行认真研究,使参与调查的人员对调查方案有清晰地认识和理解。

11.2.4.3 收集资料

收集资料是顾客满意度调查最关键的环节。没有资料、资料不足或资料本身未能真实反映顾客的情况,顾客满意度调查的结论必然出现严重缺陷,甚至得出相反的结论。因此,在制订顾客满意度调查方案时,应对收集资料的方法、数量、质量等进行认真考虑,并作出明确规定。

组织应充分利用日常工作所收集的顾客信息,对顾客来信、来电、来访资料以及新闻媒体刊载的有关资料等,做好记录和整理,定期进行分析。这样,既可以达到了解顾客满意度的目的,又可以节约时间和费用。

11.2.4.4 整理分析资料

顾客满意度调查的主要目的是改进服务,因而收集资料后,要对资料进行系统的分析,从中找出规律性的东西。由于每次顾客满意度调查得到的信息量和信息的复杂程度不同,所以信息的整理和分析的方法也是不同的,有时候使用简单的数据分析方法就能够得出理想的结论,有时候则需要使用专门的分析方法和统计软件进行分析。

11.2.4.5 解释结果

经过对调查收集到的资料进行整理分析,有时候结果就自动显现出来了,企业可以针对这些结果采取改进措施,这就达到了调查的目的。有时候调查结果比较复杂,需要专业人员对顾客满意度调查分析的结果从技术的角度解释结果、确定原因。解释结果要注意寻找末端因素,即确定引起现象的真正原因;而不是把一个大现象分解为几个小的现象,从中找出一个或几个中间现象。这些中间现象并不是真正的末端因素,企业不能针对这些中间现象采取改进措施。

解释结果是顾客满意度调查的关键步骤,如果解释的结果是错误的,那么整个顾客满意度调查工作可能都会被引入歧途。企业由于资源的限制,并且为了使改进能够取得预期的效果,最后确定的原因一般不应太多。如果原因太多,将会造成企业对质量改进无从下手,其结果仍然没有什么实际意义。例如,一个咨询公司对一家企业的顾客满意度调查,分析得出的结论有100条之多。那么,不论咨询公司有多么良好的愿望并且工作多么认真,企业管理者对这些结论仍然会是雾里看花。

11.2.4.6 提出措施方案

根据调查结果及对结果的解释,调查小组还应提出措施方案,这些措施方案往往与纠正、预防措施和持续改进有关。不进行改进,任何数据分析都是没有实际意义的,顾客满意度调查的结果也是如此。针对顾客满意度调查的结果制订纠正和预防措施,要按照GB/T 19001—2016标准关于纠正和预防措施的要求,实施有效的控制,以确保纠正和预防措施所需的资源,并对采取的纠正和预防措施实施有效的跟踪,以确保所采取的措施达到组织预期的目的。

11.2.5 样本大小的确定

从事过顾客满意度调查的人员都知道，调查人员往往强调样本要"足够大"，因为只有样本量足够大，其样本的分布才接近正态分布，也只有这样才能够使用常用的数据分析工具对调查得到的数据进行有效分析。

那么，样本要有多少才算"足够大"呢？

样本量的大小涉及调查中所要包括的人数或单元数。确定样本量，既要有定性的考虑，也要有定量的考虑。

11.2.5.1 定性因素

（1）决策的重要性。一般来说，关于顾客满意的重要决策，需要更多的信息，而为了更准确地得到这些信息，就需要较大的样本。

（2）调查的性质。调查的性质对样本量的大小也有影响。对探索性的研究，如采用定性方法的研究，样本量一般都比较小；对结论性的研究，例如描述性的调查（如顾客满意度指数分析），一般则需要较大的样本。

（3）回收率。确定样本量时，还需要考虑"合格"的调查对象可能拒绝接受调查的情况。

（4）资源限制。确定样本量时还应考虑人力、物力和财力等资源，以及其他一些限制，如是否有足够的能胜任数据收集工作的人员等。

11.2.5.2 定量因素

按统计方法来决定样本量的大小，依据的是传统的统计推断方法。在这些方法中，精度水平是事先规定好的，然后用适当的公式来计算样本量。

按统计方法确定的是纯净的样本量，即去掉可能不合格的以及不回答的调查对象以后的纯量。因此，实际使用的样本量可能要比纯净的样本量大一些，这主要取决于回收率。

11.2.5.3 参考数据

如果感觉样本大小的确定过于复杂，这里再给出几个常用数据供参考：

（1）在进行与前人相类似的调查时，可参考别人选取的样本数，作为自己取样的参考。当然，对前人使用的样本量要问清楚为什么，如果能够根据自己企业的实际情况进行必要的调整更好，不应盲目照搬，防止将错就错的恶性循环发生。

（2）如果是地区性的研究，平均样本人数在500～1000人较为适合；而如果是全国性研究，平均样本人数在1500～2500人较为适合。

（3）进行描述性研究时，样本数最少占母群体的10%。如果母群体较小，则样本数最好占母群体的20%。

（4）如果相关研究的目的在于探究变量之间有无关系存在，受试者在30人以上。

（5）进行因果比较研究与许多实验研究时，各组的人数至少要有30人。

（6）如果实验研究设计适宜，有严密的实验控制，每组受试者在15人以上，也有人认为每组受试者最少应有30人才适宜。

11.2.6 顾客满意度调查注意事项

在其他各项策划完成以后，方法的选用也非常重要，没有恰当的方法，任何目标都难以实现。

11.2.6.1 调查方选择

企业自行进行顾客满意度调查，可以直接面对顾客，而且双方可以进行交流，成本费用相对较低。但是，由于企业调查人员和顾客属于直接的供需方，有时候顾客不愿说出真实意见，因而也存在不足。

委托专业的第三方顾客满意度调查机构进行调查，其优点是专业化程度高，比较客观。如果企业选择的机构具有顾客调查的良好记录，那么一般情况下可以做到调查表设计更合理、抽样结果更科学、调查访问更容易被顾客接受，因而调查结果也更具真实性。但是，只重视形式、华而不实的第三方调查机构也不少，企业在选择调查机构时要注意收集信息，认真分析，三思而后行。

11.2.6.2 集中调查和平时收集信息相结合

邮寄调查表、走访顾客虽然是收集信息的有用方法，但毕竟要支付一定的费用；而平时顾客的来电、来信、来访是顾客意见最真实、最直接地反映，因而更加重要。平时注意收集资料，既可以减少集中性的调查，从而节约成本，又可以达到调查顾客满意度的目的。

企业质量管理体系建设中对顾客满意度的监控和测量，主要应采取平时对顾客满意度信息收集、积累和分析的方法，并且及时把这些信息反馈给有关部门，及时调整顾客满意度管理的控制措施。

11.2.6.3 顾客满意度调查的风险

所谓顾客满意度调查的风险，就是由于调查结果反映顾客真实意图程度方面的偏差所造成的风险，而这种风险又是与用样本估计总体的有效性和无偏性密切相关的。只要在选用调查方法时，能够按照科学的抽样方法实施抽样，就能把这种风险控制在可以接受的范围内。

11.3 顾客满意度调查表

选定样本之后，就要对调查的内容、评分标准进行策划，以确保调查结果的真实性，达到调查的目的。策划人员要紧紧围绕已经确定的顾客满意度调查目的设计调查表。由于顾客满意度调查属于社会调查的范畴，这些调查理论是根据抽样研究方法构建出来的，调查时的视角不同，很可能会造成得到的结果不同。调查结果与调查表的内容有很大关系，同一个调查对象、同一个调查内容、同一个调查员，如果调查表不一样，调查的结论可能相差悬殊。

顾客满意度调查表需要根据企业的具体情况设计，没有固定不变的样式和所谓标准的内容，应根据企业的实际和管理者的需要设计。调查表设计本身也蕴含着风险，这种风险就是调查表的设计有可能影响调查结果，如果调查表的设计存有缺陷，就可能造成调查结果"失真"。如果能加强调查表的设计控制，很多风险是能够避免的，至少可以使风险减小到能够被接受的程度。下面就调查表设计中的几个最重要的问题做一些说明。

在调查表的设计方面，有一些技巧和方法。如果有类似的调查表可供参考，可以根据新的调查任务和现实情况的变化，对原有的调查表加以修改、增删、完善，这样可以减少一些工作量。

11.3.1 调查表基本结构及要求

11.3.1.1 调查表基本结构

调查表是指为了调查和统计使用的一种表格，是顾客满意度测量中最常用的一种测量工具。调查表通常由三部分组成：开头、正文和结尾。

（1）开头。调查表的开头是调查表说明，包括调查员的自我介绍，说明调查的主办单位和个人的身份，调查的内容、目的、填写方法和所需的时间，并说明希望被调查者给予合作和帮助。必要时，要说明保证替被调查者保守秘密，并表示真诚的感谢或说明将赠送的小礼品。开头部分应简明扼要,防止长篇大论,以能够说明问题为宜。开头部分需要告诉顾客的内容,应使用亲切、诚恳和礼貌的语言。

调查表的开头是十分重要的。顾客满意度调查通常十分依赖被调查者的自愿合作。一般的情况是,如果被调查者在调查员起初介绍来意时就答应了参与,那么绝大部分人都会配合,只有非常少的人会在此之后退出。

调查表的开头有时还包括填表说明,可以在给被调查者的信中简要说明,也可以在调查表的下面专门设置一栏详细说明。在容易出错的问题中,根据需要也可以附加一定的指导语,如"限选一项"或"可选多项"等字样。

(2) 正文。调查表的正文包括用于测量顾客满意度的大量问题,或用于了解可以为质量改进提供参考信息的问题。这一部分的结构安排要符合逻辑,从一个主题到另一个主题的转化要平稳自然,不要有突变或大跳跃,使被调查者难以接受。

正文中的问题大部分是封闭型问题,这些问题的设置要便于以后的数据汇总和分析。当然也可以包括一些开放型问题,给被调查者一个自由发表意见的机会。一般情况下,开放型问题的数目不宜过多。

(3) 结尾。结尾部分通常是人员基本情况,用于了解顾客的某些有价值的特征,主要用于顾客满意度测量后的数据分析。例如,被调查者的性别、年龄、文化程度、职业、家庭情况、经济状况、消费爱好等。

以上介绍的仅仅是调查表的一般结构,但并不是唯一的结构,如调查表的开头部分和结尾部分,有时候可以省略。例如,对样本量很大的电话用户或消费品用户进行电话调查时,顾客可能并不乐意提供个人信息,如果勉强顾客提供个人信息,就会引起顾客的反感,反而会给顾客满意度调查造成困难。

11.3.1.2 调查表基本要求

正如前面讨论的一样,调查表的设计不是一门精确的科学,而是一种需要经验和智慧的技术。只有对企业的顾客、生产和管理过程、管理者的要求有清晰认识的质量工作者,才有可能设计出出色的调查表。下面介绍调查表设计的基本要求,以供参考。

(1) 确定调查的项目。所谓确定调查的项目,即确定测量哪些内容,也就是具体提哪些问题,问题之间的逻辑结构如何。

显然,顾客满意度调查表中包括的测量项目应该是与顾客需求紧密相关的内容。此外,调查表中还可以包括一些用于收集顾客不满信息、改进信息和用于必要数据分析的其他信息。

一个成功的调查表应该站在顾客的角度来感受产品或服务的质量,从顾客的角度来选择关键质量特性和其他关键的评价指标。这是一个基本原则。不要站在管理者的立场上,也不要站在设计者个人的立场上,而一定要从顾客的角度设计调查表。

调查表的设计要选准关键要素和关键质量特性。在任何一个产品或服务中都有多个质量特性,什么是关键质量特性呢?仍然要从顾客的角度去分析和确认,不要自以为是,一定要真正从顾客的角度抓住关键的质量特性。顾客是否满意是由多种原因造成的,需要调查的内容也很多,不要试图在一次调查中解决所有的问题。因此,调查表不可能也不应该包罗万象。

毋庸置疑,顾客关注的重点就应该是企业关注的重点,因为顾客对这些质量特性的满意与否对企业的生存和发展有重要影响。要避免那些无关紧要的枝节问题,防止把顾客的关注点引入歧途。

(2) 根据调查访问的方式做调整。不同类型的调查访问方式对调查表设计也是有影响的。在面谈调查中,被调查者可以看到问题,并与调查员面对面地交谈,因此,可以询问比较长的、复杂的和各种类型的问题;在电话访问调查中,被调查者可以与调查员交谈,但是因看不到调查表,就只能问一些短的和比较简单的问题;邮寄或网上调查表是由顾客自己阅读的,因此问题设置也应简单一些,并给出详细的指导语,而面谈和电话访问的调查表要以对话的风格来设计。

(3) 确定每个问题的内容。调查表中的每一个问题都应对所需的信息有所贡献,或服务于某个特定的目的。如果从一个问题中得不到满意的数据,那么这个问题就应该删掉。不过,在一些情况下,还可能问一些与所需信息没有直接联系的问题。有时候在调查表的开头询问一些中性化的问题也是有用的,目的是使被调查者介入并建立友好关系,特别是当调查表的主题是敏感的或有争议时。如果调查表的问题内容过于敏感,应在调查表中穿插"测谎题",以探知填答者是否据实回答。

(4) 防止"无法回答"的问题出现。调研者不应假定被调查者能够对所有的问题都给予准确或合理地回答。被调查者可能"不知道",可能"回忆不起来",还可能"不会表述"。因此,调研者应当想办法避免这些情况的发生。

被调查者可能会对有些调查内容不了解。例如,当问到对洗衣机使用性能方面的问题时,一般家庭女主人了解得比较清楚,而男主人可能对此完全不了解。

因此,在询问有关信息之前,可先询问一些测量"熟悉程度""商品使用情况""过去经验"的所谓过滤问题。使用过滤问题,可以使那些不了解情况的被调查者在该项目上被过滤掉。

被调查者可能会对有些调查内容回忆不起来,而不能正确回忆的结果将导致遗漏、压缩或编造的错误。

对比较难以回忆的问题应该提供一些帮助信息。例如,某培训学校调查表中的问题:"您对使用过的哪些教材非常满意?"就是需要帮助回忆的一个例子。帮助信息应通过给出一些提示来刺激被调查者的记忆。例如,列出一系列教材的名称,然后问"您对使用过的哪些教材非常满意?"不过,在给出提示的时候,调查者也应注意,不要因刺激过强而使被调查者产生回答偏差。

对有些类型的问题,被调查者无法表达其答案。例如,询问他们喜欢去什么样气氛的饭店去吃饭,被调查者往往不能描述或不能给出适当表达。不过,如果给出一些描述饭店气氛的可供选择的答案,被调查者便可以挑选出他们最喜欢的那一种。否则,如果他们不能表达,则有可能忽视该问题,甚至拒绝回答调查表的其余部分。

(5) 选择问题的措辞。问题的措辞是指将所需的问题内容和结构转化为被调查者清楚、容易理解的句子。如果措辞不当,被调查者可能不予回答,或不能正确地回答。为了避免这些问题,在措辞时要遵循如下几个要领:

① 尽量使用容易理解的词语。调查表中应当使用符合被调查者语言水平的词语。根据调查对象的不同,确定所用词语的专业性,最好使用大家熟悉的词语,尽量不使用专业性或技术性很强的词语,避免使用生僻词语或字母组成的缩略词语。

② 使用不容易产生歧义的词语。调查表中使用的词语对被调查者来说应当具有唯一性,有些看起来似乎是明确的词语,实际上对不同的人却是有不同意义的。例如,"通常""正常地""频繁地""经常""偶尔""有时"等,这些词各人理解不尽相同,在调查表中应尽量避免使用。

③ 避免诱导性问题。诱导性问题是指设计出的问题中所使用的字眼带有趋势性、暗示性,显露出调查者自己的想法。例如下面的问题:大多数人经常使用××牌洗衣粉,您也是吗?上述问题带有明显的暗示,属于引导性问题,极容易引导被调查者回答"是"。

④ 确定问题的顺序。提问要有逻辑顺序,与某特定主题有关的所有问题应在开始另一个新主题之前问完。变换主题时,应采用一些简短的转换表达,以帮助被调查者调整思路。

最好将调查表分成几大部分,这样条理清楚,便于被调查者回答。

⑤ 测试调查表。测试调查表是指在一个小样本中检验调查表,通过试填写,可以发现和消灭一些潜在的问题。一般情况下,没有经过充分测试的调查表不应当用于实际的调查,用于测试的样本也应取自实际调查的总体。

即使实际调查将采用邮寄或电话调查的形式,测试调查表也最好采用面谈的形式,因为这样可以观察到被调查者的反应和态度。进行必要的修改之后,如果实际调查将采用上述方法,还可以用邮寄或电话调查的形式再进行一次测试。

稳妥的测试应当包括对得到数据进行分析的过程,以确定是否所有收集到的数据都可用,是否所需的数据都可以获取。

11.3.2 开放型问题和封闭型问题

开放型问题是指对回答类型不作具体、明确规定,不规定可供选择的答案,被访问者可以在比较广的范围内回答的问题。封闭型问题是指顾客只可以在调查者提供的有限答案中选择一个或几个答案的问题。

在调查表的设计中,一般使用的是封闭型问题,这样便于被调查者回答,也便于进行调查结果的汇总和分析。但是,在调查表中也可以加入一些开放型问题,以便在更广的范围内获得顾客对企业产品或服务质量的信息,为质量管理体系的有效运行和质量管理体系改进的有效实施提供信息。开放型问题一般可以放在调查表的后边,而且数量不要太多。

11.3.2.1 封闭型问题

封闭型问题确定了可供选择的答案数量。

封闭型问题具有以下特点:

(1) 答案是标准的,可以进行比较。

(2) 把答案转换成数据,统计分析比较容易。

(3) 顾客对问题的意义常常是比较清楚的;如果不完全了解问题的意义,也可以从答案类型中得知应该怎样回答,因而有助于提高回复率。

(4) 不妥切的回答可以减少到最低限度。

(5) 当处理敏感性问题变量的时候,如问及顾客的收入、受教育程度、年龄等,封闭型问题可以按照一定的梯级进行设计,避开敏感的侧面,使被调查者比较愿意回答。

(6) 封闭型问题比较容易回答,因为回答者仅需在有限的答案中进行选择。

11.3.2.2 开放型问题

诸如"您认为×××公司产品质量改进的重点是什么?""您认为质量管理常用的统计软件应该具备哪些功能?"等,这样的问题就属于开放型问题。

(1) 开放型问题的优点。开放型问题可以在没有弄清楚一切可能的答案时就加以使用,也可以在调查者希望了解顾客认为什么是恰当的答案时加以使用。例如,×××公司产品质量改进的重点就是一个没有标准答案的问题。提出这样的问题,有助于顾客在较广的范围内发表看法,启发企业管理者的思维,说不定会有意想不到的收获。这些优点是封闭型问题所不具备的。

开放型问题可以在潜在的答案太多,以致不能都列入调查表时加以使用。例如,质量管理常用的统计软件可能需要很多功能,这些功能在封闭型问题中是没有办法罗列的,只有使用开放型问题,让顾客充分发挥。

(2) 开放型问题的缺点。开放型问题的目的在于保证有用的信息尽量包含在调查结果中,但无法排除相当多的无价值的、不确切的信息同时存在。开放型问题得到的数据常常不是标准化的，这就给对比分析或统计分析，特别是计算机处理带来较大的困难。

回答开放型问题需要较高的写作技巧和表达能力，相比封闭型问题，通常要求被调查者具有较高的文化水平；回答开放型问题需要花费的时间更多，致使回复率可能降低。

开放型问题和封闭型问题的比较：

对不能用几个简单的答案就概括清楚而要详加讨论的复杂问题，使用开放型问题比较合适。开放型问题可以用来了解顾客独特的需求、对企业的期望或其他市场信息。

封闭型问题一般用在答案是离散的、确定无疑的、数目相对较少的场合。回答封闭型问题一般不需要对被调查者进行专门的培训。

许多调查表中的问题类型是上述两者的混合，既有关于基本特性的封闭型问题，又有一些开放型的"思考问题"。一般情况下，各种类型的顾客满意度调查表都应当包括至少一个开放型问题（常常放在调查表末尾），以便了解顾客（被调查者）是否认为有重要的问题被遗漏。

11.3.3 常用调查方法

调查表设计完成后，就要选择和培训调查员。调查员的选择要根据顾客满意度调查的重要性、任务的难易程度及调查的频度进行。一般来说，企业不必配置专门的顾客满意度调查员。但是，除非委托第三方调查外，顾客满意度调查员应该尽量从企业内部选择，避免全部从社会上招募临时工作人员。调查员应从质量管理人员、销售人员和技术人员中选择，经过必要的培训，即可成为合格的调查员。

调查方法选择合理与否，会直接影响调查结果。因此，合理选择调查方法是顾客满意度调查的重要一环。

顾客满意度调查中常用的调查方法有面谈调查法、电话调查法、网络调查法、邮寄调查法、留置调查表调查法、秘密顾客调查法等。

11.3.3.1 面谈调查法

面谈调查法就是调查员与一个被调查者直接进行面谈，或者与几个被调查者集体面谈；可以一次面谈，也可以多次面谈。这种方法能直接与被调查者见面，听取意见并观察其反应，灵活性较大，并能相互启发，得到的资料也较真实。但是，这种方法的成本较高，调查结果受调查员的素质水平影响较大。

11.3.3.2 电话调查法

电话调查法是由调查员根据抽样的要求，在样本范围内通过电话向被调查者提出询问，听取意见。用这种方式进行调查，收集资料快，成本低，并能以统一格式进行询问，所得资料便于统一处理。关于信息记录，有人专门编制了电话调查软件，使人们能一边进行电话调查，一边把被调查者的回答输入计算机，从而可以迅速地进行数据处理，得到分析结果。但是，这种方法由于受到时间的限制，有一定的局限性；并且只能对有电话的用户进行询问，不易取得被调查者的合作，不能询问较为复杂的问题，调查难以深入。

11.3.3.3 网络调查法

这种调查法比电话调查法更加方便、实用、有效，是一种很好的调查形式，可以不受时间、地点和其他因素的限制，成本也比其他任何调查方法低，得到的信息量比其他任何调查方法都大，而且调查资料的汇总、存储和分析都可以自动完成。如果被调查者经常上网，这是一种较为适合的调查方法。

11.3.3.4 邮寄调查法

这是一种古老的调查方法，今天仍在使用。邮寄调查法是将预先设计好的调查表邮寄给被访者，请他们按表中要求填写完整后寄回。这种方法调查范围较广，被调查者有充裕的时间来考虑怎样回答问题，且不受调查员的影响，收集到的资料较为真实。但是，调查表的回收率较低，时间往往拖得较长，且被调查者有可能误解调查表中一些题目的含义，从而影响调查结果。

11.3.3.5 留置调查表调查法

留置调查表调查法是由调查员将调查表当面交给被调查者，并说明问题含义及回答要求，将调查表留给被调查者自行填写，然后由调查员定期收回。这种调查方法与邮寄调查法相比，可节省邮寄费用，而且回收率较高，但需要花费较多的人力。在顾客分布范围较广时，这种方法的实施难度更大。

11.3.3.6 秘密顾客调查法

秘密顾客调查法通常是某些受委托的顾客匿名光顾被调查企业的服务现场并接受服务，然后对该企业的服务给予评价。这种调查方法能够实现100%的回收率，测评结果也较为详细，但随机性较差，容易受到主观因素的影响。

调查员或受委托顾客的素质对秘密顾客调查法的结果影响较大，而且这种方法成本较高、信息量不大，调查结果的真实性、有效性难以保证，处理不好甚至会引起意外的麻烦。因此，在使用这种方法以前最好咨询一下律师，避免引起不必要的法律纠纷。

电话调查法、网络调查法和邮寄调查法是顾客满意度调查中最主要的数据收集方法。上述调查方法各有优缺点，在顾客满意度调查中，为了保证评价更为客观公正，有时候采用多种调查方法相结合的方式进行。

以上介绍的调查方法可以联合使用，有时候这些方法本身就是相互结合、相互渗透的。在进行顾客满意度调查时，应根据调查的有效性选择适当的方法，并根据调查的实际情况适时进行调整，防止不切实际地使用某些一成不变的方法。例如，某机械厂在实施顾客满意度调查时，将面谈调查法、电话调查法和邮寄调查法联合使用，对距离较近的顾客进行面谈调查，对距离较远的顾客进行电话调查，对电话联系有困难的顾客进行邮寄调查。结果证明，这种多种方法联合使用的调查比较有效。

课后习题

1. 什么是顾客满意？顾客满意有什么特点？
2. 内部顾客与外部顾客有何不同？
3. 影响顾客感知质量的要素有哪些？
4. 如何理解顾客满意与顾客忠诚之间的联系？顾客满意如何转化为组织的收益？
5. 顾客满意度测评的步骤和方法是什么？
6. 顾客满意度调查的方法有哪些？各适合什么场合？
7. 顾客满意度调查的抽样方法有哪些？各适合什么场合？
8. 根据本章内容，提出一个测评你所在学校可能使用的、超越传统课程评价的顾客满意度评价的新方法。
9. 你可能在计算机及其软件零售店参观过或购买过产品。分小组，用头脑风暴法辨识计算机零售店对你最重要的特征；设计一个顾客调查问卷，以评价顾客的重要性和零售店的业绩；提出改善顾客关系管理的具体建议。

第12章 服务质量管理

本章介绍了服务及服务质量管理概念及发展过程，阐述了服务质量管理的评价方法及评价模型。

12.1 服务经济

12.1.1 服务经济的到来

服务质量管理跟生产质量管理无论是评价要素还是适用领域还是有很大区别的。在服务质量管理产生和发展的相关背景中，服务经济是一个极其重要的概念。1968年，美国经济学家维克托·福克斯（Victor R. Fuchs）将20世纪50年代以来全球经济经历的结构性变革称为"服务经济"。服务经济在国民经济构成中占有极其重要的地位。随着全球经济的飞速发展，服务经济已经成为推动各国经济不断发展的原动力，其产值与就业人数已经成为衡量一个国家或地区经济发展水平的重要指标。

英国的经济学家约翰·杜宁在分析生产的服务形式进化时，曾把进化过程分为三个时期：①从17世纪初到19世纪，是以土地为基础的农业经济；②从19世纪到20世纪末，是以机器为基础的工业或制造业经济；③从20世纪末开始，是以服务为基础的服务经济时代。

在市场全球化的趋势下，服务业得到了快速发展，已经取代农业和工业成为国民经济的第一大产业。服务经济在国民经济中的比重不断上升，成为推动国民生产总值不断增长、推动经济持续发展的重要动力，服务经济的时代已经到来了。

12.1.2 服务经济的重要性

服务经济早已不局限于传统的饮食业、零售业等，而是涵盖了服务业乃至对外服务贸易的市场经济门类与形式。服务经济已经成为发达国家明显区别于发展中国家的竞争优势，并成为发展中国家经济的努力方向。在发达国家，服务经济已经成为经济增长的中坚力量，通过其各种服务功能来有机连接社会生产、分配和消费等环节，加速人流、物流、资金流和信息流的运转，对推进工业化和现代化进程具有重要的作用。服务经济与社会的进步发展密切相关。社会进步推动了服务业的升级，服务的创新也成为经济增长的引擎。服务业不仅在国民经济中的比重不断上升，而且还是吸纳就业的主要部门，极大地促进了国民经济效率的提高和国民总收入的增长，所以日益引起人们的高度重视。

我国将全面建成小康社会，并且工业化、城镇化、市场化、国际化正加速发展，服务业已经进入了增长速度加快和地位上升的阶段。加快发展服务业，提高服务业在三次产业结构中的比重，尽快使服务业成为国民经济的主导产业，是推进经济结构调整、加快转变经济增长方式的必由之路，是有效缓解能源短缺的瓶颈制约，提高资源利用效率的迫切需要，是适应对外开放新形势、实现综合国力整体跃升的有效途径。

12.1.3 服务经济的概念

服务经济时代有两层含义：一是指服务业迅速发展；二是指服务成为一种理念，各行各业都在提供服务。那么服务经济的含义到底是什么呢？服务经济按照其研究的范围有广义和狭义之分，狭义的服务经济就是生活服务经济，主要研究与人民生活相关的饮食、酒店、日用品修理、理发、照相等行业的活动。广义的服务经济除研究生活服务业之外，还研究包括邮电、通信、运输、娱乐、文化教育、科研、卫生等诸多领域在内的国民经济部门和行业的活动。所以，凡是具有时代特征的、适应现代人需求的服务业，都应该引入服务经济研究的范畴。

服务很早就进入了我们的生活，但服务经济学作为一门独立的学科理论，在西方是从20世纪30年代开始的。服务经济理论的创始人费希尔认为，社会经济的发展是从第一产业也就是农业占优势的经济，依次过渡到第二产业也就是工业占优势的经济和第三产业服务业占优势的经济。国内外的学术界对服务经济的定义也有很多种方式，有的采用规模定义法，有的采用对比定义法，有的采用阶段定义法，那么综合以上定义模式，服务经济可以被定义为：以知识、信息和智力要素的生产、扩散和应用为经济增长的主要推动力，以科学技术和人力资本的投入为核心生产方式，以法治和市场经济为制度基础，经济社会发展主要建立在服务产品的生产和配置基础上的经济形态。服务经济的投入要素是科学技术和人力资本，产出的则是知识、信息和其他智力要素，凡是符合这个条件的，都可以归纳进服务经济的范畴里。

12.1.4 服务经济的特征及特点

整体来看，服务经济有四大特征：第一，它越来越漠视地理、距离和时间，服务是随时随地发生的。第二，极大地促进老产业调整和新产业发展。第三，服务经济是以知识为基础的经济，信息和知识不是被束缚在各个国家和地区之内，而是可以任意地流动及无限地扩大。第四，服务是无边界的，可以让每一个国家或地区自由平等地获得知识和信息。

服务经济有五个特点。第一个特点就是无形性，服务业提供的产品是一种能满足人们某种需要的劳动活动，生产和消费是同时进行，无法以形状、质地、大小等标准去衡量和描述，所以服务是一种无形的产品。第二个特点是非物质性，因为服务是一种靠人来完成的"行为"或"体验"，而不是有形物品。第三个特点是知识性，培训、咨询、研发等现代服务业大多数是知识传播活动的主体，属于知识密集型产业。知识在现代服务业中也是一种创新源。第四个特点是集聚性，我们可以感受到服务业较发达的地方一般都是"北上广"这样的大城市，小城市的服务业相对来说就不太发达，这是因为大城市拥有活动成本的节约、公共设施成本的分摊、产业链的联系及信息沟通的便捷等，使得服务业获得竞争优势的基本条件，所以服务业一般都会向大城市集中。第五个特点是便捷性，现代服务业是产业分工深化的产物，是根据社会生产和生活中的某些环节而进行专门化和规模化的活动，这种活动不但提高了生产效率，也带来了生产和生活上的便捷。

12.1.5 服务经济的发展趋势

第一点是服务业内部结构"知识化""融合化"趋势明显。服务业逐渐从劳动密集型转向知识密集型，知识、技术含量高的现代服务业逐渐占据服务业的主导地位。第二点是服务产出成为经济发展与运行的关键要素，生产性服务业的飞速发展成为一种基本现象。生产性服务使人力资本、知识资本和技术资本进入生产过程，使产品价值实现增值。第三点是高端服务业越来越向少数中心城市集聚。企业的中心功能，如研发、营销、融资、管理等核心功能是向企业总部集聚的。中心功能的复杂化则带动了会计、金融、法律等专业服务业的发展，而这些企业总部和专业服务机构都集聚于少数核心城市，这一点其实也与之前总结的服务业的一个特点是相互呼应的。第四点则是服务经济体验化趋势。由于服务的生产和消费是同时发生且具有无形性特征，消费者的体验，也就是人的主观感受成为一种经济物品，消费者成为价值创造的主体。

12.1.6 我国服务经济的发展

在20世纪，我国的农业和工业的发展普遍落后于其他国家，虽然近年来服务业有了较快的发展，在某些服务领域甚至走在了世界的前列，比如电子支付，我国快速地跨越了银行卡支付阶段，直接进入到了移动支付阶段。但是和世界先进服务业的发展水平相比，我国的服务业不仅占GDP的比重较低，而且我国服务业提供的服务质量也较差。发达国家的服务业与GDP的比重在20世纪70年代就已经达到了70%以上，而我国在1994年才仅为23%，到了2011年达到了35.7%，到了2016年达到了50.8%，我国的目标是在2024年要突破60%。由此可见，我国只是刚刚跟上了国外服务业发展的步伐，服务业和服务经济的发展及服务质量管理的相关研究任重道远。

12.2 什么是服务

12.2.1 服务的概念

20世纪70年代初期，服务业的发展促进了学术界对服务业的研究。从广泛的意义上说，在社会分工的条件下，不同的行业的人们从事不同的劳动，就是为彼此提供服务。在现实生活中，由于社会分工的发展，一部分人不从事工农业生产，只为他人提供非工农业产品的效用或有益活动，这种现象被称为服务。典型的服务业包括修理、娱乐、餐饮、饭店、旅游、医院、会计服务、法律服务、咨询、教育、房地产、批发零售、物流、金融、保险、租赁等多种行业。许多学者和机构均对服务给出了自己的定义。

（1）美国市场营销协会（AMA）于1960年将服务定义为"服务是一种经济活动，是消费者从有偿的活动或从所购买的相关商品中得到的利益和满足感"。这一定义并没有充分区分服务与有形产品的差异。

（2）美国学者斯坦顿（Stanton）1974年将服务定义为"可独立识别的不可感知的活动，为消费者或工业用户提供满足感，但并非一定要与某种产品或服务连在一起出售。"

（3）美国学者菲利普·科特勒1983年将服务定义为"一方能向另一方提供的，基本上属于无形的，并不产生任何影响所有权的一种活动或好处。服务的生产可能和物质的生产相关，也可能不相关。"

（4）芬兰学者格朗鲁斯1990年把服务概括为"或多或少具有无形特征的一种或一系列活动，通常但并非一定发生在顾客同服务提供者及其有形的资源、商品或系统相互作用的过程中，以便解决消费者的有关问题。"

（5）英国学者佩恩将服务定义为"一种涉及某些无形性因素的活动，它包括与顾客或他们拥有的财产的相互活动，它不会造成所有权的转移。条件可能发生变化，服务可以但不一定与物质产品紧密相连。"

(6) 在 ISO 9000:2015 标准中，对服务的定义如下："服务通常是无形的，并且是在供方和顾客接触面上至少需要完成一项活动的结果。"

但由于服务的范围非常广，难以精确界定，很难用一个大家普遍接受的权威观点来概括其含义，于是很多学者尝试从不同的视角来定义服务的概念。

12.2.1.1 经济学的视角

法国古典经济学家萨伊指出服务是人类的劳动果实，是资本的产物，是一个经济主体受让另一个经济主体经济要素的使用权，并对其使用所获得的运动形态的使用价值，即服务不会造成所有权的更换。

12.2.1.2 服务营销的视角

市场营销学家菲利普·科特勒认为，服务是一方能够向另一方提供的基本上是无形的任何活动或利益，并且不会导致所有权的产生。服务可以从销售中购买，也可以随产品购买。

12.2.1.3 服务过程的视角

服务管理专家雷迪和亨利认为，服务与普通产品的最大区别在于，它主要是一个过程、一种活动。服务的过程可以被看作是一个投入→变换→产出的过程，任何一个企业的运营过程都是投入人力、物料、设备、技术、信息等各种资源，经过若干个变换步骤，最后成为产出的过程。

12.2.1.4 服务特性的视角

贝森、格罗鲁斯、内蒂诺恩等学者认为，服务是一种无形特征和交互作用的过程活动，它经常是与顾客进行"合作生产"而得到利益或满足感。

12.2.1.5 服务管理的视角

詹姆斯·菲茨西蒙斯认为，服务是一种顾客作为共同生产者、随时间消逝的、无形的经历。

12.2.2 服务的特性

服务的第一个特性是无形性。无形性是服务的最主要特征。无形性需要从两个方面来理解。一是与有形的消费品或工农业产品比较，服务的空间形态基本上是不固定的，在很多情况下人们不能触摸到，或者无法用肉眼看见它的存在。二是有些服务的实用价值或效果仅能抽象地表达，而且往往在短期内难以察觉到服务所带来的利益。因此，在服务被购买以前，消费者很难去品尝、感觉、触摸到"服务"，购买服务必须参考许多意见与态度等方面的信息，如教育服务、家电维修服务等。

服务的第二个特性就是服务的即时性，即时性主要表现在两个方面：一个方面是不可分离性。有形产品从设计、生产到流通、消费的过程，需要经过一系列的中间环节，生产和消费过程具有非常明显的时间间隔。而服务的产生和消费是同时进行的，服务人员将服务提供给顾客的过程，也就是顾客消费、享用服务的过程，因此服务的生产和消费在时间上不可分离。第二个方面是不可储存性，是指服务的生产和消费必须放在同一时间、同一地点进行，无法如一般有形产品一样，在生产之后可以存放待售，它是不能被存储的。服务的这个特征，决定了服务的生产者（提供者）与服务的消费者如果不在同一场所同时相遇，则服务的生产和消费就很难成立。例如，教育服务中的教师和学生，医疗服务中的医生和病人，只有两者相遇，服务才有可能成立。

服务的第三个特性是异质性，即服务的构成及其质量水平经常变化，很难统一界定。服务业是以人为中心的产业，由于人的个性的存在，包括服务决策者、管理者、提供者和消费者都有自己的个性，使得对于服务质量的检验较难采用统一的标准。由于服务提供人员自身因素的影响，即使由同一服务人员在不同时间提供的服务也很可能有不同的质量水平，而在同样的环境下，不同服务人员提供的同一种服务的服务质量也有一定差别。也就是说，由于服务无法像有形产品那样实现标准化，因此同一服务存在质量差别。每次服务带给顾客的效用、顾客感知的服务质量都可能不同。服务的异质性是由服务提供者、服务消费者以及两者之间的相互作用三方面共同决定的。由于顾客直接参与服务的生产和消费过程，不同顾客在学识、素养、经验、兴趣、爱好等方面的差异客观存在，直接影响到服务的质量和效果，同一顾客在不同时间消费相同质量的服务也会有不同的消费感受。

服务的第四个特性则是所有权的不可转让性，顾客在消费完服务后，不会获得像有形产品交易后的所有权的转移，服务消费者对服务只拥有使用权或消费权。例如，乘坐飞机抵达目的地后，除了机票和登机牌以外，旅客不再享受旅行服务，航空服务的所有权不会发生变化。在银行提款后，储户取到了钱，但银行的服务不会产生所有权的变更。

12.2.3 服务的分类

服务是一个整体的概念，如何将服务进行分类也是很多管理学家讨论的热门话题。较为主流的分类方法是从管理视角和功能视角对服务进行分类。

12.2.3.1 管理视角的服务分类

美国服务营销领域著名学者、美国耶鲁大学管理学院教授洛夫洛克做的第一种分类是根据服务对象和服务活动的有形性或无形性来进行的，由此将服务分为针对人体的服务、针对商品或其他实物的服务、针对人的思想的服务和针对无形资产的服务四类。他所做的第二种分类是根据服务组织同顾客的关系，将服务分为会员制持续传递型服务，如学校、银行等；持续传递但没有正式关系的服务，如高速公路、广播电台等；会员制间断交易型服务，如通信服务、定期保修等；最后一种是间断的没有正式关系的交易型服务，如公共交通、餐馆等（图12-1）。

图12-1 洛夫洛克分类

萧斯塔克则是从实体产品与服务相结合的角度进行服务分类的，他以实体性主导和非实体性主导为两端，将企业提供给市场的东西分为四大类，并排成一种连续谱系。第一大类是指纯粹的而且不附带明显服务的实体产品，如盐、牙膏等。第二大类是附带服务的实体物品，如汽车、电视机等。第三大类是伴有产品的服务，如航空旅行、手术等。第四大类是纯粹的服务（图12-2）。

美国亚利桑那大学的蔡斯教授根据顾客和服务体系接触程度来划分服务。接触程度是指服务体系为顾客服务的时间与顾客必须留在服务现场的时间之比。蔡斯将服务体系划分为三种类型，分别是纯服务体系、混合服务体系和准制造体系。纯服务体系与顾客直接接触，其主要活动需要顾客直接参与；混合服务体系的"面对面"服务工作与后台辅助工作松散地结合在一起；而准制造体系与顾客几乎没有面对面的接触。

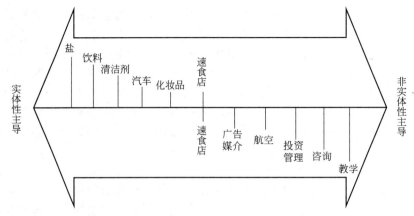

图 12-2 萧斯塔克分类

而另一位服务质量管理学家罗杰·施米诺则设计了一个服务矩阵，以劳动力密集程度和交互和定制程度这两个维度的高低形成了四个象限。劳动密集程度低、交互和定制程度低的象限提供标准化服务，具有较高的资本投资，比如航空公司、运输公司、酒店等。劳动密集程度低、交互和定制程度高的象限允许客户得到更多的定制服务，比如医院、机动车修理厂等。劳动密集程度高、交互和定制程度低的象限提供无差别的服务，比如零售业、批发业、教育等。劳动密集程度高、交互和定制程度高的象限提供专业性服务，比如私人医生、律师、会计师、商业咨询等（表 12-1）。

表 12-1 罗杰·施米诺分类

项 目		交互和定制程度	
		低	高
劳动密集程度	低	服务工厂 航空公司 运输公司 酒店 度假胜地与娱乐场所	服务作坊 医院 机动车修理厂 其他维修服务
	高	大众化服务 零售业 批发业 餐饮业 教育	专业性服务 私人医生 律师、会计师 商业咨询 网络信息商

12.2.3.2 功能视角的服务分类

经济学家布朗宁和辛格曼从服务的功能出发，将服务分为流通服务、生产者服务、社会服务、个人服务（表 12-2）。

表 12-2 布朗宁和辛格曼分类

类 型	示 例
1. 流通服务	交通、仓储、通信、批发、零售、广告及其他销售服务等
2. 生产者服务	银行、信托及其他金融、保险、房地产、工程和建筑服务、会计、出版、法律服务、其他营业服务
3. 社会服务	医疗和保健、医院、教育、福利和宗教服务、政府、邮政及其他专业化服务
4. 个人服务	家政服务、旅馆和餐饮、修理服务、洗衣理发和美容服务、娱乐和休闲及其他个人服务

具体来看，流通服务如交通、仓储、通信、批发、零售、广告及其他销售服务等活动，是从生产到消费的最后一个阶段，它们与第一产业和第二产业加起来就是商品从原始自然资源经过提炼、加工、制造、销售，最后到达消费者这样一个生产流通和消费的完整过程。因此，流通服务必然会随着商品生产规模的扩大而增加。

生产者服务主要是作为商品生产的中间投入，往往会随着商品生产规模的扩大而发展，同时，又会随着社会分工程度的提高和产业组织的复杂化，而不断从商品生产企业中分化出来，从而得到进一步的发展。

社会服务包括政务、医疗、教育、运输等具有公共需求特性的服务活动，在工业化后期取得快速的发展，是物质文明高度发展后的产物。因此，它们的实现必须借助于高度发展的物质生产条件。很多社会服务是为了维持制度的运行而生产的，属于社会消耗的"交易费用"，并不是越多越好。

个人服务包括家政、餐饮、住宿、娱乐等社会活动，主要来自个体消费者的最终需求，具有规模小、经营分散、资本投入低、技术含量不高等特点。

12.3 什么是服务质量

凯瑟琳·德夫拉伊在《服务制胜》中说：质量不是一个条例，而是一种态度。产品质量、服务质量和工程质量是市场竞争力的基础，是消费者合法权益的保障，是一个国家综合国力的象征，也是社会可持续发展的关键因素。服务企业要适应不断变化的市场环境和变幻莫测的顾客需求，就必须把服务质量管理作为企业管理的核心和重点。在学术领域里，服务质量是目前管理界一个新的重要的研究领域。开展服务质量的研究对于促进服务竞争、社会的进步、提高企业的竞争能力具有重要的现实意义，应当引起管理界和企业界的高度重视。在日常生活中，消费者不仅会对有形产品的质量作出评价，还会对其接受的服务的质量作出评价。但是，很多消费者发现对有形产品的质量进行评价时，评价的标准会非常直观，而对服务质量进行评价时，常常会不知道从哪几个方面下手。所以，对服务质量进行系统的学习非常必要。首先，我们就需要了解一下服务质量的概念及特征。

12.3.1 服务质量的概念

很多学者对服务质量的概念进行了长期的研究。莱特南等人（Lehtinen，et al.）提出了服务质量的三个构面，即实体的质量、交互关系的质量和全体的质量。朱兰博士认为服务质量可分为五个部分：技术方面（如服务的难易度）、心理方面（如味道和感觉）、时间导向（可靠度和持续性）、契约性（保证服务）和道德方面（如服务人员态度和诚实服务等）。格罗鲁斯提出服务质量的 7 个维度：职业作风与技能、态度与行为、服务的易获得性和灵活性、可靠性与信任性、服务补救能力、服务环境组合、声誉与信用。普拉苏拉曼、约瑟曼和白瑞认为服务质量取决于顾客购买前期望、感知的过程质量和感知的结果质量。他们三人被简称为PZB，他们提出衡量服务质量的五个维度：有形性、可靠性、响应性、保证性和移情性。对服务质量作了一个比较权威的定义，指出服务质量是顾客对服务质量的感知同对服务的期望之间的比较。

服务质量的定义中有个语句叫对服务质量的感知，根据这个内容，格罗鲁斯教授于1984年第一次提出了感知服务质量这个概念，并对其内涵进行了科学界定。他将感知服务质量定义为顾客对服务期望与感知服务绩效之间的差异比较。感知服务绩效大于服务期望，则顾客感知服务质量是良好的，反之亦然。同时，他还界定了顾客感知服务质量的基本构成要素是由技术质量（即服务的结果）和功能质量（即服务的过程）组成，格罗鲁斯创建的感知服务质量评价方法与差异结构至今仍然是服务质量管理研究最为重要的理论基础。

服务质量是服务的一组固有特性满足顾客要求的程度。角度的不同决定了对服务质量理解的差异。从服务提供者的角度出发，服务质量意味着组织对服务特征的规定与要求的符合程度。从顾客角度出发，服务质量意味着服务达到或超过顾客期望的程度。服务质量是一个主观范畴，它取决于顾客对服务质量的预期，也就是预期质量同其实际感知的服务水平即体验质量的对比。

12.3.2 服务质量的发展阶段

作为一个30多年前提出的理论，发展到今天，服务质量理论也是经历了几个发展阶段，整体来看，感知服务质量的研究经历了三个阶段。1980年到1985年是第一阶段，也是研究的起步阶段，主要是定义了服务管理和服务质量管理中的一些基本概念，为以后的研究打下了坚实的基础，但是这个阶段的研究大多局限于单个概念，所设计的也大多是静态模型，对感知服务质量与其他要素的相关关系研究得很少。1985年到1992年是第二阶段，这一阶段主要是对构成服务质量的要素进行研究，如顾客感知服务质量度量要素的选择等。1992年至今则是第三阶段，这一阶段的研究注重深入性、系统性和整合性及模型的动态化。

12.3.3 服务质量的基本特性

服务质量有四大基本特性。第一，服务质量是一种主观质量。顾客评价一个服务机构的服务质量时，一般是根据自己的期望和实际感知的服务作比较进行判断。不同的顾客可能对同一种服务质量产生不同的感知。在一定的环境和道德前提下，消费者根据自身的需要或期望，说服务质量是什么就是什么。比如不同文化背景的顾客对相同服务的感知可能会存在较大的差异，即使是同一个顾客，在不同的时段，可能对质量的要求也会产生变化。第二，服务质量是一种互动质量。服务具有生产与消费的同时性，服务质量也是在服务提供者与顾客互动的过程中形成的。如果没有顾客的紧密配合、响应，或者是顾客无法清晰地表达服务要求，服务过程就将失败，服务质量会受到严重影响。第三，过程质量在服务质量构成中占据极其重要的地位。大多数服务需要顾客参与服务过程，与员工进行面对面接触，顾客不仅关注产出质量，而且注重服务过程中的感受。正因为服务质量是一种互动质量，所以，服务过程在服务质量形成过程中起着异常重要的作用。第四，对服务质量的度量，无法采用制造业中所采用的方法。在服务业中，不但要考虑服务质量与服务标准的吻合问题，而且要衡量质量的外部效率，即对顾客关系质量的影响。然而制造业只是聚焦于内部效率。所以说，两者还是有很大不同的。

12.3.4 服务质量的评价维度

很多学者对服务质量的评价维度提出了自己的观点，比如萨瑟（Sasser）提出了安全、服务一致性、态度、服务完整性、服务设施状况、服务的易获得性、员工培训七个维度；莱蒂宁（Lehtinen）提出了互动性、有形性、公司质量等三个维度；海迪奥和帕特奇克（Hedyall & Paltschik）提出了愿意和有能力提供服务，以及有形方面和心理方面的易进入性等两个维度。但是，有几个问题需要注意：第一，不同行业的服务质量维度有可能是不同的，比如酒店业和航空业的服务质量维度肯定是不一样的。第二，不同行业的服务质量维度的重要性会存在差异，比如酒店业和航空业，都要求舒适和安全，但对于酒店业来讲，舒适是排在第一位的，而航空业则是将安全排在第一位。第三，不同的顾客，特别是不同文化背景的顾客，对服务质量维度的理解也会存在差异，比如日本航空公司在头等舱提供的跪式服务，文化背景相似的中、日、韩等国的旅客可能会习以为常，但欧美旅客则会感到非常不适。

12.4 服务质量评价方法

12.4.1 SERVQUAL 评价方法的由来

顾客感知服务质量评价方法被称为 SERVQUAL 评价方法，SERVQUAL 是英文 "Service Quality" 的缩写。SERVQUAL 评价方法是在 20 世纪 80 年代末由美国市场营销学家普拉苏拉曼（A. Parasuraman）、约瑟曼（Zeithaml）和贝瑞（Berry）在期刊《零售》（*Journal of Retailing*）上的一篇名为《一种多变量的顾客感知服务质量度量方法》的文章中提出的，一种建立在对顾客期望服务质量和顾客接受服务之后对服务质量感知的基础之上的，依据全面质量管理理论而提出的全新服务质量评价方法。其核心内容为"服务质量差距模型"，即服务质量取决于顾客所感知的服务水平与顾客期望的服务水平之间的差距程度，用户的期望是开展优质服务的先决条件，提供优质服务的关键就是要超过用户的期望值。顾客感知服务质量评价方法主要包括衡量服务的五个评价维度，即有形性、可靠性、响应性、保证性、移情性。这五个方面又可以分为若干个不同的问题，通过问卷调查、顾客打分等形式让顾客针对每个问题给出实际服务感知的分数、最低可接受的分数以及期望服务水平的分数，然后通过综合计算得出服务质量分数。

12.4.2 SERVQUAL 评价方法的评价维度

PZB 提出的五个评价维度是衡量服务质量的关键指标。第一个维度是有形性，有形性包括了实际设施、设备以及服务人员的外表等。所有这些都被提供给顾客，特别是新顾客用来评价服务质量。第二个维度是可靠性，是指可靠地、准确地履行服务承诺的能力。更广泛地讲，可靠性是指公司按照其承诺行事，包括送货、提供服务、问题解决及定价方面的承诺。第三个维度是响应性，是指帮助顾客并迅速地提高服务水平的愿望，强调在处理顾客要求、询问、投诉和问题时的专注和快捷。第四个维度是保证性，是指员工所具有的知识、礼节以及表达出自信与可信的能力，该维度在保险、咨询、证券、银行和法律等对专业水准要求较高的服务行业中就显得非常重要。第五个维度是移情性，是指为顾客提供个性化服务，通过个性化的服务使每个用户感到自己是唯一的和特殊的，以及服务提供者对他们的足够理解和重视。

12.4.3 SERVQUAL 评价方法的具体步骤

SERVQUAL 评价方法是一种建立在服务质量五个维度基础之上的衡量顾客感知服务质量的工具。它通过对顾客感知到的服务与所期望的服务之间的差距的比较分析来衡量。具体步骤可分为以下两步：

第一步是顾客通过调查问卷打分。根据 SERVQUAL 量表，通常调查问卷有基于五个维度 22 项指标（表 12-3）。

表 12-3　SERVQUAL 量表的 22 项指标

要　素	组成项目
有形性	1. 有现代化的服务设施 2. 服务设施具有吸引力 3. 员工有整洁的服务和外表 4. 公司设施与他们所提供的服务相匹配

续表

要　素	组成项目
可靠性	5. 公司向顾客承诺的事情能及时地完成 6. 顾客遇到困难时，能表现出关心并提供帮助 7. 公司是可靠的 8. 能准确地提供所承诺的服务 9. 正确记录相关的服务
响应性	10. 不能指望他们告诉顾客提供服务的准确时间* 11. 期望他们提供及时的服务是不现实的* 12. 员工并不总是愿意帮助顾客* 13. 员工因为太忙以至于无法立即提供服务，满足顾客需求*
保证性	14. 员工是值得信赖的 15. 在从事交易时顾客会感到放心 16. 员工是有礼貌的 17. 员工可以从公司得到适当的支持，以提供更好的服务
移情性	18. 公司不会针对不同的顾客提供个别的服务 19. 员工不会给予顾客个别的关怀 20. 不能期望员工了解顾客的需求 21. 公司没有优先考虑顾客的利益 22. 公司提供的服务时间不能符合所有顾客的需求

注：1. 问卷采用7分制，7表示完全同意，1表示完全不同意。
　　2. *表示对这些问题的评分是反向的，在数据分析前应转换为正向得分。

被调查者根据其服务的实际体验来回答问题，每个指标的分值都采用7分制，分值从7分到1分，分别代表着"完全同意"至"完全不同意"，每个指标期望的服务质量和感知的服务质量分值的差距就是该项指标的服务质量的分数，由此确定总的感知服务质量的分值。分值越高，说明被调查者期望的服务质量和实际感知的质量的差距越大，即顾客感知的服务质量越低。

第二步是计算服务质量的分值，首先，将单个顾客对22项服务指标的期望分数与实际感受分数之差进行求和，从而得到该顾客所感知的服务质量的总分值。

$$SQ = \sum_{i=1}^{22}(P_i - E_i)$$

式中　SQ——SERVQUAL 评价方法中的总的感知服务质量；
　　　R——每个属性的问题数目；
　　　P_i——第 i 个问题在顾客感受方面的分数；
　　　E_i——第 i 个问题在顾客期望方面的分数。

总分值除以22就得到了该顾客的 SERVQUAL 分值。然后把调查的所有顾客的 SERVQUAL 分数加总后再除以顾客的数目就得到了企业的平均 SERVQUAL 分数。以上内容存在一个假定条件，即五个维度在每个顾客心目中的重要程度是相同的，也就是所占的权重是一样的，但在实际生活中，显然不同的服务其五个维度在每个顾客心中所占的分量是不同的。比如，酒店的顾客认为保证性最重要，咨询企业的顾客会认为可靠性更重要。因此，在评估企业服务质量时要进行五个维度的加权平均，每个维度的权重值与该维度的指标的差值之和相乘，得到该维度的分值，然后五个维度进行求和。

$$SQ = \sum_{j=1}^{5} W_j \sum_{i=1}^{R}(P_i - E_i)$$

式中 W_j——每个属性的权重。

这个就是考虑了维度权重值的计算方法。

12.4.4 SERVQUAL 评价方法的应用

SERVQUAL 评价方法在服务性企业管理中有着广泛的应用，用以理解目标顾客的服务需求以及感知，并为企业提供了一套管理和度量服务质量的方法。SERVQUAL 评价方法主要有五大用途。第一，能够更好地了解顾客的期望与质量感知的过程，从而达到提高服务质量的目的。第二，能够横向地比较分析行业内的服务水平，通过计算本企业当前的服务水平与其他企业的服务水平的差距，可以更加准确地作出提高企业的服务水平的决策。第三，能够预测企业的服务质量发展趋势，将一个企业不同时期的分值进行比较分析，可以较准确地预测该企业的服务质量发展趋势。第四，有助于改善企业服务质量，通过不同顾客群体对服务质量维度重要性的认知，找出不同的顾客群体在感知服务质量方面的差异。第五，能够有针对性地对顾客进行分类，可以更加准确地找到目标顾客。

12.4.5 SERVQUAL 评价方法的修正

三位学者自 20 世纪 90 年代以来，对 SERVQUAL 评价方法进行了多次的修改与完善。完善后的方法与之前的方法有了较大的区别，主要体现在以下三个方面：第一，样本数量要远远多于修正之前；第二，对问卷项目的设计进行了改革，将问卷中负面性的问句全部改为正面性问句，从而大大提高了调查的效率，也极大地方便了对数据的处理与分析；第三，改变了问句的语气和打分尺度，将问句中的"应该"全部改为"能够"，解决了影响顾客对正确的期望作出判断的问题，打分尺度由 7 分改为 9 分，为顾客提供了更为广泛的选择范围。

12.5 服务质量模型

12.5.1 格罗鲁斯服务质量模型

格罗鲁斯在 1982 年提出，感知服务共有三个要素构成，即技术质量、功能质量和企业形象。1984 年，他在《欧洲市场营销杂志》上发表了一篇题为"一个服务质量模型及其营销含义"的文章，将顾客感知服务质量分解为两个组成部分，即技术质量和功能质量，技术质量指的是服务结果，功能质量指的是服务过程。在该论文中，他推出了自己的顾客感知服务质量模型（图 12-3）。

根据格罗鲁斯的模型，可以看到服务质量是这样形成的：服务过程的产出是技术质量，顾客从服务过程所得到的东西是结果质量，但是技术质量概括不了服务质量的全部，因为服务是无形的，顾客在接受服务的过程中要与服务人员接触，服务人员的行为、态度、穿着等将直接影响顾客对服务质量的感知。顾客对服务质量的感知不仅包括他们在服务中得到的东西，而且还要考虑他们得到这些东西的过程，这就是功能质量，也就是过程质量。过程质量难以被顾客客观地评价，它更多地取决于顾客的主观感受。企业形象在感知服务质量的形成中起到过滤作用。传统的营销活动和若干外部影响要素决定了顾客的期望服务水准，通过与顾客感知到的服务水准相比较，从而得到感知服务质量。这就是格罗鲁斯模型的内容。格罗鲁斯模型的重要意义不言而喻。因为在此之前，虽然人们已经认识到服务质量与有形产品质量之间的区别，但并没有人对服务质量的过程和构成进行更进一步的研究，而格罗鲁斯的服务质量模型对服务的过程性进行了科学的解释。

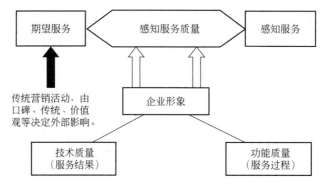

图 12-3　格罗鲁斯顾客感知服务质量模型

资料来源：Christian Gronroos. Service Quality Model and Its Marketing Implications. European Journal of Marketing，(18)，1984：40.

1988 年，格罗鲁斯对这个模型进行了修正，并将其纳入 1990 年出版的《服务管理与营销》一书中，但修正后的服务质量管理模型并没有实质性的变化。2000 年，格罗鲁斯对该模型再次进行了修正（图 12-4）。

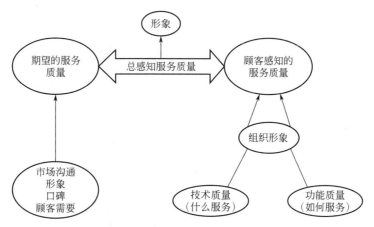

图 12-4　格罗鲁斯顾客感知服务质量模型（修正后）

资料来源：Christian Gronroos. Service Management and Marketing：A Customer Relationship Management Approach. England：John Wiley & Sons，Ltd.，2000：67.

从内容上看，2000 年的模型与 1984 年的模型有了一些新的变化，他对企业形象问题给予了特别的关注。在修正后的模型中，格罗鲁斯认为：组织形象是影响人们对企业看法的过滤器。人们会利用这个过滤器来"过滤"企业的技术质量和功能质量。如果企业的形象良好，形象就成为企业的"保护伞"。由于有"保护伞"的作用，顾客可能会忽略技术质量或功能质量上出现的小问题，甚至是比较严重的问题。但是，如果这种问题频频发生，则会破坏企业的组织形象。而倘若企业形象不佳，则这种过滤器就会发生负面作用，企业任何细微的失误都会造成很坏的印象，影响顾客对服务质量的感知。另外一个不同之处就是期望服务质量的影响因素扩展到了 4 个，这 4 个影响因素覆盖的范围有所缩小，但是更加精准，能够更准确地描述出顾客所期望的服务质量。

研究服务质量模型的目的在于指导管理实践，有六大管理启示。第一，服务质量完全取决于顾客的感知；第二，服务质量是技术质量和功能质量的统一；第三，技术质量是形成良好服务质量感知的入门资格，优异的过程质量是企业创造差异和持久竞争优势的真正推动力;第四,企业管理者应该重视企业形象的管理;第五,由于顾客感知服务质量等于体验质量减去预期质量,因此企业既不能将顾客头脑中的预期质量培养得过高,也不能过低;第六,通过管理期望来提高顾客感知服务质量。

12.5.2 PZB 服务质量差距模型

PZB 服务质量差距模型是由普拉苏拉曼、约瑟曼和贝瑞于 1985 年提出的,取以上三位学者名字的首字母,命名为 PZB 服务质量差距模型。

如图 12-5 所示,该模型是从差距的角度来理解服务质量的形成的,认为服务质量是期望的服务和感知的服务之间的差距,这个差距是由服务过程中的 4 个差距累积而成的。模型将顾客的服务感知与服务期望的差距定义为差距 5,它取决于与服务传递过程相关的其他 4 个差距的大小和方向。企业要想提高服务质量,应致力于消除这 4 个差距,以缩小差距 5。差距 1 是指顾客对服务的期望同管理者对顾客期望的认知之间的差距。差距 2 是指管理者对顾客期望的认知同企业制定的服务质量标准之间的差距。差距 3 是指服务质量标准同企业实际所提供的服务之间的差距。差距 4 是指企业进行外部市场沟通时承诺的服务同企业所提供的实际服务之间的差距,即承诺兑现差距。差距 5 则是期望的服务与感知的服务之间的差距。差距 5 实质上是前四个质量差距之和。

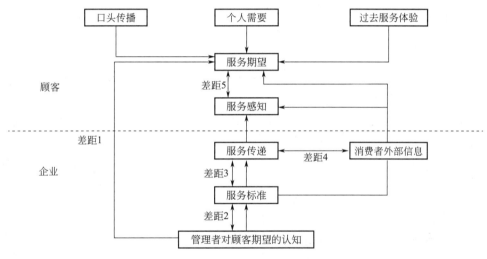

图 12-5　PZB 服务质量差距模型

资料来源:A. Parasuramn, Valarie A. Zeithaml, Leonard L. Berry. A conceptual Model of Sevice Quality and Its Implication for Future Research. Journal of Marketing,Vol. 49(Fall),1985:44.

模型的上半部分是关于顾客的,下半部分是关于企业(服务提供者)的。顾客对服务质量的期望是口碑沟通、个人需要和以前的服务体验等因素共同作用的结果,同时还受到企业所做的外部沟通(营销宣传)的影响。顾客实际感知的服务就是顾客对服务的体验,它是服务组织一系列内部决策和活动的结果。管理者对顾客预期服务的感知决定了企业制定的服务质量标准;一线员工按照服务标准向顾客交付服务;顾客则根据自身的体验来感知服务的生产和传递过程。

1993 年,三位学者对 PZB 模型进行了修正,修正后的感知服务质量模型与 1985 年的模型相比,有了很大的变化,集中体现在容忍区域被纳入模型中,期望的概念也被分解和细化了(图 12-6)。

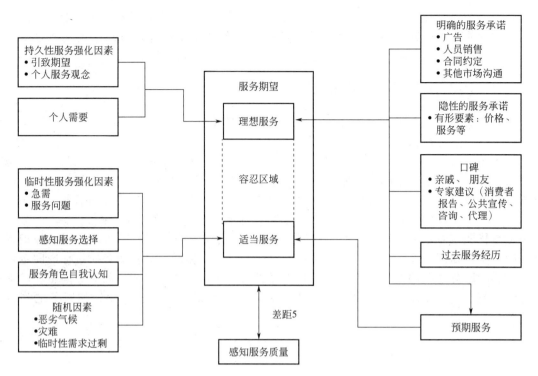

图 12-6　PZB 服务质量模型（修正后）

顾客服务期望可以分解为理想服务与适当服务两部分。理想服务是顾客希望得到的服务水平，是服务期望的上限，适当服务是顾客认为必须得到的服务水平，是服务期望的下限。理想服务和适当服务之间的差异就是顾客的容忍区域。理想服务主要受到两类因素的影响，即持久性服务强化因素（包括引致期望和个人服务观念）和个人需要。个人需要，即那些对顾客的生理或心理健康十分必要的状态和条件，是形成理想服务水平的关键因素。持久性的服务强化因素是相对独立和相对稳定的因素，该因素包括两类：一是引致期望，即由于其他顾客的需求或期望间接作用于服务接受者，使其服务期望发生变化；二是个人服务的价值观或理念，即顾客对服务的意义和服务提供者正确行为的根本态度。个人服务的价值观受到顾客本人服务经历和个人在社会中所处的层次的影响。除了这两大类因素外，企业的服务承诺、口碑和顾客过去的服务经历，也会对顾客理想的服务产生很大的影响。服务承诺包括两类：明确的服务承诺和隐性服务承诺。明确的服务承诺是企业通过广告、人员销售、公关和合同等对顾客作出的正式的承诺，是企业可以控制的影响顾客期望的少数几个变量之一。隐性的服务承诺是指企业虽然没有明确说明或标示，但顾客可以通过价格、服务等有形要素加以感知的服务承诺。顾客在接受服务前，其他相关人员对于该服务的口碑对其期望的形成起到强化或弱化的作用。过去的服务经历也会对顾客理想的服务产生影响。如果顾客以前接受过该企业的服务，而同时又没有接受过其他企业的服务，那么，他在该企业所接受的服务经历中，最好的一次将成为理想服务的参照；反之，如果该顾客接受过其他企业的服务，也接受过该企业的服务，该顾客就可能采取品牌标准乃至最优品牌标准来衡量该企业的服务。

三位学者又将以上各种因素分为可控因素和不可控因素，并将每个因素的可能的影响策略进行了归纳（表 12-4）。

表 12-4 可控因素与不可控因素

可控因素	可能的影响策略
明确的服务承诺	1. 作出现实和准确的承诺，而不是以理想服务的形式来反映实际传递的服务 2. 向接待人员询问关于广告和个人的销售中所作出的承诺，并逐步反馈 3. 避免加入与竞争对手的"价格或广告战"，这样会把中心从顾客身上转移开来，并提高承诺，使其超过自身所能达到的服务水平 4. 通过保证使服务承诺正式化，将公司员工集中在承诺上，并就承诺未被履行的次数提供反馈
隐性的服务承诺	确保服务有形性能准确地反映所能提供服务的类型和水平，公司确保对重要顾客的高水平服务，确保服务价格的合理性
不可控因素	可能的影响策略
持久性要素的强化	1. 运用市场研究确定引致服务期望及其需求的来源，集中广告和营销策略宣传服务满足重要需求的方法 2. 运用市场研究描述顾客的个人服务理念，运用该信息设计和传递服务
个人需要	培训顾客有关服务满足其需求方式的知识
临时强化因素	在高峰期或紧急情况下增加服务传递
感知服务选择	充分了解服务提供的竞争性，并且在可能和适当之处与之竞争
服务角色的自我认知	培训顾客理解其角色和怎样做得更好
口碑	1. 通过领导者推荐和建议的广告形式来模仿口碑 2. 确定对服务有影响和看法的领导者，并将营销努力集中在其身上 3. 对现有顾客运用激励手段，使其表达对服务的积极言论
服务经历	通过市场研究描述顾客以前类似的体验
随机因素	用服务承诺向顾客确保不管状况如何，服务能得到补偿
服务预期	告诉顾客何时服务提供水平会比一般的期望高，从而不会过高预测未来服务接触

适当服务源于米勒（Miller，1997）提出的"最低可容忍服务"，是顾客感知服务质量评价中一个非常重要的指标。所谓最低可容忍服务就是服务的最低限，它表明的是顾客认为企业的服务必须是什么样的。实际服务水平超过最低可容忍服务，顾客不一定满意，但是服务水平处于最低可容忍服务和预期服务之间，顾客可能依然会不满意。影响适当服务的因素包括临时性的强化要素、感知服务选择、自我感知服务角色、随机因素和服务预期。临时性强化要素是指一些与顾客期望相关的短期的和个人的因素，这些因素会在短期内强化顾客对某些服务的需求，适当服务的水平会降低或提升，从而缩小或放大顾客容忍区域。例如，一个顾客突然肚子疼，那么该顾客对于医疗服务或卫生间的需求会在瞬间得到放大，他的适当服务水平也会提升，进而缩小服务的容忍区域。感知服务选择是顾客所面临的可供选择的同类服务提供者的数量。如果顾客感知服务选择多，他的适当服务水平会上升，容忍区域会变小。反之亦然。自我感知服务角色是指顾客对所接受服务施加影响的程度。如果顾客认为自己在服务中的参与度很高，对服务水平高低影响很大，则会倾向于提高适当服务水平，反之，则会降低适当服务水平。随机因素是指在顾客接受服务前所遭遇的无法由顾客本人和企业控制的因素，如自然灾害等。随机因素会降低顾客适当服务的水平，放大顾客服务质量容忍区域。服务预期是顾客对即将接受的服务的一种理性的预期。例如，顾客会认为在就餐低峰期，餐厅门口的空闲车位数量比高峰期要多，上菜速度比高峰期要快。这种预期会提高适当服务水平，缩小服务质量的容忍区域。

以上这些因素的综合作用形成了顾客完整的期望，也奠定了顾客感知服务质量形成的基础。

12.6 服务质量管理体系

服务是以人的接触为主,服务有别于生产和制造,在质量的管理上比制造业困难。由于企业对质量的要求是相同的,服务质量管理与制造业的产品质量管理具有同等重要的地位,所以,对于企业来说,建立一套较为完整的服务质量管理系统非常重要。在服务质量管理中,强调以顾客为中心,即顾客满意的服务体系。制定和实施顾客满意的服务管理体系需要组织中每个人的参与和支持,所有员工都必须认同良好的服务,这就需要倡导一种以顾客为中心的企业文化,顾客导向和质量意识是文化的核心,企业的核心价值观就是每个员工都为企业的内外部顾客提供良好的服务。

12.6.1 制定服务战略

服务质量管理体系的基础是制定以顾客为中心、以质量为根本的服务战略。服务战略是服务企业带有全局性或决定全局的谋划,它体现了服务企业的愿景与使命,确定了服务企业的目标与任务。那么如何来制定服务战略呢?这就需要对企业的外部环境因素和企业内部因素进行综合分析。

如图12-7所示,企业的外部环境因素包括服务竞争环境、产业环境、市场与技术、政策与社会文化。企业内部因素包括企业的内部条件,主要指企业资源、能力与技能。另外一项内部因素是企业家精神与价值观。只有将内外部五个因素进行全面的分析,才能准确地把握企业的内外部环境,这样制定出来的服务战略才能准确地回答企业想做什么、能做什么、应该做什么和打算怎么做的问题。

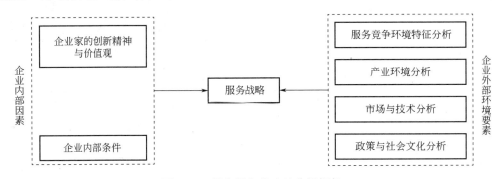

图12-7 制定服务战略的分析框架

12.6.1.1 企业外部环境分析

(1)服务竞争环境特征分析。服务竞争环境有五大特征:第一,进入壁垒低。由于服务的无形性导致服务创新难以保护,竞争者容易模仿,进入和退出的壁垒较低。第二,难以实现大规模供给。在服务过程中,服务的生产和消费是同时发生的,顾客需要在服务场所与提供服务的人员进行接触,这就限制了服务的范围,难以进行大规模供给。第三,容易被替代。由于产品的创新、技术的创新和服务的创新容易导致现有的服务被替代。因此,服务企业要时刻关注行业内和行业间的潜在替代品,重视创新所带来的替代风险。第四,需求变动较大。时间段、季节性等主客观因素对服务需求的变化往往影响较大。第五,对顾客忠诚度要求较高。由于顾客与服务提供者的接触极为紧密,顾客的感受对是否再次进行消费起决定性的影响,所以,比起生产型企业,忠诚度较高的顾客对服务企业来说更加重要。

(2) 产业环境分析。

① 产业生命周期分析。服务业的生命周期包含四个阶段：导入期、成长期、成熟期和衰退期，在不同的阶段，企业的服务战略特点有所不同（图12-8）。

产业特点	战略选择
竞争者很少； 边际利润低； 现金流为负； 市场不易细分	用户参与服务设计； 识别早期采用者； 开发服务产品原型； 从早期采用者那里获取反馈； 启动行业需求； 尝试性的供应； 形成积极的口头传播

(a) 导入期

产业特点	战略选择
行业迅速成长； 正向现金流出现； 高利润； 新公司进入； 竞争加剧； 市场细分明显	培育和扩大竞争优势； 开发品牌偏好； 培育顾客忠诚，形成重复购买行为

(b) 成长期

产业特点	战略选择
行业水平下降； 竞争激烈； 弱势企业震荡出局； 市场细分明显； 行业内企业间差异小	降低经营成本； 通过技术提升服务质量； 提升基于功能的服务质量； 关注特定的细分市场； 增加互补性服务； 推出强有力的广告； 通过并购扩大规模

(c) 成熟期

产业特点	战略选择
行业销售下降； 竞争程度降低； 现金流较低； 利润下降	放弃； 收获； 精简； 复兴

(d) 衰退期

图 12-8 产业生命周期的战略特点

导入期是指一项新服务或已有服务的新形式被导入的时期。虽然很多新服务在导入期就会遭遇失败，但服务业的一大优势就是许多新服务可以在投入较少的前提下小规模地导入，从而避免了失败造成的较大损失。在成长期，行业快速发展，随着边际利润的增加，更多的企业被吸引加入，竞争加剧，导致市场细分开始出现。由于行业的快速成长和竞争的不断加剧，企业需要培育可持续的竞争优势。在成熟期，行业销售水平开始下降，企业间的差距变小，企业只能从竞争对手那里抢夺市场份额，因此，竞争更加激烈。竞争的结果是行业总体利润下降，实力不强的企业退出行业。在衰退期，行业销售继续下降，这主要是由于需求的转移或替代性产品或服务出现。

② 产业竞争环境分析。不仅是制造业的产业分析，服务业的产业分析同样可以使用波特五力模型进行分析。

a. 新进入者的威胁。新进入者会导致市场发生变化，新进入者的威胁大小取决于新进入者所面临的进入壁垒。进入壁垒通常会包括以下几项：ⅰ. 规模经济：指通过大规模经营、降低单位服务成本所构成的壁垒，如物流业、航空业等。ⅱ. 创新业务：指通过不断的业务创新来构筑新的进入壁垒，如不断推出的金融衍生品等。ⅲ. 资本需求：指某些资本密集型服务行业的进入和发展需要大量的资金投入，如电商、网游等。ⅳ. 资源垄断：指由于服务企业拥有垄断性资源而获得的强大的进入壁垒，如九寨沟、张家界等天然旅游景点对独特旅游资源的独占，独特的品牌资源也是一种进入壁垒，如麦当劳、肯德基等。

b. 替代威胁。替代威胁在服务行业中特别明显。例如，运输业中的航空运输、火车、轮船彼此都构成了替代威胁。一种服务的创新、质量的变化、价格的波动都可能引起同行业其他服务的相应调整。服务企业在制定战略时，要注意相关行业的关联性和替代性。

c. 买方砍价能力。买方砍价能力的强弱会直接影响服务企业的利润，比如长途运输、旅游、金融证券和教育产业等大宗服务业务的购买者往往拥有很强的砍价能力。买方的砍价能力还与服务提供商的地位有关，比如，管理咨询业在中国的发展极为迅猛，但真正能得到客户认可的咨询公司只有十几家，这种情况下，客户在与这十几家咨询公司的谈判中往往处于弱势地位。

d. 供方砍价能力。不同服务行业对供方的依赖程度有较大差异。对那些实体产品在服务业务中所占比重较大的服务行业而言，供方砍价能力非常重要。比如，在航空运输服务中，运输工具的质量、价格对航空公司的定价、利润、服务水平等都会产生直接影响。

e. 竞争对手。服务行业展开竞争的主要手段包括差异化定位、开发新服务、价格竞争、开拓客户、广告等。由于服务行业的经营模式很容易被竞争对手模仿，这就要求服务企业不断创新、提升顾客满意度和忠诚度。

(3) 技术分析。

① 新技术带来的发展机遇。新技术会推动新服务行业的出现，如网络教育、智能物流、电子政务、网络游戏等，从而为新进入者带来潜在的巨大发展机遇。

② 替代技术的威胁。新兴技术的出现和已有技术在新领域的应用，可能会使原有服务被新服务替代。比如，电子支付、移动支付技术的广泛应用使得消费者对现金的依赖越来越少，纸币生产企业就会面临产量下降的局面。

③ 技术应用带来的赶超机遇。在服务业中应用新技术或技术创新会改善原有服务的质量，提升服务效率，为新的服务企业赶超行业领先者创造了重要机遇。比如，蔚蓝网络书店通过"面向搜索引擎的技术开发"的方式，开发出对搜索引擎更友好的代码，使得网站被各大搜索引擎的收录量大幅增加，上线后短短三个月的时间就超过了贝塔斯曼（中国）的销售量。

④ 不同技术发展阶段的影响。技术同样存在生命周期，服务企业在进行战略决策时，应考虑技术所处的不同发展阶段，并预测已有技术和本行业发展的潜力以及可能出现的变化。

(4) 政策与社会文化分析。

① 政策分析。服务企业是在一定的政治和法律环境下运营的，政府政策对服务业的发展起着重要作用，政策环境的改变会对产业的发展产生重大影响。一个国家或地区的政策环境和法律法规会对服务业的发展方向、程度等产生限制，是企业应当首先考虑的重要外部环境因素。服务企业在制定战略时要对其周围的宏观政策和法律法规及当前的政治法规体系进行全面的分析，识别出可能出现的机会和挑战，只有这样，企业所制定的服务战略才能与当地的政策法规相吻合。

② 社会文化分析。社会文化是与基层广大群众生产和生活实际紧密相连的一系列的基本信仰、价值观、习惯和生活准则等。社会文化对服务提供的内容和形式有重要的影响，是服务战略必须考虑的因素。比如，由于收入水平的大幅提高，越来越多的人不再把钱存在银行，而是用来购买理财产品、房产或股票，形成了与以往不同的消费观。受社会文化影响深刻的服务行业众多，比如证券业、餐饮业、旅游业、教育业等。

12.6.1.2 企业内部因素分析

(1) 企业家精神与价值观。企业家精神在很大程度上决定了服务战略的使命和基本价值取向，是服务企业战略决策中不可替代的关键内部因素。服务战略源自企业的创立者或核心管理者提出的与服务概念相关的企业愿景。企业愿景既有可能是企业家在理智分析内外部环境的基础上发现了潜在的商业机遇而提出的，也有可能是企业家一时冲动而产生的意愿和憧憬。企业家精神将外部环境的机遇与企业内部资源有机结合，并有效地克服战略实施中的障碍，推进企业愿景目标的实现。

(2) 企业内部条件。企业的内部条件主要指企业资源、能力与技能，它们是影响企业愿景和战略决策的重要因素。按照资源的有形程度，可以将企业资源划分为"硬件"和"软件"资源。硬件资源是服务企业经营所必需的或能提升服务质量的物质设施，软件资源指的是能提升企业竞争力的无形条件，如品牌、专利、企业文化等无形资产。通常将硬件资源称为有形资源，将软件资源称为无形资源。按照异质性程度将资源分为同质资源和异质资源。在服务行业中，异质资源往往是服务企业的战略性资源。

根据上述的两个维度（有形性程度和异质性程度），可以将服务企业资源划分为四类：可购性资源、行业性资源、独占性资源和文化性资源，如图12-9所示。

	有形性	无形性
同质性	可购性资源	行业性资源
异质性	独占性资源	文化性资源

图12-9　企业内部资源分类

可购性资源指在市场上能采购到的公开性资源，是同质性较强的有形资源。比如，服务企业经营所需的各种硬件设施与设备等。行业性资源指行业中的各个企业都应具备的规范性资源，是企业经营的必要条件。比如，人员和知识、服务质量的保证、标准的服务流程、客户投诉系统等。独占性资源指服务企业特有的排他性资源，是服务企业独特竞争优势的重要来源。比如，天然形成或人工形成的自然资源，具有丰富经验与技能的核心人力资源，服务企业的资本实力和融资能力等的资本资源等。文化性资源指服务企业具备的软件资源，如企业文化、公共关系、品牌资源等。

12.6.2　制定服务质量标准

企业需要制定有效的服务质量标准。服务质量标准是服务质量所要达成的水准，质量标准完整和严格的程度会影响服务系统整体运行水平，所以，企业经营者及高层主管应共同制定有效的服务质量标准，作为公司服务质量管理的最高指导原则。那什么是有效的服务质量标准呢？第一，要满足顾客的期望。通过营销调研，了解顾客对各类服务属性的期望，根据顾客的期望来确定各类质量标准。第二，要有具体的质量标准。企业应确定具体的质量标准，以便服务人员执行。第三，员工接受。员工理解并接受管理人员确定的服务质量标准后才会执行。第四，强调重点，管理人员应明确说明哪些标准最重要，要求服务人员严格执行。第五，做好考核与修改。管理人员应该经常考核员工的服务质量，并将考核结果及时地反馈给有关员工，帮助员工提高服务质量。第六，既切实可行又有挑战性。如果服务质量标准过高，员工无法达到要求，就会产生不满情绪。如果标准过低，就难以促使员工提高服务质量。

12.6.3　制定服务质量的控制和改进措施

服务质量控制可以看作是一个反馈控制系统，在这个系统中，将输出结果与标准相比，与标准的偏差被反馈给输入，然后进行调整，使输出保持在一个可接受的范围内（图12-10）。

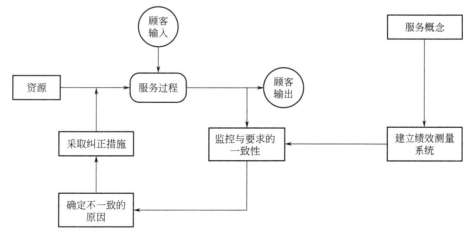

图12-10　服务过程控制图

根据服务过程控制图，顾客和资源投入到服务过程中，在服务结果输出前，服务质量一直处于监控中，观察其要求的是否一致，如有不一致，则需确定不一致的原因，并在下一次服务前采取纠正措施。在这个过程中，监控与要求的一致性则需借助于建立于服务概念之上的绩效测量系统。对服务质量的改进主要侧重于三个方面：第一，对服务过程设计的改进，服务设计者应充分注意服务业务活动的设计和顾客服务活动的设计相结合，并在服务的全过程中不断进行改进。第二，重视顾客的主体性问题。在顾客服务活动过程中，关注顾客的主体性问题是服务成败的重要因素之一。第三，员工满意度与服务技能和素质的培养。要对员工适当的授权，强化内部服务的支持，给员工提供职业生涯设计，现场的控制与协调。

12.6.4 服务失败与服务补救

成功的服务令顾客满意并能令其产生一种潜在的再次消费欲望。反之，未能使顾客满意或使顾客对服务产生抱怨便是一次失败的服务。如果企业给顾客提供了失败的服务如何进行补救呢？这就涉及服务失败与服务补救的问题。什么是服务失败呢？未能使顾客满意或对服务产生抱怨的服务便是一次失败的服务。虽然顾客自身的原因是导致服务失败的一个重要因素，但服务企业的原因是导致服务失败的最主要原因。服务失败都有哪几种类型呢？按来源来划分有服务者错误，也有顾客错误，按产生阶段划分有结果性服务失败，也有程序性服务失败。其实，在服务产品的生产过程中，服务失败是不可避免的，而解决服务失败的最佳途径就是服务补救。服务补救是一种管理过程，它首先要发现服务失误，分析失误原因，然后在定量分析的基础上，对服务失误进行评估并采取恰当的管理措施予以解决。服务补救具有实时性、主动性特点，是一项全过程的、全员性质的管理工作。如何实施服务补救呢？第一，要重视服务的失败。服务失败其实是企业发现自身问题并找出解决途径的重要手段。第二，要有效并迅速地解决问题，根据具体情况可选择逐件处理、系统响应、早期干预和替代品补救等方法。第三，建立完整的服务补救信息系统，使之成为挽救和保持顾客与企业关系的有效工具。

到了这一步，一套完整的服务质量管理体系就建立起来了。有了这样的服务质量管理体系，企业对顾客提供的服务不但会使顾客满意，也会使企业自身的管理水平有一个较大的提升。

课后习题

1. 服务具有哪些特性？
2. 简要叙述服务质量的概念及维度构成。
3. 服务质量与制造质量有何区别？
4. 典型的服务质量模型有哪些？它们各自的主要思想是什么？
5. 差距分析模型中，可以将差距分为几类？分别是什么含义？

第13章 六西格玛管理

本章主要对六西格玛（6σ）管理的基本概念、实施六西格玛管理的组织结构、六西格玛项目管理、六西格玛改进、六西格玛设计、精益六西格玛的应用作简要介绍，基本涵盖了六西格玛管理哲学和方法的主要内容和最新进展。

13.1 六西格玛管理概述

自摩托罗拉公司首创六西格玛以来，六西格玛的观念一直在发展、变化，六西格玛管理已经成为最重要的质量管理方法之一。

13.1.1 六西格玛的概念和起源

六西格玛诞生于全面质量管理盛行的 20 世纪 80 年代中期，它是通过对全面质量管理进行继承和改进，以及在实践中不断充实和总结，而发展形成的一种管理理念和系统方法。它不是单纯的质量改进，而是通过使企业保持持续改进，增强企业的综合领导能力，不断提高顾客满意度以及经营绩效，来获得巨大利润的系统方法。

1993 年摩托罗拉公司率先提出了六西格玛管理模式并在公司中推行，并于 1995 年荣获美国马尔科姆·鲍德里奇国家质量奖。后来让六西格玛管理模式声名大振的则是美国的通用电气（GE）公司，该公司自 1995 年开始推行六西格玛管理模式，由此产生的效益每年加速递增：1997 年节省成本 3 亿美元，1998 年节省 7.5 亿美元，1999 年节省 15 亿美元。通用电气公司的营业毛利率也一个季度接一个季度地不断刷新纪录，利润率从 1995 年的 13.6％提高到 1998 年的 16.7％。

摩托罗拉和通用电气公司的成功经验说明，六西格玛相较于其他质量管理模式具有巨大的优势。因此，越来越多的企业加入六西格玛管理的实践中。这些企业包括 ABB、百得、庞巴迪、杜邦、陶氏化学、联邦快递、强生、柯达、纳威司达、宝丽来、希捷科技、索尼、东芝等。这些企业的六西格玛实践产生了各种各样令人印象深刻的效果，使客户和股东都从中受益。如今六西格玛已经被公认为是企业界最先进的质量管理方法和工具之一。

西格玛（"σ"）是希腊文的一个字母，在统计学上用来表示标准差，用以描述总体中的个体离均值的偏离程度，对于连续可计量的质量特性而言，σ 值越大，说明数据的离散性越大，如图 13-1 所示。

$6\sigma=3.4$ 失误/百万机会——意味着卓越的管理、强大的

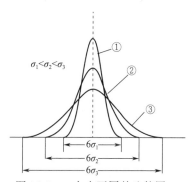

图 13-1 σ 大小不同的比较图

竞争力和忠诚的客户。

5σ＝233 失误/百万机会——意味着优秀的管理、很强的竞争力和比较忠诚的客户。

4σ＝6210 失误/百万机会——意味着较好的管理和运营能力及满意的客户。

3σ＝66807 失误/百万机会——意味着平常的管理，缺乏竞争力。

2σ＝308537 失误/百万机会——意味着企业资源每天都有 1/3 的浪费。

1σ＝697672 失误/百万机会——每天有 2/3 的事情做错，企业无法生存。

3σ 表示 99.7％的产品合格率，这已经达到较高的标准；而 6σ 的不合格品率或差错率仅为 3.4ppm（ppm 表示百万分之一），即 100 万个产品中只有 3.4 个不合格。很多人认为产品达到 3σ 水平已经非常满意，可是 6σ 要求的 99.9997％的完美目标却使这些以往被认为是"优异"的绩效显得有些差。表 13-1 对 3σ 水平与 6σ 水平进行了对比，从中会看到令人惊讶的差距。

表 13-1 3σ 水平与 6σ 水平的对比

三西格玛水平的公司	六西格玛水平的公司
每年有 54000 次的药品调剂错误；	25 年中只有 1 次药品调剂错误；
每年护士或医生的错误造成新生儿死亡 40500 名；	100 年中护士或医生的错误造成新生儿死亡 3 名；
每月有 2 小时喝污染的食用水；	16 年中只有 1 秒喝污染的水；
每周有 2 小时不能提供电话服务；	100 年中有 6 秒不能提供电话服务；
每周飞机发生 5 次着陆错误；	美国所有航空公司 10 年发生 1 次着陆错误；
每周发生 1350 次外科手术事故；	20 年发生一次外科手术事故；
每小时遗失 54000 件邮件	每年遗失 35 件邮件

综上所述，6σ 作为一种商业流程，以最少的损耗和资源的投入，不断地提高客户的满意度为目标，通过设计和监控日常商业的各种活动，使得公司极大地提高其净收益。六西格玛管理就是以质量为主线，以顾客需求为中心，利用对事实和数据的分析，改进提升一个组织的业务流程能力，从而增强企业竞争力的一套灵活、综合的管理方法体系。

13.1.2 六西格玛管理的基本原则

六西格玛管理既能使企业在经营上成功，又能使其经营业绩最大化。它可以使企业的市场占有率提高，顾客满意度提升，营运成本降低，缺陷率降低，企业文化改变，最终实现最佳社会效益。

六西格玛管理之所以能使企业获得这样的效益，主要还在于它遵循以下三个基本原则。

13.1.2.1 提高顾客满意度的原则

在任何时候，顾客满意对组织而言都是极为重要的，它在很大程度上决定着组织的市场份额，因此也可以说决定着组织的生存和发展。组织要取悦于它的顾客，可能需要很大的投入。但对顾客有益的不一定对组织有益，企业毕竟是以营利为目的，通常管理层的首要任务就是为股东创造价值。传统的做法是将大部分注意力集中在顾客方面，而且，企业为实现顾客满意所做的各种努力与为赢利所做的努力之间是断裂的，没有建立任何联系。六西格玛则强调从整个经营的角度出发，而不只是强调单一产品、服务或过程的质量，将注意力同时集中在顾客和企业两方面。

13.1.2.2 降低质量成本的原则

六西格玛管理从质量成本分析入手，分析质量成本占销售额比例来寻求改善之策。质量成本是由符合性成本和非符合性成本构成，如图 13-2 所示。一般而言，非符合性成本占销售额的 4％～5％，非符合性成本的降低是六西格玛项目突破的关键。

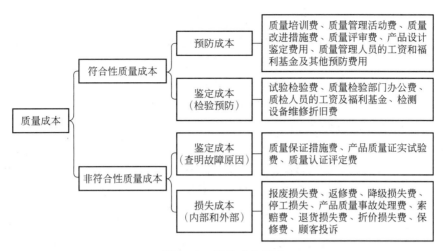

图 13-2　质量成本构成

六西格玛管理不仅关注非符合性成本,而且十分关注劣质成本。所谓劣质成本就是指不能给过程增值的那部分运行成本,劣质成本占总成本的 15%～20%,它既包括非符合性成本,又包括符合性成本中不增值的一部分。要通过有效的手段,减少劣质成本,找出不增值的部分,消除不增值的"隐藏工厂"来降低成本和风险是六西格玛管理的突破口。

13.1.2.3　降低资源成本和风险的原则

六西格玛蕴含这样的思想:所有缺陷和错误都代表了风险。六西格玛的目的在于降低风险,而非仅仅降低缺陷。六西格玛一方面可以降低顾客购买产品或服务的风险;另一方面也降低了产品或服务提供者的风险。换言之,应用六西格玛来降低风险意味着所有方面业绩的提高,如质量、能力、周期、库存以及其他关键因素。

13.1.3　六西格玛价值观

六西格玛对企业最深远的影响莫过于对于企业文化的影响,企业文化的核心是企业的核心价值观,六西格玛的价值观既是六西格玛的管理哲学,同时也是企业实施六西格玛的行为准则。经过 20 多年的提炼和总结,形成了以下六个方面的六西格玛价值观。

13.1.3.1　以顾客为中心

"以顾客为中心"是六西格玛最基本的价值观,企业依存于顾客,获得高的顾客满意度和忠诚度是企业追求的目标。六西格玛强调"倾听顾客的声音",通过建立良好的顾客关系增进顾客满意和忠诚。

13.1.3.2　以事实和数据驱动管理

六西格玛管理是一种高度重视数据,强调一切以数据和事实为依据的管理方法。通过统计工具对数据进行收集和分析,从中提炼出关键变量和对最优目标的理解。它强调用数据说话,以数据反映事实,依据数据进行决策。没有量化就没有管理,只有量化管理才称得上科学管理,统计方法与技术是量化管理的基本工具,统计方法应用的程度标志着企业管理水平的高低。

13.1.3.3　聚焦流程,以流程为重

精通流程不仅是必要的,而且是在给客户提供价值时建立竞争优势的有效方法。在六西格玛中,流程是采取行动的地方。设计产品和服务、度量业绩、改进效率和客户满意度,甚至经营等,都是流程。流程在六西格玛中被定位为成功的关键。

13.1.3.4 有预见的积极管理

"有预见的积极管理"即在事情发生之前就主动地采取行动。有预见的积极管理意味着：企业要设定挑战性的目标并经常回顾目标；确定清晰的工作优先次序；将注意力集中在预防问题上而不是已发生的差错；质疑为什么要这样做，而不是不加分析地维持现状。通过有预见的积极管理可以有效地提高企业的管理效率。

13.1.3.5 无边界的协力合作

无边界合作是通用电气公司总裁韦尔奇提出的管理模式，韦尔奇认为妨碍速度的最大原因是阻碍交流的看不见的壁垒。打破壁垒，从其他地方学习更好的方法。在实施六西格玛之间的几年里，韦尔奇一直致力于打破组织壁垒，打破了不同岗位之间的隔阂，增进合作。追求无边界企业的目标，不仅要依靠速度，还要善于学习他人，同时在公司内超越地域、业务，推广与公司的技巧融合的学习方法。

无边界公司还打破了不同岗位之间的隔阂，通过认识到工作各个流程之间的相互依托性，尽可能消除公司或企业内部障碍，推进组织内部横向和纵向的合作。6σ管理能创造出一种能真正支持团队合作的管理结构和环境。

13.1.3.6 追求完美，但同时容忍失败

6σ质量目标是一个近乎完美的目标，6σ管理是一套不懈追求完美的管理模式，但同时又是讲究人性化的管理。将6σ管理作为目标的公司都要向着更好的方向持续努力，同时也要愿意接受并控制偶然发生的挫折，从失败中吸取教训。

13.1.4 六西格玛管理的度量指标

六西格玛管理在"度量什么"和"怎样度量"上不同于传统的方法，它为提升组织的竞争力揭示出广泛的业绩改进空间。由于测量对象、测量方法和数据类型不同，在六西格玛管理中有若干种用于业绩度量的指标。下面我们就一些常用的指标进行介绍。

13.1.4.1 六西格玛管理业绩度量常用术语

（1）关键质量特性（critical to quality，CTQ）。关键质量特性是指满足关键的顾客要求或过程要求的产品、服务或过程特性。

（2）规范上限和规范下限（USL/LSL）。规范上限和规范下限是指顾客可接受的产品、服务或过程特性的最大值和最小值。

（3）目标值（target）。目标值是指从顾客的角度出发，关键质量特性应达到的理想值。

（4）缺陷（defect）。未满足顾客要求或规定要求的任何事件。

（5）单位（unit）。单位是指对其计数缺陷的物和事。如一件产品、一份打印文件、一次电话服务等。

（6）缺陷机会数（opportunity）。缺陷机会数是指可能产生缺陷之处的数量。例如一块线路板上有100个焊点就有100个缺陷机会数，一份表格上有10个需要填写的栏目就有10个缺陷机会数。

13.1.4.2 六西格玛管理的业绩度量指标

在六西格玛管理的度量中，最常用到的度量指标如下：

（1）首次产出率（first time yield，FTY）。首次产出率（FTY）是指过程首次输出达到顾客要求或规定要求的比率。也就是一次提交合格率。

（2）流通产出率（rolled throughput yield，RTY）。流通产出率（RTY）是指构成大过

程的各个子过程首次产出率乘积。公式为 $\text{RTY}=\text{FTY}_1\times\text{FTY}_2\times\cdots\times\text{FTY}_n$，表示由各子过程构成大过程的一次提交合格率。

用 FTY 或 RTY 度量过程，可以揭示由于不能一次达到顾客要求而造成的报废和返工返修，以及由此而产生的质量、成本和生产周期的损失。

如图 13-3 所示，某过程由 4 个生产环节构成，该过程在步骤 2 和步骤 4 之后设有控制点。根据生产计划部门的安排，投料 10 件。经过步骤 1 和步骤 2 的加工，检验后发现 2 个不合格品。1 件须报废，另 1 件经返工处理后可继续加工，这样有 9 件进入了后续的加工过程。这 9 件产品经过步骤 3 和步骤 4 又有 1 件报废，1 件返工。整个加工结束后，有 8 件产品交付顾客。

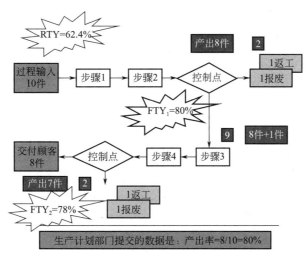

图 13-3　对过程产出能力的两种不同的度量

生产计划部门的统计数据是：产出率＝80%。这个统计数据不能表明在这 80% 中，有一些是经过返修后交付的，这些返修活动增加了生产成本和生产周期。

如果我们用 RTY 来度量的话，可以看出，步骤 1 和步骤 2 的 FTY_1 为 8/10＝80%，步骤 3 和步骤 4 的 FTY_2 为 7/9＝78%。如果投料 100 件的话，经过步骤 1 和步骤 2 第一次就达到要求的是 $100\times80\%=80$ 件，这些一次就达到要求的合格品经过步骤 3 和步骤 4 后，一次就能达到要求的将是 $80\times78\%\approx62$ 件。也就是 $100\times80\%\times78\%=100\times62.4\%=62.4$ 件，而 $80\%\times78\%=62.4\%$ 正是我们说的 $\text{FTY}_1\times\text{FTY}_2=\text{RTY}$。

就这个例子来说，只有 62% 左右的产品（6 件）是一次就达到加工要求的，而 38% 左右的产品需经返工或报废处理。FTY＝99% 是不是足够好？在很多人看来，这已经足够好了。但是，如果我们用 RTY 来度量的话，可以发现越是步骤多、越是技术含量高的过程，对 FTY 的要求就越高。

从表 13-2 中我们可以看出，如果每个子过程的 FTY 都为 99%，那么由 50 个子过程构成的大过程的 RTY 也仅仅只有 60.5%，也就是说将有 40% 的过程输出需经返工或报废处理。

表 13-2　一些典型过程的 FTY 与 RTY

项　目	FTY＝99% 10000ppm（3.8σ）	FTY＝99.379% 6210ppm（4σ）	FTY＝99.99966% 3.4ppm（6σ）
RTY_{10}	90.44%	93.961%	99.99660%
RTY_{20}	81.79%	88.286%	99.99320%

续表

项目	FTY=99% 10000ppm（3.8σ）	FTY=99.379% 6210ppm（4σ）	FTY=99.99966% 3.4ppm（6σ）
RTY_{30}	73.97%	82.954%	99.98980%
RTY_{50}	60.5%	73.237%	99.98300%

也许，经过返工处理后，过程的输出可以100%交付顾客，用我们传统的产出率的统计方法，这个过程的产出率是100%。但事实上，这个过程中存在着质量、成本和周期的巨大损失，而这些损失是竞争力的损失。

13.1.4.3 计点型数据的度量指标

我们还可以用下面一些度量指标来衡量过程满足顾客要求的能力。

（1）单位缺陷数（defect per unit，DPU）。单位缺陷数是指平均每个单位上的缺陷数，即过程输出的缺陷数与该过程输出的单位数的比值。

$$DPU = 缺陷数/单位数$$

其中缺陷数、单位数都是从某个特定的范围内统计而来的。单位缺陷数反映每个单位中缺陷的个数多少，但不反映缺陷的严重程度。

（2）单位机会缺陷数（defect per opportunity，DPO）。单位机会缺陷数表示缺陷数占全部缺陷机会的比例。即过程输出的缺陷数与过程输出的缺陷机会数的比值。

$$DPO = 缺陷数/(单位数 \times 缺陷机会数)$$

例题：某汽车换向器零件有5项关键要求。顾客在生产出的200个换向器零件中，发现了21个缺陷。求机会缺陷率DPO。

$$DPO = \frac{缺陷数}{产品数 \times 机会数}$$

$$DPO = \frac{21}{200 \times 5} = 0.0021 = 0.21\%$$

13.1.4.4 百万机会缺陷数（defect per million opportunities，DPMO）

单位机会缺陷数常以百万机会缺陷数表示，即过程输出的缺陷数与过程输出的缺陷机会数的比值与10^6的乘积。百万机会缺陷数是对具有不同复杂程度过程的输出进行公平度量的通用尺度。

$$DPMO = DPO \times 10^6$$

单位缺陷数、单位机会缺陷数、百万机会缺陷数示例见表13-3。

表13-3 单位缺陷数、单位机会缺陷数、百万机会缺陷数示例

项目	产品/服务	单位	缺陷形式	缺陷机会数	发生缺陷数	单位数	单位缺陷数（DPU）	单位机会缺陷数（DPO）	百万机会缺陷数（DPMO）
餐厅	上菜	每桌	上菜错误	10	45	3000	45/3000 =0.015	45/(3000×10) =0.0015	0.0015×10^6
印刷车间	电话簿	每个条目	不准确	44	3640	40000	3640/40000 =0.091	3640/(40000×44) =0.002068	0.002068×10^6
公共媒体	新闻报道	每条新闻	报道失实	1	10	5000	10/5000 =0.002	10/(5000×1) =0.002	0.002×10^6
保安	大厅门旁包裹检查	每个包裹	未检查	1	380	20000	380/20000 =0.019	380/(20000×1) =0.019	0.019×10^6

对很多产品或服务过程来说，满足顾客要求的特性不止一个，引起不合格的缺陷不止一处。采用 DPU 或 DPMO 可以更准确地度量过程满足顾客要求的能力，给我们更多关于过程缺陷的信息。

13.1.4.5 西格玛水平

在六西格玛管理中，通常使用西格玛水平 Z 作为满足顾客要求程度的业绩度量。西格玛水平是一种描述满足顾客要求或规定要求的能力的参数，西格玛水平越高，过程或结果满足顾客要求的能力越强，反之亦然。

达到六西格玛水平是指 Z 等于 6。如果用我们熟悉的正态分布来解释的话，也就是说过程的波动非常小，集中在目标值附近，它们满足顾客要求的能力很强。而三西格玛水平则波动较大，其满足顾客要求的能力远不如六西格玛水平。

Z 有几种表达形式，最简单的一种是用测量数据的标准差 σ 与顾客要求的上限（USL）和下限（LSL）的关系来表达。其公式为：

$$Z = \frac{\text{USL} - \text{LSL}}{2\sigma}$$

通过对过程输出的准确测量，可以获得连续型的测量数据。根据这些数据，可以计算出过程输出的平均值和标准差，用这两个参数可以计算过程的西格玛水平，表示过程满足顾客要求目标值的能力。当顾客只要求上限或下限时，西格玛水平计算公式是：

$$Z_{\text{pu}} = \frac{\text{USL} - \overline{X}}{s}$$

$$Z_{\text{pl}} = \frac{\overline{X} - \text{LSL}}{s}$$

$$Z = \min(Z_{\text{pu}}, Z_{\text{pl}})$$

注：式中 min 表示取 Z_{pu} 和 Z_{pl} 两者中小的。

案例 1：某顾客对某产品的性能十分关注，要求该性能为 $Y = 10 \pm 0.01$。供应商 A 提供的 10 个产品的测量数据为：10.009、10.005、9.992、9.999、10.008、10.007、9.997、9.999、10.009、9.995。供应商 B 提供的 10 个产品的测量数据为：10.002、10.003、9.998、9.999、10.001、10.003、9.999、9.999、10.002、9.998。那么，谁更能满足顾客要求呢？

根据这些数据，我们可以分别计算出它们的平均值和标准差。供应商 A 的平均值为 10.002，标准差为 0.00632。供应商 B 的平均值为 10.0003，标准差为 0.00211。将这些数据以及顾客要求代入上面的 Z 计算公式，可得供应商 A 的西格玛水平为 1.27，供应商 B 的西格玛水平为 4.60。也就是说，供应商 B 的产品更接近于顾客要求的目标值（此例中，顾客要求的目标值为 10），因此供应商 B 满足顾客要求的能力远高于供应商 A。

案例 2：某顾客采取无仓储管理（JIT），要求供应商 A 提供产品的交付期为下订单后第 30 天，早于 30 天的话，供应商 A 自己负责保管，每天需付额外保管费，但最多可保管 7 天。下面是供应商 A 的 10 批产品交付天数的统计数据：29、27、25、24、29、26、23、25、30、24。那么，该供应商交付过程的西格玛水平是多少呢？

根据交付天数的统计数据，我们可以计算出该过程的平均值 $\overline{X} = 26.2$，标准差 $s = 2.44$，该过程的规范限 LSL = 23。将这些数据代入公式，可得 $Z = (26.2 - 23)/2.44 = 1.31$。也就是说该过程的西格玛水平仅为 1.31。观察这些交付天数的统计数据，虽然没有早于 23 天或迟于 30 天的。但是，因为它们相对于顾客要求的目标值来说比较分散，因此过程的西格玛水平并不高。西格玛水平低意味着过程满足顾客要求的能力低，意味着质量、成本和周期的损失。

上面介绍了用于业绩度量的三大类指标：
(1) 基于合格/不合格（计数型数据）的 FTY/RTY 度量指标。
(2) 基于缺陷数据（计点型数据）的 DPU/DPMO 度量指标。
(3) 基于平均值/标准差（连续型数据）的 Z（西格玛水平）。

它们基本覆盖了对产品、服务、商务、管理等所有类型过程的度量。

为了将这三类度量指标统一起来，在六西格玛管理中常常将 FTY/RTY 或 DPU/DPMO 折算为近似的 Z（西格玛水平）。

折算的方法步骤：
(1) 将 FTY/RTY 或 DPU/DPMO 转换为标准正态分布中对应的概率；
(2) 根据概率分布找出对应西格玛水平的 Z。

六西格玛管理中常用的水平 Z 与 DPMO 换算表见表 13-4。

表 13-4 水平 Z 与 DPMO 的换算表

Z	DPMO	Z	DPMO	Z	DPMO	Z	DPMO
1.5	500000	2.7	115070	3.9	8198	5.1	159
1.6	460172	2.8	96800	4.0	6210	5.2	108
1.7	420740	2.9	80757	4.1	4661	5.3	72
1.8	382088	3.0	66807	4.2	3467	5.4	48
1.9	344578	3.1	54799	4.3	2555	5.5	32
2.0	308537	3.2	44565	4.4	1866	5.6	21
2.1	274253	3.3	35930	4.5	1350	5.7	13
2.2	241964	3.4	28717	4.6	968	5.8	8.6
2.3	211856	3.5	22750	4.7	687	5.9	5.5
2.4	184060	3.6	17865	4.8	483	6.0	3.4
2.5	158655	3.7	13904	4.9	337		
2.6	135666	3.8	10700	5.0	233		

对不同的过程、不同的顾客和不同的要求，我们都可以将顾客的要求或过程的要求量化，并用不同的度量指标评价我们的业绩与要求之间的差异，以及我们满足要求的能力。

但是，不论使用什么样的度量指标，我们都可以将其转换为西格玛水平。这样，我们就可以在同一平台上将不同的过程进行对比。

13.1.5 六西格玛的新发展——新六西格玛

近年来，摩托罗拉公司提出了"新六西格玛"方法，一种由沟通、培训、领导艺术、团队合作、质量和以顾客为中心等价值驱动的变革方法，旨在提升企业竞争力，变革企业文化。新六西格玛是将传统的六西格玛方法和平衡计分卡、业务流程再造、对核心业务流程进行持续不断的监控等工具整合起来，所得的一种领导力管理程序，是一种总体业务改进的方法。它适用于各行各业，而且，与传统的六西格玛方法相比更能从宏观的角度进行改进。新六西格玛方法的领导力原则见表 13-5。

表 13-5 新六西格玛方法的领导力原则

领导力原则	解释
整合	以鲍德里奇质量奖为依据，采用卓越绩效的模式，将顾客需求、企业战略以及核心业务流程相结合；确定战略实施目标，制定具有挑战性的具体目标和恰当的衡量标准，以提供持续不断的、可测量的、基本的经营结果要求，推动经营目标的实现
调动	团队授权：高级经理人员选择项目，团队利用项目管理方法和六西格玛方法达到企业制定的改进目标 通过项目立项表、成功准则、严格的评估等方法将团队组织起来 向团队提供及时的培训服务并鼓励他们将其付诸行动
加速	采用学以致用的方法，将系统的培训与实际的项目工作和指导结合起来，迅速消除由学习到实践的差距，采取相应的激励措施使员工行动起来，以按时达到项目目标
控制	以平衡计分卡模型建立考核体系，据此进行控制，促进战略的实施。系统的流程审核包括对结果控制卡的审核，必要时要审核流程和项目的细节

13.2 六西格玛管理的组织

组建一个致力于流程改进的专家团队是实施六西格玛管理的基本条件和必备资源。以"黑带团队"为基础的六西格玛组织是实现六西格玛突破性改进的成功保证。

13.2.1 六西格玛管理的组织结构

组织实施六西格玛管理的首要任务是创建一个致力于流程改进的团队，并确定团队内的各种角色及其责任，形成六西格玛的组织体系。这是实施六西格玛管理的基础条件和必备的资源。以"黑带团队"为基础的六西格玛组织是实施六西格玛改进的成功保障。图 13-4 是六西格玛管理组织结构示意图。六西格玛组织由高层领导、倡导者、业务负责人、资深黑带、黑带、绿带等角色组成，不同的角色具有不同的职责和权限。

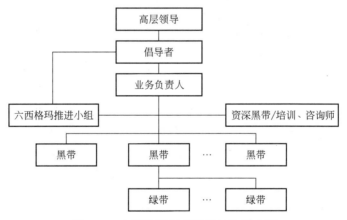

图 13-4 六西格玛管理组织结构示意图

13.2.1.1 高层领导

高层领导是成功推行六西格玛管理的关键因素。成功推行六西格玛管理并获得丰硕成果的组织都拥有来自高层的高度认同、支持参与和卓越领导。

13.2.1.2 倡导者

倡导者是六西格玛管理的关键角色，是企业高级管理层中负责六西格玛实施的管理者。

通常是企业推行六西格玛管理领导小组的成员或企业中层以上的管理人员，其工作通常是全面战略性地部署实施战略、确定目标、分配资源及监控过程，最后会对六西格玛活动整体负责。倡导者的核心任务包括：

(1) 充分认识变革，为六西格玛确定前进方向；
(2) 发起和支持黑带项目，确认和支持六西格玛管理全面推行，制定战略性的项目规划；
(3) 决定"该做什么"，确定任务的优先实施顺序；
(4) 合理分配资源，提供必要的支持；
(5) 消除障碍，检查进度，确保按时、按质完成既定目标；
(6) 了解六西格玛管理工具和技术的应用；
(7) 管理及领导黑带大师和黑带。

倡导者在六西格玛组织中起着承上启下的作用，黑带应积极争取倡导者的支持。

13.2.1.3 资深黑带

资深黑带是实施六西格玛项目的主要技术负责人，是协助倡导者选择和实施改进项目的六西格玛专家，是全职的六西格玛人员，负责从上到下实施持久而根本的变革，他们通常具有工科和理科背景，或具有管理方面的较高学位，是运用六西格玛管理工具的高手。资深黑带的主要职责有：

(1) 担任六西格玛方案专职培训师，为黑带学员培训六西格玛管理及统计方面的知识；
(2) 帮助倡导者、管理者选择合适的人员，协助筛选最能获得潜在利润的改进项目；
(3) 为参加六西格玛项目的黑带提供指导和咨询；
(4) 作为指导者保证黑带及其团队保持在正确的轨道上，能够顺利地完成他们的工作；
(5) 具体指导和协助黑带及其团队在六西格玛改进过程中完成每个步骤的关键任务；
(6) 为团队在收集数据、进行统计分析、设计试验及与关键管理人员沟通等方面提供意见和帮助。

13.2.1.4 黑带

黑带是六西格玛管理中最为重要的一个角色，他们专职（或兼职）从事六西格玛改进项目，是成功完成六西格玛项目的技术骨干，是六西格玛组织的核心力量。他们的努力程度决定着六西格玛管理的成败。黑带的主要任务有：

(1) 领导。在倡导者及资深黑带的指导下，界定六西格玛项目，带领团队运用六西格玛方法完成项目。
(2) 策划。决定项目每一个步骤需要完成的任务，包括组织跨职能的工作。
(3) 培训。为项目团队成员提供新的战略和最有效的工具及技术应用的专门培训。
(4) 辅导。为组员提供一对一的支持，带领绿带队友快速有效地达到改进的目标。
(5) 传递。在各种形式的培训、案例研究、工作座谈会和交流活动中，将新的战略和新的工具方法传递给团队的其他成员。
(6) 发现。在内部或外部（如供应商和顾客等）找出新战略和新工具方法运用的机会，与资深黑带一起确定有价值的项目，解决一些有关资源的问题。
(7) 确认。通过与其他组织的合作，发现新的商业机会。
(8) 影响。拥有良好的人际关系和组织技巧，令团队始终保持高昂的士气与稳定的情绪。
(9) 沟通。项目完成后向最高管理层提供项目报告。

13.2.1.5 绿带

绿带是非全职参加六西格玛管理的基层管理者或员工，是对持续改进工作真正有兴趣的人，他们接受六西格玛技能培训的项目与黑带类似，但内容所达层次略低。

在六西格玛的管理中，绿带的人数最多，也是最基本的力量，他们的作用是把六西格玛的新概念和工具带到企业的日常活动中去。其主要职责有：

（1）提供相关过程的专业知识；
（2）建立绿带项目团队，并与非团队的同事进行沟通，促进团队观念改变；
（3）把时间集中在项目上；
（4）执行改进计划以降低成本；
（5）与黑带讨论项目执行情况及今后的项目；
（6）保持高昂的士气。

13.2.1.6 业务负责人

成功的六西格玛项目还需要相关业务部门负责人（过程管理者）的支持和配合，没有他们的协调和帮助，六西格玛很难取得丰硕的成果。业务负责人不需要独立完成项目，他们在六西格玛管理中的职责是：

（1）达成对六西格玛的共识。
（2）协助选择黑带、绿带。
（3）为黑带、绿带提供资源支持。
（4）关注黑带、绿带的项目实施过程。
（5）协调所管辖范围内的黑带、绿带项目，保持与业务方向的一致性。
（6）确保过程改进能够落实，保持改进成果。

此外，组织通常还需要为六西格玛项目配置财务代表，负责从项目潜在收益评估、方案成本收益分析到项目成果收益测算的全过程财务评审。

13.2.2 六西格玛管理的推进

组织推行六西格玛一般可分为四个阶段，即导入期、加速期、成长期和成熟期，可用 4~5 年甚至更长的时间完成从导入期到成熟期的全过程。

13.2.2.1 导入期

导入期又可分为起步、培训与改进实践、坚持不懈和获得成功等步骤。

（1）起步阶段。当组织决定要实施六西格玛时，会打破看似平静的现状。这时需要组织高层领导（首席执行官、总裁）支持六西格玛管理，是六西格玛管理的信仰者，组织高层中的成员作为六西格玛管理倡导者，制定了实施六西格玛管理的规划和战略目标，组织配备了必要的资源；拟定首批项目和黑带或绿带学员，有了初期投入的财务预算。

（2）培训与改进实践。六西格玛组织是一个学习型组织，需要不断地从其顾客和外部环境中获得新的信息和新的思想。无论是在企业的开始阶段还是发展阶段，培训都是六西格玛方法获得成功的关键因素。有效的六西格玛管理培训的要点与其他任何培训并没有太大区别，其培训过程主要分为三个层次（见表 13-6）。这些培训适合不同层次的人员，只有经过相应的培训，才能承担起六西格玛管理的工作。

表 13-6 六西格玛管理培训一览表

培训层次	培训内容	培训对象
六西格玛基本知识培训（初级培训）	1. 了解六西格玛的基本知识； 2. 了解六西格玛的统计知识； 3. 统计知识的基本应用； 4. 计算过程能力及过程基准	基层员工或高层领导

续表

培训层次	培训内容	培训对象
六西格玛中级培训 （包含初级培训内容）	1. 了解抽检原理及假设检验方法； 2. 如何应用统计工具进行假设检验； 3. 如何应用和实施突破策略； 4. 如何决定占主导地位的因子； 5. 了解实验设计的基本原理； 6. 如何进行多因子实验； 7. 如何解释实验结果； 8. 如何进行变量研究； 9. 了解基本的过程控制内容； 10. 如何建立、使用和保持特性数据； 11. 如何建立、使用和保持变量数据； 12. 如何计划和执行过程控制系统	六西格玛实施和执行人员（绿带）
六西格玛高级培训 （包含初、中级培训内容）	1. 如何进行六西格玛项目管理； 2. 如何进行六西格玛项目评估； 3. 如何进行六西格玛项目策划； 4. 如何进行六西格玛项目实施； 5. 如何实施通力合作计划； 6. 如何建立无界限的组织	高级经理人员、黑带和黑带主管

（3）坚持不懈和获得成功。六西格玛培训和项目工作是交叉并行的，在首批黑带培训或绿带培训完成后，也许有的项目已经完成，有些项目正在进行中。在这一时段内，贵在坚持和恒心。只要坚持到底，就能够在年内收获一批成功的果实。只要初期投入不是太大，都能在年内收回所有投入并获得一定的回报。

当高层领导一时还未对六西格玛管理作出承诺，企业不可能采用上述全面导入的方式时，通常采用局部推进的方式，即在一些部门、区域或产品上小范围推行，为将来的全面展开积累经验并作出示范，用成果说服其他人。这种方式的特点是容易起步，仅需要有限的管理层关注，所需投入的资源较少，因此风险也小，但由于缺乏高层领导的支持，很难持久地进行下去。这种方式只是作为六西格玛管理引入企业的一种切入方式，只有及时在全公司范围内充分展开，才能取得长期的成功。

13.2.2.2 加速期

虽然经过第一轮项目工作，组织获得了初步的结果，也有了实施的热情和积极的参与者，一些冷眼观望乃至反对的人也开始转变原有的观念，但如果没有下一步的正确部署，六西格玛就会是一个短期的流行并走向失败。在这一转折点上应当引入加速实施过程，使六西格玛从试验性实施向企业的一项长期管理活动过渡。

要实现这一转折，企业应当：

（1）制定六西格玛财务预算、核算和审计办法，使财务人员介入六西格玛活动。

（2）建立项目成果发布、分享、认可和奖励制度，激励六西格玛团队。

（3）加大培训力度，形成六西格玛倡导者、资深黑带、黑带、绿带这一关键群体，以传递六西格玛领导力，促进六西格玛在公司的广泛实施。

（4）建立六西格玛管理程序和制度，包括六西格玛组织结构以及项目选择、立项、跟踪和总结的全过程管理程序。

（5）加强管理层与带级人员之间、六西格玛项目团队之间、六西格玛项目团队与基层员工之间的沟通，使基层员工越来越多地参与六西格玛项目实施过程。

13.2.2.3 成长期

一个导入六西格玛管理并成功实施约两年后的组织，仍然会出现六西格玛管理"断流"的趋势，其中最重要的一个原因是经营环境总在不断变化，总有新技术、新方法和新政策出现等。

为了获得持续发展，需要不断将六西格玛工作拓展到组织的所有方面，包括用六西格玛促进新技术的应用，促进创新和新市场的开发等。

要成功地在这一点上实现转换，组织必须完善其支持基础：

（1）完善六西格玛管理的组织结构，充分展开对六西格玛的管理职能，强化最高管理层对六西格玛管理的支持、定期评审，并使已关闭的项目持续产生效益。

（2）拓展六西格玛的实施领域，例如，加大六西格玛管理方法在非制造领域的应用，用六西格玛设计促进创新和开发工作，将六西格玛管理沿供应链向供应商和顾客延伸，形成参与组织外部沟通共享的机制。

（3）完善六西格玛培训体系，扩大培训范围，加大黑带、绿带占员工总数的比例，并形成结合组织实际的系列培训教材，不断提高自主培训和项目辅导的比例。

（4）使六西格玛管理与企业战略策划、部署和经营过程相结合，强化六西格玛与顾客要求和市场拓展趋势的结合。

（5）完善基于信息化的基础数据测量、整合和分析系统，开发网络化的六西格玛信息管理平台，支撑六西格玛项目的选项、管理以及网上培训和知识共享。

13.2.2.4 成熟期

最后一个转折也许是最困难的。将六西格玛融入组织，使其成为人们的一种工作和思维方式，成为组织文化的一个重要组成部分，确实很难用时间表来预计。

实际上，前面几个阶段的努力都是在为这个阶段打基础。这个转折的关键是将六西格玛与公司其他管理活动有效地整合，进一步强化经营管理过程，建立完善的绩效改进体系，强化人们观念和行为方式的改变。

要实现这一转折，公司应当：

（1）确立组织的六西格玛使命、愿景和核心理念，并与组织的使命、愿景和核心价值观高度融合，强化人们观念和行为方式的改变。

（2）将六西格玛与组织其他管理战略、管理体系和改进方法相整合，基于供应链建立高度整合的全面质量管理或卓越绩效管理体系，建立高度整合的持续改进、创新和知识分享体系。

（3）建立成熟的六西格玛培训管理体系，并融入组织整体的培训管理体系，进行学以致用的有效性评价和持续改进。

（4）使六西格玛成为日常工作的一部分。

在六西格玛推进的过程中，每一阶段都会遇到三类阻力：技术阻力、管理阻力和文化阻力。所谓技术阻力是指对方法的恐惧、技术力量的不足等；管理阻力是指部门间的沟通壁垒、激励机制和资源缺乏等；文化阻力是指观念上不认同、靠经验和感觉作决策、变革动力缺失等。当推进的动力难以抵御这三方面阻力的合力时，就会出现如图13-5所示的关键转折点。

如果不能有效地增进动力，降低阻力，六西格玛管理就会在某一阶段"夭折"。而如果成功地越过这些转折点，六西格玛就能在组织内部深入、持久地开展下去，为组织创造越来越多的效益，使组织拥有越来越强劲的成功的能力。

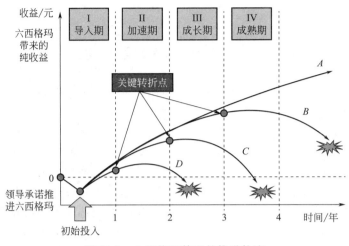

图 13-5　六西格玛管理的推进轨迹

13.3　六西格玛的项目管理

六西格玛项目管理是黑带成长过程中的必经之路。项目管理包括启动、规划、实施、监控和收尾五大过程。在六西格玛项目管理中，启动过程包括六西格玛项目选择和六西格玛项目目标的确定；规划过程即六西格玛项目计划制订；实施和监控过程包括六西格玛项目团队组建，六西格玛改进 DMAIC 或六西格玛设计的具体实施和监控；收尾过程则包括六西格玛项目总结、成果评审与分享。

13.3.1　启动过程

13.3.1.1　项目的选择

六西格玛项目的选择对于六西格玛项目的成败影响很大，项目选择要求自上而下，因此要有管理层的参与，从战略角度出发选择改进机会并确定改进项目，保证六西格玛项目能够取得突破性改进。

六西格玛项目要能够解决组织流程中的关键问题，有跨职能的组织方式，有可量化的预期成果，项目本身有一定的复杂度，项目执行过程中要进行定期评审。

（1）六西格玛项目选择的原则：

① 有意义，有价值。六西格玛项目要支持顾客满意的改善；支持企业战略目标的实现；有挑战性；强调过程的改进；能为企业带来较大的经济效益。

② 可管理。六西格玛项目欲解决的问题应清晰且可测量；六西格玛项目的范围应清晰可控；六西格玛项目应得到管理层的支持和批准。

（2）六西格玛项目选择的步骤：

① 确定项目的大方向。确定项目的大方向，如同在大海中找到指明航向的灯塔。只有找到了正确的项目方向，才能实施正确的项目。

② 确定影响大方向的主要方面。由于项目的大方向是综合因素的反映，并且涉及的方面较多，一般难以直接进行改进。因此，需要分析影响大方向的主要方面，通过逐层分解，确定需要改进的主要方面。

③ 针对选定的需要改善的主要方面，明确顾客的需求。在选定了项目改善的主要方面之后，还必须调查并了解顾客对改善的需要，从而确定顾客最关心的关键质量特性（CTQ）。

④ 确定项目课题。完成上述三步以后，企业就已经明确了项目的改进点和在改进点上顾客最关注的特性，最后完成项目课题的确定。

13.3.1.2 项目目标的确定

一个项目最需要的就是一个定义明确、大家都理解的目标。对于一个项目的负责人来说，就要带领大家一起制定明确的项目目标，从而带领团队朝着目标去努力。

在确定项目目标时，通常会考虑以下四个因素：

（1）目前水平，即当前的状况，也就是项目的基线，以此为基准进行改善；

（2）顾客需求，项目目标应该逐步满足甚至超越顾客的期望；

（3）业界标准，项目目标的设立应以业界最佳水平为标杆，设立挑战性的目标，不断缩小与行业最佳的差距，实现持续改善；

（4）公司目标，项目的目标要同公司整体目标相一致。

13.3.2 规划过程

在完成六西格玛项目选择后，就要制订项目立项表和计划，委派项目组长组成项目团队，明确项目目标和各种环境因素以及总体进度等，指明团队努力的方向，为项目的实施奠定基础。

13.3.2.1 项目计划的制订

在制订项目计划时必须采取以目标为导向的策略，项目计划必须与目标紧密结合。在制订项目计划的过程中最重要的是团队成员的参与并达成一致意见。在制订项目计划时，团队成员可以参照以下步骤完成：

（1）任务分解（WBS）。将项目目标分解成为可执行、可跟踪的工作单元（任务、活动或关键阶段）。为进一步明确、区分各工作单元，还可以制定工作任务分解表。

（2）估算任务时间并确定任务之间的关系。明确了各个工作单元之后，就要估计每个单元所需的时间及彼此之间的先后关系，明确相关责任人。各工作单元之间关系的确定主要是考虑各任务之间的衔接，如哪项工作应该在哪项工作完成之后才能开始等。

（3）编制项目工作计划。为使六西格玛项目有效实施，有必要编制项目工作计划。在制订计划时，应让团队成员共同参与，这有助于增进团队的向心力。

在六西格玛项目计划的制订过程中，一般应先制定项目计划工作表。根据项目计划工作表中注明的团队活动里程碑的要求，团队可以编制项目甘特图，以便于管理。

13.3.2.2 编写项目文档

作为六西格玛项目管理的一部分，规范一致的项目文档是必需的。这些规范的文档对于持续改进活动以及知识的积累都会起到很好的作用。在项目实施过程中，应派专人负责对文档的管理。

六西格玛项目文档通常包含以下内容：项目名称；项目来源；团队成员；项目目标；项目收益预测与资源需求；项目推进计划；团队规则；项目风险管理计划；项目计划的确认和批准。

13.3.3 实施和监控过程

13.3.3.1 六西格玛团队的组建

拥有高度热忱的团队成员与拥有受过专业训练的领导人同样重要。团队应做好准备工作，建立对团队目标的共识，然后决定如何实现目标。

(1) 作为团队成员必须明确以下内容：
① 使命：团队成立或存在的目的。
② 基础：团队的使命如何与企业目标或计划配套。
③ 目标：对现状及绩效的挑战。
④ 角色：团队成员（黑带、绿带）。
⑤ 职责：根据项目分配给每位成员的职责和任务。
⑥ 主要里程碑：项目活动的时间表、项目报告日期。
⑦ 授权：获得管理层的授权和支持。

(2) 六西格玛团队通常由以下人员组成：
① 项目负责人或组长：通常受业务负责人的指派对整个项目负责。
② 核心成员：一般是项目负责人或组长选择来实施项目计划的人员，他们对项目负责人或组长负责。
③ 扩展成员：根据项目的需要，只需部分参与项目的成员。
④ 业务负责人：一般由管理者担任。
⑤ 项目指导人：是为团队成员提供六西格玛方法、工具指导的人员，直接对项目业务负责人负责。

13.3.3.2 项目实施和监控

一旦项目立项表和计划被批准，就需要采取一系列措施，应用甘特图和网络计划技术等跟踪、监督和控制项目的实施状况，包括监测项目进程，预测、发现并解决问题以及更新计划，以使项目恢复正常运作。在项目进行过程中，肯定会出现与计划不一致的情况，对此，团队需要快速识别问题，解决问题，尽快地使项目恢复正常。

常用的监控工具包括：

(1) 项目柔性分析。事实上，在规定的时间和预算内完成预定任务的项目并不多。这样，项目控制就涉及项目的调整问题，需要调整项目的时间、预算或工作范围。为了使项目得到有效控制，在制订项目计划时，对项目的柔性进行分析，根据分析结果有针对性地调整项目。

(2) 风险管理计划。项目不可能完全按照预期的那样顺利进行，一些意外情况的发生会给项目带来很大的影响，甚至会导致项目失败。这就要求提前识别风险并有效管理风险。最好的做法就是在制订项目计划时，以已知信息为基础制订风险管理计划。风险管理计划的制订可以按照风险识别、风险评估、风险管理三个步骤完成。

(3) 建立阶段或里程碑汇报制度。根据项目计划工作表，通过对各阶段目标达成情况的回顾和评估，使问题在过程中被发现，及时调整资源和计划，保证项目目标的达成，这是所有组织的惯常做法，也是最有效的项目监控措施。

13.3.4 收尾过程

项目管理的最后一个过程是项目收尾，包括行政收尾和合同收尾。对六西格玛项目而言，主要包括六西格玛项目总结、项目成果评审与分享。

13.3.4.1 项目总结

(1) 项目总结报告的编写。为交流和承认结果，推进六西格玛项目的持续发展，项目团队应基于项目立项表和项目文档，对活动记录进行整理归纳，撰写成果报告书，要求文字简练、条理清楚，尽量用图表表达。

(2) 项目总结报告的审核。项目总结报告应报请业务负责人、财务主管、资深黑带和倡导者审核。业务负责人从过程的角度核实项目过程及效果的真实性;财务主管核实项目财务收益的计算方法和结果;资深黑带对项目的全过程进行全面核实;倡导者则更多地从文化和战略的宏观角度审核六西格玛项目的成果。

(3) 项目的移交。在项目成果得到审核确认后,项目团队应将之移交给过程所有部门或区域,由后者对项目成果进行日常监测和控制,同时进行项目文档移交归档。

13.3.4.2 六西格玛项目成果评审与分享

企业应当对六西格玛项目成果进行科学、全面的评价,制定符合企业自身特点的激励政策,使改进活动步入良性循环。

(1) 成果发布、评审与分享。企业应根据六西格玛管理的推进情况,定期举行六西格玛项目成果发布、评审与分享会。在不泄露公司的商业机密的前提下,还可以向顾客、供应商和合作伙伴,以及在行业内外发布或分享(如参加全国或地区的六西格玛成果发布会和六西格玛优秀项目评选,编写资料或书籍等),促进社会进步和发展。

(2) 激励。六西格玛成果是追求卓越绩效的体现,值得公开认可和奖赏,以增强参与员工的自尊和成就感。企业需要根据所在行业的特点以及自身的条件,采取多样化的激励方式和手段,包括物质的和精神的激励。

13.4 实施六西格玛项目的 DMAIC 模式

20 世纪 90 年代,许多世界级公司开始实施六西格玛管理实践,并在实施六西格玛的过程中都形成了自己的操作方法。摩托罗拉公司有著名的实现六西格玛的六步法,其他企业的各种实施操作方法大同小异,但目标都是实现六西格玛质量水平,达到顾客满意。通用电气公司总结了众多公司实施六西格玛的经验,系统地提出了六西格玛管理的 DMAIC 模型。

DMAIC 模型将六西格玛项目的实施分为 5 个步骤,分别为:界定(define)、测量(measure)、分析(analyze)、改进(improve)与控制(control),如图 13-6 所示。

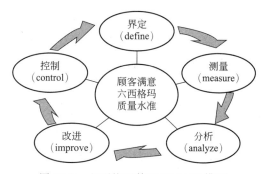

图 13-6 六西格玛管理 DMAIC 模型

DMAIC 是一个逻辑严密的过程循环,是在质量管理几十年的发展及实践经验的基础上产生的,由项目管理技术、统计分析技术、现代管理方法等综合而成的系统方法。DMAIC 强调以顾客(外部和内部)为关注焦点,并将持续改进与顾客满意以及企业经营目标紧密地联系起来;它强调以数据的语言来描述产品或过程绩效,依据数据进行管理,并充分运用定量分析和统计思想;追求的是打破旧有习惯、有真正变化的结果和带有创新的问题解决方案,以适应持续改进的需要;强调面向过程,并通过减小过程的变异或缺陷,实现降低风险、成本与缩短周期等目的。

目前 DMAIC 模型已被广泛认可,它是实施六西格玛更具操作性的模式,主要侧重于已有流程的质量改善方面。所有六西格玛管理涉及的专业统计工具与方法,都贯穿于每一个六西格玛质量改进项目的环节中。

13.4.1 D(define)——界定

13.4.1.1 确定顾客需求

界定是识别顾客要求、确定影响顾客满意度的关键因素。界定就是明确要解决的问题,找准需要改进的产品或过程，决定实施改进项目需要的资源。界定阶段的主要工作是识别顾客的需求，明确要解决的问题，明确过程输出变量的测量和标准，确定项目涉及的内部流程，从而确立项目责任以及项目目标和项目实施的关键步骤。

13.4.1.2 SIPOC 分析

在界定项目范围时，通常采用宏观流程图（SIPOC 图），它是供应商（supplier）、输入（input）、过程（process）、输出（output）和顾客（customer）英文单词的缩写，如图 13-7 所示。在 SIPOC 图中还可以加上过程输入和过程输出的基本要求，用来表示一个业务流程或产品实现过程中的主要活动或子过程，帮助项目团队界定过程的范围和过程的关键因素，确定关键输入变量（key process input variables，KPIV）和关键过程输出变量（key process output variables，KPOV）。

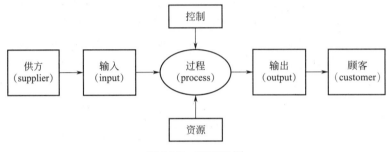

图 13-7　SIPOC 图

六西格玛的理念促使我们以新的和独创的方式来思考过去经常忽略的问题。当抓住了一些关键问题之后，便容易形成一份 DMAIC 任务书。这份任务书不仅要呈交业务主管部门，还可作为六西格玛团队解决问题的目标。

13.4.2　M（measure）——测量

测量是六西格玛项目工作中一个非常重要的阶段，没有测量，也就没有改进。测量就是定义缺陷，收集和整理有关产品或过程现状的数据，确定改进的目标。测量是六西格玛管理分析的基础，通过测量来收集关键质量值的基本数据，使量化管理成为可能。因此，有了测量才能应用统计技术与方法。

为了获取真实、准确、可靠的数据，需要对测量的系统进行校准，才能对关键质量指标进行测量。无论是生产制造流程还是交易流程，都有输入和输出。通常把需要输入的东西用 x 表示，把产生的结果或输出用 y 表示，所以，任何流程都可表示成这样一个函数：$y=f(x)$。输入是多种多样的，甚至输入还包括一些影响结果的干扰因素。输入变量 x 可以是一个向量，表示这个输入是由多种因素组成的，函数 $f(x)$ 可以看成一个企业或组织的运作系统；输出 y 也可以是一个向量。测量就是对关键的 y 与 x 进行数据收集和计量。另外，数据收集还要求掌握一些数据收集的方法，如抽样技术、检查单、检查表等，同时做数据收集计划。收集数据需要团队成员的共同参与，可能还需要其他一些资源，这需要黑带负责协调工作。

13.4.3　A（analyze）——分析

分析主要是分析在测量阶段收集的数据，确定和检验组织可能存在问题的根本原因。分析阶段是 DMAIC 各个阶段中最难以预见的阶段。项目团队所使用的方法在很大程度上取决于所涉及的问题与数据的特点。分析可以运用多种统计技术和方法来进行，如回归分析、相关分析、假设检验、实验设计、直方图、排列图、鱼刺图、散点图、控制图等。影响产品质量和顾客满意度的因素很多，一般需要从 5M1E，即人、机、法、料、环、测六个方面进行有效分析，运用上述统计技术和方法对各要素进行排列，就可以找出影响顾客满意度的主要原因及其影响规律。

DMAIC 团队用循环分析方法来关注对原因的探索。这个循环从数据的测量开始，通过对过程的分析，提出对原因的初始推测或者假设；接着收集和关注更多数据和其他看得见的证据，对这些推测或者假设作出进一步的判断；分析循环继续进行，各种假设不断地被确认或被拒绝，直到真正的问题根源被数据分析明确识别出来。

在项目分析时，往往同时使用探索性数据分析和过程分析两种工具。一般是先做探索性数据分析，再做过程分析，也可以同时进行。不管团队采用哪种模式，缺陷原因分析在步骤上一般都经过以下三个阶段。

(1) 推测。以开放的态度调查数据和过程，目的是找出可以研究的项目。
(2) 提出关于原因的假设。运用已有的知识，提出最有可能的缺陷原因。
(3) 证实或排除原因。利用数据、试验或进一步的过程分析对原因的假设作出判断、证实，确认哪个因素或环节是引起缺陷的最主要原因。

无论团队如何进行原因分析，这三个阶段往往不可截然分开，而是一个循环的过程。

13.4.4　I（improve）——改进

改进是实现目标的关键步骤。改进活动包括拟订改善方案，对方案进行试点、持续改进，达到或超过顾客的期望要求。在分析环节，明确缺陷产生的根本原因之后，工作的重点就转移到寻找解决问题的办法上来。在多数情况下，同一问题有多种解决方案，应选择成本低、速度快的最佳方案来执行。如果条件许可，在全面执行解决方案之前，先在小范围内进行试点，这样不仅能证明解决方案是否有效，还有助于克服企业中存在的潜在障碍，为度量满足顾客需求而改进的新流程的能力提供有价值的数据。一旦试点成功，就可以制订真正的实施计划并加以执行。通过改进工作，可以确保找出有效的解决问题的方案，分析解决方案的潜在影响和实施成本，证明方案的有效性，评估实施的风险，完成解决方案的综合实施计划。在找到了要改进的环节和方案之后，重要的是去实施，而实施的困难往往在于员工的长期习惯不会轻易转变。企业可以跟踪检查改进项目，进行控制，从而使企业收益和顾客满意度都达到最高。

改进阶段一般需要完成以下工作：
(1) 产生解决方案。
(2) 评价解决方案。
(3) 完成改进方案的风险评估。
(4) 验证改进方案的有效性。

在改进阶段，使用的主要方法有相关分析、回归分析、方差分析和试验设计方法（design of experiment，DOE）等。试验设计是研究如何制订适当的试验方案，以便对试验数据进行有效统计分析的数学理论与方法。试验设计应遵循三个原则：随机化、局部控制和重复。随机化的目的是使试验结果尽量避免受到主客观系统因素的影响而呈现偏倚性；局部控制就是划分区组，使区组内部尽可能条件一致；重复是为了降低随机误差的影响，目的仍在于避免可控的系统性因素的影响。试验设计大致可以分为四种类型：析因设计、区组设计、回归设计和均匀设计。析因设计又分为全面实施法和部分实施法。

13.4.5 C(control)——控制

控制是将主要变量的偏差控制在许可范围之内,其核心是保持所取得的成果,防止流程恢复到原来的状态。对流程进行一定的改进之后,接下来的问题就是坚持,避免回到旧的习惯和流程,这是控制的主要目的。六西格玛管理通过将满足项目要求的过程实体程序化、标准化和文件化,使之正常运作;通过对其有效控制,可以确保改进结果的正确评估,保持所取得的成就,确保新流程变异最小化。六西格玛项目的成功依赖于那些始终坚持如一的人。在控制过程中,流程中每个环节的每个人都必须知道自己的工作描述和过程,否则就谈不上控制。控制阶段使用的主要工具是控制图。

13.4.6 DMAIC 结语

DMAIC 模型是一种改善企业现有流程的强大工具,也是处理复杂系统问题的全面方法。它把各种数理统计工具和方法融入模型的各个环节中(见表13-7),这是六西格玛管理突出的特点。DMAIC 模型要求从顾客需求开始,确保整个项目都以顾客需求为中心,最后以数据及尺度为基础作出决策,确保所取得的成果能够保持下去,并能够满足顾客需求。

表 13-7 DMAIC 模型各阶段的工作内容和常用工具、方法

DMAIC 模型的阶段	工作内容	常用工具、方法
界定(define)	确立改进活动和所需资源,确定改进的目标。高层目标可以是高投资回报率和市场份额;作业层目标可以是增加产出;项目级目标可以是减少缺陷和增加产出	头脑风暴法、帕累托图、质量功能展开(QFD)、流程图、质量成本分析、因果图、满意度分析、顾客需求分析、项目进展计划
测量(measure)	测量现有过程或体系。首先确定目前的状况或水准,制定合理的、可靠的衡量标准,监督过程的进度	数据收集计划、过程能力分析、柱状图、排列图、因果图、结构图、测量系统分析、过程流程图、西格玛水平计算
分析(analyze)	分析过程或体系的数据,确定影响质量的关键变量,决定应用哪些方法来消除目前业绩与目标之间的差异,寻找解决问题的最优方案	头脑风暴法、多变量图、确定关键变量的置信区间、假设检验、直方图、排列图、多变量相关分析、回归分析、方差分析
改进(improve)	优化解决方案,持续改进过程或体系。运用新方法、新观点、新理论达到预期的目标值,应用各种管理工具和统计方法来确认这些改进	质量功能展开、试验设计、正交试验、方差分析、正态分布、成本效益分析、项目管理、目标管理、头脑风暴法
控制(control)	控制过程或体系,确保过程的改进能持之以恒,并确保过程不会恢复到原来状态。通过修订激励机制、方针、目标等,使改进后的体系或过程制度化	质量功能展开、试验设计、正交试验、西格玛计算、控制表图、标准化、过程能力计算、标准作业程序、过程文件控制

DMAIC 模型的应用是一个循环过程。DMAIC 模型作为实施六西格玛的操作方法,其运作程序与六西格玛项目的周期及工作阶段紧密结合。DMAIC 模型从界定到控制不是一次性的直线过程,有些技术与方法被反复使用。只有不满足现状,勇于创新,才能在六西格玛管理中取得卓越成就。

13.5 六西格玛设计

六西格玛改进(DMAIC 方法)是对现有流程的改进,即针对产品/流程的缺陷产生原因采取纠正措施,通过不断改进,使流程趋于"完美"。然而通过六西格玛 DMAIC 方法对

流程的改进是有极限的，即便发挥 DMAIC 方法的最大潜力，产品的质量也不会超过设计的固有质量。

据国外调查统计，当改进使流程水平达到约 4.8 西格玛水平时，就再难以突破，这就是所谓的"五西格玛墙"。一般当过程的西格玛水平接近 5 时，进一步改进的空间就变得非常狭窄，这时就应该考虑放弃原来的流程，对原流程进行重新设计，这种重新设计过程的方法就是六西格玛设计。

实践证明经过六西格玛设计的产品/流程在运行中质量波动很小，六西格玛改进工作量将会大大减少。唯有进行六西格玛设计赋予产品高的质量，才能实现真正意义上的六西格玛质量。

13.5.1　六西格玛设计的基本条件

实施六西格玛设计存在很多不确定因素。企业进行六西格玛设计，必须满足以下两个条件：

（1）一是企业中存在着重要的需求、威胁或机会。这是进行设计的根本动因。

（2）二是企业已经准备并愿意承担风险。这是由设计本身存在的不确定性决定的。

13.5.2　六西格玛设计的原则

在进行六西格玛设计时，要注意以下几条原则：

（1）时刻将顾客作为关注焦点。六西格玛设计的本意是要减少产品/过程的质量波动，其隐含的前提是：设计目标值必须与顾客的要求完全一致，并且质量特性的规格限必须是顾客可以接受的。以顾客为关注焦点还意味着应满足顾客对产品全寿命期间的各种要求，如使用方便、维修服务周到、备件和耗材供应充足等。

（2）创新驱动。创新也是六西格玛设计的灵魂，创新的理念和设计思维（design thinking）应贯穿六西格玛设计的全过程。创新通常包括三个空间：创新的灵感、创新的构思和创新的实施。同时创新还必须满足可行性、延续性和需求性三个方面的约束。创新是一项系统工程，创新活动应贯穿于产品全寿命周期。

（3）提高产品抗干扰能力，减少质量波动。产品的质量波动是由于使用环境的变化（外干扰）、零部件磨损（内干扰）和加工误差（产品间干扰）引起的，为了减少质量波动，最好的办法是通过六西格玛设计提高产品的抗干扰能力（产品的稳健性）。

（4）缩短周期，降低成本。脱离研发周期和产品成本来讨论产品质量是没有意义的。缩短周期和降低成本都是增加顾客满意的重要方面，实施六西格玛设计应当在提高产品质量的同时，尽可能缩短周期，降低成本，以提高企业的绩效。

13.5.3　六西格玛设计流程

六西格玛设计就是按照合理的流程，运用科学的方法准确理解和把握顾客需求，对产品流程进行稳健设计，使产品/流程在低成本下实现六西格玛质量水平。同时使产品/流程本身具有抵抗各种干扰的能力，即便环境恶劣或操作不当，产品仍能满足顾客的需求。

与 DMAIC 相似，六西格玛设计也有自己的流程，但目前还没有统一模式。迄今为止，专家们提出的六西格玛设计流程主要有以下几种：

（1）DMADV 流程。这种模式可以更好地利用 DMAIC 流程的基础，但一般只适用于现有产品或流程的局部重新设计。其阶段为：定义阶段（define）、测量阶段（measure）、分析阶段（analysis）、设计阶段（design）、验证阶段（verify）。

（2）DMEDI 流程。其阶段为：界定（define）、测量（measure）、探索（explore）、研发（develop）、实现（implement）。

（3）IDDOV 流程。这是著名的六西格玛管理专家乔杜里提出的关于六西格玛设计的流程，也是大家公认的适用于制造业的六西格玛设计流程。

其阶段为：识别（identify）、定义（define）、设计（design）、优化（optimize）及验证（verify）。

（4）ICOV 流程。其阶段为：识别（identify）、特性实现（characterize）、优化（optimize）、验证（verify）。

下面将以 DMADV 流程为例，简要介绍六西格玛设计的实施过程。

① 识别阶段。识别阶段又可划分为寻找市场机会、识别顾客需求、进行项目论证三个步骤，我们要应用质量功能展开（QFD）、卡诺分析、新质量控制（QC）七种工具、风险分析等方法寻找市场机会，识别顾客需求，论证和确定要开展六西格玛设计的项目，组织项目团队，落实人员和职责，并编制和批准六西格玛设计项目特许任务书。

② 定义阶段。定义阶段又可划分为顾客需求的确定和展开、产品总体设计方案的论证和确定两个步骤，我们要通过质量功能展开深入分析，将顾客需求逐层地展开为设计要求、工艺要求、生产要求，并采用系统设计、面向 X 的设计（DFX）、失效模式与影响分析（FMEA）、新 QC 七种工具、风险分析、全寿命周期费用（life cycle cost，LCC）分析等方法，通过创造性的思维和自顶向下的设计，形成一个可以实现顾客需求的总体设计方案。

③ 设计阶段。设计阶段又可划分为初步设计、全尺寸样机的设计、过程设计和样机的试制三个步骤，我们要采用系统设计、QFD、FMEA、DFX、参数设计、容差设计、计算机辅助设计/制造（CAD/CAM）等方法进行产品的初步设计（技术设计），产品各子系统、部件、设备和供应商的确定，全尺寸样机及其制造过程的设计，保障资源的设计等。

④ 优化阶段。优化阶段又可划分为产品设计的优化、过程设计的优化两个步骤，我们要通过稳定性优化设计（试验设计、参数设计、容差设计）和 FMEA、DFX 等方法，使产品质量特性稳定在目标附近（变异小），在使用中抗干扰，并进行过程设计的优化。

⑤ 验证阶段。验证阶段又可划分为设计质量的验证、制造质量的验证、产品的验证与确认三个步骤，我们要通过小子样统计过程控制（小子样 SPC）、验收检验规程（acceptance testing procedure，ATP）等方法进行过程能力的分析、制造质量的验证，通过仿真试验、验证和校验（V&V）试验、可靠性试验、寿命试验、鉴定试验等方法进行六西格玛设计产品的验证与确认，以及通过平均故障间隔时间（MTBF）和信噪比（S/N 比）的统计及六西格玛设计计分卡等来考察产品的质量可靠性水平，并请顾客试用，来验证六西格玛设计是否达到了希望的目标。当然，最优化的方案还应当通过技术状态控制的方法固化下来，以保证设计的产品在后续加工过程中完全符合顾客的需求。

IDDOV 五个阶段有先后的次序，但不是串行关系。在实施中必须贯彻并行工程，在产品研发的初期就要面向市场和顾客，考虑和着手解决产品全寿命周期中可能遇到的所有问题。每个阶段都要面向后续阶段开展研发，在不同的阶段之间需要有一定的重叠，验证阶段应当是对研发全过程的分阶段的验证。贯彻并行工程有利于缩短周期、提高质量、降低成本，实现质量、成本、进度的"三位一体"。

应用于六西格玛设计的主要技术工具整合为市场需求分析、系统设计、稳定性优化设计、面向 X 的设计、适用的可靠性工程和设计验证六个模块。每个技术工具的模块中又包括若干个技术工具。如图 13-8 所示。

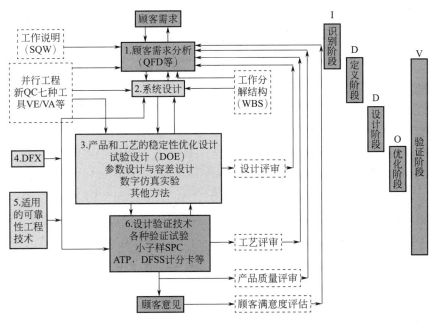

图 13-8　六西格玛设计的主要技术工具

13.5.4　产品全寿命周期的六西格玛解决方案

企业在实施六西格玛改进（DMAIC 流程）和六西格玛设计（IDDOV 流程）项目的工程实践中，经常遇到孤立地实施六西格玛改进和六西格玛设计过程中不适用的情况。其实，为了实现产品的六西格玛质量水平，应当根据产品寿命周期的不同阶段所遇到的实际问题，正确地选择六西格玛的方法。

建立了 DMAIC 流程和 IDDOV 流程之间的联系，提出了产品全寿命周期的六西格玛解决方案。

如图 13-9 所示，对于产品的全寿命周期而言，六西格玛管理始于市场需求的调研和分析，首先开展 DFSS，应用 IDDOV 流程，进行市场机会的识别（I）、产品的定义（D）、设计（D）、优化（O）和样机的设计验证（V）。研发成功的产品投入批量生产，产品进入市场，然后收集和分析顾客的反馈。

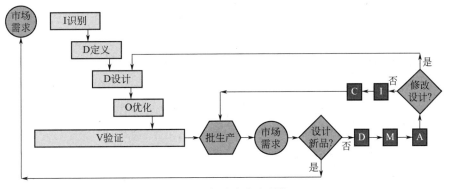

图 13-9　产品全寿命周期

如果产品基本上能满足顾客需求，本着不断改进的原则，针对存在的质量问题和不足之处，应用 DMAIC 流程，进行所需改进项目的选择、定义（D）、测量（M）、分析（A），在分析过程中增加了一个决策点，判断是否必须进行产品的再设计（即局部更改设计方案），如果回答是否定的，即不必改进设计方案，只要改进过程就能解决问题，则继续 DMAIC 的流程，进行过程改进（I）和控制（C）。经过验证的控制措施要贯彻落实到生产线上。如果必须进行产品的再设计，则转而执行 IDDOV 流程的后三个阶段，即设计（D）、优化（O）和验证（V）阶段。

通过在 DMAIC 的分析（A）阶段增加一个判断，将 IDDOV 和 DMAIC 流程有机地结合起来，形成了一个派生的流程——DMADOV，即定义（define）、测量（measure）、分析（analyze）、设计（design）、优化（optimize）、验证（verify）。

如果在聆听顾客声音时发现由于市场需求的发展或技术的进步，或产品存在质量问题，需进行新产品的设计，则流程返回到"市场需求"分析。

13.6 精益六西格玛

13.6.1 精益六西格玛的含义

精益生产源自日本丰田汽车公司创造的丰田生产模式，基本理念是在产品设计、制造、销售以及零部件库存等各个环节消除一切不必要的浪费。六西格玛是一种统计上的衡量标准，用来描述产品质量的数据与客户目标之间的符合程度。六西格玛的质量是所有企业追求的一种质量卓越目标。为实现客户满意度达到六西格玛目标，而将精益生产应用与六西格玛管理结合起来形成的一系列管理方法、工具的总称，就是精益六西格玛管理法。

精益六西格玛管理是一套系统的业务改进方法。以追求客户满意为导向，依照数据和事实进行决策，研究业务流程，通过组织一个个流程改善的项目，达到对内降低运营成本，提高效率，改善产品质量，对外提高客户满意度的目标。

精益六西格玛是精益生产与六西格玛管理的结合，其本质是消除浪费。精益六西格玛管理的目的是通过整合精益生产与六西格玛管理，吸收两种生产模式的优点，弥补单个生产模式的不足，达到更佳的管理效果。精益六西格玛不是精益生产和六西格玛的简单相加，而是二者的互相补充、有机结合。按照所能解决问题的范围，精益六西格玛包括了精益生产和六西格玛管理。根据精益六西格玛解决具体问题的复杂程度和所用工具，精益六西格玛活动分为精益改善活动和精益六西格玛项目活动。精益改善活动全部采用精益生产的理论和方法，解决的问题主要是简单的问题；精益六西格玛项目活动主要针对复杂问题，需要把精益生产和六西格玛的哲理、方法和工具结合起来。

13.6.2 实施精益六西格玛的好处

实施精益六西格玛能够帮助企业获得以下四个方面的优势：
（1）消除库存和浪费，以降低企业的经营成本。
（2）消除过程波动，提高产品质量。
（3）推行看板拉动生产，实现准时、保质、保量交货。
（4）实现多品种、小批量生产，增加企业柔性。

13.6.3 精益六西格玛的要素

实施精益六西格玛的要素包括以下几点：

（1）关注系统。在实施中要关注整个系统，关注系统所处的发展阶段，用系统的思想综合考虑，把精益生产和六西格玛有机地结合起来，选用恰当的方法或工具来解决系统的问题。对于系统中的不同过程或同一过程不同阶段的问题，精益生产和六西格玛管理相互补充，才能达到更好的效果。当过程处于起始状态，问题较为简单，可以直接用精益生产的方法和工具解决；随着过程的发展，当问题变得复杂时，就要用六西格玛管理的方法解决。所以，在实施中要关注整个系统，用系统的思维方式综合考虑，恰当选用精益六西格玛管理的方法或工具。

（2）重视文化建设。通过文化建设，能够使企业的每一位员工形成一种做事的习惯，自觉地按精益六西格玛的方式去做事情。精益六西格玛的文化是持续改进、追求完美、全员参与的文化。只有追求完美，持续地对过程进行改进，才能不断超越现状，取得更大的绩效。而现代的组织管理是一个非常复杂的系统，个人或一部分人的力量是有限的，只有依靠全员参与，才能最大限度地发挥出集体的能力。

（3）以流程管理为中心。精益六西格玛管理必须以流程为中心，摆脱以组织功能为出发点的思考方式。只有以流程为中心，才能真正发现在整个价值流中的不足和问题，从而进行高效的管理。

（4）领导的支持。精益六西格玛需要处理整个系统的问题，同时要分析和解决的问题也更复杂，需要与不同的部门进行沟通，得到更多资源的支持，所以没有领导的支持是不可能成功的。这就要求领导也参与到精益六西格玛管理变革中去。领导只有参与其中，才能发现问题，进而有力地推动精益六西格玛。

（5）正确使用方法和工具。要实现精益生产的速度和六西格玛的过程稳健性，必须确定问题的种类，针对具体问题选用恰当的处理方法和工具。

例如，对于简单问题，就应该用精益生产的方法和工具直接解决；而对于复杂的问题，如果不用六西格玛的方法和工具，就不能发现真正的原因，不能有效解决。还有一些复杂问题需要同时利用精益生产及六西格玛的方法和工具来解决，才能达到其目的。

13.6.4 精益六西格玛的实施

第一步，识别目标客户。

目标客户应该是那些企业既能满足其需求，又能从为其服务中赚取利润的特定群体。通过识别客户，才能知道企业的服务对象。在每个流程中，下游的工作人员就是上游流程的客户。只有识别客户，才能明确企业的服务对象。

第二步，识别客户的需求和关键质量点。

客户购买企业的服务，是为了实现他们的价值，这些价值需要企业来生产。

客户满意与否是一个结果，企业应该通过控制和改变产生这一结果的过程以及过程中的关键质量点，去满足或超出客户的预期。

第三步，了解流程，了解现状。

企业要完成对顾客的服务，首先要研究需要什么资源。有了足够的资源，接下来要研究企业是如何组织这些资源，通过什么过程将其变成可以影响最终客户满意的产品。在具体的流程改善活动中，必须区别流程方法要素和流程资源投入要素，并实施改进措施。

第四步，检查流程能力，识别差距。

这一步骤的目的是检查企业现在的流程能力是否能够满足客户需求。对流程能力进行定义，实质是设定对该流程考核指标的过程。六西格玛强调定义流程能力需要按照客户需求来定义，并且可以计量。如果指标没有以客户为导向，就不会生产出让客户满意的产品。

第五步，进行流程分析。

当企业发现流程产出与客户需求之间存在差距，并且这一需求对客户非常重要时，企业就找到了一个值得改进的机会。企业应组织专家对流程进行细致的分析，通过分析流程，找出生产环节中存在的问题和不足。

第六步，改进方案设计。

找到流程的问题后，企业就可以谈如何改进了，在寻找改进方法的过程中，企业要尝试把一些新的技术加入生产流程，但需要注意现实与理想的区别。

理论上的一个完美方案，可能在现实中根本行不通。项目实施中，宁可牺牲方案技术上的完美性，以获得更高的可操作性。

第七步，依靠行政力，实施改进方案。

在这一步骤中，精益六西格玛既强调项目责任人的责任，又更加强调领导的力量：项目责任人（绿带或黑带）应该运用各种沟通工具，通过宣传和培训使更多的人从心理和技术上接受改进方案。而领导在改进方案的实施中，需要完成责任的重新划分、争取财物的支持等工作。这些在现实中，往往是难度最大的，当然也只能由领导来推动。

第八步，控制改进效果。

改进措施落实后，项目责任人要对流程的效果进行持续跟踪评价，对未达到预期或者流程不稳定的原因，需要进一步收集、分析数据，持续改进。

以上是企业实施一个精益六西格玛流程改进项目的过程。成功推动精益六西格玛管理的企业，一定会要求所有的部门，人人都能学习、掌握这样的方法，并且不断去实施一个又一个围绕客户满意、成本控制的项目。这样，改进就会逐渐演变为个人的一种意识、一种行为，持续改进、数据决策、客户导向也就会逐渐成为企业文化的一部分。当然，精益六西格玛管理的推进要取得更大的成效，也离不开领导更多、更直接的参与。

课后习题

1. 简述六西格玛管理的内涵。
2. 简述六西格玛管理的基本原则。
3. 试比较六西格玛管理和全面质量管理的异同点。
4. 试简述六西格玛管理团队成员的组成及各自的主要任务。
5. 举例说明六西格玛推进过程中遇到的阻力。
6. 简述选择六西格玛项目的流程。
7. 试简要说明 DMAIC 的流程及各个阶段常用的工具和技术。
8. 试比较产品质量的过程改进方法 PDCA 和 DMAIC 之间的异同。
9. 试简要分析六西格玛设计与六西格玛改进之间的异同。
10. 简述 IDDOV 模型各阶段的主要内容。

第 14 章 卓越绩效模式

本章首先介绍了卓越绩效模式的基本常识，然后分别介绍了美国、欧洲、日本和我国的质量奖。

14.1 卓越绩效概述

14.1.1 制定国家标准的背景

卓越绩效模式（performance excellence model）是 20 世纪 80 年代后期美国创建的一种世界级企业成功的管理模式。其应用主要是通过国家质量奖的形式来推动实施，各组织通过对照卓越绩效标准来对自身的绩效进行自我评估，以实现持续改进和卓越绩效。经过 30 多年的发展，卓越绩效模式现已成为国际上广泛认同的一种组织综合绩效管理的有效方法/工具，是现阶段全面质量管理（TQM）的最高表现形式。

设立政府行为的国家质量奖既是国际通行做法，也是政府主管质量工作部门科学执法、依法执政的表现。目前，世界上有 70 多个国家和地区组织设立了质量奖，最有名的三大质量奖是日本的戴明奖、美国的波多里奇国家质量奖和欧洲质量奖。其中波多里奇国家质量奖的影响最广泛，其评审准则也称卓越绩效评价准则，代表了当今世界最先进的质量管理水平。

根据《中华人民共和国产品质量法》的规定："对产品质量管理先进和产品达到国际先进水平、成绩显著的单位和个人，给予奖励。"以及国务院颁发的《质量振兴纲要》提出的"依照《中华人民共和国产品质量法》的有关规定，建立质量奖励制度"的需要，国家质量监督检验检疫总局和国家标准化管理委员会于 2012 年发布了 GB/T 19580—2012《卓越绩效评价准则》国家标准以及 GB/Z 19579—2012《卓越绩效评价准则实施指南》国家标准化指导性技术文件。为企业提供了追求卓越绩效的经营管理模式，并用量化指标为国家质量奖的评价和企业的自我评价提供了依据。

14.1.2 制定国家标准的目的

制定《卓越绩效评价准则》国家标准有以下三个目的：
（1）为企业追求卓越提供一个经营模式的总体框架；
（2）为企业诊断当前管理水平提供一个系统的检查表；
（3）为国家质量奖和各级质量奖的评审提供是否达到卓越的评价依据。

《卓越绩效评价准则》国家标准是我国推行全面质量管理经验的总结，是多年来实施 ISO 9000 标准的自然进程和必然结果，是政府引导和企业需求相结合的产物，是全面质量管理理论的发展和现实相结合的反映，它也是国际成功经验和中国国情相结合的成果。

14.1.3 国家标准的特点

（1）强调质量对组织绩效的增值和贡献，"质量"已经成为"追求卓越的经营质量"的代名词。"质量"将以追求"组织的效率最大化和顾客的价值最大化"为目标，作为组织一种系统运营的"全面质量"。

（2）更加强调系统思考和系统整合。组织的经营管理过程就是创造顾客价值的过程，为达到更高的顾客价值，就需要系统、协调一致的经营过程。

（3）更加强调以顾客为中心的理念。把以顾客和市场作为中心，作为组织质量管理的第一项原则，把顾客满意和忠诚即顾客感知价值作为关注焦点，反映了当今全球化市场的必然要求。

（4）更加强调重视组织文化的作用。无论是追求卓越绩效、确立以顾客为中心的经营宗旨，还是系统思考和整合，都涉及企业经营的价值观。所以必须首先建设符合组织远景和经营理念的组织文化。

（5）坚持可持续发展，在制定战略时要把可持续发展的要求和相关因素作为关键因素加以考虑，必须在长短期目标和方向中加以实施，通过长短期目标绩效的评审对实施可持续发展的相关因素加以确认，并为此提供相应的资源保证。

（6）坚持科学发展观，强调战略决策和发展目标能均衡地考虑长短期的机遇和挑战、资源的优势和劣势、潜在的风险等。

在治理结构中强调有效性，在人力资源方面要求为开展创新性、持续性改进提供资源。在基础设施方面要求制订和实施更新改造计划，不断提高基础设施的技术水平。在技术发展方面要求以国际先进水平为目标，积极开发、引进和采用先进技术和先进标准，提高组织的创新能力。在产品和服务结果方面，要与国际同类产品和服务水平相比较，组织的主要产品和服务不仅应具有特色，而且是创新成果。

14.1.4 与其他质量管理体系的关系

14.1.4.1 与 TQM 的关系

《卓越绩效评价准则》与 TQM 有着共同的渊源。TQM 的前身 TQC、CWQC（公司范围的质量管理）就是由最早的质量奖——戴明实施奖的评奖准则演变而来的。今天的质量奖已经由最初的戴明实施奖发展到欧洲质量奖、美国波多里奇国家质量奖等七十多个国家、地区的质量奖。这些奖项均体现了 TQM 的概念和原则，所关注的质量概念已经远远超出了产品质量范畴，扩展到了包括过程和工作质量、经营质量的大质量。

卓越绩效模式是建立在大质量概念下的、比较完整的质量管理模式；是一个集成的现代质量管理的理念和方法；是从企业、顾客、社会多个方面解决质量和效益的模式；是企业界和管理界公认的提升企业竞争力的有效方法和管理模式，世界级的成功企业都选择了这个模式。

正因为"卓越绩效模式"是一种综合的组织绩效管理方式，是一套系统化、标准化、具有操作性的事实上的企业管理国际标准。因此《卓越绩效评价准则》是 TQM 的具体实施细则。

14.1.4.2 与 GB/T 19000 族的关系

（1）与 GB/T 19001 的关系。GB/T 19001 是一个针对质量管理体系要求的标准，对内用于建立以顾客为关注焦点的质量管理体系基础平台，规范质量管理，对外用于双方合同和第三方认证的质量保证场合，通过质量管理体系审核和认证，证实组织有能力稳定地提供满足顾客和适用法律法规的产品，并通过认证结果的国际互认，消除贸易壁垒，促进国际贸易。

GB/T 19001 认证属于质量管理体系是否合格的符合性评定，类似于体育达标、电影审查合格，而《卓越绩效评价准则》属于质量管理体系是否卓越的成熟度评价，类似于运动会拿奖牌、电影得奖。

与 GB/T 19001 相比,《卓越绩效评价准则》的内容更全面、系统,所关注的质量已扩展到包括经营质量的大质量,强调社会责任、战略策划和经营结果,反映了现代质量管理的最新理念和方法,是许多成功组织的实践经验总结,为组织提供了追求卓越的经营模式,并用量化评分的方法全方位、平衡地诊断评价组织经营管理的成熟度,为组织的自我评价和外部评价提供依据。

GB/T 19580 和 GB/T 19001 的对比,如表 14-1 所示。

表 14-1 GB/T 19580 和 GB/T 19001 的对比

项 目	GB/T 19001	GB/T 19580
方法	合格评定	管理成熟度评审和绩效水平对比
目的	旨在使顾客满意	使顾客和其他相关方综合满意平衡和谐
范围	组织的质量管理体系	整个组织的经营和相关方
重点	强调过程	既强调过程,更重在结果
主线	围绕顾客关注的产品质量	战略规范和发展方向
要求	管理方法、管理技术	管理方法、管理技术和组织文化

(2) 与 GB/T 19004 的关系。GB/T 19004 标准为如何应用质量管理原则从而达到组织长期的、可持续的、成功的目标提供了指南,并且为如何管理整个组织的活动也提供了指南。其定位介于 GB/T 19001 和《卓越绩效评价准则》之间,用于指导组织丰富和提高其GB/T 19001 基础并向 TQM 发展。

而《卓越绩效评价准则》主要是提供了一个追求卓越绩效的经营模式,应该说它兼容了GB/T 19001 和 GB/T 19004。

(3) 与 GB/T 24001 和 GB/T 28001 的关系。GB/T 24001《环境管理体系 要求及使用指南》标准针对社会和众多相关方对环境保护的不断发展的需要,规定了对环境管理体系的要求。

GB/T 45001—2020《职业健康安全管理体系 要求及使用指南》标准针对员工和相关方对职业健康安全的需要,规定了对职业健康安全管理体系的要求。

GB/T 24001 和 GB/T 45001 均可用于认证,都属于管理是否合格的符合性评定,而卓越绩效评价属于管理是否卓越的成熟度评价。《卓越绩效评价准则》兼容了对环境管理和职业健康安全管理的要求。

(4) 与六西格玛管理的关系。《卓越绩效评价准则》与六西格玛管理关注的都是大质量,两者之间存在互补和兼容的关系。《卓越绩效评价准则》旨在评价经营管理的七大领域,识别优势和改进机会并予以排序。六西格玛是持续改进的方式之一,它具备强大的改进功能,属于典型的自上而下的改进方式,优先解决与战略相关的关键问题,对卓越绩效模式是一种实施改进和创新的补充。对过程的持续改进和创新(包括实施六西格玛改进和创新)是卓越绩效评价准则之灵魂。从管理框架的角度看,卓越绩效模式兼容了六西格玛。

组织可以结合各自的具体情况在学习、实施、整合各自管理模式的基础上,按照《卓越绩效评价准则》国家标准,逐步建立一个追求卓越绩效的经营管理模式。

例如:首先,按照 GB/T 19001 建立质量管理体系的基础框架,并根据需要适时建立GB/T 24001、GB/T 45001 等管理体系。其次,根据组织的实际情况,可以参照 GB/T 19004 进行质量管理体系的扩展和深化,进而导入卓越绩效评价准则。

也可以直接导入卓越绩效评价准则,并以卓越绩效评价准则为框架进行管理体系整合,将GB/T 19001、GB/T 24001、GB/T 45001 等合格评定体系的要求融入其中,综合六西格玛和合理化建议等持续改进和创新方法，建立高度整合的卓越绩效管理体系或全面质量管理体系。

14.2 《卓越绩效评价准则》的基本思想和原理

GB/T 19580—2012《卓越绩效评价准则》国家标准及 GB/Z 19579—2012《卓越绩效评价准则实施指南》国家标准化指导性技术文件是一对联合使用的标准，前者规定了组织卓越绩效的评价要求，为组织追求卓越绩效提供了自我评价的准则，也可用于质量奖的评价。后者对 GB/T 19580—2012《卓越绩效评价准则》的内容作了详细说明，为组织追求卓越绩效提供了实施指南，指导组织提高其整体绩效和能力，也可就追求卓越绩效方面指导组织进行自我评价和外部对组织的评审。这对标准适用于追求卓越的各类组织。

GB/T 19580—2012《卓越绩效评价准则》参照国外质量奖的评价准则，结合我国质量管理的实际情况，从领导、战略、顾客与市场、资源、过程管理、测量、分析与改进以及经营结果八个方面规定了组织卓越绩效的评价要求，为组织追求卓越绩效提供了自我评价的准则，也可用于质量奖的评价。该标准的实施可帮助组织提高其整体绩效和能力，为组织的所有者、顾客、员工、供方、合作伙伴和社会创造价值，有助于组织获得长期成功，并使各类组织易于在质量管理实践方面进行沟通和共享，成为一种理解、管理绩效并指导组织进行规范和获得学习机会的工具。

14.2.1 主要术语和概念

14.2.1.1 卓越绩效（performance excellence）

绩效是指过程输出结果和从产品、服务中获得的结果。可以对照目标、标准、过去的结果和其他组织进行评价和比较，以非财务的和财务的术语来表示。

卓越绩效的定义是："通过综合的组织绩效管理方法，使组织和个人得到进步和发展，提高组织的整体绩效和能力，为顾客和其他相关方创造价值，并使组织持续获得成功"。GB/T 19580—2012《卓越绩效评价准则》中所描述的卓越绩效包括顾客满意程度、产品和服务的绩效、市场绩效、财务绩效、人力资源绩效、过程绩效以及组织的治理和社会责任绩效七个方面。

卓越绩效是一种综合的组织绩效管理方式，运用这种方式，可使组织获得持续成功。

14.2.1.2 治理（governance）

治理的定义是："在组织中所实行的管理和控制系统。包括批准战略方向、监视和评价高层领导绩效、财务审计、风险管理、信息披露等活动。"治理过程包括批准战略方向、监视和评价高层领导绩效、财务审计、风险管理、信息披露和股东报告等。确保有效的治理对于增强受益者和社会的信任以及组织的有效性非常重要。

14.2.1.3 标杆（benchmarks）

标杆的定义是："针对相似的活动，其过程和结果代表组织所在行业的内部或外部最佳的运作实践和绩效。"标杆分析是一种依据产业最佳行事方式来确立业绩目标和质量改进项目的方法，也是一场广泛开展地调研与取经的运动，它确保了最佳行事方式能够被发现、采纳和实施。

标杆分析一般包括10个步骤：①对什么产品、业务过程的输出或职能的输出进行标杆分析；②对哪些组织进行标杆分析；③收集数据和实地调查；④分析绩效差距；⑤预测绩效水平；⑥沟通调查结果；⑦建立职能目标；⑧制订行动计划；⑨执行计划和检测结果；⑩重新标定绩效水平。

通过标杆分析，辨别组织的竞争差距，有助于组织确定变革的对象，通过实施改进和创新，达到实现领先的绩效水平的目标，其目的是取得竞争优势。

14.2.1.4　价值创造过程（value creation processes）

价值创造过程的定义是："为组织的顾客和组织的经营者创造收益的过程"。价值创造过程是组织运营最重要的过程，过程是指在组织内部或外部为顾客生产产品或提供服务的相互联系的活动。在价值创造过程中，多数员工介入这些过程，通过这些过程产生组织的产品、服务，并给组织的股东和其他主要相关方带来实际的经营结果。

14.2.1.5　支持过程（support processes）

支持过程的定义是："支持组织日常运作、生产、服务交付的过程"。支持过程可以包括财务与统计、设备管理、法律服务、人力资源服务、公共关系和其他行政服务。这些过程虽然不能直接为顾客增加价值或创造价值，但为创造价值过程的实施起到保证、支持的作用。组织需识别全部支持过程，并确定关键支持过程，包括人力资源服务、财务和会计管理、基础设施管理、环境管理、职业健康安全管理、法律法规服务、公共关系和行政服务过程等。

14.2.1.6　使命（mission）

使命也称为宗旨、目的，是指组织的角色、任务或总体功能，反映了一个组织之所以存在的理由或价值，以及组织的灵魂之所在。使命可以界定为所服务的顾客或市场，所提供的产品和服务功能或价值，与众不同的能力，或所运用的技术。组织的所有工作均应以使命为导向，而具体组织的使命是对其存在的规定，应有其独特性。

14.2.1.7　愿景（vision）

愿景是指组织所渴望的未来图景和境界，是一个组织的整体发展方向和所要追求的目标。愿景描绘的是：哪里是组织的前进方向，什么是组织的图谋，或者组织希望将来如何被理解。作为现代领导理论最具魅力的领导方式，愿景规划的领导必须具备相当的远见卓识和高度的想象力。愿景应当是组织全体成员的共同心愿，也应反映到各利益相关方对组织的绩效期望。

14.2.1.8　价值观（values）

价值观是指期望组织及其员工如何运作的指导原则或行为准则。它反映和增强组织所渴望的文化，以适当的方式，支持和指引每一位员工作决定，帮助组织完成其使命，达成其愿景。价值观必须以高层领导的行动和行为作为支持，且体现于组织全体人员的言谈举止中，并通过价值链影响着组织的相关方。

14.2.1.9　组织文化（organizational culture）

每个人都有其独特的性格特征，即个性，每个组织也同样有其个性，我们称之为组织文化。它是组织成员共有的价值和信念体系，在很大程度上决定了组织成员的行为方式。

对组织文化完整的定义是：组织在长期的生存和发展中形成的，为本组织所特有的，且为组织多数成员共同遵循的宗旨（使命）、最高目标（愿景）、价值标准、基本信念和行为规范（价值观）等的总和及其在企业活动中的反映。

14.2.2　卓越绩效的基本理念

本标准建立在以下基本理念基础上，高层领导可运用这些基本理念引导组织追求卓越。

（1）远见卓识的领导。以前瞻性的视野、敏锐的洞察力，确立组织的使命、愿景和价值观，带领全体员工实现组织的发展战略和目标。

(2) 战略导向。以战略统领组织的管理活动，获得持续发展和成功。

(3) 顾客驱动。将顾客当前和未来的需求、期望和偏好作为改进产品和服务质量，提高管理水平及不断创新的动力，以提高顾客的满意和忠诚程度。

(4) 社会责任。为组织的决策和经营活动对社会的影响承担责任，促进社会的全面协调可持续发展。

(5) 以人为本。员工是组织之本，一切管理活动应以激发和调动员工的主动性、积极性为中心，促进员工的发展，保障员工的权益，提高员工的满意程度。

(6) 合作共赢。与顾客、关键的供方及其他相关方建立长期伙伴关系，互相为对方创造价值，实现共同发展。

(7) 重视过程与关注结果。组织的绩效源于过程，体现于结果，因此，既要重视过程，更要关注结果。要通过有效的过程管理，实现卓越的结果。

(8) 学习、改进与创新。培育学习型组织和个人是组织追求卓越的基础，传承、改进和创新是组织持续发展的关键。

(9) 系统管理。将组织视为一个整体，以科学、有效的方法，实现组织经营管理的统筹规划、协调一致，提高组织管理的有效性和效率。

卓越绩效准则是建立在一组相互关联的核心理念和概念的基础上的，这些核心理念和概念是企业为实现卓越的经营绩效所必须具备的观念和意识，它贯穿于卓越绩效准则的各项要求之中，应体现在全体员工，尤其是企业的高层管理人员的行为之中。

14.3 国内外质量奖简介

国际上已有70多个国家或地区实行了质量奖制度，以此来激励和引导企业追求卓越的质量经营模式。例如：美国波多里奇国家质量奖（MBNQA）、欧洲质量奖（EQA）、英国质量奖（UKQA）、瑞典质量奖（SWQA）、新西兰国家质量奖（NZQA）、拉吉夫·甘地国家质量奖（RGNQA）、新加坡质量奖（SQA）、加拿大经营卓越奖（CAE）、日本戴明奖。还有授予个人的奖项，例如：阿曼德·V·费根堡姆奖章、石川奖章，等。最具有代表性的奖项是美国马尔科姆·波多里奇质量奖、欧洲质量奖和日本戴明奖。

14.3.1 质量奖倡导的卓越质量经营模式

所谓质量经营，是指在市场经济的环境下，企业在经营管理活动中以质量为核心，以创造相关方（顾客、员工、投资方、供方和社会等）价值最大化为目标的经营模式。源自美国波多里奇国家质量奖评审标准的"卓越质量经营模式"，其核心是强化组织的顾客满意意识和创新活动，追求卓越的经营绩效。它不仅包含了战略层面的安排，也包括促成其落实的一整套质量管理体系与方法。

14.3.1.1 卓越质量经营模式突出强调了以下几个方面：

(1) 注重领导作用的发挥和企业的战略管理。

(2) 树立以顾客为中心的经营理念，要求建立顾客满意度评价系统，以不断改进而达到顾客忠诚。

(3) 基于事实的管理，要求企业建立信息管理系统，通过数据和信息的收集、分析和传递，作用于企业经营决策，有效控制和改进，保证企业目标高效率的实现。

(4) 关注过程管理，包括产品（服务）实现过程和支持过程，注重过程方法的实施和统计技术的采用。

（5）评价企业经营绩效，通过建立企业绩效监测系统，不仅关注企业自身利润等财务指标，而且关注企业相关方的利益，并将评价结果用于改进。

14.3.1.2 卓越质量经营模式对于企业绩效的改善作用体现在以下几个方面：

（1）引导企业追求相关方利益平衡。
（2）引导企业在绩效评价时与竞争对手进行比较。
（3）引导企业树立市场的前瞻意识，保持企业在市场竞争中的领先水平。
（4）引导企业建设追求可持续经营绩效的企业文化。

14.3.2 美国马尔科姆·波多里奇质量奖（MBNQA）

为重塑美国的经济领导地位，1987年美国总统里根签署国会通过的，以商务部部长马尔科姆·波多里奇的名字命名的100～107号公共法案——《马尔科姆·波多里奇国家质量改进法》。依据该法案，波多里奇质量奖创立，用以表彰美国企业在TQM和提高竞争力方面做出的杰出贡献。1998年美国总统克林顿签署法案修正案，从1999年开始，波多里奇奖的授奖范围和对象被正式扩大到教育和医疗卫生领域，2004年进一步扩展至非营利组织和政府机构两个领域（2007年开始评定）。

14.3.2.1 评审标准

马尔科姆·波多里奇质量奖的评审标准涵盖了以下七大项目：

（1）领导作用（leadership）：检查组织高级管理者及其治理体系如何引导和持续发展其组织。
（2）战略规划（strategic planning）：检查组织如何制定战略目标和行动计划并执行它们，当环境变化时如何改进目标和计划，以及如何测量改进的效果。
（3）以顾客为关注焦点（customer focus）：检查组织如何将顾客与组织长期成功紧密地联系起来，包括组织如何倾听顾客的声音、如何构建与顾客的关系、如何利用顾客信息识别改进的机会和提升创新能力。
（4）测量、分析和知识管理（measurement, analysis, and knowledge management）：检查组织如何为绩效测量、分析以支持组织计划和绩效评估的审查，进行数据的选择和使用；组织如何建立和管理知识资产，如何在通常状况下或紧急状况下保证数据、信息、软件和硬件的质量和可得性。
（5）以全体员工为关注焦点（workforce focus）：检查组织管理员工绩效和发展员工能力，建立鼓励员工更有效性和最大限度地为组织做出贡献的管理体系；检查针对关键产品和关键流程的管理，检查其是否为顾客创造价值并获得组织的持续成功。
（6）运营的有效性（operational effectiveness）：检查组织为获得安全的工作环境和为顾客创造价值的运营的有效性如何。
（7）经营成果（results）：检查为保证组织持续发展相关的一系列结果，包括关键流程和产品的结果、以顾客为关注焦点的结果、以全体员工为关注焦点的结果、领导和管理体系的结果、财务和市场绩效的结果。

14.3.2.2 马尔科姆·波多里奇奖的评审过程

马尔科姆·波多里奇奖的评价工作和奖励是由美国商务部负责，具体的规划和管理机构为美国国家标准和技术研究院（NIST）。美国质量协会（ASQ）作为协助机构，帮助NIST进行申请者的评审，奖项相关文件和具体政策的准备，以及各类信息的发布等工作。其常规步骤是：

（1）首先各类组织根据公开发布的标准自评。

(2) 若该组织希望获奖，可向 NIST 提出申请，接受审查。
(3) 历经审查后，NIST 根据评审委员会推荐来确定获奖者名单。
(4) 每个申请者收到对组织需改进之处的建议。

2013—2014 年马尔科姆·波多里奇奖评审项目和条款见表 14-2。

表 14-2　2013—2014 年马尔科姆·波多里奇奖评审项目和条款

评审项目和条款	子分值	赋　分
1　领导		120
1.1　高层领导	70	
1.2　治理和社会责任	50	
2　战略计划		85
2.1　战略的制定	45	
2.2　战略的实施	40	
3　以顾客为关注焦点		85
3.1　顾客的声音	40	
3.2　顾客契合	45	
4　测量、分析和知识管理		90
4.1　组织绩效的测量、分析和改进	45	
4.2　知识管理、信息和信息技术	45	
5　以全体员工为关注焦点		85
5.1　工作环境	40	
5.2　员工契合	45	
6　以运营为关注的焦点		85
6.1　工作流程	45	
6.2　运营的有效性	40	
7　结果		450
7.1　产品和过程的结果	120	
7.2　以顾客为关注焦点的结果	85	
7.3　以员工为本结果	85	
7.4　领导和治理的结果	80	
7.5　财务和市场的结果	80	
总分		1000

马尔科姆·波多里奇奖在众多组织中形成了一种业务成功的模式，无论是制造业还是服务业，无论是大公司还是小公司。很多组织通过对照奖项标准进行自评，建立并实施了质量标准，注意与供应商、合作伙伴沟通，注重教育培训，获得更高的生产率和顾客满意度，即使他们的初衷并不是为了赢取质量奖。

14.3.3　欧洲质量奖（EQA）

1988 年，欧洲 14 家大公司发起成立了欧洲质量管理基金会（EFQM），包括欧洲电信、菲亚特汽车公司等。1990 年，在欧洲质量组织和欧盟委员会的支持下，欧洲质量管理基金会开始策划欧洲质量奖。1991 年 10 月巴黎召开的欧洲质量管理基金会年度论坛上，欧盟委员会副主席马丁·本格曼正式提出设立欧洲质量奖。1992 年，由西班牙国王首次向获奖者颁发了欧洲质量奖。此后,欧洲质量奖一直激励和帮助欧洲的企业,改进其经营活动,最终达到顾客和雇员的满意,达到社会效益和企业效益的卓越化。另外,欧洲质量奖支持欧洲企业的管理人员加速实施全面质量管理这一在全球市场竞争中获得优势的决定性因素的进程。

14.3.3.1 奖项类别

欧洲质量奖着重评价企业的卓越性,奖项分为质量奖、单项奖、入围奖和提名奖。质量奖授予被认定是最好的企业。获奖企业的各类质量方法和经营结果是欧洲或世界的楷模。单项奖授予在卓越化模式的一些基本要素中表现优秀的企业。入围奖意味着企业在持续改进其质量管理的基本原则方面达到了较高的水准。提名奖说明企业已经达到欧洲质量奖卓越化模式的中等水平。

14.3.3.2 "卓越"内涵

欧洲质量奖中"卓越"的内涵:
(1) 卓越是提供使组织所有相关方都满意的结果。
(2) 卓越是创造可持续的顾客价值。
(3) 卓越是富有远见和激发灵感的领导作用,并具有持久的目标。
(4) 卓越是通过一整套相互依赖、相互作用的系统、过程和事实来管理组织。
(5) 卓越是通过员工的发展与参与而使其对组织的贡献最大化。
(6) 卓越是利用学习来激发创新和改进机会,以此来挑战现状、引发变化。

14.3.3.3 评审过程

(1) 申请者首先根据 EFQM 卓越模式自我评估,完成所需的申请文件,可以在每年 2 月或 3 月递交。
(2) 评审委员会的专家评审小组将会对申请者的申请文件进行审查。由他们选出的入围者,将接受现场考核。
(3) 评审组专家对申请文件内容和不确切的地方进行现场验证。这对申请者来说,是学习卓越化模式的好机会。
(4) 在专家现场考察的基础上,选定欧洲质量奖单项奖的获奖者,这些获奖者中产生最终欧洲质量奖的获奖者。

在完成上述的申请步骤之后,在每年 8 月,申请者将接到评审小组给出的反馈报告。报告包括了对申请者的一般评价、每一要素的得分情况以及该项目与其他申请者得分平均数的比较。对于每一个低于 EFQM 模式平均标准的项目,报告都会列举需要改进的领域和程度。这份报告对于申请者的重要意义不亚于是否得奖本身。

总之,作为 TQM 的欧洲模式,欧洲质量奖是欧洲最权威和最具信誉的组织卓越奖。它向每一个表现良好的欧洲组织开放,强调对组织卓越的认可,并向所有申请组织提供详细和独立的反馈,帮助他们持续卓越之旅。

14.3.4 日本戴明奖(DP)

世界范围内影响较大的质量奖中,日本戴明奖是创立最早的一个。1951 年,为感谢戴明博士为日本质量管理的发展所作出的重要贡献,日本科学技术联盟(JUSE)设立了戴明奖。

14.3.4.1 奖项类别

(1) 运营单位质量控制奖。颁发给在追求全面质量管理的过程中通过质量控制(管理)的应用而取得显著绩效改进的(某个组织的)运营单位。
(2) 戴明个人奖。主要颁发给在全面质量管理的研究、统计方法在全面质量管理中的应用及全面质量管理理念的传播等方面作出杰出贡献的个人或组织。

(3) 戴明应用奖。颁发给在规定年限内通过实施全面质量管理而取得显著绩效改进的组织或部门。

14.3.4.2 评审标准

(1) 经营方针及其展开。
(2) 新产品的开发/业务的改革。
(3) 对产品品质和业务品质的管理和改善。
(4) 管理体系的完备程度。
(5) 品质信息的收集、分析和IT的灵活运用。
(6) 人才的能力开发。

14.3.4.3 日本戴明奖的特色

(1) 戴明奖并没有建立在任何联系概念、行动、过程和结果的内在框架之上。
(2) 戴明奖没有采用类似于欧洲质量奖的做法去明确考核经营绩效项目。
(3) 戴明奖更注重奖励质量管理活动中的创新。
(4) 戴明奖的授奖目的是授奖于那些确认为成功应用了以统计质量控制为基础的全员质量控制,并可能在以后继续保持应用的公司。
(5) 戴明奖中存在"相关者考查(reference examination)"这一程序。
(6) 戴明奖不是竞争性奖项,凡是达到要求的企业都可以在同一年得奖。

企业通过申请戴明质量奖,把TQM作为企业参与市场竞争的武器纳入企业经营战略中,而且使经营战略得到贯彻实施,同时建立和完善企业综合管理体系,推进企业的标准化活动,增强全员积极参与TQM活动和质量改进的积极性,提高产品质量、劳动生产率和企业的凝聚力,使质量改进和标准化活动成为企业的自觉行动。

多年来,获奖企业的TQM方法被扩散到许多其他企业,有效地推动了这些企业的质量改进。日本企业以申请戴明质量奖作为动力和桥梁,积极推动TQM活动,经过几十年的努力,逐渐形成了日本企业的竞争力,取得了令人瞩目的经济奇迹。

14.3.5 中国全国质量奖

在国家质量监督检验检疫总局的指导下,中国质量协会(CQA)于2001年成功地启动了全国质量管理奖的评审工作。全国质量奖是我国对实施卓越质量管理取得显著质量、经济、社会效益的组织授予的在质量管理方面的最高奖励。全国质量奖坚持"高标准,少而精"和"优中选优"的原则,对企业进行实事求是的评审。评审范围主要包括工业(含国防工业)、工程建筑、交通运输、邮电通信及商业、贸易、旅游等行业的国有、股份、集体、私营和中外合资及独资企业。目前质量奖项设置有:制造、建筑业、服务业和小企业。

14.3.5.1 评审标准

由工作委员会办公室组织质量专家组在2001年伊始启动起草了评审标准。2003年对评审进行修订,基本以美国马尔科姆·波多里奇国家质量奖标准为主,并结合我国实际。2004年9月,我国GB/T 19580—2004《卓越绩效评价准则》国家标准正式发布。2005年起全国质量奖评审标准采用GB/T 19580—2004进行评审。2012年该标准进行了修订,使得该标准更加完善。

中国全国质量奖评审标准的特点:

(1) 卓越绩效评价标准为组织改进提供了基础,鼓励组织实施创新和灵活的方法,与组织的整体经营需求协调一致。

（2）标准具有适用性，可用于大企业、小企业、服务业，以及政府和非营利组织等。

（3）标准注重一般性要求，而非具体的程序、管理工具和技术。

14.3.5.2 卓越绩效评价准则框架

GB/Z 19579—2012《卓越绩效评价准则实施指南》的附录 A.1 提出了卓越绩效评价准则的框架图，该图形象而清楚地表达了卓越绩效评价准则七个模块之间的逻辑关系。

（1）卓越绩效模式旨在通过卓越的过程创造卓越的结果，即：应对评价准则的要求，确定、展开组织的方法，并定期评价、改进、创新和分享，使之达到一致、整合，从而不断提升组织的整体结果，赶超竞争对手和标杆，获得世界级的绩效。

（2）有关过程的类目包括 4.1、4.2、4.3、4.4、4.5、4.6，结果类目为 4.7。过程旨在结果，结果通过过程取得，并为过程的改进和创新提供导向。

（3）"领导"掌控着组织前进的方向，并密切关注"经营结果"。

（4）"领导""战略""顾客与市场"构成"领导作用"三角，是驱动性的；"资源""过程管理""经营结果"构成"资源、过程和结果"三角，是从动性的。而"测量、分析与改进"是组织运作之基础，是连接两个三角的"链条"，并转动着改进和创新的 PDCA 之轮。

14.3.5.3 评价要求的内容构成和分值

《卓越绩效评价准则》为组织提供了追求卓越的经营模式，并且用量化评分的方法全方位、平衡地诊断、评价组织经营管理的成熟度，为组织的自我评价和外部评价提供了很好的依据（表 14-3）。

表 14-3 《卓越绩效评价准则》评分项分值表

评分项名称	类目分值	评分项分值	评分项名称	类目分值	评分项分值
4.1 领导 4.1.1 组织的领导 4.1.2 社会责任	100	60 40	4.5 过程管理 4.5.1 价值创造过程 4.5.2 支持过程	110	70 40
4.2 战略 4.2.1 战略制定 4.2.2 战略部署	80	40 40	4.6 测量、分析与改进 4.6.1 组织绩效的测量与分析 4.6.2 信息和知识的管理 4.6.3 改进	100	40 30 30
4.3 顾客与市场 4.3.1 顾客和市场的了解 4.3.2 顾客关系与顾客满意	90	40 50	4.7 经营结果 4.7.1 顾客与市场的结果 4.7.2 财务结果 4.7.3 资源结果 4.7.4 过程有效性结果 4.7.5 组织的治理和社会责任结果	400	120 80 80 70 50
4.4 资源 4.4.1 人力资源 4.4.2 财务资源 4.4.3 基础设施 4.4.4 信息 4.4.5 技术 4.4.6 相关方关系	120	40 10 20 20 20 10			

《卓越绩效评价准则》共包括七大类目："4.1 领导""4.2 战略""4.3 顾客与市场""4.4 资源""4.5 过程管理""4.6 测量、分析与改进"和"4.7 经营结果"，22 个评分

项（4.1.1～4.7.5）。

GB/Z 19579—2012《卓越绩效评价准则实施指南》国家标准化指导性技术文件的附录A.2给出了卓越绩效评价准则评分项分值表。

14.3.5.4 申报条件

申报全国质量奖的组织必须是中华人民共和国境内合法生产及经营的企业，并具备以下基本条件：

（1）按 ISO 9000 族标准建立、实施、保持质量管理体系，已获认证注册；对有强制性要求的产品已获认证注册；提供的产品或服务符合相关标准的要求。

（2）已按 ISO 14000 族标准建立、实施并保持环境管理体系；企业"三废"治理达标。

（3）连续三年无重大质量、设备、伤亡、火灾和爆炸事故（按行业规定）及重大用户投诉。

（4）近三年，组织获得了用户满意产品和全国实施卓越绩效模式先进企业（全国质量效益型先进企业）称号。

14.3.5.5 评审过程

（1）递交材料。申报组织将申报表、自评报告、组织简介及相关证实性材料，交予全国质量奖工作委员会办公室。

（2）资格审查。质量奖工作委员会办公室对申报组织的基本条件、评价意见等材料的完整性，进行审查。

（3）资料评审。对审查合格的组织进行资料评审，根据"优中选优"的原则确定现场评审名单。

（4）现场评审。评审专家组给出现场评审意见并提出存在的问题，形成现场评审报告。

（5）审定。质量奖工作委员会对申报组织的全国质量奖申报表、现场评审报告等进行综合分析并提出获奖组织的推荐名单。审定委员会听取工作报告，审定获奖组织。

14.3.6 国家质量奖的比较

（1）各国质量管理奖的共同点。在全面质量管理的基础上，逐步加入了卓越经营的因素。我国国家质量奖与欧洲质量奖很大程度上都参照了美国马尔科姆·波多里奇国家质量奖的结构和具体评价方式，更注重员工满意、对社会的影响和经营成果。

（2）各国质量管理奖的不同点。欧洲质量奖在指导全面质量管理方面更注重原则性指导，其评审标准将全面质量管理的核心概念扩展到组织的一般工作的许多方面。从评奖标准看，戴明质量奖更多地关注全面质量管理本身，注重统计技术的应用，注重产品从策划、设计、制造到售后服务全过程的质量管理，以及这些过程中质量管理方法的创新和有效应用。美国马尔科姆·波多里奇国家质量奖和欧洲质量奖体现了重视结果的价值取向，日本的戴明质量奖则更加重视过程。

课后习题

1. 如何理解卓越绩效模式的作用？
2. 卓越绩效模式的基本特征是什么？
3. 卓越绩效模式的核心价值是什么？讨论这些核心价值对我国现代企业管理的启示。
4. 试讨论卓越绩效模式的核心价值观与 ISO 9000 族标准的质量管理原则二者的内在联系。
5. 如何理解领导在推行卓越绩效模式中的作用？
6. 比较美国国家质量奖、日本戴明质量奖、欧洲质量奖以及我国全国质量奖的异同。

第15章 可靠性工程

本章首先介绍了可靠性的基本知识及可靠性指标；接下来介绍了故障模式及影响分析（FMEA），故障模式、故障影响及危害性分析（FMECA），以及故障树分析（FTA）；最后探讨了可靠性管理的基本活动与要求。

15.1 可靠性及其相关概念

与质量的概念相联系，可靠性表现为人们对产品满意地发挥预定效能或防止失效的能力的一种信任感。当然，在质量管理工程实践中，可靠性需要更客观、量化地界定和分析。同时，可靠性还需要与维修性、可用性等对照来理解。

15.1.1 可靠性的含义

所谓可靠性是指元件、产品或系统在特定的运行条件下，在规定的时间内，发挥其预定功能的能力或概率。为了方便起见，一般在不需要特别强调的情况下，将元件、产品、系统的可靠性笼统地称为产品的可靠性。该定义包括四个基本要素：能力或效能、规定的时间、可能性或概率、特定的运行条件。这是理解可靠性概念的基本方面。

（1）能力或效能。可靠性表现为是否具有特定的功能、能力和发挥相应的效能。可靠性是产品在特定条件下、在规定的时间内发挥其预定功能，即发挥效能，满足使用要求的能力。这种能力属于产品质量的功能特性，是产品质量特性的重要组成部分。这种能力或效能是指制造产品或建立系统的目标。产品正常发挥其预定的功能，则具有相应的能力和效能；终止发挥其效能，则不具有相应的能力或效能，而称其为失效或故障；小的元件、产品或系统经过维修，有可能排除故障，恢复其能力或效能，继续发挥预定的功能。

与可靠性相对应，所谓的失效，可以定义为元件、产品、系统或其一部分（元件）不能完成预定功能的事件或状态。可能发生的失效有两种类型：一是在产品寿命的开始，由于制造缺陷或原材料缺陷而出现的功能性失效，如失去连接或有瑕疵的元件；二是使用了一段时间以后的可靠性失效。

（2）规定的时间。为产品或系统的任务时间，通常以产品使用的寿命周期来表示。对可靠性问题来说，这是一个极为重要的要求，它把使用条件、环境条件和人员工作条件的各方面因素都包括进去，甚至把使用次数、放置时间、持续工作时间等时间因素也包括进去了，突出表明可靠性是与时间相关的一种特性。

（3）可能性或概率。由可靠性的定义可以看出，可靠性不是一种确定性的概念，不能像其他质量特性那样，用完全确定或相当确定的量值加以规定或衡量，而要求使用概率来作定量的客观表示。当我们强调定量表示时，可靠性便称为可靠度。

（4）特定的运行条件。指对可靠性有很大影响的条件，包括运输条件、储存条件、维护条件、使用时的环境条件、使用方法、操作水平等。对象产品在超负荷运行、操作不当或人为破坏等情况下，会引起功能的失效。因此，研究对象的可靠性时必须在规定的条件下进行。

15.1.2 故障的分类

故障是产品不能执行规定功能的状态，通常指功能故障。但因预防性维修或其他计划性活动或缺乏外部资源造成不能执行规定功能的情况除外。

失效是指产品丧失完成规定功能的能力的实践。在实际应用中，特别是对硬件产品而言，故障与失效很难区分，故一般统称故障。

故障可以简单理解为产品无法完成规定功能。其表现形式称为故障模式，例如，短路、开路、断裂、过度损耗等。引起故障的物理的、化学的、生物的或其他的过程被称为故障机理。

产品的故障按照其后果可以分为灾难故障、严重故障和一般故障。灾难故障是指导致人员伤亡、系统毁坏、重大财产损失的故障。严重故障是指导致产品不能完成规定任务的故障。灾难故障和严重故障的发生将影响任务的完成，而一般故障的发生不影响任务的完成，但会导致非计划的维修和保障需求。

产品的故障按照其原因可以分为早期故障和耗损故障。早期故障是指产品在寿命的早期因设计、制造、装配的缺陷等原因发生的故障，其故障率随着寿命单位数的增加而降低。损耗故障是指疲劳、磨损、老化等原因引起的故障，其故障率随着寿命单位数的增加而增加。

产品的故障按照其规律可以分为偶然故障与渐变故障。偶然故障是由偶然因素引起的故障，例如，电容在规定的使用条件下使用时出现击穿等。偶然故障发生的概率由产品本身的材料、工艺、设计所决定。渐变故障是产品性能随时间的推移逐渐变化而产生的故障，这种故障一般可通过事前的检测或监控来预测，有时可通过预防性维修加以避免，例如，轴承由于磨损，性能逐渐退化，最终超过规定技术指标而不能再用。对于电子产品也可以称之为漂移故障。

产品的故障按照其统计特性可以分为独立故障与从属故障。不是由另一产品故障引起的故障称为独立故障，亦称原发故障；反之称为从属故障，也称为诱发故障。在进行产品的故障次数统计时，只统计产品本身的独立故障数。由两个或两个以上的独立故障所组成的故障组合称为多重故障，它可能造成其中任一故障不能单独引起的后果。

产品或其组成部分将不能完成规定功能的可鉴别的状态称之为潜在故障。如果不同产品由共同原因引起的故障则称为共因故障。此外，在实际工作中有时出现这样的故障产品的故障可以在有限时间内，不经修复而自行恢复，这类故障叫作间歇故障。例如，元器件在震动过程中出现瞬间短路，这类故障有时会导致严重后果。间歇故障原因也多种多样，例如，元器件瞬间短路可能是由封装时混入金属细丝，在震动中与金属引线表面接触造成的。

15.1.3 可靠性指标

15.1.3.1 可靠度

可靠度（reliability）是指产品在规定的条件和规定的时间内，能正常完成规定功能的概率，通常用 R 来表示。

因为可靠度常常是时间的函数，因此又称为可靠度函数，表示为 $R=R(t)$。就概率分布而言，又称为可靠度分布函数，其取值范围为：$0<R(t)<1$。

产品完成规定功能与不能完成规定功能是互逆事件，因此可靠度与不可靠度之间的关系有：$F(t)=1-R(t)$。

15.1.3.2 维修性

维修性是指在规定条件下使用的产品，在规定时间内按规定的程序和方法进行维修时，保持或恢复到完成规定功能的能力。

常用的维修性尺度有：

① 维修度 $M(t)$；

② 有效度 $A(t)$；

③ 最大维修时间 T_{max}；

④ 修复率 $\mu(t)$；

⑤ 平均修复时间（MTTR）。

15.1.3.3 故障率

故障率又称为失效率，是指产品工作到某一时刻时，在单位时间内失效或出现故障的概率。在给定的时间区间 $[t_1，t_2]$ 内，故障概率可以用不可靠度函数表示为：

$$\int_{t_1}^{t_2} f(t)dt = \int_{-\infty}^{t_2} f(t)dt - \int_{-\infty}^{t_1} f(t)dt = F(t_2) - F(t_1)$$

式中，t_1，t_2 表示时间节点，$f(t)$ 表示不可靠度函数。

在给定的时间区间 $[t_1，t_2]$ 内，系统故障发生的比率称为该区间的平均故障率；当故障率定义为给定的区间 $[t，t+\triangle t]$ 趋近于零时，此时的故障率为瞬时故障率，简称为故障率。故障微笑曲线如图 15-1 所示。

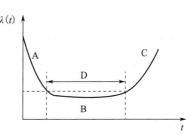

图 15-1 故障微笑曲线
A—早期故障期；B—偶然故障期；
C—耗损故障期；D—使用寿命

15.1.3.4 可靠性增长

在产品最初研制和试验期间，需要反复改进产品设计和制造中的缺陷，可靠性经常得到改善，这种改善可以归因为一些因素的变化和时间的推移得到的经验，用于设计生产更好的产品，使产品的可靠性增加，这种现象叫作"可靠性增长"（图 15-2）。

图 15-2 可靠性增长的基本过程示意图

15.1.3.5 可靠寿命

可靠寿命是指可靠度为给定值时相对应的工作时间，也称为可靠度寿命。

15.1.3.6 平均寿命

平均寿命（mean life）是指产品寿命的平均值，而产品的寿命则是指产品无故障或不失效的工作时间。

15.1.3.7 置信度

置信度反映的是从母体中抽取的子样进行测试、研究，用子样的试验结果去估计或推断母体性质时的可信程度，是子样的试验结果在母体的某个概率分布参数，在某区间内出现的概率。

15.1.3.8 保障性

保障性也称为维修保障性,是指产品的设计特性和计划的保障资源能满足产品使用要求的能力,常常用保障性参数定性和定量地描述产品保障性。

15.1.3.9 可用性

可用性(availability)是在要求的外部资源得到保证的前提下,产品在规定的条件下和规定的时刻或时间内处于可执行规定功能状态的能力,即要用产品时就可用的能力。

15.1.3.10 可信性

可信性是一集合性术语,用来表示可用性及其影响因素:可靠性、维修性、维修保障性,它仅用于非定量的一般性描述,可信性的定性和定量具体要求通过可用性、可靠性、维修性、维修保障性的定性和定量要求来表达。

15.2 可靠性分析模型

系统可靠性分析是利用归纳、演绎的方法对系统可能发生的故障进行研究,研究故障的原因、后果和影响及危害程度,确定薄弱环节,并预测系统的可靠性,从而为系统设计提供改进建议。常用的分析方法有故障模式及影响分析(failure mode and effect analysis,FMEA),以及故障模式、故障影响及危害性分析(FMECA)和故障树分析(fault tree analysis,FTA)。

15.2.1 故障模式及影响分析

15.2.1.1 FMEA 的实施步骤

(1)根据设计文件,弄清所有零部件、接口的工作参数及其功能,从各方面全面确定产品的定义,并按重要度递减的原则分别考虑产品的每一种工作模式(即工作状态);

(2)针对每一种工作模式分别画出系统的功能原理图和可靠性框图;

(3)确定分析的范围,列出每一个部件、零件与接口明显和潜在的故障模式、发生的原因与影响;

(4)按可能的最坏结果评定每一种故障模式的危害性级别;

(5)研究检测每一种故障模式的方法;

(6)针对各种故障模式,找出故障原因,提出可能的补救措施或预防措施;

(7)提出修改设计或采取其他措施的建议,同时指出设计更改或其他措施对各方面的影响;

(8)写出分析报告,总结设计上无法改正的问题,并说明预防故障或控制故障危险性的必要措施。

15.2.1.2 FMEA 的用途

FMEA 分析系统中每一个产品的所有故障模式,用于单一故障分析,采用归纳方法进行分析。该方法只能进行定性分析,但由于 FMEA 分析法容易掌握,因此被广泛接受,已经标准化。其缺点是只能分析硬件,花费时间较多,经常不能考虑故障与人为因素的关系。

15.2.2 故障模式、故障影响及危害性分析

故障模式、故障影响及危害性分析(FMECA)包括故障模式及影响分析(FMEA)和危害性分析(CA),目的在于查明一切可能的故障模式,重点在于查明一切灾难性和严重性

的故障模式，以便通过修改设计或采取某种补救和预防措施，消除或减轻其影响的危害性，最终目的是提高系统的可靠性和可维修性。

15.2.2.1 危害度分析

危害度分析的目的是按照危害性级别及危害度数字或发生改良系的联合影响，来对FMEA所确定的每一种故障模式进行分级故障的危害性级别。

危害度数字＝故障模式故障率×故障影响发生概率×工作时间(或工作次数)

Ⅰ类——灾难性故障：它是一种会造成操作人员死亡或使系统毁坏的故障。

Ⅱ类——致命性故障：是一种导致人员严重受伤、器材或系统严重损坏，从而任务失败的故障。

Ⅲ类——严重故障：将使人员轻度受伤、器材及系统轻度损坏，从而导致系统不工作。

Ⅳ类——轻度故障：其严重程度不足以造成人员受伤、器材或系统损坏，但这些损坏会导致非计划性维修。

15.2.2.2 FMECA 的定性分析

当得不到零部件结构的故障率时，用故障模式出现的概率等级作定性分析，一般可分为以下五个等级来评定故障发生的概率：

A 级——经常发生的故障模式；
B 级——极普通的故障模式；
C 级——偶然发生的故障模式；
D 级——很少发生的故障模式；
E 级——极少发生的故障模式。

15.2.2.3 FMECA 的定量分析

（1）故障后果概率（β）或称为损失概率，是当故障模式发生时由故障后果造成危害性级别的条件概率（表 15-1）。

表 15-1　β 值与故障后果之间的关系

故障后果	β 值	故障后果	β 值
必然损失	1.00	很少损失	$0<\beta<0.10$
可能损失	$0.10<\beta<1.00$	无影响	0

（2）故障模式危害度数字（C_m）是在一种危害度级别下由故障模式之一所占危害度数字的份额，其表示为

$$C_m = \beta \alpha \lambda_p t$$

式中　C_m——故障模式危害度数字；
　　　β——工作任务失败的条件概率（即故障后果概率）；
　　　α——故障模式相对频率；
　　　λ_p——元件的故障率；
　　　t——某任务阶段内的工作时间，常以小时或工作次数表示。

（3）系统或产品危害度数字（C_r），一个系统的危害度数字是在某一任务阶段内，同一危害度级别下各故障模式危害度数字 C_m 之和，用 C_r 表示。

$$C_r = \sum_{i=1}^{n}(\beta \alpha \lambda_p t)_i$$

式中　C_r——表示系统危害度数字；

i——表示属于某一危害度的故障模式数；
n——表示系统在该危害度下的最后一个故障模式。

15.2.3 故障树分析法

15.2.3.1 故障树分析法概念

故障树分析法（fault tree analysis，FTA）也称为失效树分析法，它是一种可靠性、安全性分析和预测的方法。

故障树分析法研究的是引起整个系统出现故障这一事件的各种直接的和间接的原因（这些原因也是事件），在这些事件间建立相应的逻辑关系，从而确定系统出现故障原因的可能组合方式及其发生的概率。

15.2.3.2 故障树分析法的一般步骤

（1）选择和确定顶事件；
（2）自上而下建造故障树；
（3）建立故障树的数学模型；
（4）根据故障树对系统进行可靠性的定性分析；
（5）根据故障树对系统进行可靠性的定量计算。

15.2.3.3 故障树的建树方法

故障树的建树方法可以分为人工建树和计算机辅助建树。人工建树采用演绎法进行，计算机辅助建树采用合成法和决策表法进行。

人工建树从顶事件开始，由上而下，逐级追查事件的原因，直到找出全部底事件，主要步骤有：选择和确定顶事件；建造故障树。

故障树建树过程中常常使用的符号有三类：事件符号、逻辑门符号和转移符号。

15.2.3.4 故障树的定性分析

割集是一些能使事件发生的底事件的集合，当这些底事件同时发生时顶事件必然发生。系统故障树的一个割集，代表该系统发生故障的一种可能性，即指一种故障模式。

故障树分析方法中定性分析就是找出所有导致顶事件发生的最小割集。

组成最小割集的底事件个数称为最小割集的阶，阶数愈小，愈容易出故障，最低阶的最小割集是最容易出故障的薄弱环节。

如图 15-3 所示故障树的最小割集为：$\{\beta_1\}\{\beta_2\}\{\beta_3, \beta_4, \beta_5\}$。

该最小割集中 $\{\beta_1\}\{\beta_2\}$ 为一阶割集，$\{\beta_3, \beta_4, \beta_5\}$ 为三阶割集。

15.2.3.5 故障树的定量分析

利用故障树作为计算模型，在确定各底事件的故障模式和分布参数或故障概率值的情况下，按故障树的逻辑结构逐步向上运算，计算出系统顶事件发生的概率，从而对系统的可靠性、安全性和风险作出评估。

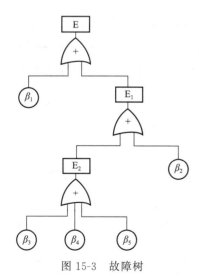

图 15-3 故障树

15.3 可靠性管理

15.3.1 可靠性管理概述

可靠性管理就是从系统的观点出发,对产品全寿命周期中的各项可靠性工程技术活动进行计划、组织、监督和控制等综合性的工作,用最小的资源达到产品计划所要求的定量可靠性,以实现既定的可靠性目标和全寿命周期费用最省。

就是预防产品在使用过程中发生随机故障,使其发生故障的概率小到可以忽略的程度,这只能依靠系统而周密的控制和管理。

15.3.2 可靠性管理和质量管理的关系

15.3.2.1 传统意义

质量管理可以认为是对产品在 $t=0$ 时的质量进行的管理,可靠性管理则是对产品在 $t \geqslant 0$ 时的可靠性质量进行的管理。

产品质量管理以生产过程为中心,控制和保证产品性能满足产品图纸要求,并以产品出厂合格率等指标进行评定;可靠性管理是通过产品试验和现场使用取得的信息,以可靠性设计、可靠性试验等手段来预防故障发生,以保证可靠性目标的实现。

15.3.2.2 现代意义

现代质量管理可以认为是传统质量管理与可靠性管理二者的结合,它包含了以下三个过程内容:在研究和设计阶段,运用固有技术和可靠性技术,奠定产品的固有可靠性;在生产阶段,运用质量管理手段与技术,使制造质量接近或达到设计水平;在使用阶段,则把维修、维护与质量反馈活动有机地结合起来。

课后习题

1. 试述可靠性管理与质量管理的关系和区别。
2. 什么是质量可靠性?简述可靠性要求。
3. 什么是可靠性建模?可靠性建模的目的和用途是什么?
4. 什么是可靠性预计?可靠性预计的目的和用途有哪些?
5. 简述可靠性设计及其设计准则。
6. 简述故障模式分析方法及其应用情况。

参考文献

[1] 全国质量专业技术人员职业资格考试办公室. 质量专业理论与实务：中级 [M]. 北京：中国人事出版社，2013.
[2] 全国质量专业技术人员职业资格考试办公室. 质量专业综合知识：中级 [M]. 北京：中国人事出版社，2013.
[3] 中国质量协会. 质量经理手册 [M]. 北京：中国人民大学出版社，2010.
[4] 埃贝灵. 可靠性与维修性工程概论 [M]. 北京：清华大学出版社，2008.
[5] 阿特金森，等. 质量创造利润 [M]. 北京：机械工业出版社，2004.
[6] 迈克尔·波特. 国家竞争优势 [M]. 李明轩，邱如美，译. 北京：华夏出版社，2002.
[7] 托马斯·福斯特. 质量管理：集成的方法 [M]. 何桢，译. 2版. 北京：中国人民大学出版社，2006.
[8] 费根堡姆 AV，费根堡姆 DS. 管理资本的力量 [M]. 郭富强，译. 北京：华夏出版社，2004.
[9] 菲利普·克劳斯比. 缩减质量成本 [M]. 杨钢，林海，译. 北京：中国人民大学出版社，2006.
[10] 菲利普·克劳斯比. 质量免费——确定质量的艺术 [M]. 杨钢，林海，译. 北京：中国人民大学出版社，2006.
[11] 格里纳著. 质量策划与分析 [M]. 4版. 北京：中国人民大学出版社，2005
[12] 洛温塔尔. 六西格玛项目管理 [M]. 郭锐，译. 北京：机械工业出版社，2004.
[13] 柯林斯. 从优秀到卓越 [M]. 俞利军，译. 北京：中信出版社，2006.
[14] 凯克·博特，阿迪·博特. 世界级质量管理工具 [M]. 遇今，石柱，译. 2版. 北京：北京大学出版社，2004.
[15] 美国波多里奇国家质量计划. 卓越绩效评价准则 [M]. 焦叔斌，译. 北京：中国人民大学出版社，2005.
[16] 麦格纳森，克劳斯里德，伯格曼. 六西格玛——卓越经营之道 [M]. 刘伟，赵逢禹，马义中，译. 2版. 北京：中国标准出版社，2004.
[17] 彼得 S. 潘德，等. 6σ管理法 [M]. 北京：机械工业出版社，2001.
[18] 乔治，罗兰兹，卡斯特勒. 什么是精益六西格玛 [M]. 郭锐，赵海峰，译. 北京：电子工业出版社，2004.
[19] 斯蒂芬·罗宾斯. 管理学 [M]. 7版. 北京：中国人民大学出版社，2004
[20] 史蒂文·科恩，罗纳德·布兰德. 政府全面质量管理 [M]. 北京：中国人民大学出版社，2001.
[21] 铁健司. 质量管理统计方法 [M]. 韩福荣，顾力刚，译. 北京：机械工业出版社，2006.
[22] 希伯尔德，等. 客户关系管理理念与实例 [M]. 叶凯，等译. 北京：机械工业出版社，2002.
[23] 朱兰，戈弗雷. 朱兰质量手册 [M]. 焦叔斌，等译. 北京：中国人民大学出版社，2003.
[24] 詹姆斯·R·埃文斯，威廉·M·林赛. 质量管理与质量控制 [M]. 焦叔斌，译. 7版. 北京：中国人民大学出版社，2010.
[25] 岑咏霆. 质量管理教程 [M]. 上海：复旦大学出版社，2005.
[26] 陈俊芳. 质量改进与质量管理 [M]. 北京：北京师范大学出版社，2007.
[27] 崔立新. 服务质量评价模型 [M]. 北京：经济日报出版社，2003.
[28] 陈宝江. 质量管理与工程 [M]. 北京：北京大学出版社，2009.
[29] 陈立周. 稳健设计 [M]. 北京：机械工业出版社，2000.
[30] 陈国华，贝金兰. 质量管理 [M]. 北京：北京大学出版社，2010.
[31] 崔利荣，赵先，刘芳宇. 质量管理学 [M]. 北京：中国人民大学出版社，2012.
[32] 丁宁. 质量管理 [M]. 北京：中国标准出版社，2013.
[33] 高宗宏，温德成. 政府质量奖给企业带来什么 [M]. 北京：中国质检出版社，2014.
[34] 顾海洋. 质量管理与控制技术基础 [M]. 北京：北京理工大学出版社，2013.
[35] 龚益鸣. 现代质量管理学 [M]. 北京：清华大学出版社，2007.
[36] 洪生伟. 质量工程学 [M]. 北京：机械工业出版社，2007.
[37] 洪楠，侯军. MINITAB统计分析教程 [M]. 北京：电子工业出版社，2007.
[38] 韩可琦. 质量管理 [M]. 北京：化学工业出版社，2008.
[39] 韩福荣. 现代质量管理学 [M]. 2版. 北京：机械工业出版社，2007.
[40] 韩之俊，许前，钟晓芳. 质量管理 [M]. 2版. 北京：科学出版社，2007.
[41] 何桢. 六西格玛绿带手册 [M]. 北京：中国人民大学出版社，2011.
[42] 何桢. 六西格玛管理 [M]. 3版. 北京：中国人民大学出版社，2014.
[43] 扈延光. 现代质量工程 [M]. 北京：北京航空航天大学出版社，2008.
[44] 罗国勋. 质量工程与管理 [M]. 北京：高等教育出版社，2009.
[45] 罗国勋. 质量管理与可靠性 [M]. 北京：高等教育出版社，2005.

[46] 刘广弟. 质量管理学 [M]. 2版. 北京：清华大学出版社，2003.
[47] 刘书庆，杨水利. 质量管理学 [M]. 北京：机械工业出版社，2003.
[48] 刘文卿. 质量控制与实验设计：方法与应用 [M]. 北京：中国人民大学出版社，2008.
[49] 苓咏霆. 质量管理教程 [M]. 上海：复旦大学出版社，2005.
[50] 卢碧红，等. 现代质量工程 [M]. 北京：机械工业出版社，2013.
[51] 康锐，何益海. 质量工程技术基础 [M]. 北京：北京航空航天大学出版社，2012.
[52] 马风才. 质量管理 [M]. 2版. 北京：机械工业出版社，2013.
[53] 马逢时，吴诚鸥，蔡霞. 基于MINITAB的现代实用统计 [M]. 北京：中国人民大学出版社，2009.
[54] 马逢时，周暐，刘传冰. 六西格玛管理统计指南——MINITAB使用指导 [M]. 北京：中国人民大学出版社，2007.
[55] 秦静，方志耕，关叶青. 质量管理学 [M]. 北京：科学出版社，2007.
[56] 欧汉龙. 增值质量审核 [M]. 中国质量协会，译. 北京：机械工业出版社，2006.
[57] 潘迪，纽曼，卡瓦纳. 六西格玛管理法 [M]. 马钦海，陈桂云，译. 北京：机械工业出版社，2008.
[58] 秦现生. 质量管理学 [M]. 2版. 北京：科学出版社，2008.
[59] 孙静. 质量管理学 [M]. 3版. 北京：高等教育出版社，2011.
[60] 宋明顺. 质量管理学 [M]. 北京：科学出版社，2005.
[61] 沈厚才，陶青，陈煜波. 供应链管理理论与方法 [M]. 中国管理科学，2003.
[62] 苏秦，何进，张涑贤. 服务质量、关系质量与顾客满意：模型、方法及应用 [M]. 北京：科学出版社，2010.
[63] 苏秦. 现代质量管理学 [M]. 北京：清华大学出版社，2005.
[64] 苏秦. 质量管理与可靠性 [M]. 北京：机械工业出版社，2006.
[65] 施国洪. 质量控制与可靠性工程基础 [M]. 北京：化学工业出版社，2005.
[66] 唐晓芬. 六西格玛成功实践 [M]. 北京：中国标准出版社，2002.
[67] 唐晓芬. 顾客满意度测评 [M]. 上海：上海科学技术出版社，2001.
[68] 唐晓青. 产品设计质量保证理论与方法 [M]. 北京：中国人民大学出版社，2011.
[69] 吴陵庆. 质量管理体系基础教程 [M]. 北京：北京理工大学出版社，2007
[70] 伍爱. 质量管理学 [M]. 3版. 广州：暨南大学出版社，2006.
[71] 王绍印. 品质成本管理 [M]. 广州：中山大学出版社，2003.
[72] 温德成. 质量与责任 [M]. 北京：中国计量出版社，2009.
[73] 温德成，李正权. 面向战略的质量文化建设 [M]. 北京：中国计量出版社，2006.
[74] 温德成，张守真，陈杰华. 互利共赢的供应商质量控制 [M]. 北京：中国计量出版社，2003.
[75] 熊伟，苏秦. 设计开发质量管理 [M]. 北京：中国人民大学出版社，2013.
[76] 尤建新，陈强. 顾客满意管理 [M]. 北京：北京师范大学出版社，2008
[77] 尤建新，等. 质量管理学 [M]. 2版. 北京：科学出版社，2008.
[78] 尤建新，郭重庆. 质量成本管理论 [M]. 北京：石油工业出版社，2003.
[79] 杨永华. 服务业质量管理 [M]. 深圳：海天出版社，2000.
[80] 袁建国，等. 抽样检验原理与应用 [M]. 北京：中国计量出版社，2002.
[81] 于启武. 质量管理学 [M]. 2版. 北京：首都经济贸易大学出版社，2005.
[82] 岳刚，赵建坤. 卓越绩效模式与实施指南 [M]. 2版. 北京：中国标准出版社，2007.
[83] 张根保，何桢，刘英. 质量管理与可靠性（修订版）[M]. 北京：中国科学技术出版社，2005.
[84] 张根保. 现代质量工程 [M]. 3版. 北京：机械工业出版社，2015.
[85] 张凤荣. 质量管理与控制 [M]. 北京：机械工业出版社，2006.
[86] 张公绪，孙静. 新编质量管理学 [M]. 2版. 北京：高等教育出版社，2003.
[87] 张公绪，孙静. 质量工程师手册 [M]. 北京：企业管理出版社，2002.
[88] 张善海. 质量管理方法与应用 [M]. 北京：中国计量出版社，2007.
[89] 周友苏，等. 质量管理统计技术 [M]. 北京：北京大学出版社，2010.
[90] 赵敏，等. TRIZ入门及实践 [M]. 北京：科学出版社，2009.
[91] 张睿，陈洪根. 产品质量工程 [M]. 郑州：黄河水利出版社，2013.
[92] 张增照. 以可靠性为中心的质量设计、分析和控制 [M]. 北京：电子工业出版社，2010.
[93] 张弛. MINITAB：六西格玛解决方案 [M]. 广州：广东经济出版社，2003.
[94] 邬华芝，信海红. 质量管理体系与认证 [M]. 北京：中国计量出版社，2006.